KB235296

귀환의 신화
해외 인도인의 이주와 정착

김경학, 박정석, 양철준, 이광수, 이재숙
인태정, 장용규, 정영주, 정효진, 조정규 저

景仁文化社

이 책은 2004년도 한국학술진흥재단 기초학문육성사업의 지원
(KRF-2004-072-BM 3053)에 의하여 연구되었음

▲ 말레이시아 쿠알라룸푸르 시내에 있는 스리 마하마리얌만 사원의 낮 시간 푸자

▲ 말레이시아 쿠알라룸푸르와 페탈링자야 사이에 위치한 대형쇼핑몰 미드밸리와 힌두사원

▲ 쿠알라룸푸르 힌두사원의 부처상과 다토(Dato)상

▲ 쿠알라룸푸르 시내 체티야르 공동체의 힌두사원

▲ 한창 건축 중에 있는 말레이시아의 힌두사원

▲ 말레이시아 힌두사원에서 흔히 볼 수 있는 신들의 동거, 부처와 다토 그리고 칼리암만 상

▲ 타이푸삼 축제에 참여한 신 힌두교 단체

▲ 신 힌두교의 활발한 움직임을 주도하는 사이바바 단체

▲ 타이푸삼 축제에 참가한 인도인

타이푸삼 축제의 인도인 ▶

▲ 말레이시아 타이푸삼 축제

▲ 피지의 사탕수수공장

▲ 피지지역 사제에 의해 집행된 막내 아들 대학 진학을 축하하는 가족의례

▲ 피지의 인도인이 운영하는 피지전통 수공예품 가게

▲ 피지의 호텔. 인도계 피지인은 피지의 관광산업에 큰 역할을 하고 있다.

▲ 케냐 나이로비역. 케냐의 인도인들은 이 역을 통해 우간다 등 내륙으로 진출했다

▲ 케냐의 이스마일리 공동체가 영국의 식민통치 시기에 설립한 Aga Khan Academy

▲ 스스로를 중산층으로 분류하는 남아공 에핑검하이츠의 인도인 마을

▲ 나이로비 시내의 힌두 사원

▲ 나이로비 시내 Jeevanjee Garden에 세워진 Alibhai Mulla Jeevanjee (1856~1936)의 동상

▲ 남아공 인도인 거주지역인 에핑검하이츠(下)와 흑인 빈민촌(上)이 접해있는 모습

▲ 에핑검하이츠에 거주하고 있는 인도인 이주민 3세대

목 차

제1부 말레이시아의 인도인 디아스포라

제2부 피지의 인도인 디아스포라

제3부 아프리카의 인도인 디아스포라

인도계 재외동포, '구 디아스포라'의 어제와 오늘

1. '디아스포라', '인도계 재외동포', '재외 인도인'

인간의 이주는 단순히 물리적인 이동만을 의미하지 않는다. 이주자는 사회적 정체성, 일련의 신앙과 의례체계, 가족과 친족조직과 연관된 규범과 가치체계, 음식과 습관 및 언어 등을 담은 사회·문화의 커다란 '이민 가방'을 갖고서 다른 지역으로 이동한다. 특히 이주자는 자신이 태어난 모국과 완전히 단절하고 지내기는 어렵다. 모국과의 물질적, 정신적 연결을 유지하면서 소위 '귀환의 신화'(myth of return)를 지닌 채로 다른 지역에 거주하고 있다.

'디아스포라'(diaspora)라는 어휘는 인간의 이주를 둘러싼 현상들을 설명하는 데에 흔히 사용되어 왔다. 디아스포라는 '심는다', '뿌린다'는 의미의 희랍어 동사인 'speiro'와 '~을 가로질러' 등을 의미하는 접두어인 'dia'의 합성어로서 '흩어지다', '확산되다'는 뜻을 가지고 있다. 고대 그리스인들은 이 어휘를 이주와 식민화로 이해하고 있었다(Cohen. 1997). 기원전 6세기 유대인의 바빌론유수 후 팔레스타인을 벗어나 세계도처로 유대인이 흩어지는 것을 의미할 때는 대문자 DIASPORA가 사용되었다. 유대인을 포함하여 아프리카인, 팔레스타인 및 아르메니아인 등에게 디아스포라라는 단어가 적용될 때는 이들이 집단적으로 심리적 외상(trauma)을 지닌 채로 추방된 상태에서 자신들의 기원지를 기억하며 생활하고 있음을 나타내는 것으로 이해된다. 현대 사회에서 자신의 모국 내에서 정치·경제적, 사회·문화적 이유로 더 이상 정상적인 삶을 영위할 수 없기 때문에 이주를 선택할 수밖에 없는 많은 수의 난민과 추방자도 스스로를 디아스포라라고 생각한다. 그러나 이들처럼 핍박을 당하거나 식민화의 피해 당사자가 아니라도 더 나은 새로운 삶을 찾아 모국을 떠나 다른 지역에서 뚜렷한 집단적 정체성을 유지한 채 살아가고 있는 사람들에게도 디아스포라라는 용어[1]가 사용되고 있는 것이 일반적인 현상이다.

한편 코헨(Cohen. 1997)은 다양한 유형의 이주자들을 '박해형 디아스포라'(victim diaspora), '노동형 디아스포라'(labor diaspora), '상업형 디아스포라'(trade diaspora), '제국형 디아스포라', '문화적 디아스포라'(cultural diaspora)로 유형화시킨 바 있다. 특정 종족집단이 특정 디아스포라의 유형과 철저한 일대일 대응관계를 상정한 것은 아니다. 그럼에도 불구하고 코헨은 고전적인 개념의 디아스포라의 사례를 기술하는 데에는 유대인이, 제국형 디아스포라에는 영국인이, 노동형 디아스포라에는 인도인이 그리고 상업형 디아스포라는 중국인과 레바논 사람들이, 문화적 디아스포라에는 카리브 인들이 일반적 사례로 언급되어질 수 있다고 주장한다(Cohen. 1997: x~xi). 사실 인도인과 중국인 디아스포라

---

1) 사프란(Safran. 1991:83~4)은 디아스포라가 갖는 몇 가지 특징들을 열거하고 있다: 자신의 기원국 또는 모국으로부터 두 개 이상의 외국지역에 흩어져 살고 있으며, 지리적 장소와 역사 등을 포함한 모국에 대한 집단적 기억, 신화, 비전을 지니고 있고, 정착국에 전적으로 수용될 수 없어 분리되어 있음을 느끼고 있으며, 언제든지 모국의 상황만 좋아지면 귀국한다고 생각하며, 모국의 유지와 재건, 안전과 번영에 관심을 가지고 있으면서 다양한 방식으로 모국과 관계를 갖고 있으며, 자신들의 종족적 공동체 의식과 결속감 등을 가지고 있다. 그러나 사프란은 이 모든 특징을 한꺼번에 갖추어야 디아스포라로 규정될 수 있다고 주장하는 것은 아니다.

는 계약노동자의 신분으로서는 노동형 디아스포라에 동시에 역사적으로 오랜 상업형 디아스포라의 일원이었다. 그러나 코헨의 디아스포라 유형분류에는 2차 세계대전 종전 후 아시아와 아프리카 등으로부터 소위 고도 산업선진국으로 교육, 직업 등을 찾아 자발적으로 떠난 수많은 이주자들이 포함되어 있지 않다. 특히 20세기 말 무렵부터 본격적으로 시작된 고도의 전문 직종 사람들의 이주와 그들이 보여주고 있는 다지역성(multi-locality)과 다정체성(multi-identity)을 설명하기에는 코헨의 유형분류에는 한계가 있다.

베토벡(Vertovec. 1998)은 '탈지역화된'(deterritorialised) 또는 '초국가적인'(transnational) 성격, 즉 자신이 기원한 특정 지역이 아닌 다른 지역에서 거주하고 있으면서, 국민국가라는 국경을 넘어 사회적, 경제적, 정치적 네트워크를 유지하고 있는 모든 사람들을 기술하는데 디아스포라라는 용어가 실제적으로 이용되고 있음을 강조하고 있다.

1830년대부터 1920년대까지 영국, 네덜란드 및 프랑스는 열대 플랜테이션을 경영하면서 인도인을 계약노동자로 동원하였다. 이들 인도인들은 정착 사회에서 시간이 지남에 따라 사회, 정치적인 상향이동 과정을 겪은 사람도 있지만 여전히 사회의 하층계급에 속해 있는 사람들도 있다. 특히 인도인 디아스포라의 경우 특징적인 점은 이들이 이주를 떠날 때나 그 이후 상당 시간이 경과한 이후에도 사회, 정치적으로 동질적인 집단이 아니었다는 점이다.

인도인들은 역사적 시기를 달리하면서 다양한 이유로 세계 도처로 이주하였다. 인도 외무성은 인도 밖에 거주하고 있는 인도인을 크게 두 부류로 구분하고 있다. 외무성 자료(2001: 680)에 따르면 약 600 만 명의 소위 '재외 인도인'(Non Resident-Indians, 이하 NRI)과 약 2,000 만 명의 '인도계 재외동포'(Persons of Indian Origin, 이하 PIO)를 포함하여 세계 도처에 약 2,600 만 명의 인도인이 거주하고 있다. 특히 '인도계 재외동포'가 거주하고 있는 국가들 가운데 해당 국가 전체 인구의 상당수를 차지하고 있는 국가들에는 피지(49%), 가이아나(53%), 모리셔스(74%), 트리니다드 – 토바고(40%), 수리남(37%)이 있다. 또한 동남아시아의 미얀마, 말레이시아, 북미의 미국, 아프리카의 남아프리카공화국, 중동의 사우디아라비아, 유럽의 영국 등은 100만 명 이상의 인도인이 거주하고 있는 국가들이다. 이들 인도인들은 거주하고 있는 국가의 다양한 정치·경제적, 사회·문화적 환경에 따라 인도 문화적 요소와 사회적 유형의 다양함을 보이고 있으며 정체성도 다양하다.

2. 인도인 디아스포라의 역사

인도인 디아스포라의 형성은 그 시기에 따라 다양하게 나타나며 이는 그들의 이주배경과도 밀접한 관련이 있다. 인도인의 이주의 역사를 편의상 식민시기와 식민시기 이후로 구분하고 있지만 사실은 식민시기 이후의 이주는 대개 인도인을 식민 경영했던 해당 국가로 인도인이 이주하였기 때문에 두 시기를 철저히 구분하는 것에는 어려움이 있다. 예컨대 영국으로부터 식민지 경영을 당했던 소위 영연방 국가들 가운데 카리브 해 일대, 인도아대륙, 아프리카 출신의 수많은 노동력이 1950년대에 대거 영국으로 이민을 하였기 때문이다.

인도인의 해외이주의 역사는 식민시기 훨씬 이전부터 시작되었다. 불교 승려들은 중앙아시아와 동아시아의 여러 지역으로 포교 여행을 하였으며 인도 동남부의 코로만델(Coromandel) 해안 왕국들과 동남아시아 섬들 간에는 고대부터 지속적인 접촉이 있었다. 힌두교와 불교의 수많은 요소들, 신화, 문화들은 동남아시아 문화 특히 태국과 발리에 살아 숨 쉬고 있다. 동아프리카와의 무역도 항구적인 인도인 정착을 초래했다. 초기에 동아프리카에 건너간 이들은 이스마일리(Ismailis), 보라(Bhoras) 등 구자라트(Gujarat) 출신의 상인들이었다. 실론, 버마, 말라야, 태국과 인도네시아 등지에는 타밀지역 체티나드(Chettinad)의 체티야르(Chettyars)가 진출하였다.

인도인 이주자의 규모가 늘어나고 세계 도처로 확산되게 된 것은 유럽의 상업자본주의의 아시아로의 침투 그리고 이로 인한 아시아에 대한 유럽의 식민주의의 정착과 관련이 있다. 사실 인도인들이 지구상의 먼 지역들에까지 대규모로 이주하게 된 것은 아시아와 아프리카 등의 경제가 당시 새롭게 등장하고 있었던 세계 자본주의체계로 편입되고, 수에즈 운하의 개통과 더불어 일련의 교통 통신의 혁명이 있었기 때문이었다. 유럽 상인계급이 무역으로 축적한 잉여자본은 아시아, 아프리카 등 각지의 광산과 플랜테이션에 투자되었으며, 광산과 플랜테이션 운영을 위해 대규모의 값싼 노동력을 필요로 하게 되었다. 그러나 1833년 영국을 비롯하여 프랑스와 네덜란드에서 노예제가 차례대로 폐지되자, 부족한 노동력을 감당할 수 있는 새로운 노동력을 찾게 되었다. 인도인과 중국인 노동자들은 플랜테이션에 적합한 순종적이고 값싼 노동력으로 인식되었다. 당시 인도인이 '노동형 디아스포라'로 동원된 이주 방식에는 '계약노동제'(Indentured labor), '캉가니 체계'(kangani system), '마이스트리 체계'(maistry system)가 있었다.

계약노동제는 개별 노동자와 플랜테이션 농장주가 계약주체가 되는 제도이나, 실질적으로는 식민정부가 공식 후원하였으며 1834년에 시작되어 1920년에 폐지되었다. 계약노동제를 통해 인도인 노동자가 이주한 지역은 가이아나, 피지, 트리니다드, 자메이카 등의 영국령 식민지, 과달루프(Guadalupe)와 마르티니크(Martinique) 등의 프랑스 령 식민지, 수리남의 네덜란드령 식민지였다. 이들 지역으로 이주한 노동자들은 초기에는 인도의 북부지역 출신이 주를 이루었고, 나중에는 남부지역에서 대규모로 이동하였다. 이들 지역에 이주한 인도인들은 주로 사탕수수 플랜테이션에 종사하기 위해 동원된 노동자들이었다. 한편 북부의 편잡 지역의 인도인들이 계약노동자의 신분으로 1886년부터 1902년까지 영국령 식민지역인 동부 아프리카 케냐의 몸바사에서 우간다의 캄팔라에 이르는 철도공사를 위해 케냐와 우간다 등으로 이주하였다.

남인도의 타밀어로 관리자를 의미하는 캉가니(kangani)에서 유래한 캉가니 체계는 실론과 말라야로 이주한 대부분의 인도인들에게 적용된 방식이며, 역시 타밀어로 감독자를 의미하는 마이스트리(maistry)에서 유래한 마이스트리 체계는 캉가니 체계의 하나의 변형으로서 주로 버마로 이주한 인도인에게 적용되었다. 이 두 체계에 따라 이주한 인도인들은 대부분 마드라스 관구(Presidency)에 속하는 다양한 마을 출신 타밀인들이었다. 십장 또는 관리자들은 자신이 속한 지역과 카스트 내에서 노동력을 모집하였으며, 이주 후 노동현장에서도 자신이 모집한 인원들을 직접 관리하였다. 이 두 체계는 19세기 중반 이후 시작되어 비인간적 처우가 문제가 되어 1938년에 폐지되었다. 인도인들이 캉가니 체계에 따라 말레이시아로 가장 많이 이주한 시기는 1880년대부터 1930년대로서 이 기간 동안 약 200만 명 정도의 인도인이 말레이시아로 이주하였다.

또한 19세기 말부터 구자라트 상인집단은 계약노동제와 캉가니 체계에 의해 이주한 인도인들을 대상으로 하는 상업에 종사하기 위해 그들이 이미 자리 잡고 있는 지역들로 진출하였다. 이들은 스스로 자신들이 운임을 지불하고 이주한 '자유승객'(free passengers)으로서, 자신들은 계약 노동자들과는 다르다는 인식이 강했다.

1947년 인도가 독립될 무렵, 코헨의 유형분류에서 '제국형 디아스포라'에 속하는 영국 식민관료 등은 본국으로 귀환하였으며 소위 앵글로 인도인들 역시 영국과 호주로 이주하였다. 이 무렵 인도인의 해외로의 이주는 국제적인 이주의 흐름과 긴밀히 연결되어 있었다. 1945년 2차 세계대전 종전 후 국제적 이주는 그 이전의 이주와 성격이 다르며 그 양적인 면에서도 대규모라는 특징을 보이고 있다. 특히

1945년부터 1970년대 초까지는 기존 고도 산업선진국의 생산력이 확장되어 투자의 집중화가 이루어진 기간이었다. 이 기간 동안의 국제적 이주는 유럽의 주변 국가들로부터 영국, 프랑스, 독일 등 서유럽으로 흔히 '게스트 워커'(guest workers)라 불리는 이주, 식민 지배를 당한 지역 노동자의 식민지를 경영한 국가로의 이주, 유럽과 아시아 및 남미 인들의 북미와 호주로의 영구 이주 등을 포함하고 있다. 인도인들의 경우, 전후 부족한 비숙련 노동력 충원을 요구하는 영국으로 이주하여 그곳에서 이주국의 노동계급과 영세 부르주아를 구성하였다. 또한 1960년대 중반 이후 미국, 캐나다, 호주 등의 아시아 출신자들에 대한 이민규제정책의 완화는 또 한 번의 인도인의 대규모 국제적 이주의 계기가 되었다. 인도인들의 소수자로서의 지위는 단순히 외국인이기 때문이 아니라 광범위한 제도적, 비공식적 인종 차별로 인한 것이었다. 인도인들은 아프리카와 다른 아시아계 노동자들과 함께 공장이나 서비스업 계통의 비숙련 육체노동자로 시내 중심부의 특정 거주지에 몰려 사는 경향을 보였다.

1973년에 일어난 석유위기는 세계경제의 재편 즉 새로운 산업에 대한 자본 투자와 변화된 유형의 세계무역 및 신기술 도입이 본격적으로 시작되는 계기가 되었다. 이것은 1970년대 이후 국제이주에 상당한 영향을 미쳤다. 인도인의 경우, 학력과 기술을 갖춘 도시 중산층 출신의 숙련 기술자, 과학자, 의사, 법조인, 회계사 등의 전문직 종사자들이 미국, 캐나다, 호주, 영국 등으로 이주하기 시작하였다. 이들 전문 직종 종사자의 이주는 고급두뇌의 유출(brain drain)을 가져온다는 논란을 일으킨 바 있다. 특히 세계적인 정보산업(IT Industry)의 활성화와 국가의 영토적 경계를 뛰어넘는 '초국가적' 상황속에서 인도인들은 북미를 중심으로 세계 곳곳에서 압도적인 두각을 나타내고 있다. 미국의 실리콘 밸리의 창업기업 10개 중 4개가 인도계의 소유이며, 엔지니어 인력의 약 3분의 1이 인도인이고, 첨단기술기업의 약

7%가 인도계 최고경영자에 의해 운영되고 있다. 이들은 경제적 풍요로움을 향유할 뿐 아니라 해당 지역에서 자신들의 사회·문화적 권리도 요구하고 있다.

한편 서아시아로의 인도인 이주는 1960년대부터 본격적으로 이루어진 석유개발과 직접적으로 관련이 있다. 이주자들은 서아시아지역의 석유개발에 필요한 노동자와 서비스업 종사자들이 대부분이며, 인도 뿐 아니라 파키스탄과 방글라데시 인들이 상당한 규모로 이주했다. 아랍 에미리트의 두바이로의 인도인 이주는 석유개발 외에도 현지의 수출 자유와 면세지역의 설치 등으로 인도 상인들의 진출이 활발해진 점이 계기로 작용했다. 이 지역 이주의 특징은 자발적이고, 현지 노동시장의 환경에 따라 수시로 이주의 규모가 결정되고, 이주자가 주로 남성으로 구성되어 있으며 인도에 있는 가족과 공동체와의 지속적인 접촉을 유지하고 있으며, 현지에 정착이 허용되지 않을 뿐 아니라, 특히 특정 재산권이나 종교의 자유를 제한받는다는 것이다. 이러한 환경 때문에 두바이 등 서아시아로 이주한 인도인들은 대부분 자신들의 수입을 정기적으로 본국으로 송금하는데, 이들이 송금하는 외화의 규모는 1998년 기준으로 미화 40억 달러에 달하며 이것은 국민 총생산의 약 10%에 달한 액수였다.

1990년대이래 급속히 발전된 인터넷과 같은 통신수단 뿐 아니라 교통수단의 발전과 보편화는 이미 해외에 있는 인도인들을 초기 이주한 지역에만 머물게 하지 않고 다중적 이주(multiple migration)를 가능하게 하고 있다. 예컨대 호주에 이주한 인도인들은 호주를 캐나다, 특히 미국으로 가기 위한 디딤돌로 여기고 있다. 특히 정보산업 엔지니어 등 전문 직종 종사자들은 자본주의 시장의 논리에 따라 자신들의 체재 지역을 가변화시킬 수 있는 협상력을 지니고 있다.

인도인 디아스포라가 초국가적 성격을 지니기 시작한 것은 20세기 중·후반 이후 급속히 진행되어 온 지구화(globalization)와 초국가주의

(transnationalism)와 밀접한 관련이 있다. 탈중심화, 지구화된 초국가적 공동체의 형성은 식민시기 이후 현재까지 진행되어 온 국제적 이주와 디아스포라에 대해 새로운 시각으로 접근하는 연구의 필요성을 제기하고 있다. 일반적으로 과거 이주는 인도인 이주자의 모국인 인도와 현지 정착국간의 이항적인 관계로서 개념화되어 왔다. 그러나 초국가적 공동체에 대한 이론들에 따르면, 초국가적 공간이 해외 인도인이 거주하고 있는 국민국가의 경계를 뛰어 넘어 인도를 비롯한 해외 다른 지역에 거주하는 친인척간에 초국가적 공간이 형성된다고 주장하고 있다.

20세기 말 이후 인도인 이주에 나타나는 초국가적 현상들을 적절하게 이해하기 위해 다음과 같은 이론가들의 주장을 검토해 볼 만하다. 예컨대 쉴러(Shiller, et al. 1992), 골드링(Goldring. 1998), 구아니조와 스미스(Guarnizo and Smith. 1998), 아이틱손(Itigsohn et al. 1999) 등이 주장한 '초국가적인 사회적 장'(transnational social field)과 화이스트(Faist. 2000)와 프리즈(Fries. 2001)가 주장한 '초국가적 사회적 공간'(transnational social space)의 개념이 그것이다. 이러한 이론들은 초국가적 공동체 연구에 매우 유용하게 활용될 수 있다. 이들의 주장에 따르면 초국가적 사회적 공간은 새로운 '탈영토화된' 국민국가의 형성 없이 최소 두 곳 이상의 국민국가에서 각각의 지리적 공간을 연결하는 사회적 실천, 인공물, 상징체계의 종합물이다. 또한 알 알리와 코저(Al-Ali and Koser. 2002)는 초국가적 과정의 개념에 대한 주목할 만한 주장을 폈는데, 그에 따르면 초국가적 과정은 지구적 과정(global process)과는 대조적으로 두 개 이상의 국민국가에 고정적으로 머물면서 이들 국민국가들을 연결하는 과정을 의미한다.

3. 본 연구서의 구성

본 연구서는 '국가와 이주 : 인도인 디아스포라의 형성, 변화 그리고 네트워크'라는 대주제로 3년에 걸쳐 세계의 주요 지역에 거주하고 있는 인도인 디아스포라를 연구하는 한국학술진흥재단의 기초학문 인문사회 분야 지원사업의 제 1차년도 연구 논문들로 구성되었다. 본 연구팀의 제 1차년도 연구 대상은 앞서 언급한 인도인 디아스포라의 시기별 구분 가운데 1830년대부터 1930년대까지 유럽의 열강들 즉 영국, 네덜란드 및 프랑스가 열대 플랜테이션을 경영하는데 동원된 인도인 노동자들과 그 후손들로 구성된 인도인 공동체들이다. 이들은 흔히 소위 서구 산업 선진국과 걸프지역에 거주하는 '재외 인도인'(Non Resident Indians)들과 구분하여 '인도인 구 디아스포라'로 부른다. 이들 가운데 소수는 정착 사회에서 시간이 지남에 따라 사회, 정치적으로 상향 이동한 사람들 도 있지만 여전히 사회의 하층계급에 속해 있는 사람들도 많다. 이 시 기에 이주한 인도인들을 연구하면서 가장 중요하게 생각했던 점은 이 들의 이주시기와 그 이후 정착 사회에서 상당 시간이 경과한 후에도 이들이 결코 사회, 정치적으로 동질적인 집단이 아니었다는 것이다.

19세기 중반 경부터 본격 시작되어 1938년에 종료된 계약노동제와 캉가니 체계를 통해 이주한 인도인들은 현지에서 계약 기간이 만료된 다음, 카리브 해의 경우는 약 25% 그리고 그 밖의 다른 지역의 인도 인의 약 33%가 인도로 귀환하였다. 이들을 제외한 대부분의 노동력은 지역에 따라 상이하지만 현지에서 자유노동자의 신분으로 소량의 농 토를 불하받거나 소작농 또는 임금노동자가 되어 정착생활을 시작하 였다. 이들 대부분의 사회적 구성과 계급 및 출신지는 매우 다양하여 동질적 성격은 아니었지만, 영국 식민지 경영 속에서 악화된 인도의 경제 환경에 노출된 노동자 출신들이 상대적으로 다수를 점하고 있었다. 이들의 사회적 상황과 당시의 불편한 교통 통신 상황을 고려할 때 모국 인도에 있는 가족 및 친지들과 서신 등을 통한 지속적인 연락은 거의 불가능하였다. 따라서 현지에 형성된 인도인 공동체는 현지 원주민들과 정치·경제적으로, 그리고 사회·문화적으로 갈등과 조화를 통해 인도인 디아스포라를 유지하고 있다.

본 연구의 첫 해 작업을 위해 연구팀은 아프리카의 케냐와 남아프리카 공화국, 오세아니아의 피지, 동남아시아의 말레이시아의 인도인 공동체를 문헌연구와 인류학적 현지조사를 통해 조사·연구하였다. 연구팀은 각 지역별로 해당 지역을 방문하여 3~4주에 걸쳐 현지의 문헌과 통계 자료를 수집하였으며, 동시에 연구 대상자들에 대한 심층 면접과 관련 단체들에 대한 자료조사 및 각종 행사들을 참여 관찰하였다. 이들 지역 인도인들의 인도와의 정치적인 공식적 관계는 이미 단절되고 대신 현지 시민의 지위를 획득하였기 때문에 인도 외무성의 해외 인도인들에 대한 편의상 분류에 따르면 이들은 소위 '인도계 재외동포'(PIO)로 분류된다. 현재 이들은 인도의 국적은 없지만 현재의 남아시아지역(인도, 파키스탄, 방글라데시, 네팔)에서 기원한 '인도인 종족집단'(Ethnic Indians)에 속한다.

본 연구서는 10명의 연구자들이 해당 지역별로 연구한 내용으로 이루어졌는데, 이는 3편의 말레이시아 인도인 디아스포라 연구, 4편의 피지 인도인 디아스포라 연구, 3편의 아프리카 인도인 디아스포라 연구로 구성되어 있다. 지역별 연구자들의 연구 내용을 개략적으로 살펴보면 다음과 같다.

말레이시아 인도인 디아스포라에 관한 3편의 글은 역사학적, 종교학적, 인류학적 관점에서 작성되었다. 정영주는 말레이시아 인도인들의 사회·경제적 변이과정에서의 역동성을 분석하고 있다. 인도인들의 말레이시아 이주는 19세기 후반 경 말레이시아의 플랜테이션 산업의 급성장, 이에 따라 대규모의 노동력이 필요했던 영국 식민정부와 농장소유주들의 이해관계, 인도인의 경제적 기회의 모색을 위한 자발적 동기가 맞물리면서 이루어졌다. 그런데 인도인 사회가 여러 면에서 성장해왔음에도 불구하고, 현재 말레이와 중국인들 사이에서는 인도인들을 부정적으로 보는 시각이 고착화되어 있다. 정영주는 이러한 사회적 현상이 나타나게 된 요인과 과정들을 고찰하면서 인도인 말레이시아 이주 130여년의 역사에 대한 평가를 내리고 더 나아가 그들의 위치와 미래를 조망하고 있다.

이재숙은 말레이시아가 도시화 및 산업화되는 과정 속에서 힌두이즘이 어떻게 종교적으로 쇄신되었는가를 종교운동과 아가마화를 통하여 분석하고 있다. 말레이시아 힌두교는 도시화되는 과정에서 남인도 힌두교 특히 샤이바 싯단타에 근거하는 아가마화와 보편종교를 표방하는 신 힌두교의 붐을 이루는 두 가지 내적 변화를 겪었다. 특히 아가마화로 요약되는 말레이시아 힌두교의 변화는 인도 내에서나 다른 인도사회에서 흔히 볼 수 있는 산스크리트화와는 또 다른 형태를 보이고 있다. 말레이시아 힌두교의 대부분 단체들의 활동은 남인도 타밀에 뿌리를 두고 있는 신애운동과 아가마에 근거한다. 아가마 경전 및 의례를 차용하면서 교리 면에서도 샤이바 싯단타를 표방하는 이들은 단체들을 통해 스와미나 학자들이 인도를 방문하는 등 인도의 타밀나두와의 교류를 유지함으로써 영지주의 교리로서의 성장을 계속해왔다.

박정석은 남인도 타밀 전통의 암만 숭배가 탈영토화 과정 속에서 재정주하고 있는 모습을 기술하고 있다. 특히 인도인 디아스포라의 종교적 정체성이 요구되는 상황에서 이전에 마을 전통과 결부되어 있던 암만사원을 이전하거나 혹은 예전의 장소에서 보다 상층의 신격으로 '재정주'시키고 있음을 보여주고 있다. 말레이시아 인도인들은 타밀식 전통 건축양식을 모방한 사원을 건립하고 있으며 의례를 아가마적인 형식으로 전환하고 있다. 박정석은 사원양식과 의례절차의 아가마화를 통하여 암만 사원이 디아스포라 힌두이즘의 '성스러움'을 간직하고 있는 공간이 되었을 뿐 아니라 이전의 '마을 여신' 전통을 보존하고 더 나아가 타 종교적 전통까지도 수용하고 있음을 밝히고 있다.

남태평양 피지의 인도인 디아스포라에 관한 연구들은 인구·지리학적, 인류학적, 관광학적, 여성학적 관점에서 이루어졌다. 조정규는 계약노동제 하에서 최초로 인도인이 피지로 이주한 이후 인도인의 정착과 정착 후 피지 국내외로의 이주과정을 이주 초기부터 2004년까지 공간적으로 고찰하고 있다. 조정규는 이주과정에 영향을 미친 주요한 요인들로 농업, 도시화, 피지 원주민 주도의 쿠데타와 같은 정치적 환경을 포함시키고 있으며, 이들 요인을 중심으로 인도 피지인의 이주과정을 분석하고 있다.

김경학은 피지와 소위 태평양 일대의 국가들인 호주, 뉴질랜드, 미국, 캐나다 등에 거주하는 인도 피지인을 대상으로 하여 그들의 초국가적 성격을 규명하고 있다. 그는 '지구적 인도인 디아스포라'(global Indian diasporas)의 일부분을 구성하고 있던 피지의 인도인들이 몇 차례의 피지 원주민 주도의 쿠데타로 인해 피지에서 호주를 비롯한 환태평양(the Pacific Rim) 일대의 국가들로 재이주(twice migration)를 하고 있는 현실에 주목하고 있다. 인도인의 재이주 현실은 이들이 처해 있는 정치적, 경제적 불안정이라는 구조적 환경 속에서 이해되어야 한다. 즉 피지 원주민으로부터 임차한 토지 계약기간의 만료와 쿠데타 이후 인도인에 대한 테러, 협박, 절도가 만연한 사회적 환경들은 피지의 인도인으로 하여금 호주, 뉴질랜드, 캐나다, 미국으로의 재이주를 촉발시키고 있다. 김경학은 해외로 이주한 피지 출신 인도인들이 피지를 중심으로 하여 이들 국가에 흩어져 살고 있는 가족과 친지들과의 사회·문화적, 경제적인 초국가적 네트워크를 유지하고 있음을 다양한 사회·문화적 현상들을 통해 면밀하게 분석하고 있다.

인태정은 피지의 역사적 배경과 사회적 과정이 반영되어 있는 피지 관광산업의 발전과정에서 인도인 디아스포라의 위상을 살펴보았다. 관광산업에서 인도인 디아스포라의 위상은 피지 호텔산업의 소유주와 경영자 분석을 통해서 논증되고 있다. 그간 피지의 호텔산업이 전개되어 온 과정과 현재의 결과는 피지의 식민지적 유산, 피지의 전통적인 제도 속에서 선택적으로 도입된 외부 지향적인 자본주의적 요소, 다양한 민족들 간의 경쟁과 갈등, 각 민족 내부의 계급적 분화의 요소들로부터 유래하고 있다. 인태정은 피지의 다른 산업에서 나타나는 경제적 이원성이 관광산업에도 나타나고 있음을 강조한다. 즉 인도 피지인은 가끔 관광산업의 '후면'에서 발견되는 반면 '전면'(경영자의 위치를 제외하고)에는 다른 민족 집단은 배제되고 주로 피지 원주민이 차지하고 있다.

정효진은 과거 계약이주노동시기부터 현재 국제적인 재이주과정까지 피지인도인 여성의 사회적인 지위변화를 거시적이고 구조적인 관점에서 고찰하고 있다. 계약노동제 기간에 피지 인도인 여성은 가정생활을 통해 전통적인 생활과 정체성을 유지하는 기반이었다. 그러나 20세기 들어 피지의 사회변화는 인도인 여성의 사회적 지위변화에도 영향을 미치기 시작했다. 1940년대 중반이후 인도인 공동체 내 교육필요성의 자각, 1970년대 중반 이후 피지 내 산업 및 경제구조 조정, 그리고 1987년 쿠데타의 발발로 인한 정치·경제 사정의 악화는 인도인 여성의 경제활동과 사회적 지위변화를 가져왔다. 도시화와 교육기회 그리고 경제활동을 통해 여성은 가정 내 의사결정에 참여하게 되었고 사회진출 기회도 확대되었다. 지금까지 인도 피지인 사회에서 강조되는 전통적 젠더 이데올로기와 일상생활에서 구현되는 남성 지배적인 구조 속에서 인도 피지인 여성은 여전히 종속적 위치에 있지만, 이들은 사회변화 흐름 속에서 점차 평등한 관계를 모색하고 있음을 정효진은 거시적 차원과 인터뷰 등을 통해 살펴보고 있다.

아프리카 인도인에 관한 세 편의 연구는 사회언어학적, 역사학적,

인류학적 관점에서 수행되었다. 양철준은 케냐의 인도인 사회를 연구하면서 이들이 일상적으로, 의례적으로 사용하는 언어에 초점을 맞춰 언어사용과 정체성의 관련성에 관심을 두었다. 양철준은 사회적 정체성을 규명하는데 언어가 중요한 요소라는 점을 강조한다. 그는 인도인들이 사용하는 언어와 언어에 대한 태도를 실제적 상황과 맥락에서 고찰해 인도인 정체성 유지와 지속이라는 문제와 결부시키고 있다. 정체성에 관한 연구는 이주민 공동체의 구성과 성격을 파악하는데 핵심적일뿐더러 사회의 내적 응집력과 지속성을 가늠할 수 있는 판단기준이기 때문이다. 그는 특정한 환경에서 화자가 선택적으로 사용하는 언어와 언어적 코드전환에 관심을 두면서 언어선택과 코드전환에는 엄연히 위계질서와 사회적 인식이 뒤따른다고 설명한다. 현지에서 수집된 구체적인 자료를 토대로 하여 인도인 대다수가 아직도 의례행위와 같은 특정 영역에서는 반드시 모어가 사용되어야 한다는 인식 때문에 케냐 인도인사회는 모어에 대한 기능적 명료성이 상당히 높다고 평가한다. 따라서 모어에 대한 기능적 명료성은 언어의 지속적인 보존에 기여를 할뿐더러 정체성의 지속으로 귀착되고 있음을 밝히고 있다.

남아공 인도인 디아스포라를 연구한 이광수와 장용규는 종교와 카스트 등 문화적 자원은 남아공 인도인의 정체성을 규명하는데 '수단'으로 사용될 뿐 근원적인 요소는 아니라고 말한다. 두 사람의 연구는 남아공의 초기 계약노동자들 대부분이 타밀출신의 하층 카스트들이기 때문에 이주 당시 '인도인'이라는 정체성은 형성되지 않았다는 역사적 사실에 주목한다. 초기 인도인 이주자는 언어와 지역에 따른 정체성이 강한 반면 '인도인'으로서의 정체성은 상대적으로 약했다. 남아공 인도인들은 '인도인' 또는 '힌두', '무슬림' 같은 대범주보다는 타밀 힌두, 텔루구 힌두, 힌디 힌두, 구자라티 무슬림 등과 같은 하위 정체성을 통해 자신들을 집단화했다.

이광수는 인도인 정체성 형성을 힌두교와의 조우에서 찾고자 하지만, 힌두교는 인도인 정체성을 형성하기 위해 일부 지식인들이 의도적으로 활용한 '수단'에 지나지 않는다는 점을 강조한다. 남아공 사회에서 엘리트로 성장한 인도 이주민 2세대들은 부모 세대에 비해 남아공 인도인 정체성을 강하게 갖고 있으나 그 성격이 매우 이질적이다. 따라서 남아공 인도인을 하나로 묶는 결사체 보다는 작은 단위를 기반으로 하는 공동체가 형성되었을 뿐이다. 남아공 인도인 2세대들은 '인도'와 '힌두'를 동일시하였는데, 이들에게 힌두는 하나의 지리적 단위 안에 존재하는 다양하고 복합적 성격을 지닌 공동체가 아니라 단일한 성격을 지닌 새로운 형태의 공동체였다. 이 과정에서 그들은 마하트마 간디가 정치적으로 선택한 힌두교의 비 폭력성을 크게 강조하였으며, 이것은 자신들이 남아공 유럽인과 아프리카인 사이에 끼인 어정쩡한 존재로서 생존해 나갈 수 있는 전략이었다. 남아공 인도인 정체성의 유지 및 강화는 힌두교 단체의 설립과 내부교육을 통해 이루어 졌다.

장용규는 초기 인도인 이주민의 집단별 정체성과 단일한 인도인 정체성 사이의 간극을 식민지배와 '구조적 폭력'이라는 관점에서 해석한다. 장용규는 먼저 남아공 근대사를 읽는 키워드를 '이주'(immigration)와 '구조적 폭력'(structural violence)에 두고 있다. 11세기경으로 추정되는 반투(Bantu)인의 이주, 17세기 중반부터 시작된 유럽인의 이주 그리고 인도인을 비롯한 다양한 소수민족의 이주와 정착은 남아공 근대사를 구성하는 중요한 요인들이었다. 다양한 인종간의 관계는 남아공의 정치·경제적 패권을 차지한 백인들이 유색인종에 대한 구조적 폭력을 통해 자신들의 지배력을 공고히 하는 것으로 대변된다. 아파르트헤이트(Apartheid) 정책은 유색인종에 대한 백인의 구조적 폭력을 정당화하는 정책이었다. 남아공인도인의 정체성은 남아공의 이런 역사적 과정을 통해 변화 발전해 왔는데 인도인은 아파르트헤이트의 인종차별정책의 피해자인 동시에 수혜자였다. 그 과정에서 자신들의 정체성을 형성해왔는데, 백인들에게 남아공인도인은 자신들의 사회적 영역을 넘보는 '위험한 인물들'이었고 아프리카인들에게 남아공인도인은 자신들의 사회적 기반을 수탈해 가는 '침략자'로 비춰졌다. 결국 남아공인도인들은 스스로를 지배세력인 백인과 사회적 다수인 아프리카인 사이에 '샌드위치 된'(being sandwiched) 존재라고 정의한다.

이상 10편의 글은 '인도계 재외동포'(Persons of Indian Origin)로 분류될 수 있는 인도인들을 대상으로 한 연구물이다. 지역별로 연구자의 학문적인 배경에 균질성이 결여되어 있지만 이 글들이 다루고 있는 주제는 종교, 사회조직, 젠더, 언어, 관광, 인구·지리, 초국가주의 등으로 다양함을 보여주고 있다. 특히 대규모 인도계 재외동포가 거주하고 있는 동남아시아, 아프리카, 남태평양을 연구지로 선정함으로써 카리브 해 일대를 제외한 대표적인 지역권의 인도계 재외동포를 연구한 셈이다. 인도계 재외동포에 대한 본 연구물과 외국 학자들에 의해 수행된 연구물들을 토대로 하여 인도인 디아스포라 가운데 인도계 재외동포에 대한 일부 특징을 다음과 같이 규명할 수 있을 것이다.

첫 번째, 세계적으로 산재해 있는 인도계 재외동포들은 결코 동질적인 성격의 집단이 아니라는 점이다. 이들은 언어, 종교, 출신 지역 면에서도 다양하며, 당시 이들은 계약노동제, 캉가니 체계, 자유 승객 등으로 이주 경로 면에서도 그 다양성을 보이고 있다. 대체로 노동자의 신분으로 간 인도인들의 삶의 조건은 매우 열악하였으며, 자유 승객으로 간 상인들도 행상을 필두로 하여 고군분투하였다. 특히 계약노동제로 이주한 인도인의 일상적 삶은 초과노동, 저임금, 영양실조, 고질적 질병, 취약한 거주와 의료 시설, 구타와 벌금부과 및 구금 등의 육체적 고통이 따랐다. 더 나아가 노동자들은 노동도구 이상으로 여겨지지 않아 이들의 정신적 및 정서적 고려는 전혀 없었다.

두 번째, 그 강도에는 비록 차이가 있을지라도 이들 대부분은 인도인 종족적 정체성을 유지해 왔다. 정체성 유지에 인도인 종교와 언어는 큰 역할을 하였으나 '인도인'이라는 대범주적 정체성은 초기부터 주어진 것이 아니었다. 특히 정착국의 원주민, 유럽인들, 인도인들 간의 사회·문화적, 정치·경제적 상호작용 속에서 '인도인' 정체성은 구성되었음을 알 수 있다.

세 번째, 대부분의 인도계 재외동포들은 경제적으로 열악한 일부를 제외하면 경제적으로 원주민보다 우월한 지위에 있다. 이러한 것은 낯선 곳에 정착한 인도인이 대부분 힌두 사원과 모스크를 중심으로 공동체를 재건하였으며, 이주 초기부터 이들 종교기관에서 운영되는 학교를 통해 교육의 기회를 갖게 되었기 때문이다. 더 나아가 일부 지역의 인도계 재외동포는 자신들이 처해 있는 정치, 경제적 기회의 한계를 일찍이 인식하고 교육을 통해 자녀의 미래를 개척하고자 했으며, 이러한 결과 현지에서 인도인 전문가 집단이 활발히 활동하게 되었다.

네 번째, 지역에 따라 다소 차이는 있지만 인도계 재외동포들이 경제적으로 풍요롭고 종족적 정체성 또한 뚜렷한 편이지만, 모리셔스를 제외한 대부분의 인도계 재외동포들은 소수자로서의 지위를 벗어나지 못하고 있다. 특히 여러 면에서 인도인과 원주민간의 관계를 조작하였던 식민세력의 힘이 사라진 각 지역의 독립 이후 인도인들이 원주민에 비해 경제적으로 더 잘살고 있다고 인지될 때 인도인은 원주민의 조직적 저항에 직면하게 된다. 이러한 상황은 가이아나, 피지, 우간다 및 남아공에서 이미 전개된 바 있다. 특히 토지와 같은 중요 자산에 대한 접근성을 둘러싸고 인도인과 원주민간의 종족 집단 간 갈등은 심화되고 있다.

본 연구서는 10명의 연구자만의 노력의 산물은 결코 아니다. 우선 한국사회에서 국제적 이주와 디아스포라 연구라는 척박한 인문사회분야 연구를 장기적이고 안정적으로 연구할 수 있는 기회를 제공해 준 한국 학술진흥재단에 고마움을 표하고 싶다. 또한 본 연구를 위한 단기 현지조사에서 연구자들을 적극적으로 도와주고 특히 바쁜 일과 속에서 심층 인터뷰에 응해줄 뿐 아니라 자신들의 일상생활을 연구자들에게 개방해준 케냐, 남아프리카 공화국, 말레이시아, 피지에 거주하고 있는 인도계 재외동포들에게 가장 큰 고마움을 표하고 싶다.

본 연구서에 이어 2005년부터 2006년에 걸쳐 수행될 인도인 디아스포라 연구는 소위 서구 산업선진국과 걸프지역에 거주하는 '재외 인도인'(NRI)에 대한 것이다. 유럽 열강의 아시아 지역 침투로 인해 본격 시작하여 20세기 후반 초국가적 이주민 공동체의 형성에 이르기까지 인도인 디아스포라를 비롯한 아시아 디아스포라(Asian Diasporas)의 사회와 문화에 대한 총체적 연구에 본 연구물들이 선행 연구로서의 역할을 미약하게나마 할 수 있었으면 하는 바램이다.

제1부
말레이시아의 인도인 디아스포라

동남아 지역으로의 인도인 이주

동남아 지역과 인도와의 문화적 연계는 역사적으로 흥미진진한 분야 중의 하나이다. 인도문화가 이 지역에 유입된 것은 기원 전 부터이며, 오랜 기간 문화적 접촉으로 말미암아 동남아 각국의 사회문화 전반에 인도문화가 폭넓게 영향을 끼치고 있다. 이 지역의 문화적 기원과 형성과정은 인도문화의 영향을 빼 놓고는 이야기를 할 수 없다. 하지만 이런 문화적 접촉은 전쟁이나 약탈이 아닌 교역이나 이주를 통한 평화적인 방식으로 진행되었다는 특징이 있다.

언제부터 인도인들이 동남아 지역으로 이주를 시작했는지에 대해서는 학자에 따라 의견이 분분하다. 인도인 이주의 흔적은 동남아 지역의 언어, 문학, 종교, 철학, 예술, 조각, 관습 등 여러 분야에서 나타나고 있다. 인도문화의 영향은 유명한 앙코르와트 사원을 비롯하여 동남아 여러 지역에 산재하고 있는 힌두 사원에서 구체적으로 드러난다. 하지만 근대 이전에 인도에서 동남아로 이주한 주민의 숫자는 아주 적었다. 대규모의 집단 이주가 시작된 것은 19세기에서 20세기에 이르는 기간 동안에 식민지 정책의 결과로 나타났다.

19~20세기 동안 당시 동남아 지역의 영국, 프랑스 그리고 네덜란드 령 식민지로의 인도인 이주는 크게 두 가지 방식으로 이루어졌다. 하나는 대규모 플랜테이션이나 철도부설 등 건설현장 노동자들에게 해당하는 계약제(indenture system) 또는 캉가니(Kangani) 체계의 계약노동방식이며, 다른 하나는 상인, 사무직, 하인, 사업가 및 전문직 종사자 등이 주를 이루는 자유 이주 또는 통과 이주의 방식이다.

영국, 프랑스 및 네덜란드 식민지에서 노예사용이 금지되자 이들 식민지의 사탕수수, 차, 커피, 코코아, 쌀 그리고 고무를 재배하는 플랜테이션 농장에서는 심각한 노동력 부족이 야기되었다. 그 결과 부족한 노동력을 충원할 수 있는 대안 지역으로 인도와 중국의 노동력 시장이 주목을 받게 되었다. 1852년에서 1937년 사이에 대략 2백만 명의 인도인이 말레이로, 그리고 2백 5십만 명이 계약 노동자로 미얀마로 갔다. 특히 1911년에서 1930년 사이에는 대규모의 노동자들이 말레이 반도로 이주했으며 이 기간 동안 해마다 대략 90,000명의 노동자가 충원되었다. 이러한 식민지역들은 지리적으로 인도와 가까운 곳에 위치하고 있었기 때문에, 대부분의 이주민들은 3년이나 5년 정도의 계약기간을 마치면 인도로 되돌아갔다. 하지만 이들 지역에서도 1920년 이후 인도인 노동자 수요가 줄어듦에 따라 단기간 출장 후 본국으로 돌아가는 계약노동 이주가 아닌 개인적 자유 이주 또는 비 계약 이주가 늘어났다.

19세기 후반에서 20세기 전반기에 두 번째 형태의 이주 즉 자유 또는 통과 이주를 한 사람들은 주로 무역업자와 기술자들이었으며, 지역적으로 살펴보면 주로 미얀마와 말레이시아로 이주하였다. 이들은 대개 전통적으로 상업이나 무역업에 종사해온 중소규모 자본가 즉, 우타르 프라데쉬 주 출신의 바니야(Baniyas)들과 라자스탄의 마르와리(Marwari), 타밀나두의 체티야르(Chettiyar)들이었으며, 펀잡 및 우타르 프라데쉬 주 등에서 기술자로 이주한 사람들도 많았다. 한편 인도 독립 직전에는 현재 파키스탄에 속하는 서 펀잡인 상당수가 로 태국으로 이주하였다.

2차 세계대전 이전까지만 해도 말레이시아 등 동남아에 거주하는 인도인들은 자신들이 거주하고 있는 국가의 정치나 사회구조에는 거의 관심을 두지 않았다. 그들의 관심사와 활동은 출신지(모국)에 쏠려 있었으며, 출신지와 경제적, 정서적 그리고 정치적으로 강한 연대를 맺고 있었다. 특히 말레이시아에 거주하는 인도인들은 인도의 저명한 지도자들 특히 네루, 타고르 또는 스리니바스 샤스트리 같은 인사들이 말레이시아, 싱가포르 등 인도인들이 대규모로 이주한 지역을 정기적으로 방문하기도 하였다. 말레이시아의 인도인들은 인도국민군 (Indian National Army)이 창설되기도 하였다. 1942년에서 1945년 사이 수많은 인도인들이 인도독립을 위하여 인도국민군에 지원하였다. 인도 독립 이후에는 대규모 이주의 계기가 되었던 플랜테이션이 쇠퇴함에 따라 동남아지역으로의 이주가 급격히 감소하였다. 이들은 주로 사업가나 다른 전문 직종에 종사하는 사람들이었다. 최근에는 동남아지역의 수많은 회사에 인도인들이 전문직 종사자로서 참여하고 있다. 현재 인도인 인구가 160 만 명에 이르는 말레이시아는 아시아 지역에서 미얀마 다음으로 많은 인도인이 거주하고 있다.

다종족 사회 말레이시아의 소수자

말레이시아 인도인 디아스포라의 역사는 1830년대 이후에 대규모 계약노동자와 함께 시작된다고 할 수 있다. 18세기 후반에도 인도인들이 말레이 반도에 이주하였지만, 대개 무슬림 사업가, 무역가로서 큰 집단을 이루지는 않았다. 19세기 이후 대규모 이주는 유럽 제국주의의 팽창과 밀접하게 연관된다. 당시 말레이 반도는 영국의 식민지 하에서 해협식민지와 말레이 연합주 그리고 말레이 비연합주로 나누어져 있었다. 영국의 말레이 분할 정책은 1826년 싱가포르, 말라카(Melaka), 페낭(Penang)을 해협식민지(Straits Settlement)라는 단일 행정체계로 편입시키면서 시작되었다. 그 후 1896년 페락(Perak), 셀랑오르(Selangor), 파항(Pahang), 네게리 셈빌란(Negeri Sembilan) 등 네 개주를 말레이 연합주(Federated Malay States)를 통합하고, 1909년에 말레이 북부의 케다(Kedah), 페를리스(Perlis), 클란탄(Kelantan), 트렝가누(Trengganu) 및 반도 남단의 조호르(Johor) 주를 합쳐 말레이 비연합주(Unfederated Malay States)를 결성하였다.

영국 정부가 말레이 반도를 분리한 것은 식민지 경제를 효율적으로 경영하려는 영국 식민지 당국의 의도가 작용하였다. 물자 수송에 절대적으로 필요한 해협식민지는 직접 관할하고, 주석 및 고무 농장이 많은 말레이 연합 주는 부분적인 자치만을 허용하며 비교적 경제적 가치가 적은 말레이 비연합주는 느슨한 간접통치를 하였다. 아울러 다양한 종족집단을 각기 다른 경제적 영역으로 분할함으로써 종족 간 결속과 분쟁을 방지하여 노동력 통제를 보다 용이하게 하였다. 결과적으로 말레이인은 주로 농촌지역에 거주하면서 농업에 종사하고, 중국인은 도시 및 광산지역에 거주하면서 상업 부분에 종사하였으며, 인도 타밀인들은 주로 플랜테이션 농장의 노동자로 고용되었다.

하지만 2차 세계대전 중 일본군의 말레이 점령은 잠재해 있던 종족집단 간 갈등을 표면으로 떠오르게 한 계기가 되었다. 전쟁으로 인한 물자부족과 산업구조의 변화로 말미암아 종족 간 거주지 분화가 흐트러졌을 뿐 아니라, 일본군의 패퇴와 함께 말레이인과 중국인간의 다툼과 갈등이 유혈사태로 이어졌다. 1945년 8월 15일 이후 3주간에 걸친 항일 중국 인민게릴라들의 말레이인 학살과 1969년 선거이후 인종폭동 사건을 겪으면서, 말레이시아 정부 및 집권정당은 말레이인을 우대하면서 비 말레이인을 융합하려는 종족 분리정책을 견지하였다. 특히 1971년 수립된 신경제정책(New Economic Policy)은 말레이인 우대 정책의 대표적인 사례이다. 신경제정책은 중국계를 희생하고 말레이 내부에도 계층 간 불균형이 발생하였으며, 비 말레이계 소수 종족들의 불만이 팽배하는 등의 문제점이 노출되었다.

이와 동시에 산업화의 진행으로 농촌지역에 주로 거주하던 말레이인들이 도시로 이동하면서, 말레이 인들과 비 말레이 인들 사이에는 갈등이 증폭되었다. 이러한 상황에서 말레이계 국민과 정부는 강력한 이슬람화 정책으로 말레이 인들의 정체성과 권익을 보호하고자 했다. 말레이시아 정부는 70년대에 정치체제를 대폭 개편하고, 빈곤해결과 사회통합을 위한 신경제정책을 시행하였다. 그러나 이 정책은 '부미푸트라'로 불리는 말레이계 국민들의 경제적 구제에 초점이 맞추어져 있었으며, 결과적으로 비 부미푸트라들은 상대적 박탈감을 갖게 되었다.

이러한 이슬람화는 자연히 반작용을 불러왔다. 이슬람으로 개종하지 않고 나름의 관습과 문화를 유지하는 중국인이나 인도인들은 상대적으로 차별을 받게 되기 때문에 저항과 불만이 고조되었다. 이들은 이들대로 더욱 자신들의 관습과 문화를 고수하려고 하는 보수적인 태도를 보였다. 따라서 대규모 이주민들의 유입과 정착으로 산업화의 주변부에 머물던 말레이계 국민을 보호, 구제하고자 했던 이슬람화 과정은 결과적으로 비 이슬람인들로 하여금 자신들의 이질적 정체성을 오히려 강조함으로써 자신들의 존재를 확인하려는 비 통합적 태도를 견지하도록 유도했다고 할 수 있다.

인도인의 경우, 이러한 이질적 정체성을 표현하는 도구가 된 것은 타밀 힌두교와 타밀어였다. 인도인 이주민들은 중국인에 비해서도 훨씬 소수일 뿐 아니라 플랜테이션의 쇠퇴와 함께 상당수가 도시지역으로 이동한 상태였기 때문에 생존권을 놓고 치열한 경쟁을 해야만 했다. 이러한 상황에서 '인도인'으로서의 단결심과 사회-문화적 경쟁력의 강화는 무엇보다도 중요한 방편이었다. 또한 이것이 가능했던 배경에는 말레이시아의 인도인 80%가 타밀 출신으로 종교문화와 언어를 공유하는 비교적 동질성이 강한 디아스포라의 성격을 이미 가지고 있었다는 점을 가장 먼저 들 수 있다.

말레이시아의 인도인들은 대부분 사회적 약자에 속한다. 말레이시아에서 중학교 수준까지는 무상교육이지만 인도 이주민들은 아직까지 이런 기회를 제대로 이용하지 않고 있다. 말레이시아에 있는 타밀학교는 1963년에 720개에 이르던 것이 2000년에는 526개교로 줄어들었다. 원인은 타밀 공부에 대한 열정이 식고 있기 때문이다. 인도인들 대부분은 아직도 플랜테이션 농장에서 일을 하고 있으며 경제적 수준과 교육정도에 있어서도 말레이시아 평균치 이하에 머물고 있는 실정이다. 그 결과 일인당 평균소득 역시 말레이시아 평균에도 미치지 못하고 있다. 수 십 년간 말레이시아에서 살아오기는 했지만 인도인이 말레이시아에서 국적을 획득하기 위해서는 법적으로 어려운 과정을 거쳐야한다. 인도 이주민으로서 10~15년을 계속거주하고 말레이시아인 배우자와 혼인한 경우에만 선택적으로 말레이시아 영주권을 취득할 수 있다.

인도 이주민 공동체는 대개 성지순례, 관광 및 사업차 방문을 통하여 인도와 연계를 유지하고 있다. 이들은 자신들의 고향사람들과 끈끈한 유대를 맺고 있으며 고향의 하부시설 즉 고속도로나 항구 등을 건설기금을 보태는 등 간접적으로 참여하고 있다. 말레이시아에 있는 인도인들의 협회 또는 조직은 인도와의 교육적 연계 때문에 형성된 것이 여럿 있다. 이런 조직에는 인도 대학졸업생 재 말레이시아 협회(MAIUG), 전 세계 인도출신자 연맹(GOPIO), 인도 말레이사 의대 졸업생 학회(SOMGRIM) 등이 있다. 말레이시아 대학에는 인도학과가 있어 주로 타밀어를 가르치고 있다. 힌디를 가르치고 있는 학교와 인도 고전음악과 춤을 전수하고 있는 기관도 여럿 있다. 이들은 인도가 말레이시아의 큰 시장이 되길 바라고 있다.

말레시이아의 인도인들은 다종족 사회의 소수자로서 자신들의 권익을 지켜줄 만한 뚜렷한 단체나 협회, 조직이 없는 것을 아쉬워한다. 자금력이 있는 일부 구자라티 상인이나 펀잡인들이 결성한 클럽이 두 개 있고, 여러 개의 종교적 조직과 협회가 결성되어 있어 이곳을 통하여 인도인들이 모이고 있기는 하지만 그 어느 것도 대표성을 가지고 있지 않기 때문이다. 또한 타밀어로 발간되는 일간 신문이 두 종류가 있지만 인도 문화의 전파를 전담하는 라디오나 TV방송국은 아직 없다. 1946년에 결성된 말레이시아 인도의회(Malaysian Indian Congress)는 말레이시아 집권당과 연합하고 있으며 현재 말레이시아 국회에 소수이긴 하지만 의석을 차지하고 있다. 그 중 두 사람은 장관이며 두 사람은 차관 그리고 한 사람은 원내 총무를 맡고 있다.

　말레이시아는 아직도 불법노동자 이민이 성행하고 있으며 말레이시아 현지와 결탁하고 있는 인도의 구인 업체들이 거액을 받고 말레이시아 관광 비자를 받는 방식으로 인도인 불법이주를 부추기고 있는 실정이다. 이런 방식으로 일단 말레이시아에 도착하면 플랜테이션 농장이나 건설 공사장의 불법노동자로 취업을 한다. 이들의 임금과 사회적 위치는 열악할 뿐만 아니라 말레이시아 당국에 체포되어 강제로 추방되기도 한다.

　이런 상황을 타파하기 위하여 인도인 이주민들은 인도 정부와 연계하여 인도문화의 이해를 증진할 수 있는 기관을 설립하거나 책자와 자료 등을 구입할 수 있는 재원을 마련하고자 노력하고 있다. 이들은 말레이시아 현지에 인도문화원 설립을 추진하고 있다. 뿐만 아니라 인도 이주민 후손들에게 인도문화를 가르치고 연구할 수 있는 대학을 설립하고자 희망하고 있다. 인도 정부차원에서도 말레이시아에 거주하고 있는 인도계 재외동포(PIO) 사업가들을 위한 경제적 원조정책은 물론 인력자원의 훈련 및 훈련프로그램을 증대시키고 있다.

정 영 주*

Ⅰ. 문제제기

19세기 후반 경 말레이시아의 플랜테이션 산업이 급속도로 성장하면서 대규모의 노동력이 필요하게 되자 영국 식민정부와 농장소유주들은 남부 인도인들을 말레이시아로 이주시키게 되었다. 이후 약 130여년의 세월이 흐른 지금, 인도인들은 말레이시아 총인구의 약 8%를 차지하고 있으며 말레이인, 중국인과 함께 다인종국가의 한 주요한 일부를 형성하고 있다. 인도인 사회가 여러 면에서 성장해 온 것은 사실이나 일부 말레이와 중국인들 사이에서 인도인들을 부정적으로 보는 시각이 늘어나고 있어 인도인 이주 130여년의 역사에 대한 평가를

---

* 전남대학교 인류학과 전임연구원.

내리고 그들의 위치와 미래를 조망해 볼 필요가 있다.[1] 독립 이후 말레이시아의 경제가 눈부시게 성장하는 과정에서 이러한 발전의 뒤안길에 있던 인도인들이 자신의 문제점을 찾고 해결방안을 마련할 목적으로 자신의 사회에 대한 연구를 시작하였으며, 최근에는 말레이시아 인도인의회(Malaysia Indian Congress) 내의 사회전략재단(Yayasan Strategik Sosial)을 중심으로 많은 연구 결과물들이 나왔다.[2] 하지만 최근 2~30년 동안 인도인 사회에서 일어났던 주요한 변화들을 총괄하는 논문은 거의 없는 실정이다.[3] 그 주된 이유가 인도인들이 자발적이며 역동적으로 사회·경제 분야에 참여할 수 있었던 역사가 다소 짧은 점과, 친 부미푸트라[4] 정책을 적극적으로 추진해왔던 말레이시아 정부가 인종간의 경제적 불균형 상태를 그대로 보여줄 경제 관련 자료를 투명하게 공개하지 않은데 있다.[5]

---

1) 최근 일부 인도인들이 폭력과 범죄활동에 가담하여 사회문제를 일으켰던 것과 무관하지 않다.

2) 말레이시아 인도인의회는 말레이시아 인도인들을 대표하는 정당인 동시에 말레이시아 정부의 일부를 구성하고 있다. 말레이시아 인도인의회의 대표, 다토 사미 벨루(Dato Seri S. Samy Vellu)가 주축이 되어 인도인 사회가 직면하고 있는 문제점들을 분석·해결하기 위해 1998년 사회전략재단을 세웠다. 이 재단은 청소년문제 및 소외계층 등에 대한 대책을 세우는 일종의 정책전략단체로서 인도인 사회 재건설에 중추적인 역할을 할 정치인들, 인도인 사회의 지도자들, 비정부조직, 자원봉사자 등 사회지도계층을 연결하는 구심점이 되어왔다.

3) 산두(Sandhu)와 마니(Mani)가 편집한 '동남아의 인도인 사회(Sandhu and Mani 1993)'가 인도인 사회의 다양한 측면을 보여주고 있으나 1993년에 발간되어 최근 십여 년의 연구 성과를 담지 못하는 한계가 있다. 최근 논문들 중 2002년 6월 1일과 2일 양일간에 걸쳐 '새 천년 기를 맞은 인도인 사회의 재건설'이라는 주제로 열린 학술대회에서 발표되었던 논문들이 그나마 인도인 사회의 현황을 설명하고 문제 해결방안들을 제시하고 있다.

4) 부미푸트라는 대개 'Bumiputra'라고 표기하나 필자에 따라서는 'Bumiputera' 혹은 'Bhumiputera'로 표기하는 경우도 있다. 부미푸트라는 사바(Sabah)와 사라왁(Sarawak)을 포함하는 말레이 반도에 거주하고 있는 모든 원주민들, 즉 말레이인들을 총칭하는 것이다.

5) 전국 플랜테이션 노동자조합(National Union of Plantation Workers)의 나바무쿤

　본고에서 필자는 말레이시아 내 인도인 사회의 사회·경제적 위치에 대한 분석을 통해 인도인들의 위상과 그 사회의 성향을 파악하고자 하였다. 이를 위하여 인도인들이 말레이시아인으로서 그 나라에 정착하는 과정을 살펴보고 이를 통해 그들의 현재 모습을 설명하고자 하였다. 먼저 문제제기 차원에서 필자와 인도인들 간의 인터뷰 내용을 간략히 소개하고, 둘째, 사회전략재단이 제공한 통계자료와 기존 연구에 사용된 자료를 바탕으로 인도인 사회의 경제적 현황을 분석할 것이다. 셋째, 영국 식민정부와 말레이시아 정부의 정책이 인도인 사회와 경제에 미친 영향을 분석한 다음, 넷째, 최근 2~30여년 간의 인도인들의 동향을 살펴볼 것이다. 그리고 이러한 연구를 바탕으로 말레이시아 내 인도인 사회의 미래를 조망하는 것으로 글을 맺고자 한다. 말레이시아의 인도인 사회는 식민지배 아래 영국 정치·경제 집단의 필요에 의해 대규모 이주가 이루어진 전형적인 예로서 필자는 한 이주민 사회가 외부와 내부 자극에 반응하고 역 반응하는 하나의 능동적인 실체로 만들어지고 성장하는 과정을 추적하고자 한다.

Ⅱ. 말레이시아 인도인 사회의
사회·경제적 현황

　필자는 2005년 1월, 한달 간에 걸쳐 말레이시아에서 다양한 인도인들과 인터뷰를 가졌다.[6] 인도인 사회의 중추세력인 정치인들, 사회전

단(A. Navamukundan, Executive Secretary)과 틸라이나탄 박사(Dr. R. Thillainathan: Director of Finance, Genting Berhad and past Board Member of Employees Provident Fund)가 이런 점들을 지적하였다.

6) 인터뷰 과정에서 사용되었던 질문들이 각 개인의 지적 수준과 직업 그리고 인터뷰에 보이는 반응 정도에 따라 큰 차이가 있었지만 기본적으로, 본인의 직업과 가족 사항, 형제와 부모의 교육정도 및 직업, 이주를 했던 윗대 선조

략재단 이사장과 소속 연구원들, 기업가들, 노동조합(전국 플랜테이션 노동자조합과 전국교사조합) 지도자들 및 교수, 학생과 일반인들이 인터뷰에 응했다. 이들의 다양한 배경에도 불구하고 인도인 사회의 현 상태와 이에 대한 원인 설명에는 놀라우리만큼 일관성이 있었다. 인터뷰 내용을 개괄적으로 정리하자면: '인도인들 대다수가 빈곤에서 헤어나지 못하고 사회의 비주류로 남아있는데 그 근본원인이 영국 식민정부의 통치정책과 말레이시아 정부의 친 말레이 정책에 있다.' 또한 많은 이들이 인도인 사회가 자체적으로 가지고 있는 문제점들, 특히 체티야르로 대표되는 전통적 부유층이 '역사적으로' 개인의 복리만 추구하고 인도인 사회의 발전에는 전혀 무관심했던 점들이 이러한 제도적 착취를 허용하였으며 그 결과 대다수의 인도인들이 여전히 빈곤 속에 살고 있다고 지적하였다.

인터뷰가 인도인들의 심리적 위축과 위기의식을 잘 전달한 점은 높이 살만하나 근거자료가 없는 하나의 의견일 가능성을 배제할 수 없으므로 인도인 사회의 '빈곤의 실체'를 파악하기 위해서는 통계에 근거한 연구와 분석이 선행되어져야 할 것이다. 그러므로 본 연구에서는 각 가구당 월평균소득, 상장회사에 대한 인도인들의 지분율, 업종별 및 직업군과 전문직에 대한 고용상태 및 고용률 등과 같은 핵심성과지표(Key Performance Indicators[7])를 중심으로 인도인 사회의 경제 상태를 분석할 것이다.

1947년 제2차 세계대전이 끝난 지 약 2년 만에 이루어진 통계조사에

의 이주동기와 생활상, 현 인도인 사회에 대한 개인의 진단, 말레이시아 인도인들의 전망, 미래에 대한 본인의 희망 등이었다. 정치인과 기업인들, 노동자조합 지도자들 및 학자들의 경우 대개 60세 이상이며 영어를 자유로이 구사하였으므로 인터뷰가 위의 질문들에 국한되었던 것은 아니다. 인터뷰에 응한 이들의 일부가 이름을 언급하지 말 것을 요구하였음을 밝히는 바이다.

7) 핵심성과지표란 매출이나 이익처럼 과거 실적을 나타내는 지표가 아니라 미래성과에 영향을 주는 여러 핵심지표를 묶은 평가기준을 말한다.

서 인도인의 일인당 소득(560링기트[Ringgit: 이하 RM])은 중국인(656 RM)에는 훨씬 못 미치지만 말레이인(258 RM)의 2배 이상이었다(<표 1> 참조). 비록 이후 시기의 일인당 소득 통계가 없어 1947년과 직접 비교는 어렵겠지만 1957년 독립이후 각 가구당 월평균 소득치를 미루어 대략적인 모습을 유추해 볼 수는 있을 것이다. 1957년 이후 1976년까지 인도인 가구당 월평균소득(228 RM[1957년]→300 RM[1970년]→364 RM[1976년])은 말레이시아 평균(207 RM[1957년]→261 RM[1970년]→348 RM[1976년])보다 높은 수준을 유지하였다. 반면 1984년에는 소득증대가 둔화되어 말레이시아 평균(488 RM)과 동일해졌다(<표 4> 참조). 1999년과 2002년에는 다시 말레이시아 평균(2,472 RM → 3,011 RM)을 넘어서는(2,702 RM → 2,165 RM) 호조를 보였다(<표 6> 참조). 2000~2002년간 인도인 가구당 월평균소득의 연평균 신장률이 각각 6.2%와 7.4%의 증가세를 보인 말레이인과 중국인에 훨씬 못 미치는 4.1%에 불과하여 성장이 비교적 느렸지만 월평균 소득은 여전히 평균치보다 높으며 말레이인 가구에 비해 상당히 높은 소득수준을 유지하였다.

그러나 상장회사에 대한 지분율(<표 8, 11> 참조)에서 인도인들이 차지하는 비율은 언급이 필요하지 않을 만큼 미미한 수준이다. 1970년에서 2002년에 이르기까지 1.5%를 넘어서지 못했다. 이는 정부 정책차원에서 집중적으로 지원, 급속도로 성장했던 말레이인들(<표 3> 참조)과 비교가 되지 않을 뿐더러 인도인 사회의 고용현황과 경제규모를 감안할 때도 형편없이 적은 수준에 불과하다.

말레이시아의 경제는 1970년부터 1990년까지 약 20년 동안 획기적으로 변화되었다(<표 2, 9, 10, 12, 13> 참조). 농업이 말레이시아의 국민총생산에서 차지하던 비율이 급격히 감소한데 반해 제조업과 서비스업의 성장이 두드러졌다. 이러한 경제성장 기조가 1990년대에도 이어져 2000년에 이르면 농업이 말레이시아 총 국민소득의 8.7%, 제조업 33.4%, 서비스업 52.4%로 3차 산업이 가장 높은 비율을 차지하는 경제구조로 전환되었다. 이러한 변화가 직업구조에도 반영되어 2000년에는 영업과 서비스직, 사무직 및 기술관련 전문직과 관리직의 비율이 급격하게 상승하였다. 이러한 변화는 고등교육 수혜자의 비율이 상승한 것을 반영한 것으로 1967년과 비교해 볼 때 2000년에는 중·고등학교 졸업자가 8%에서 54%로, 대학교육 수혜자도 1%에서 14%로 증가하였다(Thillainathan. 2002: 6).

인도인들의 경우, 1957년에는 약 70.4%가 플랜테이션과 광산업에, 1.8%가 제조업에 종사하였는데, 2000년에는 약 15.1%가 플랜테이션을 포함하는 농업분야에, 62%정도가 제조업과 서비스업에 종사하였다(Ramachandran. 2002: 2). 인도인들은 전문직 중에서도 의업, 치의업, 수의업, 법조계를 선호하여 전체 인구 구성비의 몇 배에 해당하는 많은 전문가들을 배출해내었다. 다른 한편 회계, 건축, 엔지니어링 등의 분야로는 진출이 미비하였다. 2000년 인도인 대학입학자는 고등학교 졸업자의 12.2%로서 말레이인(말레이 반도 거주자에 한함)의 16.7%와 중국인 16.6%에 비해 다소 적지만 인도인의 인구성비에 비해서는 매우 높은 비율이었다(<표 15, 16, 17> 참조).

이상에서 본 바와 같이, 인도 사회의 경제전망은 상당히 밝은 편이다. 각 경제 분야에 있어 인종적 구분이 뚜렷한 말레이시아에서 인도인들의 기업 지분율이 미비하기 때문에 인도인 고등교육자들의 고용기회가 상대적으로 줄어들고, 여전히 가구당 월평균소득이 말레이시아 평균에 훨씬 못 미치는 빈민이 존재하지만 이는 비단 인도인 사회만이 가지고 있는 문제점은 아닌 것이다(<표 5> 참조).[8] 수치상 인도인들은 말레이시아 평균이상의 소득을 벌어들이고 있으며 각 분야에

---

8) 사회전략재단의 이사장인 드니슨 박사(Dr. Denison Jayasoria)는 인도인 사회 내에서 저소득층이 전체 인구의 약 25~30%를 차지하고 있다고 지적하였다. 그러나 인도인들 중 절대빈곤을 겪고 있는 이들은 극소수에 불과하며 그렇기 때문에 더욱 이들을 도와야한다고 말하였다.

서 활약하는 전문가로 구성된 중산층이 형성되어 있다.

그러나 이러한 인도인 사회의 발전의 뒤안길에는 인터뷰에 응했던 이들이 언급했던 것처럼 도시빈민층을 중심으로 사회문제가 심각하게 대두되었다. 2001년 말레이시아 총 인구의 약 62.0%가 도시지역에 거주했던 반면 인도인들의 약 79.9%가 도시지역에 거주하였다(Dept. of Statistics. 2001). 2002년 통계에 의하면 농촌지역의 가구당 월평균소득이 1,729 RM인데 비해 도시거주자들의 월평균소득이 3,652 RM이었던 것으로 미루어 보아 도시지역으로 이주한 인도인들이 이전보다 더 높은 소득을 올렸을 가능성이 컸다(<표 6> 참조). 문제는 이러한 통계수치와 상관없이 발생했다. 전(前) 고무농장 노동자들의 대부분을 차지했던 인도인들은 농장이 공장부지와 택지로 재개발되거나 고무가 노동력이 절반정도밖에 요구되지 않던 팜 오일로 대체되자 도시지역으로 이주할 수밖에 없었다. 이들은 도시에서 단순노동으로 생계를 유지하면서 비싼 집세를 피하기 위해 불법거주지에 삶의 터전을 마련하였다. 대부분의 계약노동자들, 지방정부에 고용되어 있는 거리청소부들, 도로건설인부와 잡일 인부들이 이에 해당하였다. 결국 이들은 도시 빈민계층으로 흡수되어 주로 도시 내 불법 거주지, 공장 근처의 값싼 아파트와 주택이나 도시 외곽지역에 거주하였다.

농촌에서 도시로의 이주는 그들의 생활에 극적인 변화를 가져왔다. 도시에는 다양한 집단이 존재하였고 주거환경도 다양한 만큼 사회문제도 복잡한 양상을 띠었다. 농장에서의 생활이 매일 같은 일을 정해진 시간에 하는 반복적인 성향이 강했던 반면 교대업무 위주인 공장 근무에는 그러한 안정성이 결여되어 있었다. 이주로 인해 일종의 사회 보호막과 제어장치 역할을 하던 친척이 사라지고 가족 간의 유대감이 사라짐으로써 가장 큰 타격을 입은 것은 청소년들이었다. 특히 새로운 환경 속에 적응하는 가운데 가족이 기본적으로 가지고 있는 사회기능도 그 역할을 하지 못하고, 자녀교육에 대한 관심도 낮아져 많은 청소년들이 학업을 중단하고 거리로 나서 비행청소년으로 전락하는 경우가 많았다.[9] 대부분의 불법 거주 지역에는 도서관과 같은 공공시설이 부족하였으며 사회적 기능을 가진 이웃이 존재하지 않았다. 이러한 빈 공간을 갱단이나 범죄요인들이 파고들게 되었다(Ramachandran. 2002: 2~3).[10] 결국 토지개발과 산업화라는 정부정책에 의해 도시로 이주할 수밖에 없었던 많은 인도 노동자들은 정부정책의 희생양이었다.

이상에서와 같이 인도인 사회가 안고 있는 빈곤의 문제는 절대적이기보다는 상대적이었다. 다만 사회문제가 대부분 빈곤으로부터 출발하였으며, 인도인들이 이러한 빈곤을 영국 식민 시절부터 현재에 이르기까지의 정책적 차별에서 기인한 것이라고 믿기 때문에 더욱 강조되어진 것이다. 그러므로 다음 장에서는 영국 식민정부와 말레이시아 정부의 경제정책에 대해 살펴보고 특히 고무농장의 사회구조, 토지개발과 산업화가 인도인들에 어떤 영향을 미치게 되었는지 자세히 알아보도록 하겠다.

Ⅲ. 영국 식민통치 하의 고무농장과 인도인 노동자들

1. 인도인의 분열적 사회구조를 이용한 고무농장 경영

1786년 케다(Kedah)의 술탄으로부터 페낭(Penang)을 양도받았던 영

---

9) 특히 중학교 중퇴자들이 반사회적 행위를 할 확률이 높다는 설이 있다. 청소년 범죄와 관련해서 많은 글들이 사회전략재단 홈페이지에 실려 있다. (http://www/yss98.com.my/)

10) 인도인 사회가 다른 인종사회에 비해 더 많은 수의 학교중퇴자를 배출하며; 알코올중독이 가장 심하며; 마약중독자와 감옥수감자의 수가 인구 구성비로 볼 때 가장 높고; 인도인 갱의 수가 가장 많고; 소위 '심각한' 범죄의 약 60%가 인도인에 의해 저질러진다는 통계는 그 사회가 안고 있는 문제점을 확연히 보여주고 있다.

국인들은 이후 말라카와 싱가포르를 포함하는 말레이 반도 전역을 지배하게 되었다(Tarling. 1998: 17~8; Pluvier. 1974: 12~13; Donnison. 1956: 136).[11] 당시 말레이시아는 인도와 중국 간의 중개무역지로서 중요한 위치를 차지하고 있었다. 영국이 말레이시아에 대한 통치권을 확립해나가는 동안 새로운 사업 기회를 엿보고 있던 영국 투자자들은 현지경험이 많은 중개인들과 계약을 맺고 무역 외 타 분야에 대한 사업투자를 시작하였다. 이들은 기존의 주석광산에 호주인들이 고안했던 기계를 도입하여 대량생산을 시작하였고, 또한 고무나무 씨앗을 말레이시아 전역에 뿌려 고무 산업을 일으켰다. 이로 인해 쌀 생산과 중개무역 위주이던 말레이시아 경제는 주석과 고무 산업을 바탕으로 하는 수출경제로 변화되었다.

제1차 세계대전 발발을 전후하여 고무수요가 급속히 증가하자 영국 식민정부는 유럽자본을 끌어들이기 위해 도로와 철도와 같은 인프라가 이미 구축되어 있는 최적의 조건을 가진 땅을 첫 25년간은 무상의 조건으로 999년 동안 임대하였다. 그리고 고무생산의 극대화를 위해 노동집약적인 농장제도를 장려하였으며, 농장설립을 위한 재정지원과 세금혜택도 주었다(Ramachandran. 1994: 30~35). 또한 영국 식민정부는 값싼 노동력을 확보하기 위해 인도인과 중국인 노동자들을 대규모로 이주시켰다(Short. 1975: 254).[12]

---

11) 영국인들은 페낭, 말라카, 싱가포르를 식민지로 삼았으며, 말레이 반도에서는 술탄의 권위를 일부 인정하면서도 직접·간접통치방식을 이용해 영국의 지배권을 확립해나갔다. 반면 사라왁(Sarawak)과 사바(Sabah)는 각각 브룩(Brooke) 집안과 영국 북 보르네오회사(The British North Borneo Co.)의 지배를 받았다. 이들이 현 말레이시아를 구성하고 있다.

12) 영국이 말레이시아 고무산업을 구축하는 과정에서 원주민 말레이인들 대신 인도인과 중국인들을 이주시켰으며 그 결과 말레이시아의 인구구성비가 완전히 바뀌게 되었다(영국 식민정부가 말레이인들 대신 중국과 인도인들을 이주시켰던 이유에 대해서는 학자들 사이에서도 논쟁이 분분하다. 라마찬드란이 그 내용을 잘 정리하고 있다(Ramachandran. 1994: 40~44)). 1947년 말레이 반도에서 이주민들이 차지하는 비율이 중국인 34%, 인도인 15%로서 말레이

영국인들은 말레이시아 내 인종들을 '분리시켜 통치'하는 방식을
택하였는데, 각 인종집단의 고유한 종교와 언어, 관습을 지속시키는
한편 경제 분야에도 그들의 고유영역을 유지시킴으로써 큰 마찰 없이
말레이시아를 통치할 수 있었다.[13] 이러한 분리통치 방식이 가장 잘
적용된 것이 인도인 사회였다. 영국 식민정부는 카스트제도를 비롯하
여 이미 인도에 내재되어있던 '분열'(division)을 이용하여 인도 이주민
들을 말레이시아 경제구조 속에 재배치하는 등 인도인의 대규모 이주
그 자체를 디자인하였다고 보는 것이 대부분의 인도인들의 주장이다
(Sandhu. 1993: 153~54, 160~62, 166~67; Arasaratnam. 1993: 190~93;
University of Malaya. 1985?).[14] 이러한 주장을 뒷받침하는 단적인 예가
고무농장이었다(Jain. 1970; Ramachandran. 1994: 93~114; Muzaffar. 1993:
215). 고무농장은 유럽인 관리자, 중간관리자, 캉가니, 일반노동자로
이어지는 엄격한 위계질서가 존재하는 하나의 자족적인 사회였다. 유
럽인 소유 고무농장의 노동자는 대부분 남부 인도인들이었는데 이들
이 유럽인 관리자와 직접 대면하는 일은 흔치 않았다(Sandhu. 1993:
152~53; Ramasamy. 1994: 23~24).[15] 유럽인 관리자가 중간관리자에

인 49%에 맞먹는 수준에 이르게 되었던 것이다. 이러한 인구구성비는 말레이
시아가 독립하는 1957년에도 그대로 지속되었다. 1957년에는 말레이인 50%에
대해 중국인 37%, 인도인 11% 그 외 외국인 2%로서 말레이인에 대한 타 인종
의 비율에는 변화가 없었다.

13) 인도와 중국인들의 이주 이후, 말레이인들은 대체로 쌀 생산자, 소규모 고무
생산자, 지역정부의 말단공무원, 인도인들은 고무농장 노동자, 정부산하 인부,
관료; 중국인은 주석광부, 자영업자, 사업가 등의 전형이 만들어지게 되었다.

14) 하지만 말레이시아에는 남부 인도인인 타밀인들이 이주하기 이전에도 많은
북부 인도인들, 스리랑카 타밀, 인도 무슬림들이 무역업, 상업, 대금대여업 등
의 분야에서 활동하고 있었으며, 말레이시아 경제가 급성장하는 과정에서 자
의로 이주한 이들도 있었다는 사실이 감안되어야 할 것이다.

15) 영국인들이 남부 인도인들을 농장 노동자로 선택하였던 이유는 힘든 육체노
동을 견딜 수 있는 그들의 신체적 조건과 '복종적 태도' 때문이었다. 이외에
도 인도가 지리적으로 가까웠을 뿐 아니라 영국의 식민지배하에 있었던 점이
크게 작용하였다. 영국인들은 말레이시아에 고무농장을 설립하기 이전에 이

게 자신의 지시사항을 하달하면 이는 관리자층과 노동자를 연결하는 역할을 하던 캉가니에게 전달되어 일반 노동자들에게 전해졌다. 유럽인 관리자는 엄격하며 권위 있는 '아버지'와 같은 존재로 묘사되었으며 필요에 따라서는 노동자들에게 체벌을 가할 수 있었다. 캉가니와 일반 노동자들이 비슷한 배경을 가지고 있었던 데 비해 중간관리자들은 영어교육을 받은 북부 인도인, 스리랑카 타밀인 등이었다. 당시 영어 교육은 관리직이나 전문직으로 나가기 위해 필수적이었는데 대부분의 노동자들이 재정적으로 이를 감당할 수 없었다(나바무쿤단[전국 플랜테이션 노동자조합]: 인터뷰, 1월 17일 2005).[16] 그러므로 노동자의 자녀들은 일반적으로 농장 내 타밀학교에서 교육을 받았으며 6년간의 정규교육이 교사부족 및 교재부족 등을 이유로 4년 만에 끝나는 경우도 허다하였다. 결국 이들은 간단한 교육을 받은 이후 잡초를 뽑거나 고무를 채취하는 농장노동자가 되었다. 노동자의 자녀들이 중간관리자로 승격되는 일은 거의 일어나지 않았다(Sandhu. 1993: 164~65).

영국인들은 카스트제도라는 사회적 위계질서에 전통적으로 순종해오던 인도인들이 농장내의 가부장적인 위계질서에도 순응하도록 유도하였고, 이를 바탕으로 노동자들이 농장관리자의 권위에 도전하는 것을 허용하지 않았다. 이러한 질서에 위배되는 행동을 했을 경우 목숨을 잃을 수도 있었다.[17] 결국 농장 소유주와 경영인들은 노동자들이 농장 안에서 자급자족적인 생활을 할 수 있는 최소한의 설비를 제공하여 그들의 삶을 농장 내로 제한, 바깥 세상과 단절되도록 하였고,

---

미 스리랑카에서 커피를 경작하면서 남부 인도인들을 고용했던 경험을 가지고 있었다. 그 결과 대부분의 농장작물 재배자들이 남부 인도어를 구사하였으며 그렇지 않은 경우에도 영어를 구사하는 인도인들을 고용, 인도인 노동자들을 관리·감독하는 것이 용이하였다.

16) 농장노동자들의 자녀가 영어교육을 받기 위해서는 농장 밖을 나가야 했으므로 관리자의 허락이 별도로 필요하였다.

17) 틴커의 경우 농장 관리자를 '중세장원의 영주', 알렌의 경우 '왕'에 비교하였다(Tinker. 1977: 98; Allen. 1983. Ramachandran. 1994: 101에서 재인용).

그 안에서 노동자들이 엄격한 사회 계층구조에 순종하여 지속적으로 고무를 생산하기를 원했다.

2. 1920~30년대 노동쟁의를 통해본 인도인들의 노동의식 변화

이상에서와 같이 영국인 농장관리자들은 노동자들이 고무생산에 방해가 되지 않도록 복종적인 태도를 유지할 수 있게 하는 사회적 장치를 농장 내에 심었다. 그럼에도 불구하고 인도인 이주 반세기에 이르는 1920~30년대에 오면 이러한 인위적 질서가 흔들리는 조짐을 보이기 시작하였다. 이전에는 단순히 농장에서 탈출하는 것으로 가혹한 처벌과 비참한 노동현실을 면하려했던 노동자들이 스트라이크와 같은 단체행동을 통해 자신의 사회경제적 상황과 조건들을 개선하고자 하였던 것이다. 이러한 움직임의 원인에 대해 영국 학자들은 일반적으로 세계경제공황에 따른 농장관리자들의 조치가 강압성을 띠면서 스트라이크를 촉발시켰다고 인식하였다(Brown. 1997). 즉, 고무수요가 줄어들고 고무가격이 급락하자 농장관리자들이 임금을 삭감하고 일부 노동자들을 해고하거나 인도로 돌려보내는 등의 조치를 통해 문제해결을 시도하였으나, 이를 집행하는 과정에서 강제성을 띠어 노동자들이 이에 반발하였다는 것이다. 이러한 해석이 완전히 틀린 것은 아니었다. 특히 고무가격의 하락에 따른 임금삭감 문제는 노동자들이 가장 반발하였던 주요 이슈였다.

그러나 1920~30년대에 일어났던 스트라이크의 원인과 성격을 규명하기 위해서는 앞서 1910년대에 일어났던 스트라이크를 분석해볼 필요가 있을 것이다. 1912년 말 셀랑오르(Selangor) 지역, 1913년 4월 페락(Perak) 지역, 1915년 다시 셀랑오르 지역에서 인도인 노동자들이 스트라이크를 벌였는데 그 이유는 농장 관리자 측이 병원과 물 공급과 같은 기본시설들을 제공하지 않아 노동자들이 질병에 걸려 희생되는 일이 빈번하게 발생하였으며, 노동자들을 터무니없이 가혹하게 처벌함으로써 그들의 반발을 샀기 때문이었다.[18] 1920년 페락에서는 한 캉가니가 관리자 앞에서 신발을 벗지 않았던 것을 이유로 농장에서 추방됨으로써 시위가 시작되기도 하였다.[19] 사실 1910년대는 캉가니 제도가 본격적으로 실시되어 캉가니들이 노동자들을 감독·관리함으로써 관리자층과의 마찰을 줄여나가던 때였다. 그럼에도 불구하고 스트라이크가 발생했던 것은—그 스트라이크가 대부분 일회성에 지나지 않았으나—농장 노동자들 간에 관리자층에 대한 불만이 이미 오랜 기간 쌓여있었기 때문이라고 해석하여도 별 무리가 없을 것이다.

1920년대 이후에는 더욱 다양한 이유들이 시위거리가 되었다. 일당고정제(daily wage fixing) 문제, 지역 간 임금격차, 인종 간 임금격차, 고무가격 상승이 임금에 반영되지 않은 점, 임금삭감 및 임금 미지불과 지불 연기와 같은 임금문제 뿐 아니라 이제 관리자층과의 사소한 논쟁조차도 시위의 빌미를 제공하였다. 이전과 다른 점을 들자면 중간관리자가 내린 처벌에 불만을 품고 시위를 시작하여 그 중간관리자를 자신들이 직접 구타하거나, 노동시간외 고무액을 담은 컵을 씻은 것에 대해 초과수당을 요구하고, 타 지역의 중국인 노동자들이 벌인 시위를 지원하는 목적으로 시위를 벌이는 등 예전과는 달리 의도적으로

---

18) 시위장소 및 구체적인 요구사항에 대해서는 라마사미(Ramasamy. 1993: 43~48)를, 1910년대 농장노동자들이 농장을 건설하는 과정에서 얼마나 많이 희생되었는가는 리머와 알렌(Rimmer and Allen. 1990: 30~36)이 상세히 기술한 바 있다.

19) 고용주들이 리쿠르팅 회사를 통해 노동자들을 공급받던 1880년대와 90년대는 노동자들에 대해 훨씬 더 잔혹하였다. 점차적으로 캉가니 제도가 도입되면서 농장노동자중 한 명인 캉가니가 자신의 마을로 돌아가 직접 인도인들을 채용하였다. 캉가니들은 노동자와 관리자간에 중재자역할을 하는 한편 노동자들을 관리하고 그들의 불만과 요구사항을 관리자 측에 전달하여 마찰을 사전에 방지함으로써 농장 내에 안정과 질서를 유지하는 역할을 하였다. 그러므로 관리자조차 캉가니를 함부로 대하지 않는 것이 일반관례였다. 그럼에도 불구하고 캉가니가 엄격한 가부장적 질서를 무시하는, 즉 관리자층에 대해 예우를 다하지 않을 경우 처벌을 면할 수 없었다.

시위를 이용하였으며 폭력적이었다.

1930년대 중반이후 농장노동자들의 스트라이크는 현저하게 늘어났다. 라마사미는 이러한 현상을 설명하기 위해 당시 많은 인도인 노동자들이 '말레이시아를 조국(Home)으로 생각'하기 시작했기 때문이라는 바우어의 해석을 받아들였다(Bauer. 1948: 234. Ramasamy. 1994: 47에서 재인용). 그의 해석대로 일부 인도인들이 말레이시아에 정착을 결심하면서 자신의 사회·경제적 위치를 개선하기 위해 적극적으로 시위에 참여했을 가능성도 없지 않았다. 그러나 인도인들은 본국과의 결속이 유난히 강했으며 인도 정부가 말레이시아에 거주하는 인도인 노동자문제에 적극적으로 개입하고 있던 상황에서 말레이시아를 체류지가 아니라 영원한 정착지로 여기는 인도인들의 수는 제한되어 있었다. 인도인들이 1960년대에 이르기까지 여전히 이중국적 소유문제를 두고 논쟁을 벌이는 등 인도와의 관계를 지속시키기를 원하여 말레이인들로부터 '아웃사이더'로 비난을 받았던 점(Brown. 1993: 250~81) 등을 미루어볼 때 바우어의 연구결과를 빌어 1930년대 시위의 성격을 규정하는 데는 다소 무리가 있다.

필자는 1930년대 중반이후의 상황은 그동안 관리자층에 대해 불만을 누적시켜왔던 인도인 노동자들이, 스트라이크를 통해 임금을 상승시켰던 중국인들의 단체행동에 고무되었을 뿐 아니라 자신들도 같은 방법을 통해 이미 여러 차례 양보를 받아낸 바 있었기 때문에 더욱 적극적으로 행동에 나선 결과라고 본다. 더욱이 1938년 인도 정부가 인도인들의 대 말레이시아 이주를 금하면서 노동자 신규공급이 중단되자 농장 소유주와 관리자들이 기존의 노동자들에 대해 회유정책을 펴지 않을 수 없었던 점도 하나의 원인제공을 하였을 것이다.[20] 이 시기에 이르면 스트라이크는 1910년대와 같이 '감정'이 격앙된 상태에

---

20) 인도 정부가 인도인들의 대 말레이시아 이주를 금한 배경과 이유에 대해서는
   라마사미(Ramasamy. 1994: 54~56)를 참조하기 바란다.

서 일어난 일시적 현상이 아니라 사전에 잘 조직된 단체행동이었으며, 인도인 노동자들은 '의식적'으로 스트라이크를 이용하였다. 이는 위로는 인도인 중산층으로 구성된 말라야 인도인 중앙협회(Central Indian Association of Malaya),[21] 아래로는 농장 내 타밀학교 교사들의 활약으로 노동자들이 자신의 사회·경제적 위치를 인식하기 시작한 데서 비롯되었다.

　인도인 사회를 '향상'(uplift)시키려는 움직임은 아래로 농장 내 지식인층인 타밀학교 교사와 일부 캉가니들에게 받아들여져 노동자들의 의식을 고취시켰다. 노동자들은 이들을 중심으로 단결하였으며 말라야 인도인 중앙협회와 연대하여 스트라이크를 벌였다. 1941년 클랑에서 데모대가 경찰 및 군인과 충돌하면서 스트라이크는 극에 달하였다 (Stenson. 1980: 63~70, 79, 81; Ramachandran. 1994: 227~233).[22] 클랑 지역 스트라이크는 임금문제로 시작되었으나 노동조건 개선, 노동자의 자녀들을 위한 교육시설 개선, 농장 내에서의 술 판매금지,[23] 농장

---

21) 1936년에 설립된 말라야 인도인 중앙협회는 기존의 인도인 조직들과는 달리 정치적이었으며 '종교, 언어, 신분'에 상관없이 모든 인도인들을 포용하고자 하였다. 이 조직은 특히 노동문제에 관심을 기울여 농장노동자들의 임금상승 및 노동조건 개선을 주요 목표로 삼았으며 네루(Pandit Nehru) 등 인도의 유명한 독립가들을 말레이시아로 초청하였다. 1937년 방문을 통해 네루는 인도인 노동자들에게 노동조합의 필요성과 중국인들과 대등한 임금을 받을 권리, 더 나은 교육을 받을 권리 등을 주장하였다. 말라야 인도인 중앙협회가 축제와 같은 문화적 측면에 관심을 두었던 기존에 협회들과 두드러지게 달랐던 점은 인도인 사회 내의 문제점들을 자발적으로 개선해나가고자 한 데 있었다. (Stenson. 1980: 47)

22) 클랑 지역 스트라이크는 흔히 전후(戰後) 페락 지역 스트라이크와 함께 인도인 노동자들의 단체행동의 대표격으로 간주된다.

23) 당시 인도인 노동자들 사이에서는 술 중독(Toddy Drinking)이 만연하였는데 1937년 말레이시아를 방문했던 네루조차 방문연설에서 술 중독의 폐해를 경고하였다. 또한 클랑 지역에서 대규모 스트라이크가 일어났을 때 노동자들은 농장 내에서 술 판매금지를 요구하였으며 관리자 측의 방해에도 불구하고 상점을 파괴하기도 하였다.

관리자층이 지나갈 때 반드시 자전거에서 내려야 하는 인종적으로 모멸감을 주었던－가부장적 위계질서에 의거한－규칙들을 없앨 것과 인도독립을 지지하고 나서면서 타 지역으로 번져갔다. 이에 비상사태가 선포되고 경찰과 군인이 개입하여 진압과정에서 4명의 노동자가 총격으로 사망하고 상당수가 부상을 입었으며, 진압 후 몇 백여 명에 달하는 소위 '책임자'들이 감금되거나 클랑 지역으로부터 타 지역 혹은 국외로 추방되었으며 상당수가 인도로 송환되는 것으로 마무리되었다. 그럼에도 불구하고 클랑 스트라이크는 인도 노동자들의 의식수준이 높아진 것을 명백히 보여주었다. 노동자들이 태평양전쟁 기간 동안 친일적인 인도국민군(Indian National Army) 혹은 말라야 반일국민군(Malayan People's Anti-Japanese Army)에 가담하게 되는 것도 이러한 의식수준 상승과 무관하지는 않았을 것이다.[24]

3. 태평양 전쟁 이후 노동운동의 격렬, 조직화와 비상사태 선포

많은 의미에서 태평양 전쟁은 단절을 의미하였다. 전쟁기간동안 수출이 중단되었으며 물자보급이 끊겼고 영국인들의 권위와 농장체계도 무너졌다. 전쟁기간동안 인도인 농장노동자들은 일본군에 의해 관리자로 임명되었던 중간관리자의 감독 하에 지속적으로 착취당하거나, 태국의 '죽음의 철도'(Death Railway) 건설공사에 징발되었으며, 인도독립연맹(Indian Independence League)과 인도국민군의 인도 독립전쟁에 참여하거나 말라야 반일국민군의 반일게릴라전에 참전하였다. 이 중 상당수가 사망하였으며 전쟁 후에도 말레이시아 전역을 비롯하여 인도, 버마 등 동남아등지에 흩어져 있었다. 그 결과 태평양 전쟁 발발 직전에 20만 9천 871명으로 집계되었던 인도인 농장노동자 수가 1946년에는 13만 7천 27명으로 줄어들었다(Ramasamy. 1994: 58～65).[25]

---

24) 인도인 노동자들이 양 단체를 선택하게 되는 현실적인 이유에 대해서는 라마찬드란(Ramachandran. 1994: 234～237)이 상세히 기술하고 있다.

전쟁을 계기로 많은 인도인 노동자들이 비로소 농장을 벗어나 타 지역과 직접 접촉하게 되었다. 이를 계기로 중국인 노동자와 타 농장의 인도인 노동자들과 스스로의 처지를 비교할 수 있게 되어 자신의 사회·경제적 위치를 더욱 명백히 인식할 수 있게 되었다. 전쟁 후 노동자들의 스트라이크는 횟수도 빈번하였을 뿐 아니라 더욱 조직적이며 폭력적이었다. 이는 전쟁 직후의 비참한 생활이 그들을 적극적으로 만들었기 때문이지만 노동자들 간에 조직력과 사회의식으로 무장된 지도자들이 존재했던 점도 무시할 수 없는 사실이었다. 전쟁기간 동안 상당수의 노동자들이 인도독립연맹과 인도국민군에 참여하여 조직력을 길렀고 군사훈련을 받아 실제로 전투에 임하면서 이전보다 기강이 잡혔고 단체행동에 익숙해졌다. 전(前) 인도독립군 장교와 사병출신들이 전후(戰後) 인도인들의 노동조합운동을 이끌었던 것이 단순한 우연은 아니었다.26) 말라야중국공산당(Malayan Communist Party)과 산하 노동조합들의 역할 및 인도인들 간에 문자보급률 증가도 인도인들이 조직하는 데 큰 몫을 하였다.

문제는 농장관리자들이 이러한 변화를 무시하고 구질서체제를 재확립하려는 데서 시작되었다. 노동자들은 전쟁기간동안 중간관리자들이 자신들을 학대하였으며 죽음의 철도 건설공사현장으로 내몬 데

---

25) 죽음의 철도 건설현장에 끌려간 7만 4천명의 아시아인들 대부분이 말레이시아의 남부 인도인이었으며 이 중 2만 5천이 죽었고 3만 2천이 행방불명, 그리고 5천명이 탈출하여 겨우 만 2천명만이 말레이시아로 돌아왔다(Gamba. 1962: Table 4.1, 256. Ramasamy. 1994: 64에서 재인용).

26) 인도독립연맹은 말레이시아 전역에서 40개의 지부와 12만의 회원을 가졌으며, 만 6천 3백 명의 인도인들이 인도독립군에 지원하였다(Stenson. 1980: 92, 101). 태평양 전쟁이후 비단 말레이시아 인도인들만이 조직적이고 투쟁적으로 변한 것은 아니었다. 태국과 동남아의 유럽식민지들에서도 비슷한 변화가 일어났는데 이는 전쟁기간동안 일본이 각 점령지에서 원주민을 이용, 군대와 보조군대 등을 창설하여 점령지인들을 훈련시켰으며 독립의식을 고취시켰던 결과임이 일부 학자들에게는 정설로 받아들여지고 있다(Kratoska. 1998; McCoy. 1980; Stowe. 1991).

대한 처벌을 요구하였으나 유럽인 관리자들은 오히려 중간관리자들이 농장을 지켜준 것을 치하하였다. 이런 공정치 못한 처사는 관리자를 '아버지'와 같은 존재로 각인시키려던 농장 내의 가부장적 질서가 그 기초부터 흔들리는 계기가 되었다.[27] 또한 노동조합의 활약으로 농장간에 정보가 빠르게 확산되면서 농장과 인종간의 임금차가 더욱 분명히 인식되었다. 이제는 스트라이크가 한 농장에 국한된 것이 아니라 전국에서 동시다발적으로 이루어졌는데 이는 노동조합의 조직력에 기인한 것이었다. 노동자들의 요구사항을 살펴보면 전쟁전보다 훨씬 더 세분화되어 있음을 알 수 있다. 예를 들어, 고무채취 작업에 대한 임금상승, 병원에 입원한 환자들에게 임금전액 지불, 출산급여 지급, 집과 일터 간 무료운송수단 제공, 하루 8시간 노동, 일요일을 휴일로 인정하되 그렇지 않은 경우 지급을 두 배로 할 것, 가외수당 지급, 노동자들의 거처를 개선할 것 등이었다.[28]

농장관리자들은 적어도 1946년까지는 이러한 요구사항에 대해 관용적인 태도를 보였다. 일부 관리자들은 노동자들의 참혹한 생활에 충격을 받고 암시장에서 쌀을 사서 노동자와 그 가족들에게 무상으로 지급하기도 하였다(Harper. 1999: 129~30; Stenson. 1970: 94; Kratoska. 1998: 342~43). 1947년에는 고무생산이 전쟁 전 수준에 이르고 쌀 생산이 늘어나 공급이 원활해지면서 농장도 질서를 되찾은 듯하였다(PRO T 236 3301 1950: 6). 그럼에도 불구하고 일부 지역에서 스트라이크가 계속되자 관리자들은 이러한 스트라이크가 단순한 노동쟁의

---

27) 노동자들이 기회가 있을 때 결혼, 자녀의 질병 등과 같은 가족사를 관리자들과 의논하거나 관리자 앞에서 이혼이 이루어지며 관리자를 경축일에 초대하여 존경을 표시하거나 선물을 바치는 등의 가부장적인 유습은 1960년대 초반 인류학자 제인(R. K. Jain)이 영국인 소유의 한 고무농장을 집중적으로 연구했을 때도 여전히 남아있었다(Jain. 1970).

28) 이상은 1947년 5월 조호르의 사길(Sagil) 농장의 노동자들이 스트라이크를 벌이면서 내건 요구사항들이다(Ramasamy. 1994: 74).

가 아니라 공산주의자들의 소행이라고 주장하며 식민정부에 지원을 요청하는 한편 노동자들에 대해서도 강경한 태도를 취하였다. 관리자들은 노동자들의 요구에 쉽게 타협하지 않고 스트라이크 주동자를 색출해서 해고하는 한편 경찰과 군인을 동원해 스트라이크를 진압하기 시작하였다. 강경한 진압작전 끝에 2월과 6월 각각 케다(Kedah)와 조호르(Johore)에서 노동자들 수명이 사망하고 부상을 입는 사건이 일어났다.[29] 이후 대부분의 농장에서는 구질서가 확립되는 조짐을 보였으나 일부지역에서는 스트라이크가 오히려 과격해지는 경향을 보였다. 특히 페락과 조호르 지역 중 중국농장노동자들을 중심으로 살인(관리자와 중간관리자 뿐 아니라 중국인 노동자들 사이에서도 살인사건이 일어났다), 방화, 경찰서 습격 등의 사건이 일어났는데 이 지역이 고무생산의 중심지이기도 했지만 전쟁기간동안 중국인 게릴라들의 활동중심지로서 말라야 반일국민군이 해산된 후에도 여전히 전(前) 게릴라들의 영향력이 강하게 남아있었기 때문이었다(PRO CO 537 3753 no. 35 1948; PRO PREM 8 1406 Part I C. P. (48) 171 1948; PRO CO 537 3753 no. 35 1948).

1948년 6월 중순 말레이시아 전역에서 비상사태가 선포되었다. 이는 말라야 중국공산당 산하 노동조합들이 불법화된 지 불과 며칠 뒤의 일이었다. 이로써 이후 약 12년 동안 말레이시아에서는 '공산주의자들'과의 전쟁이 진행되었다. 비상사태기간동안 정부는 게릴라들과 전쟁을 벌이는 한편 고무생산에 미치는 영향을 최소화하기 위해 경찰과 군인들을 농장에 파견하여 노동자들의 출입을 철저하게 감시·감

---

29) 영국과 영국 식민정부는 '공산주의자' 운운하는 농장소유주들의 발언을 무시하였으며 강경진압에 반대하는 입장을 취하였다. 고무농장 소유주 및 관리자는 정부와 고위관료들의 이러한 자유주의적 태도가 사태를 더 악화시킨다고 비난하였으며 결국 케다 스트라이크에 경찰과 군인을 동원하도록 설득하는데 성공하였다. 그럼에도 불구하고 정부측과 기업측이 같은 시각으로 스트라이크를 본 것은 아니었다(Jung. 2003: Ch. 2, Ch. 5).

독하였다. 또한 뉴스 및 정보검열과 함께 경우에 따라서는 즉석검거와 억류가 가능해졌으며 비정치적 노동조합이 확립되었다. 정글외곽지역에 불법거주하고 있던 중국인들이 게릴라들에게 식량과 정보를 제공하는 것을 막기 위해 '뉴 빌리지'(New Village)라는 인위적인 마을을 세워 그들을 모두 이주시켰다. 그리하여 일부 중국인들이 비상사태기간동안 전기철조망과 탐조등이 설치된 마을에서 군인과 경찰의 감독아래 생활하였던 반면 인도인 노동자들은 파견된 경찰과 군인에 의해 출입이 철저하게 감시되는 가운데 고무생산이라는 본업에 충실하여야 했다(Jung. 2003: Ch. 5). 결국 1910년대 이후부터 자신의 사회·경제적 지위개선의 필요성을 인식하여 적극적으로 스트라이크를 활용, 농장관리자층과의 관계에서 기존의 수동적 태도를 버리고 능동적인 주체로 발전해나가기 시작하던 인도인 노동자들은 비상사태의 발발로 인해 물리적인 힘에 의해 다시 농장 내의 위계질서에 순응할 수밖에 없는 처지가 되었다. 이로 인해 몇 십 년에 걸쳐 싸워왔던 그들의 노력이 물거품이 될 수밖에 없었다.

4. 말라야 연방헌법과 동맹당 형성: 말레이인의 정치적 지위향상과 비 말레이계에 대한 상대적 차별

이상에서와 같이 '농장 내의 위계질서' 및 '비상사태' 외에도 영국 식민정부가 '말레이인들의 정치적 특권'을 법적으로 인정하는 말라야 연방(The Federation of Malaya)헌법을 제정하면서 이주민인 인도인과 중국인들을 상대적으로 차별하게 되었다. 헌법제정에 있어 영국 정부가 처음부터 이러한 차별을 의도하였던 것은 아니었다. 제2차 세계대전 동안 영국 정부는 말라야 행정의 비효율성을 없앨 일환으로 기존의 세 가지 행정체제(식민지, 직접통치, 간접통치)대신 하나의 통일된 국가를 형성하려는 계획을 세웠다. 이를 위해 이미 전체인구의 약 절반을 차지하고 있던 이주민들에게 시민권 부여는 필수적이었다. 그러나 이에 기초한 말라야 연합(The Malayan Union)헌법이 말레이인들의 거국적 반대에 부딪히게 되자 영국인들은 이를 포기하고 말레이인의 자연법적 권리를 인정하는 새로운 헌법(말라야 연방헌법)을 만들게 되었다.30) 다토 옹 빈 자파(Dato Onn bin Jaafar: The United Malay National Organization[전말레이 국민의회]의 창시자)의 지도아래 말레이인들이 역사적 유래 없이 일치단결된 모습을 보여주었던 연합헌법거부운동을 계기로 영국인들은 원주민으로서의 말레이인들의 정치적 권리를 인정하게 되었고, 이러한 정치적 위상에 걸맞은 경제적 지위가 필요함을 깨닫게 되었다. 그리하여 말레이인들의 경제적 지위 향상을 목적으로 농촌산업개발공사(The Rural and Industrial Development Authority)를 설립하여 마을단위의 발전계획안과, 버스운송 및 보트 건조업, 축산업, 쌀 생산, 고무판매 증진을 목적으로 여러 사업에 관여하기 시작하였다 (Drabble. 2000: 174). 인도인들의 대부분이 고무농장에서 일했기 때문에 농촌산업개발공사가 인도인들에게 직접적으로 불리하게 작용한 것은 아니었다. 다만 국가가 정책적으로 말레이인들을 지원함으로써 비말레이계에 대한 정책적 차별의 전례를 남기게 되었다.

1951년 영국 식민정부의 정책은 비상사태 해결과 정권을 이양할 수 있는 정치지도자를 찾는데 집중되어 있었다. 그 해 8월 사임한 다토 옹의 뒤를 이어 툰쿠 압둘 라만(Tunku Abdul Rahman)이 전말레이 국민의회의 대통령으로 취임했을 때 당시 말레이시아의 영국 총독 거니 (Sir H. Gurney)는 툰쿠가 전말레이 국민의회를 결속시킬 수 있는 자질을 갖추고 있지 않다고 보았다(PRO CO 537/7297 no. 18. 1951). 그러나 툰쿠는 1952년 1월에 합류한 말라야 중국인협회(Malayan Chinese Association)와 함께 그 다음 달인 2월 지역선거에서 큰 승리를 거둠으로

---

30) 말라야 연합헌법의 내용은 PRO CAB 129 7 CP(46)81 1946. 말라야 연방헌법아래 모든 말레이인들은 자연적으로 시민권을 획득하였지만 인도인과 중국인과 같은 이주민들은 탄생과 거주와 관련된 엄격한 요구조건을 충족시켰을 때만 가능하였다(Pluvier. 1974: 396~404).

써 그의 지도력을 인정받게 되었다. 말라야인도인의회(Malayan Indian Congress)가 1954년 전말레이 국민의회와 말라야 중국인협회에 합류하여 '동맹당'(The Alliance)이 결성되었으며 동맹당은 1955년 7월 전국선거에서 압도적인 승리를 거두었다. 지역선거와 연방선거를 통해 지도력을 인정받았던 툰쿠는 여러 차례에 걸쳐서 말레이시아가 독립이후 영국연방(The British Commonwealth)에 가입할 것이며 자신도 영국과 돈독한 관계를 유지하는 데 최대한 협조할 것이라고 확언하였다(PRO CAB 129/79 CP(56)47 1956; CO 1030/493 no. 45 1957). 영국 정부는 영국 자본이 말레이시아 경제의 약 70%를 장악하고 있던 상황에서 인도네시아에서와 같은－독립정부가 모든 산업을 국유화하고 외국자본을 해외로 추방하는－상황이 발생할 가능성을 생각지 않을 수 없었다. 그런 이유로 해서 영국 정부는 툰쿠의 확언을 받은 뒤 본격적으로 정권이양을 추진하기 시작하였던 것이다. 이외에도 게릴라들을 단시간에 항복시킬 수 없다는 것을 깨달은 식민정부는 비상사태 해결을 위해서는 전 국민의 거국적인 단결이 필요하므로 경찰과 군인력 만큼이나 사회경제발전이 중요하다는 것을 인식하였다(PRO T 220 284 F23. 1953). 특히 독립이후 말레이민족주의가 배타적으로 역 기능하는 것을 막기 위해서는 말레이인들의 사회경제적 발전이 급선무였다. 이는 영국 자본을 유지시키기 위해서도 반드시 필요한 조건이었다 (Pluvier. 1974: 42). 그리하여 동맹당과 함께 농촌산업개발공사의 뒤를 이은 연방토지개발공사(Federal Land Development Authority)를 설립, 친말레이 경제정책을 추진하게 되었던 것이다.

Ⅳ. 말레이시아 정부의 경제정책과 인도인의 경제적 소외

　　본장에서는 독립이후 말레이시아의 경제가 눈부시게 성장하는 가운데 인도인 사회의 경제 상태는 오히려 더 나빠지게 되었던 원인을 분석하고자 한다. 이를 위하여 독립이후 시행되었던 영국인 소유 고무농장의 분할매각, 말레이시아 정부의 토지개발사업 및 신경제정책(New Economic Policy)을 살펴보고 이들이 인도인 사회의 성장발전을 저해했던 이유를 분석할 것이다. 또한 인도인들 스스로가 이에 어떤 식으로 대응하였는지도 알아볼 것이다.

1. 말레이시아 정부의 토지개발사업과 인도인의 경제적 소외

　　1955년 전국선거에서 압도적인 승리를 거두고 말레이시아를 대표하는 정당이 되었던 동맹당은 표면적으로는 말레이시아의 주요 구성원인 인도인과 중국인의 대표정당을 포괄하였다. 그러나 동맹당 안의 실질적인 권력은 전말레이 국민의회에게 있었다. 전말레이 국민의회는 전(全) 말레이시아 유권자의 약 84%에 해당하는 말레이인 지지기반을 가지고 있었으며, 당의 의석 중 86.3%를 차지하였다. 반면 인도인과 중국인들은 말라야 연방헌법을 받아들임으로써 이슬람교를 말레이시아의 국교로, 1967년 이후에는 말레이어를 유일한 국어로 받아들일 것과 식민기간동안 말레이인들에게 주어졌던, 교육, 공무원직 임명, 사업허가증 관련 특혜를 계속해서 인정하여야 했다. 이와 함께 장기적으로 인도인 사회에 악영향을 미쳤던 것은 인도인들이 정치 세력권 내에서 주변화 되어있었다는 점이었다. 이는 말레이시아 인도인 의회가 1954년에 합류하였지만 전말레이 국민의회와 말라야 중국인 협회가 말레이시아 인도인 의회의 지원 없이도 1955년 연방선거에서 쉽게 승리를 거둘 수 있었으며 이후에도 수적인 열세(독립당시 인도인들은 말레이시아 구성원의 약 11%정도를 차지하였다)로 인해 인도인 사회에 대한 정책결정조차 타 인종집단의 의사에 의해 좌우될 수밖에 없었다는 점에 기인하였다.[31]

동맹당은 1950년대 중반으로 접어들면서 기능이 약화되고 있던 농촌산업개발공사의 과업 중 '토지개발과 신 고무나무 품종 재배' 부분을 장려할 목적으로 연방토지개발공사(Federal Land Development Authority)를 설립하였다. 연방토지개발공사는 토지를 소유하고 있지 않은 농업노동자들에게 토지를 분배하여 그들의 생활수준을 높이고 사기를 진작시켜 애국심을 불러일으키고자 하였다(Rudner. 1976: 254~5).[32] 앞장에서 지적된 바와 같이 인종별로 직업구분이 뚜렷했던 말레이시아

---

31) 이러한 특혜에는 정부의 일부 요직을 말레이인만을 위해 예약해두며, 공무원직에 말레이인을 우선적으로 채용하고, 장학금 수혜와 교육기관 입학관련 특혜 및 사업 허가증 발급에 대한 우선권을 부여하는 등이 포함되어 있었다(Puthucheary. 1993: 347~348). 무자파(C. Muzaffar)는 인도인 사회가 정치적으로 주변화 되었던 원인을 '내재적 분열', 특히 인도인 중산층이 자신의 이익만을 추구하고 사회의 전반적인 안녕에 무관심했던 점에서 찾고자 하였다(Muzaffar. 1993: 211~236).

32) 연방토지개발공사가 정글을 개간하여 그 땅을 10에이커 단위로 나누어 주택을 건설한 다음 각 가족에게 분배하였다. 토지를 분배받은 가족들은 그 중 8에이커에는 생산성이 높은 신 고무나무 품종을 심고 나머지에는 과일, 팜 오일 등을 심었다. 이들은 고무나무가 생산을 할 수 있을 때까지 정부로부터 생활비를 대부받았으며 고무나무 재배 관련물자와 기술지원도 받았다. 쇼핑센터, 병원과 같은 다른 부가시설 등도 제공되었다. 연방토지개발공사에 의해 약 3500여 가족들이 혜택을 받았는데 주로 가난한 말레이 농민들이었다. 말레이인들에게 '애국심'을 진작시키는 것은 비단 독립정부만의 당면과제가 아니었다. 영국 식민정부도 일찍이 대부분의 말레이인들이 진격해 들어오는 일본군에 대해 아무런 저항도 하지 않았으며 전시동안 일본군을 위해 일하는 것을 보고 말레이시아가 말레이인들의 나라임을 일깨울 필요성을 느꼈다. 전후 말레이인들이 연합헌법거부운동을 벌였을 때 식민정부가 이에 즉시 반응하여 연방헌법으로 바꾼 근본 이유도 여기에 있었다. 1950년대에도 마찬가지로 말레이인들의 애국심이 비상사태 해결과 말레이시아의 사회경제발전에 관건이 될 것으로 받아들여졌다.

에서 농업노동자는 주로 말레이인들이었기 때문에 연방토지개발공사의 혜택도 자연히 가난한 말레이 농민들에게 돌아갔다. 예를 들어, 1971년 3월까지 토지를 분배받은 이들 중 말레이인이 93.5%, 인도인은 3.08%이었다. 결국, 토지분배정책은 인도인들이 자영농으로의 전환과 아울러 농촌지역의 중산층으로 진입할 수 있는 기회를 박탈하였다.33)

2. 영국인 소유 고무농장의 분할매각과 인도 노동자의 소외

1957년 독립을 전후해서 말레이시아 고무산업에 나타난 가장 두드러진 현상은 영국인들이 소유하고 있던 고무농장을 헐값에 매각하기 시작했다는 것이다. 영국인들은 합성고무 생산과 사용이 증가하고 있는 가운데 동남아의 인근국가들 및 아프리카에서 천연고무 생산량을 경쟁적으로 늘리자 고무가 유지 및 말레이시아 산 고무의 경쟁력 지속여부에 대해 다소 회의적인 태도를 가지게 되었다. 더구나 독립이 확실시되면서 말레이시아아인들이 독립 후 민족주의경제정책에 입각하여 산업을 국유화하고 외국자본을 축출할 가능성도 염두에 두지 않을 수 없었다. 그리하여 일부는 고무생산을 포기하고, 또 일부는 투자의 다각화를 통해 사업의 위험성을 줄이고자 화학, 제조업 등과 같은 전혀 새로운 분야와 투자지에 자본을 대기위해 고무농장을 매각하기 시작했다(Jung. 2002: Ch. 7). 그 결과 1955년부터 1960년까지 전체 농장지의 약 12%에 해당하는 300여개 농장이 분할 매각되었다. 이러한 분할매각은 지금까지 말레이인 토지예약제와 고무농장의 선점으로 인

---

33) 연방토지개발공사가 시행한 토지분배를 받았던 인도인들이 그렇지 못했던 친구나 친척들보다 생활이 훨씬 향상되었으며, 토지분배의 혜택을 받았던 말레이인들이 1960년대 들어서서 농촌지역의 중산층으로 등장하고 있는 점은 이미 여러 연구를 통해 잘 알려져 있는 바이다(Denis. 1983: 204~216; Drabble. 2000: 166~173).

해 토지소유가 사실상 불가능했던 비말레이계가 토지를 소유할 수 있는 기회를 제공하였다. 그러나 실제로 이러한 농장을 매입할 수 있을 만큼의 자본을 소유한 이들은 대부분 중국인 대기업인들이었으며 인도인의 경우는 단지 두 명만이 참가하였다(Rudner. 1974: 256).

매각 처분된 농장의 대부분은 반세기 이상의 역사를 가지고 있었으며 그 농장의 노동자들에게 있어 농장은 단순한 직장이 아니라 자신의 '마을'과 다름이 없었다. 노동자들은 농장매각에 따른 아무런 보상도 받지 못했고, 토지를 사는 것은 거의 불가능하였으며, 분할되었던 토지의 상당부분이 고무생산이 아닌 택지나 공장부지로 개발됨으로써 일자리를 잃게 되었다(Institute Analisa Sosial[Malaysia]. 1989: 20~21). 노동자들 중 이미 정년에 이른 이들은 재고용의 기회도 주어지지 않았기 때문에 특히 문제가 심각하였다. 농장이 분할 매각된 뒤 소작이나마 고무생산 일을 지속적으로 할 수 있었던 인도인 노동자들은 약 23% 정도에 불과하였다('The Report of the Subdivision of Estates Committee' 99~106. Rudner. 1970: 28 재인용).34) 이리하여 순식간에 일자리와 삶의 터전을 잃은 인도인들은 인도로 돌아가거나 도시지역으로 들어오면서 불법거주지에서 생활하기 시작하였다. 고무생산에 종사할 수 있었던 인도인들도 몇 십 년에 걸쳐 스트라이크와 협상을 통해 개선시켰던 노동과 생활조건들을 포기한 채 이전보다 훨씬 더 낮은 임금을 받으며 일하여야 했다.

1957년 후반부에 들어서면서 1953경부터 시작된 농장의 매각과 분할로 인한 문제의 심각성이 드러나자 말레이시아 인도인의회와 전국 플랜테이션 노동자조합이 중심이 되어 분할매각이 인도인 노동자와 말레이시아의 경제에 미치는 영향에 대해 조사할 것을 거듭 요청하였

---

34) 농장의 분할매각 외에도 1960년 이후 고무농장이 농장작물의 다각화를 통해 노동력이 적게 드는 팜 오일과 같은 작물을 심어 노동력을 크게 줄여 1967년까지 만 2천명, 남성의 경우 2만 3천명이 실직하였다(Drabble. 2000: 172).

다. 그러나 정부의 요청으로 이를 조사한 특별조사위원회는 분할매각 현상이 '심각하지도 일반적이지도 않다'는 결론과 함께 이러한 움직임이 오히려, 말레이인으로 구성된, 토지를 직접 소유한 소규모 고무 생산자 층(Smallholders)을 만들어내는 긍정적인 역할을 할 것이라고 덧붙였다(Report No. CFLM 65/57 [N.D., 1957]. Rudner. 1976: 257 재인용).[35] 그러나 실제로는 토지소유주가 직접 생산자인 경우는 단지 8%정도에 지나지 않았으며 나머지는 소작 경작되었다. 말레이시아 인도인 의회와 전국 플랜테이션 노동자조합은 계속해서 분할매각이 토지의 재분배보다는 오히려 투기꾼들을 살찌우는 결과를 가져왔으며, 실직한 노동자들에 대한 사회보장이 필요함을 주장하였다. 이에 정부는 500 에이커 이상 규모의 농장을 분할 매각하는 것을 금지하였을 뿐 전(前)농장노동자들의 실업문제와 소규모고무생산에 종사하는 임금노동자들의 노동과 생활조건을 개선하는데 앞장서지는 않았다(Gamba. 1962: 231~237; Denis. 1983: 162~68; Rudner. 1976: 258; Rudner. 1981: 95). 여기서 반드시 지적되어져야 할 점은 정부의 토지개발사업이 고무농장이 분할 매각되던 때와 거의 비슷한 시기에 이루어졌다는 점이다. 만약 정부가 농장이 와해되는 과정에서 실직한 인도인노동자들에게도 연방토지개발공사의 혜택을 주었더라면 고무생산숙련공들을 유지하여 말레이시아 고무산업에 기여할 수 있었으며, 농장의 분할매각에 따른 사회문제를 어느 정도 흡수할 수 있었을 것이다. 그러나 '커뮤날리즘(Communalism)'에 입각하여 설립된 말레이시아의 동맹당정부

---

35) 당시 말레이시아 정부의 경제전문가로 일하던 '영국인' 프록(D. R. Proc)은 합법적인 매각과 분할에 대해 정부가 관여하지 말 것을 당부하였다. 이에 정부는 농장분할이 '필연적이고 필요한' 것이며 소규모생산자들이 적극적으로 생산에 임할 것이기 때문에 궁극적으로는 말레이시아의 경제에 보탬이 될 뿐 아니라 토지소유 층이 늘어남에 따라 사회가 안정되는 데 도움을 줄 것이라는 결론을 내렸다(Economic Advisor, L. C. Proc, 12 Dec. 1958 and Proc, 23 Feb. 1960, addresses by the Minister of Finance and Minister of External Affairs, Rudner. 1976: 257 재인용).

(1974년 7월 1일 이후 '동맹당정부'는 공식명칭이 'Barisan Nasional[National Front]'로 바뀌었으나 편의상 '동맹당정부'로 통칭한다)에게 있어 인도인 노동자문제는 일차적으로 인도인 정당과 사회에 그 책임이 있었다. 문제는 말레이시아 인도인의회가 동맹당정부에 미칠 수 있는 영향력이 지극히 제한되어 있었으며 전국 플랜테이션 노동자조합조차 정부의 후원을 받고 있는 상황에서 농장소유주와 경영진 및 정부관료에 강력하게 맞설 수 있는 입장이 아니었다는 데 있었다. 결국 고무농장의 와해에 따른 제반문제해결은 인도인 사회 그 자체에 맡겨지게 되었다.

3. 신경제정책과 인도인 사회의 경제적 소외

1) 신경제 정책

1957년 영국으로부터 독립한 말레이시아는 1963년 싱가포르, 사라왁, 사바와 함께 '말레이시아 연방'을 형성하였으나 싱가포르가 2년 후 연방에서 탈퇴하면서 현재의 모습을 갖추게 되었다. 말레이시아 독립의 주 공신이었던 '동맹당'(The Alliance)이 말레이인들의 주도하에 중국과 인도인 정당도 포용하여 서로 간에 조화로운 관계를 형성했던 것과 달리 일반 말레이인과 중국인들 간에는 상호 간에 정치적 특권과 경제독점 문제를 놓고 대립과 반목이 심해지고 있었다. 1969년 선거에서 중국인들이 예상외로 선전하자 이를 계기로 중국인들의 경제 독점에 대한 말레이인들의 불만이 터져 나오면서 양간에 '인종분규'(Racial Riots)가 발생하였다(Comber. 1983: 63~72). 이 분규를 계기로 말레이시아 정부는 말레이인들의 경제적 지위향상을 위해 정부가 더욱 적극적으로 나설 필요성을 깨닫게 되었다. 이에 탄생한 것이 1970년 신경제정책이었다. 신경제정책의 첫 번째 목표는 '절대빈곤 퇴치'였다. 그러나 이러한 기치는 명목에 불과하였고 실질적으로는 말레이인에 대한 경제적 민족주의를 추구하여 1990년까지 상업, 산업 그리고 전문직 등에

서 말레이인들의 비율을 전체비율의 30%로 증대시키는 것이 주요목
표였다. 이외에도 토지 개발 사업을 통한 농촌지역의 지속적인 개발,
농업의 상업화, 수출주도형 산업화 추진, 지역 간의 격차를 줄이기 위
한 지역개발, 말레이인들이 말레이시아 경제의 중심부에서 활동할 수
있도록 교육에 대한 특혜 및 정부공무원직 예약제를 적용하여 행정관
료, 전문가, 사업가 등을 육성하는 등의 내용을 포함하였다. 결국 신
경제정책은 '고도성장과 재분배'를 동시에 실현하고자 하였다. 이러
한 목표는 1971년에서 1990년까지 제2차부터 5차 말레이시아경제계
획에 의해 실현되었다(Drabble. 2000: 197~99).[36]

   1970년대 중반 신경제정책의 성과에 대한 중간평가 결과, 말레이인
들에 대한 부의 재분배가 제대로 이루어지고 있지 않으며, 말레이사
업가들이 계획대로 육성되고 있지 않음이 밝혀졌다. 이에 정부가 더
욱 적극적으로 개입하여 투자 및 부동산매매관련 재단을 설립, 말레
이인들을 영입하였으며, 식민시절 유럽자본이 세웠던 회사들을 사들
여 경영진을 말레이인으로 대체하고, 말레이 투자자들을 위해 무이자
대부를 무제한 공급하였다. 또한 움노-플리트 홀딩스(UMNO-Fleet
Holdings)를 설립하여 출판, 방송, 주택개발 등의 사업에 투자하기 시
작하였다. 마하티르 박사(Datuk seri Dr. Majathir bin Mohamad)가 정권
을 잡은 것은 신경제정책이 설립된 지 약 11년 뒤인 1981년이었다.
1980년 중반에 이르러 제5차 경제계획을 세우기에 앞서 마하티르는
이전처럼 '재분배'에 높은 비중을 둘 것인지 '경제성장' 위주로 나갈
것인지에 대한 결정을 내려야 했다. 그는 후자를 선택하였다. 한국과

---

36) 정부의 말레이 민족주의경제정책은 1970년대 중반부터 1980년대 초반까지
   석유가격이 폭등하면서 북부보르네오 유전지대에서 벌어들인 막대한 돈으로
   충당하였다. 말라야 중국인협회도 전말레이 국민의회를 본받아 중국인들의
   자본을 이용하여 1975년 MCA-Multi-Purpose Holding Berhad를 설립하였으며,
   말레이시아 인도인의회는 이보다 10년 뒤인 1985년 MIC-Maika Holdings를 설
   립하였다.

일본의 급성장에 영감을 얻은 마하티르는 중공업에 바탕을 둔 수입대체산업화(import-substitution industrialization)를 주도하였다. 1980년대 후반 세계경제 호황에 힘입어 말레이시아는 외국제조업회사의 직접투자지로서 각광받게 되었다. 말레이시아의 정부주도형 경제정책이 정치권의 특정계층에 집중혜택을 주는 등 많은 문제점들을 안고 있었으나, 외국인회사의 직접 투자에 힘입어 국내총생산액이 증가하면서 적어도 신경제정책이 공식적으로 끝났던 1990년 말레이시아의 경제전망은 밝아 보였다(Drabble. 2000: 197~203).[37]

2) 신경제정책의 성공적 결과와 인도인 사회의 소외

그러나 신경제정책은 비말레이계를 본질적으로 차별함으로써 실행 초부터 인종들 간에 갈등의 소지가 많았다. 신경제정책의 성과를 분석하기위해 각 경제 분야의 상장회사에 대한 주식보유(<표 3>), 가구당 소득(<표 4>), 자본 지분보유율(<표 8>), 직업분포도(<표 9>)를 살펴보면 말레이인들의 경제가 그 성장률이 정부의 목표에는 못 미쳤지만 놀라울 만큼 증가되어 있는 것을 알 수 있다. 1970년부터 1984년간 말레이인 가구당 평균수입이 말레이시아 평균을 넘어서지는 못하였으나 적어도 증가율은 말레이시아 평균인 1.8배를 넘어서는 2.2배였다. 1970년과 1990년간 자본 지분보유율도 각각 1.65배의 성장과 0.9배로서 감소치를 보인 중국인과 인도인과는 비교가 되지 않는 8.45배의 성장률을 보였다. 말레이인 사회 전반적으로도 빈곤이 크게 줄

---

37) 정부의 무조건적이며 전격적인 지원정책은 말레이인 사회 내부에 장기적인 투자를 통해 경쟁력 있는 부미푸트라 기업을 키우려는 움직임보다 정치인들과의 연줄을 이용하여 벼락부자가 되려는 현상을 낳았다. 마하티르 박사가 '사유화'를 통해 공기업과 공기업이 소유한 부동산들을 전부 혹은 일부를 매각하고, 기존에 정부가 주도하던 경제활동을 개인이 주도하는 경제체제로 변화시키고자 하였으나, 사유화 과정에서 오히려 기득권자들을 더욱 살찌우는 결과를 가져왔다. 말레이시아 인도인의회 정치인들조차도 말레이인들을 앞장세워 인도인 사회의 안녕보다는 사리사욕만 채운다는 비난을 들었다.

어들었을 뿐 아니라 전문직에서 말레이인들이 차지하는 비율이 두드러지게 증가하였다. 특히 행정 및 관리직, 사무직, 영업직과 같은 경우는 2배 이상의 성장률을 보였고 생산, 운송 및 기계 오퍼레이터 분야에도 상당한 증가율을 보였다. 반면 농업분야와 서비스업 및 기술직 분야는 소폭 증가하는 추세를 보였다(Toh Kin Woon. 1983: 53).[38] 결국, 전문가들로 구성된 중산층이 급격히 늘어나면서 기업에 대한 말레이인의 지분율도 대폭 증가하였고 가구당 평균수입도 자연히 늘어나게 되었던 것이다. 전문직의 경우, 말레이인들의 참여가 급격히 늘어나면서 비말레이계의 비율이 자동적으로 줄어들 수밖에 없었으니, 식민통치 하부터 행정직과 관리직, 사무직에 활발하게 진출해 있던 인도인 중산층들이 자영업 위주의 중국인 중산층보다 훨씬 더 많은 영향을 받았다. 또한 영업직과 생산직에 종사하고 있던 인도인들도 이에 상당한 타격을 입었다.

위에서 살펴본 바와 같이 신경제정책으로 인해 말레이인들이 기존에 인도인들이 활발하게 진출해 있던 관료직과 고무생산 분야로 들어오면서 인도인들의 실직율이 늘어났으며 중산층 성장률이 말레이와 중국인에 비해 상대적으로 낮아지는 결과를 낳았다.[39] 사실상 인도인 사회의 경제적 침체는 신경제정책 이전부터 시작되었다. 인도인들이 독립을 전후하여 농촌지역과 도시지역에서 새로운 빈민층을 형성하기 시작했지만 말레이인과 중국인들 간의 경쟁과 분규 속에 인도인들의 요구는 묵살되기 일쑤였다. 테이블 7을 볼 것 같으면 1947년 이후부터 1970년까지 중국인과 말레이인들의 평균소득이 상당히 증가하

---

38) 말레이인 전문가가 늘어난 근본적인 이유는, 중학교 이상의 교과과정을 일률적으로 말레이어로 가르쳤으며 정부의 대학입학 쿼터제에 의해 말레이인 대학졸업자가 증가했기 때문이었다.

39) 1970년 중산층의 비율은 부미푸트라 13%, 인도인 23%, 중국인 27%, 1990년에는 부미푸트라와 인도인 27% 중국인 43%로 집계되었다(Crouch. 1996: Table 4. Drabble. 2000에서 재인용: 274; Brown. 1993: 250).

고 있는 반면 인도인들은 큰 변화를 보여주고 있지 않다. 특히 신경제
정책이 실시되는 1970년을 기점으로 인도인의 평균소득이 타 집단에
비해 급격한 하향곡선을 걷고 있는 것을 알 수 있다. 말레이인의 경우
1976년경부터 이미 친 말레이적인 신경제정책의 효과를 보고 있음을
알 수 있다.

4. 사회경제적 지위향상을 위한 인도인들의 능동적 노력

위에서 살펴본 바와 같이 정부의 토지개발정책과 고무농장의 분할
매각, 신경제정책의 시행 등으로 인도인 사회는 커다란 변화를 겪게
되었다. 이로 인한 사회경제적 충격을 흡수할 수 있는 사회적 완충장
치가 구비되어있지 않은 상황과 더불어 인도인 사회의 정치적 주변화
로 문제해결이 더욱 곤란한 지경에 이르렀다. 당시 인도인 사회가 당
면했던 과제는 크게 경제와 사회문제로 나뉘었다. 이를 해결하기 위
해 경제 분야에서 인도인들은 단기적으로는 실직한 고무농장 노동자
들을 구제하고, 장기적으로는 인도인 사회 내 투자환경을 조성하여
인도인 기업을 창출하고자 하였다. 고무농장의 분할매각으로 인해 실
직한 노동자들이 이론적으로는 상업, 광물채굴, 건설, 제조업체 등에
서 일할 수 있었으나 현실적으로 이런 분야들은 이미 중국인들에 의
해 선점되어 있었기 때문에 인도인들로서는 이런 분야에서 직장을 잡
는 것이 거의 불가능하였다. 자영업도 임금노동에 익숙해져있던 인도
인들에게는 쉬운 선택이 아니었다. 정부의 재정 및 정책적 후원 없이
인도인 사회가 할 수 있는 일은 지극히 제한되어 있었다.

이에 말레이시아 인도인의회는 우선 단기적인 문제해결을 위해 고
무농장의 분할매각으로 발생했던 농촌지역의 빈민층을 구제할 목적으
로 1960년 전국 토지재정 협동사회주식회사(The National Land Finance
Co-operative Society Limited)를 설립, 고무농장을 사들이기 시작했다. 농
장 매입에 필요한 자본은 일반인들이 회사의 주식을 사는 형식으로

모금되었다. 전국 토지재정 협동사회주식회사의 성공에 힘입어 전국 플랜테이션 노동자조합도 조합원(플랜테이션노동자들)들을 대상으로 자금을 모금하여 고무농장을 사들였다(탄스리 소마순드람[Tan Sri Dato' Dr. K. R. Somasundram: 전국 토지재정 협동사회주식회사의 회장]과 사하데반[Datuk B. Sahadevan: 동 회사의 Chief Executive Secretary]과의 인터뷰, 2005년 1월 20일).[40] 한편 중장기적으로는 사회 자체 내에서 고무농장 매입 외에도 보험회사, 다목적 투자기관, 은행, 제조업체, 사학재단 등을 설립하였으며 기존의 금융단체로부터 외면당했던 저소득층을 위한 신용금고도 설립되었다(Sivalingam. 1993: 388~404).

같은 기간 동안 인도인 사회가 가지고 있는 내·외적 문제에 대한 진단과 문제해결 방안 모색도 활발히 이루어졌다. 이 중에서 교육의 중요성이 특별히 강조되었다. 교육이 개개인의 성공뿐 아니라 인도인 사회의 전반적인 발전을 위해 절실히 필요한 인적 자원을 양성하는 수단으로서 인식되어졌기 때문이다. 다른 한편 타밀학교의 공헌도와 필요성에 대해서는 여전히 합의점을 찾지 못하고 있었다. 사회 일부에서는 타밀학교에서의 교육이 인도인들의 문화와 정체성을 유지하는데 큰 몫을 한다고 주장하는 반면, 다른 일부에서는 타밀학교의 교육이 인도학생들의 학업성적을 떨어뜨려 결국에는 사회 낙오자로 만든다고 주장하였다.[41] 이 가운데 인도인 사회 내 여러 단체들이 교육 문제에 관심을 기울였는데 스리 무루간 센터(Sri Murugan Centre)의 활동이 두드러졌다. 센터는 1982년 말라야 대학의 인도인 교수들과 학생들에 의해 설립되었으며 교육이 인도인 사회를 변화시킬 수 있는 가장 효과적인 수단이라는 기치아래 빈민층의 인도 학생들이 공부할 수 있는 공간마련 및 교과과정 습득과 시험에 대비하여 실질적인 도

---

40) 1967년까지 전국 토지재정 협동사회주식회사는 분할 매각된 고무농장의 약 10분의 1을 매입하였다(Ramasamy. 1994: 107~108).
41) 인도인들은 현재까지도 타밀학교의 존재가치에 대한 논란을 계속하고 있다 (T. Marimuthu: 전(前) 전국교사조합 의장 인터뷰, 2005년 1월 19일).

움을 주고자하였다(Thambirajah. 2002: 1∼4).[42] 그리하여 공부방을 마련, 자원봉사자들이 중심이 되어 모의시험을 치게 하는 등 일종의 무상과외수업을 제공하였다. 2002년 상반기까지 스리 무루간 센터의 혜택을 받았던 인도인 청소년들은 약 30만에 달하며 이 중 약 만 7천명이 말레이시아 소재 공·사립대학과 외국의 대학에 입학하였다. 2002년 당시 2만여 명의 청소년들이 233개의 스리 무루간 센터에서 대부분 스리 무루간 센터 출신인 자원봉사자들에 의해 교육받고 있었다.

Ⅴ. 말레이시아 인도인 사회: 말레이시아 최하위층?[43]

연구 초기에 필자는 인도인 사회의 빈곤정도를 분석하는 과정에서 빈곤에 대한 인도인들의 체감 인식이 현재의 현상적 상황보다 다소 과장되어 있음을 파악하고, 인도인들이 인식하고 있는 '차별'의 원인을 찾기 위해 영국 식민통치기간부터 현재에 이르기까지 말레이시아 인도인 사회의 사회경제적 변화과정에 대해 살펴보았다. 연구결과, 인도인들이 영국 식민정부와 말레이시아 독립정부에 의해 정책적으로 차별 대우를 받았으며, 말레이시아가 발전하는 과정에서 다인종국가를 구성하는 세 주요 인종 중 가장 소수인종으로서 '방치'되어 왔음을 발견할 수 있었다. 또한 말레이와 중국인들 간의 경쟁과 반목 속에 인도인들의 목소리는 무시되었으며 중국인과 같은 경제적 기반과 말레이인과 같은 정치적 배경을 갖지 못했던 인도인들이 정부의 경제정

---

42) 결국 시험성적이 미래의 소득정도와 직결된다고 보는 말레이시아인들의 사고를 반영하고 있다.

43) "말레이시아의 '최하위층?'"이란 표현은 쿠푸스와미(C. S. Kuppuswamy)의 글 중 일부를 의역한 것으로 원문은 1) "Malaysian Indians: The third class race", 2) "… the Indians belong to the third major race or to a third class race in the country"(Kuppuswamy. 2001; Kuppuswamy. 2003).

책에 가장 큰 희생양이 되었음을 알 수 있었다. 이러한 속에서도 1910
년대를 거쳐 1940년대로 이어지는 기간 동안 인도인들의 사회 및 정
치의식이 고양되면서 노동쟁의를 통해 자력구제하려는 노력들을 찾
을 수 있었다.

식민정부의 정책노선은 말레이시아의 독립이후에도 유지되었으며
말레이시아 정부가 '자기민족 우선주의'와 '말레이 민족주의경제정
책'을 일괄적으로 추진함으로써 인도인들의 정치경제적 주변화를 가
속시켰다. 이러한 배타성에도 불구하고 인도인 사회의 경제적 성과는
괄목했다. 특히 1980년대 중반이후 신경제정책이 발효 중이었음에도
인도인 가구당 월평균소득은 지속적인 성장세를 보였다. 그러나 인도
인 정치인들과 연구자들은 이러한 경제향상에 대한 설명과 해석보다
는 오히려 사회 내의 빈곤층에 주목하고 그들의 '상대적 빈곤'상태에
대한 원인규명을 하고자 노력하였다. 그 대표적인 예가 1989년 말레
이시아의 사회분석재단(Institute Analisa Sosial)이 발간했던 인도인 빈곤
층에 대한 연구서였다.44) 이 연구서는 일부 인도인들이 빈곤층에 머
물 수밖에 없었던 구조적 원인을 밝히고 있으며, 이러한 연구결과는
이후 소위 '의식' 있는 일부 학자들(라마사미, 라마찬드란, 제야쿠마르
[D. Jeyakumar] 등)과 야당(Democratic Action Party) 정치인들 및 일반인
들에 의해 반복적으로 인용되었다. 말레이시아 인도의회 산하 사회전

---

44) Institute Analisa Sosial(Malaysia). 1989. *Sucked Oranges: The Indian Poor in Malaysia.*
   KL. 사회분석재단은 이 저서에서 영국 식민정부와 말레이시아 정부의 차별
   정책을 포함하여 영국 정부의 남부 인도정책, 카스트제도, 고무플랜테이션의
   사회구조, 타밀학교, 종교단체, 말레이시아 인도인의회, 전국 토지재정 협동
   사회주식회사와 전국 플랜테이션 노동자조합을 포함하는 모든 가부장적인
   가치관에 바탕을 둔 모든 조직들이 빈곤의 하부문화를 형성하였다고 비난하
   였다. 또한 인도인들의 '낮은 학업성취도, 무책임한 부모, 알코올중독, 실업,
   저(低)임금, 낮은 저축률, 자신감 결여, 공동체적 협동결여, 사회에 팽배한 우
   울증과 무감각증, 형편없는 주거상태, 생활비 부족' 등 부정적 요소들이 복합
   적으로 얽혀있어 가난한 인도인들이 빈곤 상태에서 빠져나올 수 없었다고 주
   장하였다.

략재단도 인도인 사회가 자체적으로 가지고 있는 여러 문제점들을 지적하면서 사회분석재단의 연구결과가 보여주는 요소들이 존재하고 있음을 확인하고 그 폐해에 대해 경고하였다(http://www.yss98.com.my/).

사회분석재단의 연구가 인도인 사회의 전반적인 현상을 설명하지 못함에도 불구하고 인도인들 대다수가 이 연구결과에 집착하는 것은, 한편으로는 정부의 관심과 지원을 받기 위한 일종의 전략적 태도에 기인한 것이며 또 다른 한편으로는 역사 및 제도적 차별 속에 능동적인 경제활동을 보장받지 못했던 한 집단의 경험적 신중함에 연유한다고 볼 수 있다. 그렇기 때문에 인도인 사회의 현 경제성장을 분석하고 있는 연구결과물이 없는 것이 어찌 보면 자연스런 일인 것이다. 또한 인도인들은 대체로 인도인 사회의 경제적 현황을 과소평가할 뿐 아니라 일부에서는 사회에 구조적 변화가 없는 상태에서의 통계수치상의 발전은 진정한 발전이 아니라고 인식하고 있다. 그들은 최근 2~30년간 경제적으로 '나아지게' 된 원인이 '교육열'과 '성실성'이라고 막연하게 규정짓고 있다.

본 연구는 이를 구체적으로 접근하여, 인도인들의 높은 교육열이 인구구성비보다 높은 비율의 대학교육 수혜자들을 배출하였으며, 그 결과 전문가로 구성되어진 중산층이 두터워진 점 등이 인도인 사회의 경제성장을 주도한 요인들이었다는 점을 통계적으로 분석하였다. 한편, 경제 기여도가 높은 기업 지분율에 대한 인도인들의 점유율에 큰 변화가 보이지 않는 상황에서 1980년대 말레이시아의 전반적 경제성장이 인도인 사회의 경제발전에 미친 영향을 배제할 수 없다. 또한 비록 이를 뒷받침할 수 있는 통계자료는 없으나 인도인들이 소규모의 제조업과 행상(Hawker)을 비롯한 서비스업에 눈에 띄게 많이 진출하였던 점도 인도인들의 경제적 발전에 큰 영향을 미쳤을 것으로 본다.

필자는 인도인들의 이주역사를 차별의 역사 속에 규정짓는 한편 그 안에서 그들의 주체성과 능동성을 찾고자하였다. 그 결과 인도인들의

의식수준이 높아지면서 사회경제관련 문제에 대한 자가진단 및 해결
방안모색과 교육에 대한 강조를 통해 1980년대에서 현대로 이어지는
일련의 성과들을 낳았음을 알 수 있었다.

부 록

〈표 1〉 말레이시아: 종종집단별 소득수준
(Malaya: Incomes by Ethnic Group, 1947)

Ethnic Group	Wage/Salaries (%)	Own Account (%)	Profits (%)	Income Per Capita (%)
Malays	28.35	68.60	3.05	258
Chinese	36.93	36.81	26.25	656
Indians	64.69	26.41	8.90	560
Overall				519

자료: Columns 1-3 calculated from T. H. Silcok and E. K. Fisk, The Political Economy of Independent Malaya(Berkeley. 1963), Table A3. Column 4 from Table 1.1(Ibid), in J. Drabble, An Economic History of Malaysia, c. 1800〜1990: The Transition to Modern Economic Growth(Houdmills, Basingstoke, Hampshire, London, and New York. 2000), p. 160.

〈표 2〉 아시아 ─ 태평양지역 실질 국내총생산 연평균 성장률 1960년〜1990년
(Growth of Real GDP in Asia-Pacific Region, 1960〜90 [Annual Average%])

ASEAN-4	1960〜9	1971〜80	1981〜89	1990
Indonesia	3.5	7.9	5.2	6.4
Malaysia	6.5	8.0	5.4	7.0
Philippines	4.9	6.2	1.7	5.0
Thailand	8.3	9.9	7.1	9.9

자료: M. Ariff, The Malaysian Economy: Pacific Connections(Singapore. 1991), Table 5.3; C. Dixon and D. Drakakis,-Smith, Economic and Social Development in Pacific Asia(London. 1993), Tables 1.1, 3.1; Malaysian Government(1991a), Table, 2.2 in Drabble, ibid., p. 183.

〈표 3〉 말레이시아반도 내 부미푸트라의 상장회사 지분보유율
(Bumiputera Shares in Publicly Listed Companies in Peninsular Malaysia)

Sector	1970	1984
Agriculture/Mining	1.6	35.7
Industry/Construction	4.7	24.5
Transport/Communications	13.5	n.a.
Commerce	0.8	n.a.
Banking/Insurance	3.3	43.5
Other	2.0	49.7
Average	1.9	32.2

자료: 1970, adapted from C. Hirschman, 'Development and Inequality in Malaysia: from Puthucheary to Mehmet', Pacific Affairs, 62, 1, 1989, pp. 72~81 adapted from K. Horii, 'Disintegration of the Colonial Economic Legacies and Social Restructuring in Malaysia', The Developing Economies, XXIX, 4, 1991a, pp. 281~313, (1991a), Table XII, in Drabble, ibid., p. 203.

〈표 4〉 말레이시아 반도 내 종종집단별 가구당 소득 1957년~1984년
(Peninsular Malaysia: Household Income by Ethnic Group, 1957~84)

Races	1957/8	1970	1976	1984
Malay mean	134	170	234	380
median	108	119	158	258
Chinese mean	288	390	533	669
median	214	265	325	456
Indian Mean	228	300	364	488
Median	228	192	243	343
All Races Mean	207	261	348	488
Median	150	164	212	322
Gini Coefficient	0.412	0.513	0.567	0.480

자료: M. C. Perumal, 'Economic Growth and Income Inequality in Malaysia 1957~84', SER, XXXIV(Oct.), pp. 33~46, Table 2, in Drabble, ibid., p. 276.

〈표 5〉 가구당 월 총소득 분포도 1999년과 2002년(Distribution of Households by Monthly Gross Household Income, 1999 and 2002)

Income Class (RM)	1999	2002
499와 이하	6.0%	3.7%
500~999	19.0	15.3
1,000~1,199	8.1	6.9
1,200~1,499	10.7	9.5
1,500~1,999	13.9	13.4
2,000~2,499	10.1	10.4
2,500~2,999	7.3	8.3
3,000~3,499	5.7	6.3
3,500~3,999	3.9	4.7
4,000~4,999	5.5	6.7
5,000과 이상	9.8	14.8
Total	100.0%	100.0%
Mean Income (RM)	2,472	3,011
Median Income (RM)	1,704	2,049
Gini Coefficient*	0.4432	0.4607

자료: 사회전략재단 제공자료, 2005년 1월.
* 소득 불평등 정도를 나타내는 지표로 0과 1사이의 숫자로 표시된다. 숫자가 작을수록 불평등도가 낮고 높을수록 불평등 정도가 높다.

〈표 6〉 종종집단별 가구당 평균 월 총소득 1999년과 2002년(Mean Monthly Gross Household Income by Ethnic Group, 1999 and 2002 [RM])

Ethnic Group	1999	2002	Average Annual Growth Rate (%) 2000~2002
Bumiputra	1,984	2,376	6,2
Chinese	3,456	4,279	7,4
Indians	2,702	3,044	4,1
Others	1,371	2,165	16.5
Malaysia	2,472	3,011	6,8
Urban	3,103	3,652	5,6
Rural	1,718	1,729	0,2

자료: 사회전략재단 제공자료, 2005년 1월.

〈표 7〉 말레이시아의 평균소득에 대한 주요 종족의 비율

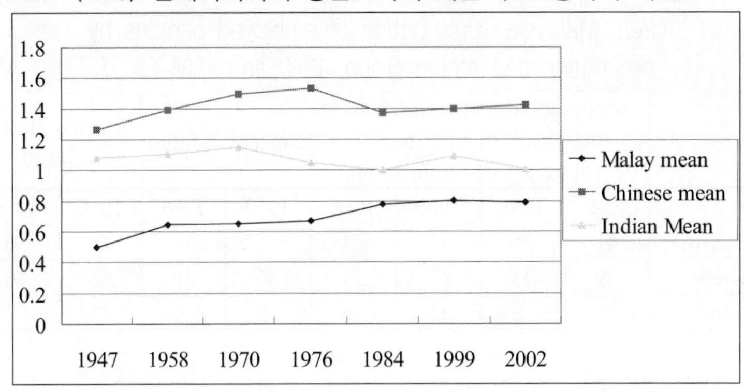

* Tables 4, 5 and 6에 의거하여 재구성: 박섭(인제대학교, 국제경상학부 교수).

〈표 8〉 신경제정책 기간 종종집단별 액면금액에 따른 지분 소유율
(Restructuring under the NEP, 1970~90: Ownership of
Share Capital at par value)

Ownership Group	Percentage of share capital at par value			
	1970	1980	1985	1990
Bumiputera				
Individuals	1.6	5.8	11.7	20.3
Trust Agencies	0.8	6.7	7.4	
Other Malaysians				
Chinese	27.2		33.4	44.9
Indians	1.1		1.2	1.0
Others	-	44.6	1.3	0.3
Nominee Companies	6.0			8.4
Foreigners	63.4	42.9	26.0	25.1

자료: K. S. Jomo, Growth and Structural Change in the Malaysian Economy(London. (1990a), Table 7.3; F. Hara, 'Malaysia's New Economic Policy and the Chinese Business Community', The Developing Economics, XXIX, 4, 1991, Table 1. Drabble, Economic History, p. 198.

〈표 9〉 말레이시아 반도 내 종종과 직업별 직장인분포도, 1960년~1988년
(Pen. Malaysia: Distribution of employed persons by
occupation and ethnic group, 1960 and 1988 [%])

	professional, technical related		administrative and managerial		clerical related		sales and related	
year	1960	1988	1960	1988	1960	1988	1960	1988
Bumiputra	41	58	17	35	27	54	16	36
Chinese	39	33	67	55	46	37	66	56
Indian	11	8	12	6	19	9	17	7

	services		agriculture, husbandry, forestry, fishermen, hunters		production, transport equipment operator	
year	1960	1988	1960	1988	1960	1988
Bumiputra	40	59	62	70	27	46
Chinese	36	27	24	19	54	41
Indian	13	12	13	11	19	12

자료: Snodgrass(1980), Table 4.17 in Drabble, ibid., p. 273.

〈표 10〉 말레이시아 반도 내 종종집단별 빈곤 발생률 (Pen. Malaysia:
incidence of poverty by ethnic group, 1970, 1990 [%])

	1970	1990
Bumiputra	65.0	20.8
Chinese	26.0	5.7
Indian	39.0	8.0
Overall	49.3	15.0

자료: Malaysian Government(1991 b), Table 2.6, in Drabble, ibid., p. 278.

〈표 11〉 종종집단별 주식회사지분 소유율 2000년과 2002년(Ownership of Share Capital [at part value] of Limited Companies, 2000 and 2002 [%])

Ownership Group	2000 (%)	2002 (%)	Average Annual Growth Rate% 2001~2002
Bumiputera	18.9	18.7	7.8
Institutions	3.0	3.0	8.8
Trust Agencies	1.7	1.6	5.2
Individuals	14.2	14.1	7.9
Non-Bumiputera	41.3	43.2	10.9
Chinese	38.9	40.9	11.2
Indians	1.5	1.5	7.6
Others	0.9	0.8	4.1
Foreigners	31.3	28.9	4.2
Nominee Companies	8.5	9.2	13.1
Total	100	100	8.4

자료: 사회전략재단 제공 자료.

〈표 12〉 말레이시아: 국내총생산의 구조적 변화 1960년~1990년
(Malaysia: Structural Change in GDP, 1960~90)

| year | Per Cent Share of GDP | | | | |
	Agriculture inc. Fishing	Forestry	Mining	Industry (Manufacturing only)	Service
1960	47.0	n.a.	7.3	6.3	43.0
1970	30.8	17.6	6.3	13.4	51.0
1980	22.8	n.a.	10.0	20.0	47.2
1990	19.4	n.a.	9.8	26.8	44.2

자료: ABS for each territory, selected years; Malaysia: Ministry of Finance(1990-/1), Table 3.1, Drabble, Economic History, p. 188.
* 서비스업의 1960년과 70년 통계는 인쇄불량으로 소수점 이하를 판독할 수 없어 임의로 '0'으로 적었음.

<표 13> 분야별 국내총생산과 고용 1970년~2000년
(Sectoral Composition of GDP & Employment, 1970~2000)

	1970	1990	2000
Share to GDP			
Agriculture & Forestry	29.0	16.3	8.7
Mining	13.7	9.4	6.6
Manufacturing	13.9	24.6	33.4
Construction	3.8	3.5	3.3
Services	36.2	46.8	52.4
Proportion to Total Employment			
Agriculture% Forestry	53.5	26.0	15.2
Mining	2.6	0.5	0.4
Manufacturing	8.7	19.9	27.6
Construction	2.7	6.3	8.1
Services	32.5	47.3	48.7
Average Annual Growth Rate	1970~1990		1990~2000
Agriculture & Forestry	4.4		0.5
Mining	4.9		3.4
Manufacturing	10.3		10.4
Construction	6.4		6.4
Services	7.6		8.3

자료: Second Outline Perspective Plan, 1991~2000, p. 41; Second Outline Perspective Plan, 2000~2010, p. 49, in R. Thillainathan, 'The Indian Economic Position in Malaysia: A Review of Performance & Priorities for Action', Conference on The Malaysian Indian in the New Millennium: Rebuilding Community", KL, 1-2 June 2002, p. 18.

〈표 14〉 말레이시아: 직업별 고용률 1970년~2000년
(Malaysia: Employment by Occupations, 1970 to 2000 [%])

	1970	1980	1990	2000
Professional & Technical	0.048	0.06	8.8	11.0
Teachers & Nurses		0.03	3.3	3.6
Admin & Managerial	0.011	0.01	2.4	4.2
Clerical Workers	0.050	0.07	9.8	11.1
Sale Workers	0.091	0.10	11.5	11.0
Service Workers	0.079	0.09	11.6	11.8
Agri Workers	0.0449	0.39	28.3	18.1
Production Workers	0.273	0.28	27.6	32.8
TOTAL	1.000	1.00	100.0	100.0

출전: Computed from: Fourth Malaysia Plan 1981~85, p. 59; Fifth Malaysia Plan, 1986~90, p. 104; The Third Outline Perspective, 2001~10, pp. 104~5, Thillainathan, ibid., p. 19.

〈표 15〉 분야와 종종집단별 고용률(Employment by Sector and Ethnic Group, 2000 and 2003[%])

Sector	2000					2003				
	Bumiputera	Chinese	Indians	Others	Total	Bumiputera	Chinese	Indians	Others	Total
Agriculture Forestry Livestock & Fishing	18.2	5.7	11.1	29.2	13.7	16.0	5.0	9.8	28.2	12.1
Mining & Quarrying	0.5	0.3	0.6	0.6	0.4	0.5	0.3	0.5	0.7	0.4
Manufacturing	26.3	28.0	37.8	7.4	27.5	26.6	27.6	37.7	8.2	27.7
Construction	6.0	10.5	4.6	23.4	7.7	5.2	9.3	3.9	18.3	6.6
Electricity Gas & water	1.1	0.3	1.1	2.0	0.9	1.3	0.4	1.3	2.2	1.0
Transport Storage & Communications	5.4	4.8	7.2	8.1	5.4	5.8	5.1	7.8	9.7	5.8
Wholesale & Retail Trade Hotels & Restaurants	12.7	28.0	13.7	11.0	17.8	13.2	29.1	14.4	11.5	18.5

Finance, Insurance, Real Estate & Business Services	4.8	7.6	6.5	8.1	5.9	5.7	9.0	7.7	9.6	7.0
Other Services	25.0	14.8	17.4	10.2	20.7	25.7	14.2	16.9	11.8	20.9
Labour Force	57.1	31.9	9.0	1.9		57.2				
Unemployment	76.8	14.9	7.1	1.2		75.2				
Unemployment Rate	4.6	1.6	2.7	2.1		4.9				

자료: 사회전략재단 제공 자료.

〈표 16〉 종종집단별 등록된 전문인 비율 2000년과 2002년
(Registered Professional by Ethnic Group 2000 and 2002)

Profession	2000				2002				Net Increase, 2001-2002			
	Bumiputera	Chinese	Indians	Others	Bumiputera	Chinese	Indians	Others	Bumiputera	Chinese	Indians	Others
Accountants	17.1	76.2	5.6	1.1	20.0	74.6	5.1	0.3	37.1	65.5	2.2	4.8
Architects	42.1	56.2	1.5	0.2	43.6	52.6	1.3	2.5	61.0	10.2	-0.4	29.2
Professionals	29.8	68.4	1.5	0.3	31.1	62.9	1.6	4.4	54.2	37.3	2.4	80.7
Doctors	36.9	30.8	28.4	3.9	38.5	29.9	27.5	4.1	52.5	22.8	19.5	5.2
Dentists	35.2	42.4	20.5	1.9	38.2	40.3	19.1	2.4	84.3	7.5	-2.7	10.9
Veterinary Surgeons	41.7	27.7	27.4	3.2	40.1	29.8	25.7	4.4	28.4	45.4	13.5	12.7
Engineers	42.6	51.1	5.2	1.1	43.5	50.1	5.3	1.2	49.4	43.3	5.8	1.5
Professionals	25.0	66.5	6.5	2.0	26.5	65.1	6.5	1.9	47.8	45.0	7.2	0.0
Surveyors	45.1	49.6	3.4	1.9	46.0	49.3	3.1	1.6	57.0	46.8	-0.8	3.0
Professionals	42.5	52.2	3.5	1.8	44.0	51.2	3.3	1.5	67.0	34.9	0.9	2.8
Lawyers	32.3	40.1	26.8	0.8	35.1	38.4	25.8	0.7	60.8	23.2	16.2	0.2
Total	35.2	51.1	11.8	1.6	37.2	50.1	11.2	1.5	48.5	43.1	7.3	1.1

자료: ibid.

〈표 17〉 직업과 종종집단별 고용률 2000년과 2003년
(Employment by Occupation and Ethnic group, 2000 and 2003[%])

Occupation	2000					2003				
	Bumiputera	Chinese	Indians	Others	Total	Bumiputera	Chinese	Indians	Others	Total
Legislators, Senior Officials & Managers	4.8	12.4	5.4	3.3	7.3	5.5	13.8	6.2	3.3	8.3
Professionals	6.3	6.1	5.2	4.0	6.1	6.1	5.8	5.2	4.3	5.9
Lecturers, Pre-University & Secondary School Teachers and Writers & artists	3.4	1.4	1.6	2.0	2.5	3.3	1.3	1.6	2.0	2.5
Technicians & Associate Professionals	13.7	11.6	13.2	4.7	12.8	14.9	12.4	14.8	5.9	13.9
Primary School Teachers and Nurses	4.9	2.5	2.7	2.0	3.8	5.0	2.5	2.9	2.3	28.1
Clerical Workers	10.5	10.9	9.3	2.8	10.4	10.8	11.0	10.2	3.1	10.6
Service Workers & Shop & Market Sales Workers	12.5	17.1	11.1	6.2	13.7	14.3	18.4	13.2	7.5	15.4
Skilled Agricultural & Fishery Workers	19.3	5.7	8.1	24.8	14.0	15.6	3.6	4.9	21.8	10.8
Craft & Related Trade Workers	7.1	14.1	7.5	5.9	9.3	8.9	16.3	9.3	6.9	11.3
Plant & Machine Operators & Assembles	16.4	11.5	20.6	15.4	15.2	15.8	10.9	20.0	15.2	14.6
Elementary Occupations	9.4	10.6	19.6	32.9	11.2	8.1	7.8	16.2	32.0	9.2
Total										

자료: 사회전략재단 제공 자료.

참 고 문 헌

Arasaratnam, S. 1993. "Malaysian Indians: The formation of Incipient Society". Sandhu, K. S. and Mani, A. *Indian Communities in Southeast Asia*. Singapore.

Barlow, C. 1990. "Changes in the Economic Position of Workers on Rubber Estates and Smallholdings in Peninsular Malaysia, 1910－1985". Rimmer, P. J. and Allen, L. M.(eds.). *The Underside of Malayan History*. Singapore.

Brown, I. 1997. *Economic Change in South-East Asia*. KL.

Brown, R. A. 1993. "The Contemporary Indian Political Elite in Malaysia". Sandhu, K. S. and Mani, A. *Indian Communities in Southeast Asia*. Singapore.

Comber, L. 1983. *13 May 1969: A Historical Survey of Sino-Malay Relations*. Singapore.

Denis, E. S. 1983. *Tamils in Malaysia: Problems in Socio-Economic Development for An Immigrant Minority Group*. PhD Thesis. USA: Rice University, Houston, Texas.

Dept. of Statistics. 2001. *Yearbook of Statistics*. Malaysia.

Donnison, F. S. V. 1956. *British Military Administration in the Far East 1943－46*. London.

Drabble, J. 2000. *An Economic History of Malaysia, c. 1800－1990: The Transition to Modern Economic Growth*. Houdmills, Basingstoke, Hampshire, London, New York.

Gamba, C. 1962. *The National Union of Plantation Workers: The History of the Plantation Workers of Malaya, 1946－1958*. Singapore.

Harper, T. N. 1999. *The End of Empire and Making of Malaya*. Cambridge.

Institute Analisa Sosial(Malaysia). 1989. *Sucked Oranges: The Indian Poor in Malaysia*. KL.

Jain, R. K. 1970. *South Indians on the Plantation Frontier in Malaya*. KL, Singapore. London: New Heaven.

Jung, Y. J. 2002. *A natural harmony? Government, Business and British Interests in*

Southeast Asia 1945 — 1951. PhD Thesis. UK: University of Warwick.

Kratoska, P. 1998. *The Japanese Occupation of Malaya: A Social and Economic History.* St Leonards.

Kuppuswamy, C. S. 2001. "Ethnic Tensions in Malaysia: A wake-up call for the Malaysian Indian Congress". *South Asia Analysis Group.* paper no. 213. KL.

Kuppuswamy, C. S. 2003. "Malaysia: The nightmare of Indian IT professionals". *South Asia Analysis Group.* paper no. 633. KL.

McCoy, A. (ed.) 1980. *Southeast Asia under Japanese Occupation.* UK: New Heaven.

Muzaffar, S. 1993. "Political Marginalization in Malaysia". K. S. Sandhu and A. Mani. *Indian Communities in Southeast Asia.* Singapore.

Pluvier, J. 1974. *South-East Asia from Colonialism to Independence.* KL. London. New York. Melbourne.

PRO T 236 3301 memorandum for Commonwealth Conference. London. 4 Sept. 1950.

PRO CO 537 3753 no. 35 Effect of action by governments in Malaya to counteract Malayan Communist Party plans: supplement no. 11 of 1948 issued with Malayan Security Service Political Intelligence Journal no. 15/48 of 15 Aug. 1948.

PRO PREM 8 1406 Part I C.P. (48) 171 The Situation in Malaya: memorandum by the Secretary of State for the Colonies. 1 July 1948.

PRO CO 537 3753 no. 35 supplement no. 11. 15 Aug. 1948.

PRO CO 537/7297. no. 18. letter from Sir H. Gurney to J. D. Higham. 29. Aug. 1951.

PRO CAB 129/79. CP(56)47 'Federation of Malaya': Cabinet Memorandum by Mr Lennox-Boyd on the Constitutional Conference. 21 Feb. 1956.

PRO CO 1030/493. no. 45. Tunku Abdul Rahman to Lennox-Boyd. 28 May 1957.

PRO T 220 284 F23 letter from Lyttelton to Butler. 30 July 1953.

PRO CAB 129 7 CP(46)81 Malayan Policy: Cabinet memorandum by G. Hall. 26 Feb. 1946.

Puthucheary, M. "Indians in the Public Sector in Malaysia". Sandhu, K. S. and Mani, A. *Indian Communities in Southeast Asia.* Singapore.

Ramachandran, S. 1994. *Indian Plantation Labour in Malaysia.* Kuala Lumpur.

Ramachandran, C. P. 2002. "The Malaysian Indian in the New Millennium". *Conference on The Malaysian Indian in the New Millennium: Rebuilding*

Community. KL.

Ramasamy, P. 1994. *Plantation Labour, Unions, Capital, and the State in Peninsular Malaysia*. KL, Oxford, Singapore, New York.

Rudner, M. 1970. "Rubber Strategy for Post-War Malaya, 1945－48". *Journal of Southeast Asian Studies*. Vol. 1. ISS. 1.

Rudner, M. 1976. "Malayan Rubber Policy: Development and Anti-Development during the 1950s'". *Journal of Southeast Asian Studies*. 7.

Rudner, M. 1981. "Development Policies and Patterns of Agrarian Dominance in the Malaysian Rubber Export Economy". *Modern Asian Studies*. 15.

Sandhu, K. S. 1993. "The Coming of the Indians to Malaysia". Sandhu, K. S. and Mani, A. *Indian Communities in Southeast Asia*. Singapore.

Short, A. 1975. *The Communist Insurrection in Malaya 1948－1960*. London.

Sivalingam, A. 1993. "Economic Problems and Challenges Facing the Indian Community in Malaysia". Sandhu, K. S. and Mani, A. *Indian Communities in Southeast Asia*. Singapore.

Stenson, M. R. 1970. *Industrial Conflict in Malaya: Prelude to the Communist Revolt of 1948*. London, New York, KL.

Stenson, M. R. 1980. *Class, Race & Colonialism in West Malaysia*. Queensland.

Stowe, J. A. 1991. *Siam Becomes Thailand: A Story of Intrigue*. London.

Tarling, N. 1998. *Britain, Southeast Asia and the Onset of the Cold War, 1945－1950*. Cambridge.

Thambirajah, M. 2002. "Sri Murugan Centre: Case Study of an NGO". *Conference on The Malaysian Indian in the New Millennium: Rebuilding Community*. KL.

Thillainathan, R. 2002. "The Indian Economic Position in Malaysia: a Review of Performance & Priorities for Action". *Conference on The Malaysian Indian in the New Millennium: Rebuilding Community*. KL.

Toh, Kin Woon. 1983. "Education as a Vehicle for Reducing Economic Inequality in Malaysia". *Modernization & National Cultural Identity*. Paper 28. Malaysian Social Science Association.

University of Malaya. 1985?(도서관목록에 물음표가 표기되어있음). *Indians in Early Malaya*. Petaling Jaya.

사회전략재단 홈페이지: http://www/yss98.com.my/.

2장
말레이시아 힌두교의 종교적 쇄신:
샤이바 싯단타와 신 힌두교

이 재 숙*

Ⅰ. 말레이시아 인도인과 힌두교

인도와 동남아지역은 기원을 전후하여 문화적으로 매우 긴밀한 관계를 형성한 바 있다. 당시 인도문화는 힌두교와 불교의 수레를 타고 주변 지역으로 퍼져나갔고, 지리적으로 가까운 동남아 여러 왕국들은 무력충돌이나 분쟁 없이 자연스럽게 이들 종교 속에 녹아있는 문화를 수용하였다. 동남아지역의 문화를 구성하는 종교, 언어, 춤과 음악, 건축 등 다양한 예술적 영역에서 우리는 두 지역의 문화적 관계가 얼마나 긴밀한지를 어렵지 않게 파악할 수 있다. 하지만 이 정도의 영향관계에 비하면 당시 인도인 이주는 상대적으로 적게 이루어졌다. 현재

---

* 전남대학교 인류학과 전임 연구원.

동남아의 인도인 디아스포라에서는 15세기 이전에 형성된 것으로 보이는 말라카 지역의 극소수를 제외하고는[1] 그와 같이 오래된 정착의 역사를 거의 찾아볼 수 없다.

오늘날 말레이시아에 거주하는 인도인들은 대부분이 19세기 이후 대규모로 이주하여 정착하였다. 말레이시아에서 인도인은 구성 비율로는 세 번째 큰 집단을 이루고 있다. 하지만 "세 번째가 아니라 삼류 집단"(Kuppuswamy. 2001)의 오명을 쓴 소수자이다. 이들의 열악한 현실은 때때로 폭력적 갈등 양상으로 드러나기도 한다. 1998년 페낭(Penang)에서는 힌두사원 이전을 둘러싼 폭력사태가 일어났는가 하면, 2000년 쿠알라룸푸르 근교에서는 말레이시아인 결혼식과 인도인 장례식 참석자들 사이의 충돌과 무리한 공권력 투입으로 5명 사망, 30여명 중상, 그리고 200명 이상의 체포자 가운데 75명이 기소되는 대형 사건이 발생하기도 했다.

말레이시아는 동남아 지역의 여러 국가들 가운데서도 인도인 인구가 가장 많은 지역 중 하나일 뿐 아니라,[2] 식민지 시대의 배경에서 짧은 기간 동안 이주가 이루어진 대표적인 경우이다. 이 글은 인도인 디아스포라의 형성, 변화, 네트웍을 연구하는 3개년 가운데 식민지 시대 단기간 동안 이루어진 이주로 인해 형성된 소위 '구 디아스포라'를 고찰하는 1차년도 연구의 하나로서, 말레이시아 인도인 디아스포라를

---

1) 산두(Sandhu. 1969: 2)는 1511년 말라카가 포르투갈에게 점령당할 때까지를 '말라야 역사의 인도인 시대'라고 칭했다. 고대에 말레이시아에 이주해 간 인도인들은 전통적으로 상업계층이었으며 교역과 상업 활동을 목적으로 했다.

2) 2001년 인도 외무성 산하 인도인 디아스포라 고등위원회(High Level Commission on Indian Diaspora)가 발행한 보고서 의하면 말레이시아의 인도인은 재외인도인(NRI: Non Resident Indians)과 인도계 재외동포(PIO: Persons of Indian Origin who have acquired the citizenship of some other country) 및 기타를 합해서 1,675,000명으로 말레이시아 인구의 7.3%를 구성하고 있다. 이는 아시아 지역에서 인구의 9.7%를 차지하고 있는 싱가포르 다음으로 인도인 비율이 높은 것이며, 절대인구로 보면 2,920,000명인 미얀마 다음으로 많은 것이다.

다룬다. 특히, 말레이시아에서 인도인 디아스포라를 규정하는 주요한 요소인 힌두교가 말레이시아의 산업화, 현대화, 도시화의 흐름 속에서 어떤 변화를 거쳤는지를 살펴보려고 한다.[3] 기본적으로 이것은 "디아스포라의 힌두는 단순히 해외에 거주하게 된 것이 아니라, 디아스포라적 경험에 의해 철저하게 변형된 (새로운)힌두"라는 파레크(Parekh. 1994)와 같은 관점에서 출발한 것이지만, 특히 말레시이아 인도인의 경우 문화적으로 힌두교가 그들 내부의 동질성을 확인시키는 가장 대표적인 동기임이 대단히 뚜렷이 드러나기 때문에 이에 대한 체계적이고 포괄적인 접근이 요구되는 직접적 필요성에 의한 것이다. 70년대와 80년대에 걸쳐 말레이시아 힌두교의 경향과 정체성 문제를 다룬 라주(Rajoo. 1975; 1983; 1987; 1989; 1992)와 리(Lee. 1987; 1988; 1989) 등의 연구는 다소 단편적이기는 하지만 말레이시아 힌두교의 두드러진 경향들을 보여주었다. 하지만 90년대 이후로는 말레이시아 힌두교의 변화와 동태에 대한 연구를 거의 찾아볼 수가 없다.

따라서 이 연구는 한 디아스포라가 이주, 정착하는 과정에서 종교라는 문화적 측면이 작용하는 양상을 이해함으로써 디아스포라 사회의 형성, 변화 및 발전 단계를 맥락화, 이론화하는데 기여하고자 한다. 또한 그러한 과정 속에서 이 연구는 '힌두교'라는 종교가 정체된 종교 체계가 아니라 상황에 영향을 받는 상당히 유동적인 종교임을 드러내 보일 수도 있을 것이다. 이는 힌두 디아스포라에서 힌두교가 끊임없이 재생산(reproduction)되고 재현(representation)되고 있다는 베토벡(Vertovec. 2000: 87∼107)의 논의와도 일맥상통하는 것이다.

---

3) 말레이시아에서의 현지조사는 2005년 1월 5일부터 1월 26일까지 현지에 체류하면서 쿠알라룸푸르 시내 및 인근의 힌두사원을 중심으로 관찰과 면접을 병행하였다.

Ⅱ. 말레이시아 인도인의 사회 · 경제적 배경

1. 이주 배경과 디아스포라의 구성형태

인도인들은 1830년대부터 본격적으로 계약노동제를 통해서 모리셔스, 우간다, 아프리카, 동남아 등 인도양 연안 지역 뿐 아니라 태평양 연안지역과 카리브 해 연안 지역까지 가족 없이 남성 단독으로 집단 이주하기 시작하였다.[4] 80여 년 간이나 지속된 이와 같은 집단 이주가 소위 '구 디아스포라'가 형성되는 중요한 계기가 된 것은 물론이다. 계약노동제가 금지되자 이후로는 캉가니 제도[5]에 의해서 이주가 이루어졌는데, 이 또한 오랜 기간은 아니지만 계약노동제와 함께 구 디아스포라 집단 이주유형을 대표한다. 말레이시아 인도인의 경우 절반 정도가 캉가니 제도를 통해 들어왔다. 노동자들은 처음에는 계약 기간에 묶인 임시 고용의 형태였지만 다시 재계약을 하거나 장소를 옮겨 일을 계속하게 되면서 인도인 노동자들을 대상으로 하는 소규모 상인, 각종 비즈니스 업종 종사자들이 말레이시아 사회에 정착하였다. 여기에 1938년 비인간적 처우를 이유로 인도정부가 인도인 노동자의 말레이시아 이주를 금지[6]하면서 개별적인 방법으로 일자리를

---

4) 첫 이주는 한 사립 흥신소가 1810년 스리랑카로 인력을 수출한 것이었으며, 이것은 이후로 공 기관, 식민정부가 모리셔스나 서인도제도 등으로 대규모 인원이 이주시키는 시발점이 되었다(Arasaratnam. 1970: 11).

5) 타밀어로 '관리자'라는 의미이며, 플랜테이션이나 건설현장에서 함께 일하는 노동자들의 십장(什長)을 지칭한다. 이들은 인도에서 자신이 속한 지역과 카스트 내에서 인맥을 이용하여 노동력을 모집하였으며 일반적으로 자신이 모집한 인원을 말레이시아 노동현장에서 직접 관리하였다. 연고가 있는 캉가니를 따라 가족을 동반하고 이주해온 노동자들은 소소한 가정사에서 임금과 노동에 관한 모든 일을 캉가니에게 의지하였다. 캉가니 제도에 의한 노동력 모집에 대한 기술은 일찍이 콘다피(Kondapi. 1951: 29~52)가 상세히 다룬 바 있다.

6) 노동자들에 대한 처우문제는 항상 인도 민족주의자들의 지적 대상이 되었다. 결정적으로는 남아공의 인종차별정책으로 인해 인도인들이 어떤 대우를 받

찾아 나선 사람들이 이민법이 본격적으로 강화된 1950년대 이전까지 빈자리를 메꾸었다(Arasaratnam. 1970: 20).

영국 정부가 동인도회사를 통해 인도를 장악하고 있던 1880년대부터 1930년대의 시기는 플랜테이션을 통한 부의 축적이 가장 활발하게 이루어지고 있었다. 영국인들은 노예제가 폐지되자 이를 대체할 노동력을 필요로 하였는데, 다루기 어려운 중국 노동자보다 공급과 관리에서도 편리하고 또 다루기도 쉬운 인도인 노동력을 선호하였다. 말레이시아의 경우는 인도 정부가 마드라스 항구를 통해서만 인력을 송출하도록 항구를 제한하였기 때문에 마드라스 항구와 인접한 나가파트남(Nagapatnam)과 마드라스(Madras)에서 인력모집이 이루어졌고, 점차 탄조레(Tanjore), 마두라이(Madurai), 트리치(Trichy) 지역에서도 모집이 이루어졌다. 멀리 펀잡(Punjab), 라즈푸타나(Rajputana), 마하라슈트라(Maharashtra), 벵갈(Bengal)에서도 인력이 모였는데, 북부 출신인 이들은 주로 철도건설 등에 종사할 기능직이나 경찰, 보안관련 업종에 투입되었다(Arasaratnam. 1970: 15). 출신지역으로 보면 말레이시아 인도인 전체의 98.4%는 남부인도인이며, 이중 80% 이상이 타밀인, 6.8%는 텔루구인, 6.4%는 말라얄리였다. 그리고 비 남부인은 극소수로 펀잡, 구자라트, 벵갈 등 북부 인도 출신으로 구성되어 있었다. 이들은 각기 출신지역과 카스트에 따라 거주시설과 거주지역, 활동반경이 분명히 달랐기 때문에 말레이시아에 정착하는 과정에서도 특별한 계기 없이는 서로 융화되지 않고 있었다.

1914년에 시작된 1차 세계 대전과 그로 인한 대 공황기, 그리고 제

는지가 인도인 뿐 아니라 국제적으로 잘 알려지고 국내여론도 노동력의 해외 송출에 대한 반대 목소리가 높아지자 인도정부는 본격적으로 자국 노동자들이 해당국에서 어떤 처우를 받는가를 조사하고 해당 정부에게 정당한 처우를 요구하기도 하였다. 이러한 과정에서 말레이시아로의 인력송출 문제는 1936년 중앙 의회에서 파견한 샤스트리(V. S. Srinivasa Sastri)의 현장조사이후, 1938년 인도정부에 의해서 완전히 금지되었다(Arasaratnam. 1970: 21~24).

2차 세계대전, 일본인의 말라야 점령 등은 인도인들의 말레이시아 이주와 정착에 고비가 되었다. 적어도 플랜테이션과 건설현장 노동자들의 경우 이주 규모가 축소되고 또한 저임금으로 인해 영양실조, 사망률 증가 등이 가시적으로 나타났다. 대신 노동자들이 모집되던 타밀 지역에서 개인적으로 이민을 선택하는 전문직 종사자들이 늘었으며, 펀잡 등 북부 인도로부터 보안, 경찰 병력이 모집되어 오는가 하면 개별적으로 무역업을 위해 오는 사람들도 늘었다. 이로써 말레이시아의 인도인 사회는 더욱 복잡한 양상을 보이게 되었다. 1920년대 이후에는 플랜테이션의 쇠퇴로 자연스럽게 캉가니 제도에 의한 이민도 사라져갔다. 결과적으로 계약노동제가 사라진 1911년부터 인도정부가 말레이시아 이민을 금지한 1938년까지가 인도인들이 말레이시아에 정착하는데 중요한 시기가 되었다고 할 수 있다(Arasaratnam. 1970: 10~20; Wiebe & Mariappen. 1979: 5~11).

한편 말레이시아 정부는 독립 후 자국민 노동자를 보호하기 위해 인도와 중국으로부터의 이민을 차단하고자 했다. 해외 노동력의 유입으로 임금과 생활수준의 향상이 제대로 이루어지지 않고 커뮤니티 간 갈등을 고조시킨다는 것이었다. 해외 노동력에 대한 의료시설, 교육시설 등의 지원이 결과적으로 자국민들에게 기회가 적게 돌아가는 부정적인 영향을 미친다고 생각하고 있었기 때문에, 정부는 결국 1949년에 이민법을 발의하여 1953년에는 규제성이 강한 이민법을 의회에서 통과시켰다. 이것은 전문직 종사자 인도인들의 말레이시아 이민을 실질적으로 거의 차단하는 효과를 발휘했다. 1959년, 이민법은 더욱 강화되어 법정 최저임금을 1,200 달러로 규정하였는데, 이것으로 인해 가장 큰 타격을 받은 것은 인도로부터 값싼 노동력을 데려와 점원으로 사용하는 인도인 소규모 상점들이었다. 이와 같은 말레이시아 정부의 일련의 조치들은 더 이상의 이민을 통한 인도인들의 유입을 막았으며, 그 대신 근래 들어서는 시민권 없이 단기간 체류하는 남인도로부터의 노동력 유입이 계속되고 있다.

2. 말레이시아 사회의 이슬람화

19세기와 20세기 초반까지 영국 식민정부는 말레이를 통치하면서 서구식 행정법 도입으로 급격한 경제적 기술적 발전을 유도하였다. 특히 반도의 서해안을 중심으로 플랜테이션농법을 도입했는데, 이는 나중에 인도인의 말레이 반도로의 대규모 이동의 배경이 되었다.

말레이 반도를 1874년부터 통치하기 시작한 영국 식민정부가 도입한 변화의 바람은 대개 고유의 행정시스템을 고도로 중앙화 된 행정시스템으로 바꾸어 경제적 기술적 발전을 거두는 데에 초점이 맞추어졌다. 특히, 토지행정, 말레이 군도들에 대한 정치적 패권을 유지하기 위한 서구식 법률이 시행되었고, 세입의 증대를 위한 인프라를 구축하기 위해 면밀한 토지 조사도 이루어졌다(Khoo Kay Kim. 2001: 125~126). 한편 세계 1차 대전으로 인해 주석의 수요가 증대하자, 영국은 말레이시아의 주석광산에 노동력을 집중시켰다. 이 과정에서 말레이 인들은 농경과 전혀 다른 광산의 작업환경에 적응하지 못했고, 영국 정부는 중국으로부터 대체 노동력을 확보하였다. 주석광산 노동력을 중국에서 수입한 것은 말레이의 복합종족(multi-ethnic) 사회화에 중요한 계기로 작용하였다고 할 수 있다.

물론 인도네시아 인들은 이미 수세기 전부터 말레이 반도에 빈번하게 왕래하고 정착하였으나 결혼이나 각종 교류를 통해 현지인들과 동화되어 문화적으로나 종교적으로나 말레이 사회에 큰 무리 없이 적응하였다. 하지만 중국인들과 인도인 이주민들은 인도네시아 인들과는 달리 문화적으로나 종교적으로 상당히 이질적이었으며 현지화되지도 않았다. 또 중국인들은 도시의 상업지역이나 해안의 무역지대에, 인도인들은 고무 등 플랜테이션 지역으로 결집하여 분리적으로 거주지를 형성하였기 때문에 말레이인들과 이들의 사이에는 점점 더 높은 벽이 만들어졌다.

중국인들은 광산 노동력으로서 각광받았으나(Islam. 2005: 116~118) 점차 이들의 인구가 늘어가면서 농업분야에도 변화가 생겼다. 대규모 사탕수수 플랜테이션의 도입과 운영에 대한 영국인들의 적극적인 개입으로 노동력의 수요가 엄청나게 증가했다. 중국인들은 노동자로서 뿐 아니라 소중규모 상인으로서 말레이시아의 한 구성원이 되기 시작했다. 1차 세계대전 이후 전후복구와 세계경제 회복, 그리고 자동차 산업의 출발은 영국 정부에게 사탕수수보다 더 수익률이 높은 고무 쪽으로 시선을 돌리게 했다. 영국 정부는 고무 플랜테이션을 국가정책으로 시행하였고(Andaya & Andaya. 1982: 210~216), 이 과정에서 중국인들은 더 이상 플랜테이션 현장에 적합한 노동력이 아니라는 인식이 자리 잡았다. 영국 정부는 자국의 식민지였던 인도, 그 중에서도 남인도의 농경사회로부터 고무 플랜테이션 노동력을 수입했다. 국가 세입이 늘어나자 철도와 항만 건설 등 공공사업이 증가하였으며 이 역시 고무 플랜테이션 노동자들에 이어 인도로부터 노동자들을 끌어들였다. 이로서 중국인에 이어 인도인들도 말레이시아 구성원이 되기 시작했다. 이러한 이종족의 유입은 말레이시아 사회구성의 형태 뿐 아니라 모든 방면에서 근본적인 변화를 초래하였다.

말레이인들은 대개 도시 근교 농장이나 사탕수수 농원에서 거주하고 있었으나 1960년대 들어 사회구조가 급격히 산업화, 도시화 쪽으로 바뀌게 되자 도시로 몰려들었다(Khalid. 2002: 9~17). 하지만 이들은 대개 낮은 교육수준을 가지고 있었기 때문에 직종이 단순노무직에 한정되었다. 정부나 공공기관의 최하위 직원이나 직업 군인, 공장 노동자로 일하는 것 외에 할 수 있는 일이 적었다. 이에 반해 중국인들은 상업, 은행업, 무역업, 도매업 혹은 광공업 등 산업화 사회에 적응함으로써 주요 경제 분야에 종사하고 있었으며, 인도인들은 플랜테이션 노동자가 상당수였지만, 상업지역이나 해안무역지역의 소규모 상업과 무역업, 서비스업종에도 종사하고 있었다. 1930년대 중국인들의 수입은 인도인들보다 많았고, 말레이인들의 2.5배에 달했다. 말레이인들에게 중국인과 인도인들은 착취자 혹은 경쟁자였다.[7]

　이처럼 말레이 사회의 복합성은 식민지 시대에 중국인과 인도인 노동력의 대규모 유입으로 인해 서서히 형성되어갔다. 식민시기 이후에는 산업화의 진행으로 농촌지역에 주로 거주하던 말레이 인들이 도시로 이동하면서, 말레이 인들과 비 말레이 인들 사이에는 갈등이 증폭되었다. 이러한 상황에서 식민정부는 식민정부대로 이 지역의 정치적 안정 및 효율적 통치를 위하여 말레이 우대정책을 폈다. 독립 이후의 말레이 정부 역시 비 말레이인들의 자본 및 노동 시장에 대한 패권으로부터 말레이인들을 보호하기 위해 강력한 이슬람화 정책을 추진했다. 말레이시아 정부는 70년대에 정치체제를 대폭 개편하고, 빈곤해결과 사회통합을 위한 신경제정책(New Economic Policy)을 시행하였다. 그러나 이 정책은 '부미푸트라'로 불리는 말레이계 국민들의 경제적 구제에 초점이 맞추어져 있었으며, 결과적으로 비 부미푸트라들은 상대적 박탈감을 갖게 되었다(소병국. 1998: 140～144).

　이슬람화는 자연히 반작용을 불러왔다. 이슬람으로 개종하지 않고 나름의 관습과 문화를 유지하는 중국인이나 인도인들은 상대적으로 차별을 받게 되기 때문에 저항과 불만이 고조되었다. 이들은 이들대로 더욱 자신들의 관습과 문화를 고수하려고 하는 보수적인 태도를 보였다.[8] 특히 다양한 지역, 카스트 정체성 때문에 따로 따로 움직이

---

7) 말레이시아 뿐 아니라, 아시아의 여러 지역에서는 산업화, 도시화, 현대화 사회로의 진입과정에서 이와 같은 공동체간의 간극이 극명하게 드러났다. 즉, 인도에서는 무슬림 공동체가 힌두 공동체에게 뒤쳐졌고, 스리랑카에서는 싱할리 공동체가 타밀 공동체에게, 말레이시아에서는 말레이인 공동체가 중국인 등 타 공동체에 뒤쳐졌다(Naidu. 1980: 17).

8) 수페르노(Supernor. 1983: 78～79, 133～141)는 말레이시아 인도인들의 보수적 성격과 권위적 위계질서에 대해서, 일반적으로 남인도인들의 성격이 본래 그렇기도 하지만 말레이시아에서는 말레이의 엄격한 이슬람 문화와 중국인들

던 인도인들은 타밀인, 그리고 힌두로서의 동질감을 통해서 보수적 태도를 유지했다. 따라서 대규모 이주민들의 유입과 정착으로 산업화의 주변부에 머물던 말레이계 국민을 보호, 구제하고자 했던 이슬람화 과정은 결과적으로 비 이슬람인들로 하여금 자신들의 이질적 정체성을 오히려 강조함으로써 자신들의 존재를 확인하려는 비 통합적 태도를 견지하도록 유도했다고 할 수 있다.

말레이인들의 민족적 자각의식도 중국인이나 인도인들에 대한 견제와 함께 형성되었다. 말레이 인들에게는 분리정책을 통해 통치의 유리한 시스템을 운영하는 식민정부 보다는, 자신들의 생활권과 경제적 이권에 직접적으로 영향을 미치는 중국인과 인도인이 타자였던 것이다(소병국. 1995: 22∼33).

말레이인들에게 교육은 이러한 자각과 필요에 의해서 중요한 요소로 여겨졌다. 영국정부는 자신들이 목표로 하는 서구식 교육과 말레이인들이 추구하는 이슬람식 교육을 절충할 수밖에 없었다. 영국은 특히 셀랑오르와 페락에 교육환경 개선을 집중시켰는데, '폰독'(pondok)이라고 불리는 종교학교는 말라이 사회의 이슬람화에 중요한 역할을 했다. 특히 하지 무함마드 유사프 빈 아흐마드(Haji Muhammad Yusaf bin Ahmad(본명보다는 툭 케날리(Tok Kenali)라는 이름으로 널리 알려진 인물이다)는 전설적인 교육 지도자로서, 그의 절대적 영향을 받은 교육기관(Majlis Agama dan Istiadat Melayu Kelantan 등)이 1915년 이후 구성됨으로써, 많은 이슬람 지도자를 배출하였다(Khoo Kay Kim. 2001: 133∼150). 이처럼 교육의 기회 받은 일부 구성원들이 말라이인의 이익을 대변하는 여러 협회들을 구성했고, 이것이 직접적으로 19세기 20세기 초 말레이 사회의 변화에 영향을 미쳤다.

독립 후 말레이인과 비 말레이인간의 현격한 경제적 불균형은 인종

의 호전적 진취적인 문화 사이에서 억눌렸기 때문에 더더욱 보수적이 될 수밖에 없었다고 파악하였다.

폭동(1969)을 불러왔고, 소위 비상사태(1969~1972)라는 암흑기를 야기했다. 이 시기에 말레이시아 정부는 정치체제를 대폭 개편하고, 빈곤해결과 사회통합을 위한 시행한 정책이 신경제정책이었다. 그러나 이 정책은 부미푸트라로 불리는 말레이계 국민들의 경제적 구제에 초점이 맞추어져 있었으며, 결과적으로 다른 비 부미푸트라들은 배제되는 계기가 되었다. 따라서 이질적인 종족문제는 항상 사회적으로 뜨거운 불씨였다.

1980년대 들어서는 또 다시 이슬람 부흥운동이 확산되어 대중매체를 통해 이슬람 문화와 교리가 널리 확산되는가 하면, 정부는 보다 이슬람 주의에 충실한 교육, 보건, 산업, 상업, 금융 기관들을 설립, 지원하였다. 전국적 지점망을 가진 이슬람 은행은 저소득 무슬림들을 위한 금융편의를 제공하고 1983년에 개교한 국제 이슬람 대학은 학생 규모를 늘려 800명의 국내외 학생들에게 이슬람 교리를 집중적으로 연구하게 하고 있다. 사회적으로 이슬람 의복착용이 장려되고 모든 교육현장에서 말레이어로만 교육이 이루어지도록 헌법이 개정되었는가하면 민간 주도의 다양한 이슬람 운동이 시민운동으로 확산되었다(양승윤. 1993: 9).

이러한 이슬람화는 자연히 중국인이나 인도인들의 저항과 불만을 불러일으켰다. 이슬람화 과정은 비 말레이계 국민들에 대한 경쟁력 향상 그리고 말레이계 국민의 결집과 단결의 방편이었으며, 동시에 비 말레이계 국민들로 하여금 각자 자신들의 문화와 전통을 한 곳으로 결집시키고 그것을 고수하도록 하는 강격한 자극이 되었다.

3. 다문화 사회의 소수자

2001년 인도인 디아스포라 고등위원회의 자료에 의하면 말레이시아의 인구 구성은 말라야 56%, 중국인 26%, 인도인 8%, 기타 10% 인데, 2002년 말레이시아 인도인의 말레이시아 국내 총생산의 기여도는

2%, 그리고 말레이시아 국제 무역 기여도는 3% 정도에 그치고 있다. 1995년 종족별 주식소유 자료에도 인도인이 소유한 주식은 전체의 1.5%에 불과하다(Phang Hooi Eng. 2001: 116; Hua Hooi Yin. 1983: 158, table 7-4, 노영순. 2003 재인용). 인구 구성으로 보나 중국인과 비교해서 보나 이러한 수치들은 인도인들의 열악한 경제상황을 보여주고 있다고 할 수 있다.

이러한 상황은 말레이시아 인도인의 90% 이상이 대규모 노동력 이동의 결과로 정착한 사람들의 후손으로서, 아직도 플랜테이션 지역에 그대로 정착해 있는 인구가 절반에 이르고 독립 후 산업구조의 변화와 도시화의 영향으로 수도인 쿠알라룸푸르나 그 위성도시인 페탈링자야(Petaling Jaya), 그리고 클랑(The Klang Valley), 페낭(Penang) 등 도시로 이동한 인구도 많지만, 중산층 이하의 생활수준에 머물고 있는 경우가 대부분이기 때문이다. 비교적 최근의 양상을 보여주는 라주(Rajoo. 1992: 1)에 의하면 인도인의 80%가 힌두이며, 이 중 50% 이상이 현재는 도시지역에 거주하고 있는데, 도시든 농촌이든 일반적으로 인도인의 사회적 위상은 대단히 낮은 편이다(Suryanarayan. 1982: 36~43; Kuppuswamy. 2001).

인도인 학생들이 다니는 학교의 열악한 재정과 시설을 돌아보면 이들의 미래에 대해서도 비관적인 생각을 가질 수밖에 없다. 중국인 학교와는 엄청난 재정적 차이를 보이는 인도인 학교들은 농촌지역이든 도시지역이든 시설 뿐 아니라, 교사들의 질적 수준에서도 부족하다는 불평을 흔히 듣는다(Colletta. 1975: 103~105). 일부 도시나 근교지역에서는 인도인의 교육열이 높다고 하지만 그것은 특정 계층의 경우이고, 대체적으로 인도인들은 아직도 교육의 기회와 환경에 있어서 부족한 상태에 있다. 1957년 헌법에 의거, 1967년 3월부터 전국적으로 말레이어를 교수어로 하는 통일 교육제도(National Language Act)가 실시되었는데, 이를 계기로 모국어인 타밀어나 영어교육의 기회가 줄어든 것도 인도인들에게는 교육환경이 나빠진 것으로 인식된다.

이러한 사회경제적 배경 때문에 일반적으로 인도인이 시민권을 갖기도 쉽지 않다. 1957년 말레이시아의 독립 후 본국으로 돌아간 일부를 제외하고는 대부분의 인도인들이 말레이시아 시민으로 등록함으로써 법적으로 시민이 되었지만, 지금도 인도인이 새로 말레이시아 시민권을 갖기 위해서는 말레이시아에서 10~15년간 지속적으로 거주를 해야 하고 말레이시아 배우자와 결혼해야 하는 등 까다로운 조건을 충족시켜야 한다.

말레이시아 정부는 독립 후 소위 부미푸트라 정책을 통해 말레이인들의 생활수준을 끌어올리고자 했으며, 여기에 중국인들의 자본을 끌어들였다. 그러기 위해서 사회통합을 기회 있을 때마다 강조해 왔다. 말레이시아는 독립 후 성공적으로 경제성장을 이루어왔다고 평가되는데, 그 배경에는 흔히 다 종족 다문화 국가임에도 불구하고 정치적으로 큰 문제가 없었다는 점이 지적된다(Phang Hooi Eng. 2001: 116; Hua Hooi Yin. 1983: 158). 독립이전부터 정치권에서는 전 말레이 연합기구(United Malay National Organization), 말레이시아 중국인 협회(the Malaysian Chinese Association)와 말레이시아 인도의회(Malaysian Indian Congress)가 각기 다른 종족적 구성원들의 연합을 시도했는데, 이러한 노력이 독립 후 말레이시아의 정치적 안전에 큰 요소로 작용했다는 것이다. 하지만 그 내용을 들여다보면, 이 시기에 인도인 의회 진출자는 104명의 의원 중에 단 2~3인에 불과했기 때문에 이것은 말라야와 중국인들의 화합이지, 인도인들의 사회적 통합과는 거리가 멀었다. 한편 인도인들과 달리 중국인들은 독립 말레이시아 연방 창설 이후 10여년 안에 경제적 우세를 유지했을 뿐 아니라 크게 신장시켰다. 1971년부터 1990년까지 정부의 신경제 정책이 표방한 것도 사회통합이었다. 그러나 통합의 대상은 주로 중국인 자본가였지 인도인이 아니었다. 자본이 많은 것도 아니고 정치적으로도 2% 정도의 의회참여도를 보이는 인도인들은 아무리 법적으로 인구 비례에 맞는 7~8%의 기회가 보장되어있다고 해도 실질적으로는 이것을 제대로 활용할 수도 없었다(Ramasamy. 1989: 131~146). 1973년 제 2차 말레이시아 경제계획을 중간 분석하는 연설에서도 수상 라작(Tun Abdul Razak)은 말레이시아의 국가 통합을 강조했다. 하지만 적어도 인도인들을 중심으로 볼 때 그것은 과거에도 현재에도 한낱 구호에 불과하다.

인도인과 말라야, 중국인들은 각기 다른 구획에 거주하고 이들의 사회활동도 마찬가지로 각기 다른 구획 안에서 이루어진다. 특히 인도인 인구는 중국인에 비해서 1/3도 되지 않는 소수로서 도시지역이라도 과거 철도 건설 노동자로 와서 인도인들이 정착했던 몇 몇 특정 지역에 집중적으로 거주한다. 쿠알라룸푸르의 경우 방사(Bangsar), 브릭필드(Brickfield), 센툴(Sentul) 등이 인도인 지역이며, 이 지역들은 모두 20세기 초 중반, 철도청과 건설현장에서 가깝게 형성된 인도인 노동자 주거지로부터 시작되었다. 공식적으로 이런 지역들을 규정하는 법적 근거는 없지만 이처럼 이미 게토(ghetto)화된 거주 공간으로 인해 상권, 학교 등의 분리가 고착화 되어있는 문제는 이들이 사회적으로 통합이 되지 않고 있는 현실을 그대로 보여주고 있다고 할 수 있다.

Ⅲ. 말레이시아 힌두교의 쇄신

말레이시아에서는 전술한 바와 같이 독립 후 산업화와 함께 산업구조에 변화가 일어났고, 도시화가 상당히 빠르게 진행되었다. 이 과정에서 말레이시아 인도인 디아스포라의 상당수를 구성하는 플랜테이션 노동자 출신들이 도시지역으로 이주하였다. 현재 말레이시아 인도인의 50% 이상이 도시지역에 거주하고 있다. 말레이 인들 역시 농촌에서 도시로 이동하면서 도시의 자본을 쥔 중국인과 노동력을 쥔 인도인들 사이에서 생존권을 놓고 갈등을 빚었다. 앞서 살펴본 바와 같이 이러한 갈등은 말레이 인들의 이슬람 화, 그리고 비 말레이인들의 보수화를 야기했다.

도시에 거주하는 다양한 지역, 카스트 정체성을 가진 인도인들의 사회문화적 태도의 변화를 감지할 수 있는 요소 가운데 하나가 바로 힌두교이다. 힌두교는 말레이시아 인도인의 80% 이상이 소속의식을 가지고 있는 요소이며, 특히 남인도 힌두교의 영향이 절대적인 특성을 가지고 있다.

도시화로 인해 힌두들에게 새롭게 나타난 태도는 카스트 의식[9]이나 가정에서 준수하는 종교적 관습[10]에 대한 관심은 줄었지만 다른 한편으로는 사원 숭배, 축제 행사 참여, 집회, 힌두교 경전 학습과 강좌, 고전 음악과 무용에 대한 애호가 증가했다는 것이다. 사회변화의 유발요소로서의 문화적 측면에 주목하여 "문화적 변화가 경제와 사회의 변화를 유발할 수도 있다"는 클래머(Clammer. 2002: 71~73)의 주장에 비추어 볼 때 도시화 요인은 단순히 말레이시아 인도인의 종교적 측면 뿐 아니라, 사회적 변화를 살피는 데 중요한 변수가 된다. 여기에서는 이러한 종교적 변화가 일어난 과정을 이해하기 위해서 말레이시아 타밀 힌두교의 내용과 20세기 중반 이전부터 시작된 힌두교내의 움직임들을 살펴보기로 한다.

---

9) 라주(Rajoo. 1983: 12~14)는 개인이나 단체들을 결집할 필요가 있는 정치 영역을 제외한 거의 모든 부분에서 카스트는 작용하지 않는다고 파악했다. 한편 제인(Jain. 2003)은 플랜테이션 지역에서는 카스트가 문화로서 기능한다고 파악했다. 이는 도시와 농촌 지역의 차이로 파악될 수도 있을 것이다.

10) Anushthanam(개인예배), Garbhadhana(임신), Pumsavana(남아출산), Simantonayana(출산준비), Jatakarman(탄생의례), Namakarana(작명식), Nishkrama(첫나들이), Annapprasana(첫음식), Chudakarana(삭발), Upanayana(수계식), Samavartana(졸업식), 결혼의례들, Antyeshti(장례식) 등 다양한 가정의례가 있다(Singaravelu. 1969/1970: 56~57).

1. 타밀 힌두교와 말레이시아 힌두교

남인도 힌두교[11]의 상층을 구성하는 부분은 13~15세기 경 남인도 타밀나두를 중심으로 나타난 쉬바, 비슈누, 샥티와 연관된 아가마 경전들의 결집과 이 과정에서 아리야계 신들과 경전, 의례들이 남인도 고유의 그것과 결합한 결과로 만들어졌다. 이 과정을 통해서 남인도의 힌두교는 베다와 우파니샤드의 계보를 산스크리트로 적은 자신들의 아가마 경전들과 연결하고 여기에 타밀어로 된 프라반담 경전들을 만들어 냈다(Sundaramoorthy. 1976: 88~93). 이것은 결과적으로 무루간(Murugan),[12] 암만(Amman)[13]과 같은 지역 신들을 쉬바, 비슈누, 샥티와 동일시하거나 신화를 통해서 긴밀한 관계로 묶는 근거되었으며, 이에 따라 사원 건축, 의례 등에도 동류의 변화가 촉발되었다(Moreno & Marriott. 1989).

한편 타밀 지역의 신앙형태 가운데는 여전히 이러한 변화가 거의 영향을 미치지 않은 부분도 있었는데, 대개 모신, 질병에 관한 신, 마

---

11) 타밀 힌두교는 13~15세기 경 종교적 신념과 관습에 절대적인 영향을 미친 소위 신애운동(Bhakti Movement)을 통해 형성되었다. 이것은 쉬바 파 신앙과 비뉴누 파 신애운동으로 나타났는데 이러한 흐름은 북인도로 전파되어 이후의 힌두교를 구성하는 중요한 요소가 되었다. 특히 타밀의 쉬바 파 철학자들은 샤이바 싯단타 라고 불리는 고유한 쉬바 파 이론을 형성했다.

12) 탄다유타파니(Tantayyutapani), 쿠마란(Kumaran), 아루무칸(Arumukan), 산무칸(Sanmukan), 벨라유타(Velayutha), 스칸다(Skanda), 단단(Dandan), 카르티케얀(Karttikeyan) 등 여러 이름으로 불리며 북인도의 스칸다(Skandha)와 동일시되기 때문에 남인도 신 고유의 특징과 북인도 전통의 특징이 모두 나타난다. 경전에 근거하는 상층위신으로 숭배되면서 다른 한편으로는 치병과 신내림 등의 은총을 부여하는 신격으로도 숭배된다. 따라서 가장 광범위한 신도층을 가진 신이라고 할 수 있다. 말레이시아의 힌두 축제로 가장 대표적인 타이푸삼도 무루간 신이 주신이 되는 축제이다. 말레이시아 타밀 힌두의 무루간 숭배에 대해서는 콜린스(Collins. 1997)가 상세히 다루었다.

13) 마리얌만은 본래 천연두, 수두, 콜레라 등 전염병을 주관하는 여신이다. Maha Mariyamman, Muttu Mariyamman, Sitala-Mariyamman, Ankala-Mariyamman, Muttalamman 등으로도 불린다.

을신이나 수호신으로 여겨지는 하위신격들과 관련된 신앙들이 그것이다(Harper. 1957). 여기에는 주로 신 내림, 최면, 고행, 피와 같은 요소들이 중요하게 작용했다(Kapadia. 1996).

이 두 부류의 힌두교는 사실 서로 반대되는 것이라기보다는 서로 영향을 주고받으며 존재하는 상호보완적인 것이다. 전자는 도시에서 후자는 농촌에서 보다 발달하였으며, 둘 다 남인도 혹은 타밀 힌두교를 구성하는 중요한 요소들이라고 할 수 있다.

13~15세기 경 남인도로부터 소위 신애운동(Bhakti Movement)이 인도 전역으로 퍼져나가 쉬바 신앙이 힌두교의 중요한 요소로 자리 잡은 뒤, 남인도에서는 이에 대한 자부심이 상당히 컸다. 19세기 경 부터 남인도에서 일어난 타밀 민족주의는 이러한 자부심을 구심점으로 하여 성장하였으며, 따라서 종교적 개혁운동을 동반했다. 타밀나두에서 20세기 초부터 일어난 개혁 운동이란 농촌에 많은 하위 신격들에 대한 신앙에서 흔히 나타나는 동물희생제, 음주, 쇠꼬챙이로 몸을 찌르거나 불 위를 걷는 등의 극도의 고행 등 소위 '악습'을 금지하고 다양한 신격들을 쉬바나 비슈누, 샥티와 연계함으로써 그 신격들의 사원, 의례 등에 아가마 문헌을 근거로 하는 변화를 시도한 것이었다.[14]

타밀 힌두교의 상층 부류에서 중시하는 철학적 체계는 쉬바 신을 유일신으로 보는 샤이바 싯단타이다. 이것은 쉬바에 대한 아가마 경전들과, 베다, 우파니샤드, 타밀어로 된 경전인 『티루무라이』(Tirumurai)

---

14) 일반적으로 동물희생제를 폐기하고 정히 신도로부터 요구가 있을 때는 사원에서 떨어진 장소에서 따로 행하는 방식으로 중대한 의례의 변화가 나타났다. 또한 신 내림 행사가 줄어들고 다른 규모 있는 사원들의 행사나 의례를 모방했다. 1974년에는 이러한 흐름을 단적으로 보여주는 상징적인 일이 있었는데, 말레이시아 내 무니쉬바라 사원 대표자들이 모여 회의를 열고 무니쉬바라가 쉬바의 현현임을 확인, 천명하고, 모든 무니쉬바라 사원에서 동물 희생제의와 술을 바치는 것을 금지하자고 의견을 모은 것이다. 또한 이들은 무니쉬바라가 쉬바와 동일한 신격이므로 쉬바 사원에서 지키는 금식인 쉬바라트리 의례에 일제히 동참한다는 것이다(Rajoo. 1975: 47, 75).

및 『메이칸타 샤스트라』(Maikantha Shastra) 를 근거로 하는 남인도의 대표적인 쉬바 철학이다. 아가마 경전들을 중시하는 교리인 이 샤이바 싯단타는 이 시대 힌두교를 이끌어나갈 강력한 이론으로 떠올랐다. 그리고 이러한 종교개혁 운동은 지리적으로도 가깝고 타밀 출신 노동자들이 대부분인 말레이시아 힌두교에 직접적인 영향을 미쳤다.

말레이시아 인도인의 경우, 절대 다수가 플랜테이션 노동자로서 말레이시아에 정착한 힌두였기 때문에 이들에게는 하위신격들에 대한 신앙이 팽배했다. 말레이시아 힌두교에서도 아가마 경전을 근거로 하는 사원과 의례에서의 변화 현상은 마찬가지로 나타나는데, 암만의 경우, 남인도 농촌지역에서 나타나는 전형적인 모신이지만 아가마 경전과 의례를 차용하면서 샥티, 파라샥티, 우마/마헤쉬바리, 두르게이, 칼리, 락슈미, 사라스와티 신상이 암만 사원에 안치되어 있는 것을 보는 것은 어렵지 않다. 이 중 파라샥티와 칼리15)는 정통 상층위의 여신으로 인식되고, 칼리는 상층위 신이면서 신 내림을 주는 신으로서도 숭배를 받는다. 이러한 여신들은 때때로 산스크리트 의례와 경전이 적용되는 정통 상위층 신과 제물로 동물과 술을 받는 비 정통층의 신들로 구분되기도 한다. 비 정통층의 여신들은 경전과 찬송이 거의 없고 이들과 관련된 축제나 금식도 거의 없다. 브라만 사제가 집전하는 의례나 산스크리트 만트라도 없기 때문에 이런 여신들을 섬기는 사람들은 대개 농촌, 비 교육층, 여성들에 집중되어 있었는데 현재 말레이

---

15) 또, 체라(Cheras) 지역의 카마치-암만 사원(Sri Kamatchiamman Aalayam Temple)은 100년 이상의 역사를 가지고 있다고 하는데, 처음에는 무니쉬바라 상과 망고나무, 삼지창(Trishula), 쉬바 링감만 있었는데, 1965년에 이 지역 파타르위원회(Patthar Community)에서 카마치 – 암만상(실지로는 Ishvari Amman 상)을 기부하고, 꿈에 암만이 나타나 암만 사원을 지을 것을 계시한 후 카마치 – 암만 사원으로 변경되었다. 이처럼 주신의 변동이 일종의 신비체험과 약간의 재정적 지원을 통해 수시로 이루어지고, 신도들 또한 그러한 신비체험을 인정하고 따르는 모습을 쉽게 찾아볼 수 있다(2005년 1월 22일 토요일 안나말라이(Annamalayi. 남. 60세 인터뷰)).

시아에서는 광범위한 신도층을 확보하고 있다. 특이한 점은 암만 여신의 경우, 본래 비 정통층의 여신이지만 샥티와 동일시되고 더 나아가 쉬바 신앙으로 인정되면서 동물을 제물로 사용하지 않을 뿐 아니라, 그 사원에서는 의례를 시작할 때 가네샤 만트라를 사용하고 산스크리트 의례와 경전이 사용되며, 브라만 사제를 고용하는 등 적어도 외형적으로는 정통 상위층 여신들의 위상과 똑 같은 숭배를 받고 있다는 점이다.[16]

2. 쿠알라룸푸르 힌두사원에 나타나는 아가마화 현상

1967년 말레이시아 정부가 단체관련법(Society Act)을 통해서 사원들의 등록의무를 법제화하자 말레이시아 힌두교 사원들은 운영위원회(Temple Committee)를 구성하고 일정 경제 수준을 갖추는 대로 등록과 사원의 규모화를 시도하였다. 1970년대 이후, 수차례의 재건축을 통해 현재 상당한 수의 등록된 사원들이 큰 교회나 성당과 같은 규모와 운영 시스템을 갖추게 되었다. 중요한 것은 단순한 사원의 겉모습이 아니라, 사원의 신들이 아가마 경전을 갖춘 신들과 갖가지 형태로 연관되어 그 위상이 상향 이동되었으며, 따라서 그에 따른 의례, 종교적 관습도 아가마 신격에 걸맞게 상향 이동되었다는 것이다. 대부분의 힌두교 사원에서 광범위하게 나타난 이러한 움직임은 말레이시아 힌두교의 통합적 성격을 구축하는 바탕이 되었다. 중소규모의 사원들이 그 뒤를 이어 현재에도 연속적으로 변화를 겪고 있음은 물론이다. 그 결과로 현재 총 17,500여 개로 추산되는 힌두교 사원 가운데 정부에

---

16) 스리 마하마리얌만 사원의 경우, 암만을 쉬바의 부인인 샥티와 동일시하면서 다양한 암만과 샥티 뿐 아니라 쉬바와 무루간, 가네샤 신을 모시고 있다. 더욱이 이 사원에서는 쉬바 신을 첫 번째 신으로 꼽는 것을 주저하지 않는다 (2005년 1월 7일 스리 마하마리얌만 사원의 종교분야 위원회 위원인 쿠마르 씨(Mr. Kumar. 남. 60세 인터뷰).

등록한 사원은 550여 개에 이른다. 또한 소규모 길거리 사당이었다가 정식으로 건물을 갖춘 사원, 그리고 정부에 단체(Society)로 등록하기 위해 사원위원회를 준비하는 사원, 단체들이 계속 늘어나고 있다. 말레이시아 힌두교는 사원 중심으로 형성되어 있다는 점을 대표적인 특징으로 꼽을 수 있는데, 거의 모든 사원들이 재건축, 보수, 신상 추가 작업을 끊임없이 하고 있는 것으로 보아 말레이시아의 힌두교가 급격하게 내적, 외적 변화를 겪고 있음을 알 수 있다.

쿠알라룸푸르와 주변도시에서 힌두사원은 암만이나 칼리, 두르가 등 여신을 모신 사원, 쉬바 사원, 가네샤 사원, 무루간 사원, 비슈누 사원, 라마 사원, 무니얀디 사원 등으로 파악된다. 쿠알라룸푸르 주변에서 혹은 전 말레이시아에서 가장 큰 재단과 규모를 자랑하는 사원은 아가마 경전과 의례의 차용이 가장 두드러지게 나타나는 시내 중국인 상권 지역의 스리 마하마리얌만 사원(Sri Maha Mariyamman Temple)이다. 이 사원은 20세기 초 교육층 인도인들이 상당수 이민하게 되면서 도시 지역에 규모 있는 사원을 계획한 것에서 시작되었다.[17] 이 사원은 지금도 가장 큰 규모와 재력을 자랑하지만 오래 전부터 말레이시아에서 인도인 정당결정의 필요성이 제기되고 1946년 말레이시아 인도의회(MIC)가 결성되는 과정에서도 중요한 역할을 했기 때문에 지금도 인도인으로서 정치에 입문하기 위해서는 이 사원과 운영회의를 통

---

17) 1873년 철도 사업 단지(Railway Goodset)에 소규모 사원 건립. 카에로가남 필라이(Mr. Kaayeroganam Pillai)가 일부 전문직 종사자, 공무원, 교육자, 사업가 등 교육 층 힌두들을 결집하여 건립하였으며 그의 가족이 설립위원으로 참여하였다. 이후 운영단(Urar)이 구성되어 사원을 운영하였고 사원이 안정적으로 정착하자 1875년에 정식으로 중국인들로부터 사원자리에 대한 토지를 양도받았다, 1889년 셀랑오르(Selangor)의 술탄으로부터 토지에 대한 정식 소유권을 확보한 후 일반 신도들로부터 기부금을 받아 사원을 건립했다. 설립자의 아들과 가족들이 사원을 운영하던 중 1923년 사원기금을 둘러싼 의혹이 일반 신도들로부터 제기되어 대법원 재판을 통해 1929년 신탁위원회(Trust)로서 사원을 운영하게 되었다. 1930년부터 12명의 직업별/카스트별 대표단을 구성하여 신탁위원회를 운영하고 있다(Rajoo. 1975: 21~22).

해야 하는 것이 정설로 되어 있을 정도이다. 쉬바 사원은 상징적으로 중요하고 상위 신을 모신 사원으로서 존경과 관심의 대상이다. 스리 칸다 스와미 사원(Sri Kanda Swami Kovil: 쿠알라룸푸르 시내 브릭필드에 위치, 스리랑카 출신 타밀 커뮤니티 사원)(Abraham. 2004: 306~307)은 그 대표적인 예이다. 일반적로 쉬바 사원에서는 쉬바 아가마[18]등의 경전을 사용하고 브라만 사제가 의례를 집전한다. 쉬바와 샥티, 무루간, 가네샤를 모두 숭배하는 쿠알라룸푸르의 아흐티 이슈와란 사원(Ahthi Eeswaran Temple)은 말레이시아 샤이바 싯단타 협회(Malaysia Shaiva Siddhanta Sangam)에서 운영하는 사원으로서 오래된 역사와 상징성을 가지고 있으며, 쿠알라룸푸르 부키트 가싱힐(Bukit Gasing Hill)에 있는 쉬바 사원(Sivan Temple)도 1968년에 설립되었지만 1972년에 정식 등록하면서 일반인 누구에게나 개방하는 사원 중에서도 그 권위와 신뢰를 획득하고 있다. 한편 가네샤 사원은 부를 상징한다는 점 때문에 그 수가 많지는 않아도 다양한 사업에 종사하는 사람들을 중심으로 안정된 재정과 운영이 이루어지고 있는 편이다. 쿠알라룸푸르 시내에 있는 가네샤 사원은 소규모이나 화려하고 황금 장식 등 부유한 외관을 갖추고 있으며, 사업을 하는 중국인이나 말라야 인들도 많이 찾는다. 가네샤 역시 신화적으로 쉬바의 아들이기 때문에 쉬바를 섬기는 모든 사람들이 친근하게 여기며 가네샤 신은 길조와 부의 상징으로서, 쉬바신을 모신 사원에서도 모든 의례에서 가장 먼저 숭배된다. 타밀 힌두교의 서로 다른 두 가지 층위에서 공히 중시되는 무루간 사원은 스리 탄타유타파니 사원(Sri Tantayutapani Temple: 쿠알라룸푸르 시내 센툴 위치, 체티야르 공동체 사원), 바투 동굴 사원(Batu Cave Temple)[19] 등이 있다.

---

18) 『페리야르 푸라남』(Periyyar Puranam), 『데바람』(Devaram), 『티루바사캄』(Tiruvacakam) 등이다.

19) 본래 무루간 사원이지만 다양한 신자들을 아우르기 위해 쉬바, 가네샤, 다양한 암만들과 심지어 하누만 상까지 포함하고 있다.

한편 비슈누, 라마, 크리슈나 사원은 타밀 힌두에게서는 찾아보기 힘들고 텔루구, 말라얄리, 북인도 출신 커뮤니티 지역에서 간혹 찾아볼 수 있다. 여기에서도 독특한 점이 발견되는데, 쿠알라룸푸르의 방사(Bangsar)에 있는 라마링게쉬바라 사원(Sri Ramalingesvara Temple)은 라마 사원이라고 하지만 라마, 쉬바가 주실에 나란히 모셔져 있다.[20] 이것은 타밀 지역의 정서가 타밀 출신 인도인이 절대 다수를 차지하는 말레이시아 환경에서도 그대로 나타나는 것이라고 할 수 있는데, 타밀나두 람나드(Ramnad) 지역의 틴티와남(Tintivanam)에서도 이와 같은 사원을 볼 수 있다. 이 외 락슈미 나라야나 사원(Laxmi Narayana Temple: 쿠알라룸푸르 중앙 시내 위치), 기타 아슈람(Geeta Ashram: 쿠알라룸푸르 위성도시인 페탈링 자야에 위치)은 극소수 북인도 출신 힌두교도들의 구심점으로 자리 잡고 있다.

타밀농촌 출신 인도인들은 대개 무니쉬바란(Munisvaran)과 무니얀디(Muniyandi), 마투라이 비란(Maturai Viran), 바이라바(Bhairavar)[21] 등을 섬긴다. 또, 트리치(Trichi), 마두라이(Madurai), 살렘 아르콧(Salem Arcott), 칭굴푸트(Chingulput) 출신 타밀 인들은 피를 좋아하는 카테리(Katteri)라는 신을 숭배하기도 하는데, 칼리(Kali)여신과 동일시되는 경향이 있다. 상층 카스트 들은 사원 개방운동 이후 문을 열기는 했지만, 지금도 사원운영이나 특정 의례에는 일반인들의 참여를 제한한다(Arasaratnam. 1970: 168).

이 외에도 독립적인 사원을 가지고 있는 것은 아니지만 사원의 구성요소로서 의미를 가진 신은 아홉 행성신(Navakkirakankal)[22]이 있다.

---

20) 쿠알라룸푸르와 근접한 셀랑오르에 있는 유일한 라마사원인 스리 라마 알라얌(Sri Ramar Alayam)에도 가네샤 상, 샥티 상, 암만 상, 크리슈나 상이 포함되어 있고, 사제는 이전에 무루간 사원에 있었던 구루칼(gurukkal)이다.

21) 쉬바계 사원 입구에 배치되는 문지기의 역할을 하는 신이다. 지금은 점점 많은 신상에 가려져 보이지 않고 있지만 비라ー파티람(Vira-pattiram) 상(像)과 삼지창(Itumban) 등도 유사한 역할을 하는 신이다.

22) 라구(Raghu), 세바이(Sevvai 금성), 찬드란(Chantran 달), 케투(Kethu), 사니(Sani 태

이 아홉 행성신들은 사람의 탄생, 운명에 영향을 미친다고 여겨지기 때문에 말레이시아 힌두들은 자신과 가족의 일생에 이들로 인해 위험하거나 나쁜 영향이 미치지 않도록 위무한다. 따라서 말레이시아의 힌두 사원들은 대개 아가마 경전 및 의례를 사용하고 그 규모를 확장하면서 아홉 행성신을 한쪽 편에 모시는 것을 볼 수 있다.

앞서 언급한 대부분의 큰 사원들은 복잡한 의례[23]를 치르고 산스크리트 만트라를 암송하는 과정을 통해서 사원의 위상을 높여왔다(Rajoo. 1992: 162~166). 아슈타 판타나 쿤파 아피세캄(Aṣṭa Pantana Kunpapisekam), 만탈라 아피세캄(Mantalapisekam)과 같은 대형 세정의례는 45일이나 걸리기도 하며 이때 의례를 주관하는 사제는 반드시 브라만 혹은 구루칼(Kurukkal)이어야 한다. 이러한 의례를 치르고 나면 그 사원은 신도들에게 신성불가침의 영역으로 인식되고 그러한 의례를 치르지 않은 사원들보다 훨씬 높은 위상을 점하게 된다. 이제 매일 있는 일상예배도 아가마 규정에 의하면 산스크리트 만트라와 데와람, 티루와사캄 등의 쉬바파 찬송을 암송할 수 있는 교육을 받은 자격 있는 사제만이 집전할 수 있다.[24] 필자는 1월 22일에 스리 카마치-암만 사원(Sri Kammatchiamman

---

양). 수성, 화성, 목성, 토성 등 아홉 행성을 모신다. 벡(Beck. 1976: 230~237)은 남인도 힌두교에서 전통적인 사원구조로 발견되는 12 별자리 신(solar house)에 대해 조사한 바 있는데, 이것과 유사하다고 할 수 있다.

23) 사원에서의 아가마 의례는 준비절차(Cankarpam), 물동이에 대한 뿌자와 성수를 담는 절차(Kalasa Pucai), 사당 안에 신을 모시기위해 올려놓는 돌에 대한 뿌자(pita-pucai), 가네샤에 대한 뿌자(Ganesh-pucai), 성물을 담은 쟁반을 들고 하는 정화의례(Punniyakam), 물과 우유 등으로 하는 세정식(Apisekam), 신상에 대한 옷, 치장(Alankaram), 만트라로 신을 부르는 절차(Avahanan), 만트라를 암송하면서 물을 뿌리는 의례(Arkkiyati-pattiyankal), 과일, 밥, 구장잎, 코코넛, 꽃 등을 바치는 절차(Naivettiyam), 장뇌 연기를 피우는 절차(Tupam), 불을 지핀 장뇌를 좌우로 흔드는 절차(Tipam,) 재, 향나무 가루반죽, 새프론 꽃가루, 물 등을 신도들에게 나누는 절차(Prasatam), 신도들이 개인적으로 하는 공양(Arccanai) 등으로 구성된다(Rajoo. 1975: 68~70).

24) 그런데 말레이시아 사원에서 나타나는 아가마화는 완전한 변화라고 보기는 어려운 부분이 있는데, 그것은 경전 유형, 산스크리트 전통의 신과 의례로의

Aalayam Temple) 운영자 안나말라이 씨(Annamalayi. 남. 60세)와의 인터뷰를 통해서, 이 사원의 역사가 100년 이상이라는 점, 처음에는 무니쉬바라, 망고나무, 삼지창, 쉬바 링감만 있는 무니쉬바라 사당형태에서 1965년 이 지역의 파타르 협회(Patthar Community)에서 카마치-암만 상을 기증받았다는 사실, 그리고 1971년 카마치-암만 사원으로 등록절차를 마쳤으며, 작은 할아버지가 꿈을 꾸고 카마치-암만사원으로 전환했다는 것, 그리고 1999년부터 사원의 대대적 개보수 작업 시작했고 2001년 8월 30일 인도로부터 카마치-암만 상을 모셔왔다는 사실 등을 들을 수 있었다. 이 때 만탈라 아피셰캄을 했으며 이후 이 사원은 지금도 매일 2차례 세정식을 한다고 한다. 실지로 이러한 의례의 과정은 어느 정도 경제력이 뒷받침되어야 하기 때문에 경제력과 신성불가침의 사원의 위상은 불가분의 관계에 있다고 하겠다. 하지만 쿠알라룸푸르와 페탈링 자야 같은 위성도시 지역에서는 신성불가침의 위상을 점한 사원들이 점점 늘어가기 때문에 독점적 위상으로서의 신성불가침의 영역획득은 점차 의미를 잃어가고 있다.

사원들의 이러한 움직임은 사제들에게도 마찬가지로 나타난다. 사제들은 아가마적 기술과 산스크리트 만트라를 익혀서 사원의 이름에 걸 맞는 위상을 획득하고자 하기 때문이다. 의례들의 위계질서가 이와 같은 사제들 사이에서 일반적으로 모방된다. 판다람은 구루칼의 방식을 모방하고 푸자리는 판다람을 모방함으로써 사제의 기능이 필요할 뿐인 일반 신도들의 필요를 충족시킨다. 때때로 사제는 하나의 직업으로서 인식되기도 한다. 이러한 방식의 모방은 의례나 경전의 의미를 거의 알지 못하는 상태에서 흔히 조악한 모방으로 그치지만

진입이후에도 여러 가지 부분에서 다시 마을을 수호하는 신격/의례로서의 특징을 보이기 때문이다. 이것은 경전/교리에 대한 실질적인 지식이 부족하기 때문에 명분에 맞는 체계적이고 구조적인 변화가 불가능하기 때문이다. 라주(Rajoo. 1975)는 이러한 현상을 교구화(Parochinization/Localization)와 보편화라고 명명한 바 있다.

사실 일반적으로 힌두들에게는 신이 경전에 근거한 신인가 아닌가는 그다지 중요하지 않다. 힌두들은 신성이 모든 곳에 편재한다는 생각을 가지고 있기 때문에 개미굴, 뱀 굴에도 신성이 부여되는 것을 전혀 개의치 않는다. 또 뱀 굴에서 시작된 나가-암만(Naga-amman: 뱀 여신) 여신숭배가 쉬바나 비슈누 신과 연결되는 것 또한 전혀 문제가 되지 않는다.

지금까지 설명한 것처럼 도시의 모든 사원들에서 볼 수 있는 특징은 쉬바, 샥티, 가네샤, 수브라마니야[무루간] 등 상위층을 이루는 신들의 신상을 모시고 있다는 것이다. 본래 이러한 신들에 대한 예배는 구루칼(gurukkal/sivachariya)로 불리는 정식 교육과 자격을 취득한 사제들만이 집전할 수 있지만, 말레이시아에서는 그러한 자격 있는 사제가 매우 드물기 때문에 판다람(Pandaram) 혹은 푸로히타(Purohita)라고 하는 본래는 가정의례를 집전하는 즉, 사원의례에 대한 자격을 인정받은 적인 없는 사제들이 하는 경우가 많다. 어느 사원이나 규모가 커지고 상위층 신들을 모시게 되면 인도로부터 정식으로 교육을 받은 자격 있는 사원사제(gurukkal)를 돈을 주고 초청하여 사원에 고용하지만, 신자들은 굳이 구분하려고 하거나 이런 부분에 대해 불평을 하는 일은 거의 없다. 모든 사원들이 사실상 경쟁적으로 대 전통 의례를 도입하려고 하기 때문에 사제들은 자신의 경험과 교육, 자격에 상관없이 사원 사제의 의례를 흉내내거나 독학하거나 교육을 받아서 그 자리를 채운다. 커뮤니티 사원에서 일하는 사제들의 대부분은 사실 판다람이라고 불리는 비 브라만 사제들이다. 이들은 대개 타밀나두의 람나드, 마두라이 그리고 코임바토르 지역에서 왔다고 한다. 이들은 채식을 하지 않으며 아가마 경전들에 대한 지식도 그리 깊지 못한 편이다. 이들은 큰 사원의 브라만 사제들을 보조하면서 경전을 낭송하거나 만트라를 암송하는 것, 특정 의례를 집행하는 것을 직접 가까이에서 지켜보고 배울 수 있기 때문에 얼마든지 브라만 사제들이 하는 그대로를 따라 할 수 있다. 혹은 사원 주변에 얼마든지 있는 타밀어로 음사한 힌두 경전집들을 사서 외우면 그만이다. 산스크리트를 직접 할 줄 알아야 하는 것도 아니고 타밀어로 음역되어있기 때문에 그대로 소리만 읽으면 된다. 의미를 깊이 알아야 할 이유도 없다. 판다람을 고용하기도 쉽지 않은 보다 소규모 사원에서는 푸자리를 고용한다. 이들은 판다람보다도 의례나 경전에 대한지식이 없고 본래 사원 지기의 역할을 하는 사람들인데, 카스트의 제한도 없고 사원 주인이 일시적으로 고용한 사람들이다. 하지만 말레이시아의 경우에서는 판다람과 마찬가지로 얼마든지 브라만 사제가 하는 의례와 경전 암송을 할 수 있다.

이와 같이 현재 말레이시아 힌두교에서는 공통적으로 상층위 단계로 옮겨가려고 하는 현상이 나타나고 있다. 우리는 이러한 현상을 구체적으로 의례와 경전 그리고 건축을 통한 아가마화로 지칭할 수 있을 것이다.[25]

3. 1960년대 이전 타밀 힌두교 개혁운동의 영향

말레이시아 사원의 변화는, 1930년대 이후 인도 타밀 민족주의에 영향 받은 도시 중산층 주도의 타밀어 강화와 종교개혁 움직임과 깊이 연관되어 있다. 이들은 모국어로서의 타밀어 사용을 적극 권장하고 경전에 대한 지식을 전파하는 데 애썼으며 신앙행태에 관한 세세한 지침을 일반 신도들에게 전달했다.

---

25) 아가마는 'origin', '전통으로 습득된 것'으로서 초기 경전을 의미하므로 구체적으로는 초기 경전에 근거를 두는 의례나 형식 등을 추구하는 경향을 '아가마화'로 지칭하고자 한다. 아가마에는 크게 28종의 쉬바 아가마와 108종의 판차라트라[비슈누] 아가마, 그리고 77종의 샥타 아가마가 있다. 또 여기에 부수적으로 따르는 경전들도 아가마의 범주에 포함시키기도 하는데, 여기에는 사원관리, 화환 제조법, 실천 요가 이론, 철학적/신학적 이론 등의 내용이 포함된다.

1940년대 이전에 말레이시아에 설립된 힌두 단체들은 일반적으로 분열주의와 운영과 관련된 분쟁으로 그다지 원활한 활동을 벌이지 못했다. 그 대부분은 남인도의 사회 종교 운동과 궤를 같이 하고 있지만 그 어느 단체도 서로 상대 단체를 인정하려고 하지 않았다. 이처럼 서로 비협조적인 관계 속에서 힌두 사회종교 개혁은 거의 체계적으로 이루어지지 못하고 있었다(Arasatnam. 1966). 그런데 1929년 인도 마드라스에 있는 드라비디안 운동의 지도자인 라마사미 나이카르(E. V. Ramasamy Naicker)가 말레이시아를 방문한 사건은 이러한 단체들의 행태에 자극을 준 하나의 계기가 되었다. 타밀 민족주의 감성을 결정적으로 고조시킨 그의 방문은 1931년 타밀개혁협회(Tamil Reform Association)라는 상위 단체를 구성하는 결과를 낳았다. 이것을 주도한 사람들은 생활개혁을 주장하고 있었지만 그것을 실천하는 방법에 있어서는 남인도 힌두교의 전통을 옹호하고 반 브라만 반 산스크리트 입장을 견지하고 있었다. 이 시기의 개혁운동은 남인도의 대표적인 쉬바파 교리인 샤이바 싯단타(Saiva Siddhanta)[26]를 정통성 있는 교리로 자리 잡게 했다.

이 협회는 현대화된 이미지를 확보하기 위해서 힌두의 관행이 되어 있는 종교적 관습들을 대대적으로 개혁하고자 했다. 특히 후진적 혹은 야만적이라고 지적되는 무거운 카바디(kavadi)를 들거나 끄는 행위, 불 위에서 걷는 고행[27] 등이 대표적으로 금지되었다. 이러한 관습을

---

26) 이것은 인도의 종교이론 가운데 가장 많이 알려진 베단타와는 상당히 다르다. 우선 베단타는 베다와 『우파니샤드』, 『바가와드 기타』의 사상적 흐름을 중시하고 여기에 나타나는 가르침을 따르는데 반하여 샤이바 싯단타는 28종의 아가마, 쉬바파 성자들이 지은 찬송과 남인도 사상가들의 철학적 저술들을 사용한다. 또한 일반적으로 알려진 베단타의 가르침들은 우주적 진리이며 원천인 브라흐만과 개개의 영혼인 아트만이 동일하다는 가르침을 펴는데 반하여, 샤이바 싯단타는 개개의 영혼은 지고의 진리인 쉬바에서 비롯되었으나 그 둘은 영원히 동격이 될 수 없다고 주장한다(Saivism: questions and answers. 1996; The Characteristics of Saiva Siddhantham. 1997; Saivite Hinduism. 1994 등).

27) 타밀 힌두들이 주로 실천하는 고행에는 온몸을 꼬챙이 등으로 찌르고 거기에 신에게 바치는 크고 작은 지게 같은 것을 올려 지고 가거나 귀걸이처럼 고리

이행해온 힌두 신자들 대부분 여기에 반대했기 때문에(Arasaratnam. 1970: 174) 결국 이들의 시도는 성공했다고 볼 수 없지만 개혁의 방향과 입장은 이 협회를 계승한 이후의 많은 단체들에 영향을 미쳤다.

이 협회가 사라지면서 여러 단체들이 생겨났다. 그 중 하나는 말라야 타밀 협회(Malayan Tamil Pannai)로서 1948년 쿠알라룸푸르에 말라카(Melaka) 출신의 타밀인과 마드라스 출신 타밀 변호사에 의해서 설립되었다. 이들은 타밀어와 문학, 타밀 예술 전시 등의 활동에 주력했고, 종교적인 목적으로 설립된 것은 아니었지만 결과적으로는 1960년대 이후 수브라만야 바라티(Subrahmanya Bharati)와 같은 저명한 남인도 시인들의 저술활동을 지원하였다.

이처럼 1930년대에서 1950년대는 힌두들의 자각의식이 커지고, 특히 산스크리트 전통이 드라비디아 전통의 종교적 흐름에 압도된 시기였다. 또 이 시대의 힌두교에서 공통적으로 나타나는 특징은 이들이 모두 샤이바 싯단타 교리를 추구한다는 점이었다. 말레이시아의 독립과 함께 시작된 정부의 말레이 보호 정책은 인도인들에게 자신들의 미래가 인도 타밀의 상황에 딸린 것이 아니며, 말레이시아에서의 자신들의 위치가 그다지 안정적이지 않다는 자각과 불안감을 불러 일으켰지만, 그럴수록 그들은 남인도 힌두교의 정통교리를 강화하고 아가마 신과 의례를 중심으로 자신들의 존재를 확인하기도 했다. 이러한 분위기 속에서 샤이바 싯단타에 근거하는 종교 강좌들이 도처에서 운영되었다. 이런 분위기는 1950년대 중반과 1960년대 중반까지도 지속

로 뚫어서 신에게 바치는 물건을 매다는 카바디(kavadi), 자갈 석탄, 재 등의 불 위를 걷기가 대표적이며, 소극적으로는 머리카락을 삭발하거나 육식과 술, 성관계를 피하고 과일, 우유만 먹고 금식하기, 음식을 필요로 하는 사람들에게 음식공양하기, 사원에 기부하기, 동물을 제물로 바치기 등이 있다. 동물을 제물로 바치는 것은 각종 힌두 단체와 사원에서 금지하고 있기 때문에 최근에는 흔히 볼 수 없고, 대신 동물을 죽이지 않고 신상이 있는 사원이나 사원에서 멀리 떨어진 특정 장소에 방사하는 일도 목격된다.

되었다. 도시의 경우 특히 이러한 협회들의 활동이 두드러지는데, 그 중에는 1954년 중산층 인도인, 스리랑카 출신 타밀 인들에 의해 설립된 아룰 네릿 티룩 쿠탐(Arul Nerit Tiruk Kuttam)과 한 공무원에 의해 설립되어 중산층 이하 인도인들을 주력 대상으로 종교 강좌나 예배 모임 등을 운영한 티루바룰 타바 네리 만드람(Tiruvarul Tava Neri Mandram), 또 여기에서 분리 설립된 압파르 티루 네릿 칼라캄(Appar Tiru Nerit Kalakam) 등이 있었다.

그런데 이러한 단체들은 샤이바 싯단타 학습을 위한 강좌, 집회, 고전 음악과 무용을 활성화시키고,[28] 마을신들을 숭배하는 힌두교 일부의 악습 타파 운동을 벌였지만, 남인도 힌두교에서 개인적인 차원에서 전통적으로 지켜온 탄생의례, 초경의례, 결혼의례 등은 그다지 강조하지 않았으며, 결과적으로 이러한 가정의례들은 간소화되었다.[29] 이는 크고 작은 가정의례를 통해 규정되던 정(淨)과 부정(不淨) 개념이 희석된 것을 의미하기도 한다. 또한 정/부정 개념을 통해 카스트를

---

28) 스리 마하 마리얌만 사원은 수시로 산스크리트 만트라 낭송대회를 열기도 했으며, 브라만이나 중간 계층인 비 브라만 상층문화라고 할 수 있는 전통 무용(Bharat Natyam)과 음악회(Karnatic Musical Recital) 프로그램을 유치하기도 했다. 최근에도 힌두 단체들의 후원을 받는 이러한 활동이 많은 편이다.

29) 2005년 1월 6일부터 27일까지 쿠알라룸푸르와 위성도시인 페탈링 자야에서 많은 힌두들을 만났으나, 이러한 가정의례에 대해서는 모두 들어서 알고만 있지 실천하지는 않는다고 했다. 결혼의례로 본래는 여러 날에 걸친 다양한 의례가 있지만 말레이시아에서는 결혼하는 본인들과 가족, 친지 등이 참석하기 편리한 대로 토요일이나 일요일에 1시간 반에서 두 시간 정도 걸려서 치른다(인터뷰 대상─쿠마라구루 씨(Mr. P. Kumaraguru. 남. 38세. 브릭필드의 인도서점(Siva Guru Books)주인. 1월 8일), 쿠눌 씨(Mr. Kunul. 남. 35세, 수브라마니암 사원(Lord Subramaniam Temple) 사제. 1월 9일), 파람소티 씨(Mr. Paramsothi. 남. 63세. 말레이시아 힌두 협회의 사무국장. 1월 11일), 구나 씨(Mr. Guna. 남. 39세. 엔지니어. 1월 12일), 마하티란 씨(Mr. Mahathiran 남. 48세. 마하샥티 무감비게이─암만 사원 운영자. 1월 15일), 티루바사카 씨(Mr. Tiruvasakar. 남. 60세. 쉬바 싯단타 만드람 전 회장 현 사무국장)와 무티아 씨(Mr. Mutiah. 남. 58세 쉬바 싯단타 만드람의 부총무. 1월 18일) 등).

규정하고 부정한 카스트 구성원들을 멀리하던 관습역시 점차 희미하게 되었다. 여기에서 한 가지 더 나아가 그 카스트 구성원들이 숭배하는 신들의 위계질서조차 희미해진 것은 말레이시아 힌두교가 도시화, 현대화의 환경에서 적응하는 방식으로 이해할 수 있다. 도시의 대형 힌두교 사원들에서는 흔히 중국인, 말레이인들을 볼 수 있고,30) 일부 사원에서는 힌두교 신상들 사이에 도교, 불교의 넓은 범주에 포함되는 신들이 함께 모셔져 있는 것을 볼 수 있는데,31) 이러한 현상들은 모두 말레이시아에서 힌두교가 도시화와 함께 맥락화된 과정을 잘 보여주는 예라 할 것이다.

4. 1960년대 이후 개혁운동과 신 힌두교

1960년대 들어 이들과는 다른 방향의 힌두부흥운동을 추구하는 단체들이 생겨났는데, 이들은 힌두라는 개념을 남인도에 국한하지 않고 전체 인도의 힌두교에 두었다. 이러한 단체들의 선봉에는 1965년 전문 직종 종사자, 공무원, 교사, 사업가 등에 의해서 설립된 말레이시

---

30) 쿠알라룸푸르 차이나 타운 안에 있는 스리 마하마리얌만 사원(2005년 1월 7일, 14일, 22일 24일 방문)을 운영하는 데바스타남(Devasthanam)재단은 역시 쿠알라룸푸르에 있는, 스리 가네쉬 사원(1월 7일 방문)방문과 외곽에 위치한 바투 동굴 수브라마니암 사원(1월 7일, 13, 16일, 24일 방문)을 함께 운영하는데, 재정적으로 가장 탄탄한 재단이다. 이 사원들에서는 공히 비인도인 신도들을 쉽게 찾아볼 수 있었다(1월 8일 방문). 사원의 역사 및 위원회에 대해서는 구루사미(Gurusamy. 1987/88) 참조.

31) 쿠알라룸푸르 시내에 있는 두르게이 암만사원(Durgaiamman Temple: 부키트 가싱 힐 위치, 2005년 1월 7일 방문), 아흐티 이슈와란 사원(Ahthi Eeswaran Temple: 일반적으로 '쉬바 사원'으로 불림. 2005년 1월 7일 방문),쿠일 스리 마하 무네쉬바라 알라얌(Kuil Sri Maha Muneswara Alayam. 2005년 1월 8일 방문), 스리 카마치-암만 알라얌 사원(Sri Kammatchiamman Allayam Temple: 체라 지역에 위치, 2005년 1월 22일 방문), 그리고 페탈링 자야에 있는 스리 마하샥티 무감비게이-암만 사원(Sri Mahashakthi Mugambigaiamman Temple. 2005년 1월 8일 방문) 등에서 이러한 현상을 볼 수 있었다.

아 힌두 협회(Malaysian Hindu Sangam)가 있었다. 이들은 먼저 힌두교를 개혁하고 그 다음 부흥을 하는 것이 순서라고 생각했기 때문에 아예 종교적 문제에 무관심한 청년층에게 동물희생이나 고행과 같은 요소를 개혁해야 할 필요성을 계몽하는데 주력했다. 또 이들은 기존의 단체들과는 달리 반 브라만, 반 산스크리트를 표방하지 않고 샤이바싯단타와 베단타 교리를 동시에 보급했다. 1970년대에는 프로그램을 확대하여 농촌 플랜테이션 노동자들을 위한 교육과 타밀어를 사용하는 학교의 교사와 판다람(Pandaram)이나 푸자리(Pusari)이라고 불리는 비 브라만 사제들을 대상으로 하는 종교교육을 운영하였다. 또한 인도로부터 종교지도자나 저명한 학자들을 초청하거나 교사진으로 초빙하고 말레이시아 인도인 교사들을 훈련하기도 하였다. 말레이시아 힌두 협회는 디바인 라이프 소사이어티(Divine Life Society)와 긴밀한 협조를 유지하기도 했는데, 이 단체의 지도자[스와미]는 수시로 말레이시아 힌두 협회의 프로그램에서 강연을 하고 새로운 개혁 프로그램을 짜는 구성원으로서도 활동했다. 그는 지나친 고행 관습을 타파하기 위해 직접 말레이시아 힌두 협회 회원들과 함께 타이푸삼(Thaipusam) 축제에서 가벼운 우유 동이 하나만을 지고 가는 카바디를 시범적으로 보여주기도 했다. 1982년까지 말레이시아 힌두 협회와 관련을 맺고 있는 힌두교 사원은 324개, 34개 단체였는데, 최근 말레이시아 힌두 협회의 자료에 의하면 현재 3000여 개의 사원이 말레이시아 힌두 협회에 등록되어 있고, 하부조직의 역할을 하는 각종 위원회들이 36개이다. 2004년부터 5년간 힌두 르네상스 운동[32]을 진행 중이기도 한 말레이시아 힌두 협회는 현재 인도로부터 들어오는 힌두 사제, 학자, 예술가 등을 위한 비자 등 입국관리 문제를 도맡아 처리하고, 전국 연합 기구(National Unity

---

32) Hindu Renaissance Action Plan 2004~2008. 2004. Malaysia Hindu Sangam ; 종교적 교육, 사회복지, 문화, 재정확충, 미디어 및 웹사이트 활성화 등이 그 내용이다.

Board), 말레이시아 종교문제 협의회(Malaysian Inter-Religious Council), 혼인법정(Marriage Tribunals)과 같은 다양한 정부기관을 통해 인도인들을 대표하고 있다(Lee & Rajoo. 1987: 389~415).

말레이시아 힌두 협회는 어떤 면에서 부분적으로나마 거의 죽어있던 산스크리트 전통을 다시 되살리는 데 일조했다. 더욱이 디바인 라이프 소사이어티와의 연계를 통해 말레이시아 인도인들은 산스크리트 전통에 대한 거부감을 다소 줄이게 되었고, 이것이 바로 70년대와 80년대에 일어난 신 힌두교 운동 즉, 초월명상(Transcendental Meditation), 신성한 빛 전도회(Divine Light Mission), 국제 크리슈나 의식 협회(International Society for Kṛṣṇa Consciousness), 자각단체(Self-Realization Fellowship), 사티야 사이 바바 운동(Satya Saibaba movement) 등이 쿠알라룸푸르 등 도시를 중심으로 활동할 수 있는 기반을 만들었다. 이들은 이전에도 존재하고 있었으나 그 영향력이 미미했던 비베카난다 협회(Vivekananda Society), 라마크리슈나 전도회(Ramakrishna Mission), 디바인 라이프 소사이어티(Divine Life Society), 순수생명협회(Pure Life Society), 기타 아슈람(Gita Ashram) 등과는 달리 도시 중산층과 이들과 긴밀한 관계를 맺고 있는 말레이시아 내 중국인들을 결집해내고 대규모 명상이나 찬송 모임 등을 수시로 개최하였다. 신 힌두교들의 이러한 움직임은 어떤 면에서 말레이시아 내에서의 신 신애 운동이라고 할 수 있을 정도여서, 대규모 찬송모임(Bhajan) 혹은 타밀어 버전의 쿠툽 피라르타나이(Kuttup Piratanai)가 유행하였다. 대규모 찬송모임은 베단타 신애 전통에 근거하기 때문에 주로 산스크리트 만트라와 찬송을 그 내용으로 하지만 쿠툽 피라르타나이는 '나얀마르'(Nayanmars)로 불리는 타밀 쉬바파 성인들이 지은 찬송을 사용하였다. 찬송모임의 절차나 형식은 이름이 다를 뿐 기존의 찬송모임과 비슷하다.[33] 특히 90년대 중반 사

---

33) 디바인 라이프 소사이어티에서 바자난잘리(bhajananjali)로 불리는 찬송은 여기에서 피라르타나입 파말라이(pirarttanaip pamalai)라고 칭한다.

이 바바(Satya Sai Baba) 운동이 일어나면서 이러한 모임은 더욱더 큰 유행의 바람을 탔다. 50년대와 60년대 영어로 교육을 받은 인도인들은 보다 쉽게 이러한 국제적 명성을 얻는 단체나 운동에 익숙해졌다. 1967년 이후로는 말레이시아 정부가 반드시 교육의 매개어를 말레이어로 할 것을 법으로 규정했기 때문에 현재는 영어에 익숙한 인도인의 수가 많이 줄었다.

사이 바바 등 신 힌두교 단체들은 말레이시아의 종교적 영역에 하나의 신드롬으로 비추어질 정도의 큰 영향력을 발휘했다. 특히 도시 중산층을 중심으로 이러한 현상이 두드러졌는데, 도시 중산층 힌두들은 말라야인이나 중국인들과의 잦은 상호작용 속에서 '보편종교'를 표방하고 비 의례적이고 탈 종파적인 신 힌두교를 쉽게 수용하고 또 의지했음을 알 수 있다.

5. 공공장소로서의 사원과 종교축제의 역할

말레이시아 힌두교에서 사원의 역할은 매우 중요하다. 도시화, 현대화를 겪으면서 일상생활에서의 소소한 종교적 관습과 정/부정의 개념을 확인시키는 각종 가정의례가 약화된 대신 공공장소에서의 의례는 더욱 강화되었기 때문이다. 심지어는 결혼식도 이루어진다. 말레이시아 힌두들은 사원에서 사제의 의례와 찬송을 통해서 신의 은총을 받으며 결혼하는 것을 지극히 당연히 생각하고 있으며, 사원은 이러한 기회를 재정확충의 기회로 삼기 위해 건축물을 보완하고 결혼식을 수용하고 있다. 사원은 바로 이러한 목적을 달성할 수 있는 공공장소로서 그 역할이 날로 확대되고 있으며, 사실상 말레이시아 힌두들의 종교적 소속감과 각종 의례 및 축제가 이루어지는 유일한 장소로서 기능하고 있다. 따라서 힌두교의 변화과정은 사원에 고스란히 나타난다.

가네샤 사원에서는 가네샤 신 이외의 다른 신들을 보기가 쉽지 않지만,[34] 나머지 사원들에서는 대개 쉬바 상을 두고 있으며 따라서 전

체 사원 가운데 대개 80% 정도의 사원들이 쉬바 상을 포함하고 있다
고 볼 수 있다. 여신들 역시 각종 질병과 곤란으로부터 지켜주는 신들
이기 때문에 쉬바 신도들 사이에 그 의존성이 두드러진다. 타밀 힌두
교 이외의 남인도 힌두교에서는 비슈누 신앙도 발달했지만 타밀 힌두
교의 경우에는 비슈누 계열의 신앙은 극히 미미하다. 쿠알라룸푸르에
는 라마 사원이 단 하나 있는데, 중국인이 다수이고 인도인 상인들도
상대적으로 많이 자리 잡고 있는 방사 지역에 위치한 스리 라마-링
게쉬바라 사원이 그것이다. 이 사원은 타밀나두의 라메쉬바람에 있는
같은 이름의 사원에서 지부형식으로 1980년대 건립되었는데, 사원의
사제는 2인으로, 브라만이 아닌 무달리야르(Mudaliyar: 기름, 직물 등의
제조 및 판매를 하는 직업) 출신의 판다람이며, 라마와 쉬바 신앙이
조화된 독특한 남인도 힌두교의 모습을 보여준다.

  힌두교 사원 가운데 쉬바 사원은 소수이지만 대부분 사원은 쉬바계
사원으로 불린다. 이것은 사원에 모셔진 주신이 실지로는 쉬바가 아
니더라도 쉬바와 연관을 맺고 있는 신들을 모시고 있다는 의미에서
그렇게 말하는 것이다. 사원에서 볼 수 있는 신들 중에 아가마 전통에
부합하는 신들로는 쉬바 신과 쉬바 계열의 신들로 분류되는 무루간과
가네샤를 들 수 있으며, 본래 아가마 사원이 아닌 농촌지역 대표적 신
격 즉, 암만으로 불리는 대부분의 여신[35]들이 샥티와 동일시되면서

---

34) 스리 가네쉬 사원(1월 10일 방문), 스리 파란조티 비나야가르 사원(Sri Paranjothi
   Vinayagar Temple. 1월 9일 방문).

35) 암만 신앙은 본래 비 아가마 계열의 농촌 지역신이기 때문에 전술한 바와 같
   이 아가마 경전들과는 거의 관련이 없고, 신내림, 최면술, 고행, 피 등이 중요
   한 요소이다. 그럼에도 불구하고 암만 신앙이 쉬바 계열의 신앙으로 인정되
   고 특히 쿠알라룸푸르 등 도시 지역에서 가장 많은 사원을 가진 신앙이며, 또
   한 말레이시아힌두교를 대표하는 사원(Sri Maha Mariyamman Temple)을 가진
   신앙으로 발전한 것은 이미 타밀에서 샥티 아가마가 형성되어 있었다는 점도
   고려해야 하겠지만 특히 말레이시아 맥락의 아가마화의 전형적인 예라고 할
   수 있다.

쉬바의 부인과 딸 등으로 승격되어 마찬가지의 계열로 분류된다. 암만 사원에서는 쉬바나 가네쉬, 무루간 등이 주신이 아니고 측면으로 밀려나 있는데, 그 배경에는 모든 암만은 샥티라는 믿음과 쉬바는 원리적인 면에서 주신이지만 실지로 세상을 움직이는 힘은 샥티라는 논리가 작용한다.

쉬바는 샤이바 싯단타 교리에서 보듯이 보다 높은 단계의 목적 즉, 해탈에 관계된 신이어서 일반적으로 신도들에게는 감히 접근하기 어렵다고 인식되기 때문에 많은 힌두들은 어머니와 같은 암만 신이나 부(富)를 보장해주는 가네샤 신 그리고 온갖 고난으로부터 신도들을 보호하고 지켜주는 수브라만야[무루간] 신에게 더 자주, 그리고 쉽게 접근한다. 수브라만야 신앙은 남인도 신격이 타밀에서의 아가마화 과정에서 산스크리트 경전의 스칸다와 동일시됨으로써 신화적으로 쉬바의 아들로서 권위를 인정받을 뿐 아니라, 남인도 힌두교적 요소도 가지고 있다. 또한 수브라만야는 많은 아가마 경전들과 타밀어 찬송에 등장하는 전형적인 아가마화된 남인도 신이기 때문에 사원과 의례에 있어서는 아가마 전통을 따르지만 신도들의 입장에서는 신내림, 최면, 치병의 힘을 가진 신격이기도 하다. 대표적인 수브라만야 신 축제인 타이푸삼에는 바투 동굴의 수브라만야 사원까지 수천 명의 신도들이 신 내림, 최면을 받거나 가족과 자신의 질병의 완쾌를 위하여 카바디, 우유 동이 등을 이고 지고 고행을 하며, 적어도 수브라만야 신의 힘을 상징하는 노란색 복장과 삭발을 통해서 신의 은총을 기원한다. 타밀 힌두교의 상층과 하층 신앙적 요소를 가진 이 신은 도시화되는 과정에서 쉬바 계열의 신들 뿐 아니라, 암만, 비슈누 계열까지 모두 사원에 포함하는 독특한 현상을 보여준다. 타이푸삼 축제는 이 축제를 주관하는 스리 마하마리얌만 사원에서 새벽에 무루간 신상을 태운 수레가 출발하여 체티야르(Chettiar)사원으로 불리기도 하는 수브라만야 사원(Lord Subramaniam Temple)에 잠시 머물렀다가 최종목적지인 바투 동굴의 수브라만야 사원에 도착하는 행렬로 장관을 이루는데, 바투 동굴의 수브라만야 사원에는 라마, 크리슈나 뿐 아니라, 하누만 상까지 들어서 있다. 타이푸삼은 비 아가마 전통의 축제이기 때문에 여기에 사용되는 신내림, 최면, 고행, 피 등의 요소들이 중요한 종교 상징이다. 이러한 요소들은 말레이시아 힌두교의 아가마화 과정에서 종교개혁의 대상으로 여겨진 것이 사실이지만, 타이푸삼에서 만큼은 예외라고 할 수 있다(Lee. 1989: 336; Collins. 1991). 물론 훨씬 순화된 행위로 다듬어지기는 했지만, 이 축제가 힌두교도들의 소속감을 불러 일으키는 가장 대표적인 축제가 되면서 축제 자체를 개혁대상으로는 삼을 수 없었던 것이다. 어떤 면에서는 가정의례가 거의 사라진 상태에서 사원의례가 일상의례의 자리를 대체하고 축제는 보다 공개적으로 자신의 신앙과 소속감을 드러내는 마당이 되었다고도 볼 수 있을 것이다.36)

Ⅳ. 샤이바 싯단타와 신 힌두교

이와 같은 말레이시아 힌두교의 내부적 변화는 크게 두 가지 흐름으로 정리할 수 있는데, 하나는 타밀 힌두교 개혁운동과 함께 샤이바 싯단타 교리를 중심으로 이루어진 아가마화 경향이고, 다른 하나는 사원이나 의례와는 거리를 두면서도 여전히 힌두교의 정체성을 유지하면서 영적 지도자 구루를 중심으로 집회와 활동을 하는 신 힌두교 운동(Neo-Hinduism)이 그것이다.

---

36) 플레이셔(Fleisher. 1996)는 스리랑카(콜롬보) 도시지역의 힌두교에서 나타나는 무속적인 전통의 재생과 강화는 현대화 이전 의례적 레파토리의 '현대판 번역 (translation)', 혹은 농촌 의례와 관습이 현대화 도시화되는 과정이라고 보았다.

1. 샤이바 싯단타(Shaiva Siddhanta)

현재 말레이시아 힌두교 사원의 80%는 스스로 쉬바 파에 속한다고 주장하는데, 이 신앙을 이루는 힌두교 사상은 샤이바 싯단타이다. 타밀 힌두교에서는 이 샤이바 싯단타 내용과 의례에 정통성을 가지고 있는 브라만 사제(구루칼이라고 부른다)만이 쉬바 사원에서 사제로서 의례를 집전할 수 있으며, 하루에 다섯 번 산스크리트 만트라와 타밀어 찬송을 통해 의례를 집전하고 이때 타밀어 찬송을 위해서 사원의 전용 악단이 보조한다. 말레이시아에서 이러한 원칙이 완전히 지켜지지는 않지만 샤이바 싯단타를 표방하는 단체나 사원은 많은데 1982년에 설립된 쉬바와 싯단타 만드람(Shaiva Siddhanta Mandram)은 해외 인도사회들을 연결하는 연망을 가지고 국제적으로도 활발한 활동을 펴고 있는 단체 가운데 하나이다. 이 단체는 젊은 세대를 교육하는 데 가장 주력하고 있으며 불우 청소년들의 복지시설 운영 등 사회활동도 적극적으로 하고 있다.

샤이바 싯단타는 샤이바 아가마 문헌들과 우파니샤드, 티루무라이 경전, 그리고 메이칸타 샤스트라에 의거하는 타밀 전통의 철학적 체계이다(Kandaswamy. 1989: 75). 교리적으로 보면 샤이바 싯단타에서는 신 뿐 아니라, 개개의 영혼도 영속적 실체라고 본다. 즉, 샤이바 싯단타는 세계를 어디든 편재하고 전지하며 전능한 지고의 신(pati 즉 쉬바), 얽매인 개개의 영혼(paśu 다수의 영혼) 그리고 이 둘 사이를 연결하고 있는 세상의 죄악(Aṇava), 업(karma), 마야(māyā)의 끈(paśa)으로 나누고, 개개의 영혼이 신에게로 가기 위해서는 죄, 업, 마야의 세계를 끊어야 한다고 말한다.

여기에서 지고의 신은 쉬바로 불리는데, 쉬바는 개개의 영혼들에게 죄를 사할 수 있는 길을 만들어주기 위해서 세상을 창조했다. 즉, 개개의 영혼들에게 지워지는 죄를 사하게 하기 위해서 쉬바/지고의 신은 원초적 물질세계인 마야로 세상을 창조했으며, 이는 영혼들이 죄를 버리고 신과 합일할 수 있도록 배려한 것이다.

이러한 쉬바는 절대자의 정적상태라고 할 수 있으며, 그 역동적 상태는 샥티이다. 쉬바와 샥티의 관계는 태양과 햇살, 또는 실체와 그 특성에서처럼 분리될 수 없이 결합되어 있다. 하나의 신이 실지 세상에 모습을 드러낼 때에는 쉬바와 샥티로 나타난다(Civananacittiyar 1. 3. 67). 따라서 쉬바의 샥티는 단 하나 초월적인 샥티(Para Śakti) 뿐이다. 이 샥티는 우주적 활동을 통해 여럿으로 나타나는데, 영혼들의 죄를 제거하기 위한 신의 사랑은 의지의 샥티(Icchā Śakti), 영혼들의 필요를 파악하는 지혜의 샥티(Jñāna Śakti), 그리고 창조를 진행하는 창조의 샥티(Kriyā Śakti) 등이 그것이다(Civananacittiyar 1. 3. 63). 이러한 교리를 통해서 샤이바 싯단타는 여신들에 대한 신앙을 쉬바 신앙으로 끌어안게 되는 것이다.

타밀 샤이바 싯단타 에서는 상감(Cangam) 고전시대(300 BC∼300 AD)에 이미 이러한 쉬바에 대한 고전적 경전들이 형성되었다고 한다. 이러한 경전들의 존재는 대개 간접적으로 파악되는데, 마하바라따의 본문과 베단타 철학의 베단타 수트라 본문이 흔히 그 근거로 제시된다. 샤이바 싯단타는 이 상감 시대의 경전들과 『티루무라이』(Tirumurai. 500∼1200 AD), 『메이칸타 샤스트라』(Meykanta Shastra. 1200∼1400)를 근거로 하는 일원론적 철학이라고 할 수 있으며, 이 가운데 메이칸타가 쓴 『메이칸타 샤스트라』가 가장 오래된 철학적 논서로서 철학적 계보는 14세기 우마파티쉬밤(Umapaticivam), 19세기의 쉬바나나 무니바르(Civanana Munivar)와 같은 철학자들을 통해서 전수되었다(Nadarajah. 1986: 34∼65).

말레이시아의 쉬바파 신앙은 다양한 사원과 공공장소에서 이러한 샤이바 싯단타 교리를 학습하고 있으며, 『스리 스칸다구루 카바삼』(Sri Skandthaguru Kavasam "갑옷". 무루간의 보호 찬양), 『스리 안자네야르 바지파두』(Sri Anjaneyar Vazhipaadu)(worship of Hanuman), 『마리얌만 탈라투』

(Marriyamman Thaalaattu)("자장가" 내용. 어린아이로 환생한 마리얌만을 재우는 자장가), 『스리 랄리타 사하스라나마』(Sri Lalita(ambika)Sahasranama ("암비카의 일천 개 이름"), 『테바라트 티아투』(Thevaarath Thiattu: Tirumurai 중 collection), 『티루무루가트루파다이』(Thirumurugaatruppadai: 성지로 '가이드' 길 내용. 남인도 무루간을 모신 여섯 대표사원으로 가는 길, 자연과 신에 대한 찬양: ex. Pallani, Trichanbu, Samimalay, Uttapani, Tirun Kundram, Tanhey Malay, "All the mountain" …)등을 찬송 텍스트로 사용한다.

샤이바 싯단타의 윤리관은 티루발루바르(Tiruvalluvar)가 지은 『티루쿠갈』(Tiru(p)kuggal)에 제시되어있다. 여기에서는 재가자에게 아람(aram: 윤리적 가치기준), 포룰(porul: 유무형의 가치, 부의 추구), 카마(kama: 결혼생활의 정조 및 의무)와 같은 이상을 제시하고 있으며, 이러한 가치들을 잘 이행하게 되면 저절로 해탈(inpam)이라는 궁극적 목적에 도달하게 된다고 설명한다. 이것은 베다전통의 힌두교에서 소위 서사시 시대에 형성된 재가자의 윤리적 기준인 다르마, 아르타, 카마, 목샤와 일치하는 개념이며, 상감(Cangam)이나 경전(Ttotiram), 해설서/이론서(Cattiram)[37]과 같은 개념과 마찬가지로 베다전통을 그대로 수용한 부분이라고 할 수 있다.

2. 신 힌두교(Neo Hinduism)

신 힌두교는 1960~1970년대에 걸쳐 미국사회에서 기독교에 대한 대안으로, 혹은 전쟁에 대한 염증과 정신적 공황상태를 벗어나기 위한 탈출구로서 현실초월, 신비주의 경향의 새로운 종교로서 형성되었

---

37) 찬양집의 성격을 가지는 경전(Ttotiram)에는 『티루무라이』, 『티루푸갈』『타우마나바르』(Thayumanavar. 15~16세기) 등이 있으며, 해설서나 이론서로서 학문적 체계를 구성하고자 한 이론서(Cattiram)에는 『메이칸타 샤스트라』 등 14종의 문헌이 있다.

다. 이것은 기존의 힌두교와는 달리 카스트와 같은 신분 이데올로기를 배제하고 사원, 경전, 의례의 틀을 필요로 하지 않으며, 복합적인 요소들의 총합으로서가 아니라, 신애운동이나 명상, 요가와 같은 특정한 요소들을 근거로 물리학, 화학과 같은 자연과학과의 친밀한 관계를 형성함으로서, 현대사회의 합리적 종교형태를 표방했다.

해외에서 새롭게 만들어진 힌두교는 인도로 역수입되거나 또 다른 해외 인도사회에 수입됨으로써 기존의 힌두교에도 상당한 영향을 미쳤다. 하나의 통일된 종교의 형태는 아니지만 신 힌두교로 분류되는 다양한 단체들의 논리는 유사한 경향을 보여주기도 한다. 신 힌두교 단체들에서 일반적으로 나타나는 특징은 우선 기존의 기독교, 이슬람교, 힌두교, 불교 등 종교들과 충돌하지 않는 소위 보편종교를 표방한다는 점이다. 말레이시아 신 힌두교를 대표하는 사이 바바는 "나는 기존의 어떤 신앙을 방해하거나 파괴하려고 온 것이 아니라 오히려 그 신앙들을 확신하게 하려고 왔다. 따라서 기독교인은 나를 통해서 보다 나은 기독교인이 되고, 무슬림은 보다 나은 무슬림, 힌두는 보다 나은 힌두가 되게 하는 것이 나의 역할이다." "모든 종교를 인정해야 한다. 종교는 본래 여럿이 아니라 하나이며 그것은 사랑의 종교이다. 언어도 여럿이 아니라 하나이며 그것은 마음의 언어이다. 카스트도 여럿이 아니라 하나이며, 그것은 인간이라는 카스트이다. 법도 여럿이 아니라 하나이며, 그것은 카르마라는 법이다. 마찬가지로 신도 여럿이 아니라 하나이다. 그는 모든 곳에 존재한다."(www. eaisai.com. Sai Darshan)고 말한다. 이러한 보편종교적 성격은 기존의 힌두들 뿐 아니라 말레이인과 중국인 등의 참여를 끌어내기도 하고, 특히 비 의례적, 탈종파적 성격은 도시화된 중산층 힌두들로부터 하나의 신드롬과 같은 현상을 끌어내기도 하였다.

현재 말레이시아에서 신 힌두교 운동을 지지하거나 이끌고 있는 단체들로는 말레이시아 힌두 협회38)와 말레이시아 힌두 다르마 마하만드람(Malaysia Hindu Dharmaa Mahamandram) 등을 꼽을 수 있는데, 후자는 전자에서 독립한 단체로서, 이론적 배경은 거의 베단타에 가깝고, 사티쉬(Mr. (Colonel) Satish)가 80년대부터 조직, 운영해오고 있다. 이 외에도 스와미 쉬바난다(Swami Sivananda) 주도의 순수 생명 협회(Pure Life Society), 사이 바바(Sai Baba), 브라흐마 쿠마리(Brahma Kumari)와 라자요가(Raja Yoga), 아마르타마이(Amarthamai), 구루 마하라즈(Guru Maharaj), 파란조티 파리푸르나 사바이(Paranjyothi Paripurna Sabhai), 아가스티야 산마르가 구루칼((Siddhas) Agastya Sanmarka Gurukkala) 등을 거론할 수 있다. 순수 생명 협회(Pure Life Society)는 스와미 쉬바난다(Swami Sivananda) 이후에 스와미 사티야난다(Swami Satyanada)가 승계했고, 지금은 마더 망갈람(Mother Mangalam: 스와미 사티야난다의 제자)이 맡고 있으며, 자선활동 등 사회활동 위주로 활동한다. 사이 바바 센터(Sai Baba Center) 등 사이 바바 추종자들은 공히 "보편종교(Universal Religion)"을 주창하고 있으며, 현재 센터의 회장은 다토 자가디산(Dato Jagadisan)이다. 브라흐마 쿠마리와 라자 요가는 둘 다 요가의 왕도라고 불리는 라자－요가를 표방하는 단체로서 실천적 수행방법으로서 요가를 권장하며, 현대사회에서 요가의 중요성을 강조한다. 아마르타마이는 케랄라 출신의 여성 지도자 아마르타마이 중심으로 운영된다. 아마르타마이는 (암만)여신의 화신으로 간주되며 암만 숭배가 보편적인 말레이시아 등 남인도 힌두사회에서 최근 신도가 급증하고 있다. 근래 들어 아마르타마이는 인도에 3차례 정도 직접 방문해서 인도 내 신자들을 만난 바 있다. 구루 마하라즈 역시 보편종교를 표방하면서 활발한 사회봉사활동을 전개하고 있다. 파란조티 파리푸르나 사바이는 남인도 출신

---

38) 현재 스리랑카 출신과 인도 출신 타밀인이 운영하고 있으며, 이념적인 면에서는 샤이바 싯단타와 베단타 적 교리를 동시에 지지한다. 전통적인 힌두교에 가까운 샤이바 싯단타 단체들과 사원들에서는 말레이시아 힌두 협회가 신 힌두교 단체들을 자신들과 똑같은 힌두교 단체로 인정하고 있는 데 대해 불만을 가지고 있다(샤이바 싯단타 만드람 간부들과의 1월 18일 인터뷰 자료).

인 파란조티 마한(Paranjyothi Mahan)이 창시했으며, 주로 꾼달리니 요가를 전수, 전파하는데 주력한다. 현재 수바쉬(Subhash)가 회장으로써 이끌고 있는 아가스티야 산마르가 구루칼은 주로 음식공양(Annathanam)을 통해서 사회봉사활동을 펴고 있다.[39]

V. 말레이시아 힌두교와 인도인 정체성

지금까지 살펴본 바와 같이 말레이시아의 이슬람화 속에서 힌두교는 언어와 함께 말레이시아 힌두들의 인도인 정체성에 중요한 요소로 작용하고 있다. 더욱이 산업화, 현대화, 도시화를 겪으면서 말레이시아 힌두교는 눈에 띄는 변화를 보여 왔다. 즉, 도시화되는 과정에서 남인도 힌두교 특히 쉬바 싯단타에 근거하는 아가마화가 나타났는가 하면, 보편종교를 표방하는 신 힌두교의 붐을 이루는 현상 또한 나타났다.

이 두 가지는 말레이시아 힌두교의 내적 변화라 할 만하다. 특히 아가마화로 요약되는 말레이시아 힌두교의 변화는 인도 내에서나 다른 인도사회에서 흔히 볼 수 있는 산스크리트화와는 또 다른 형태를 보인다. 다시 말하면, 그 구성원 절대 다수가 타밀 힌두이기 때문에 이러한 움직임의 배경이 산스크리트 전통이 아니라는 점이다. 말레이시아 힌두교의 대부분 단체들의 활동은 남인도 타밀에 뿌리를 두고 있

---

39) 말레이시아 힌두교의 가장 큰 축제인 타이푸삼(2005년 1월 24일부터 26일까지)에 참가한 단체들을 통해서 현재 활동 중인 힌두 단체들을 확인할 수 있었다; Hindu Sevai Sangam. Pertubuhan Sri Agasthiay Sanmarka Gurukulam Malaysia, Rudra Devi Samaj, Sri Krishna Temple(Brick Field), Sri Samayadurattu mariyamman Kovil(Jinjang Utara), Sri Sai Baba Center(Blood Donation), Persatuan Debajikan Sri Agathiar Sanmarka Sangam(Kampung Batu, Jalan Ari Nitam, Selanlor Darul Ehsan), Dharma Kumaris Raja Yoga.

는 신애운동과 아가마에 근거한다. 따라서 가정에서 타밀어를 사용하자는 운동을 바탕으로 타밀지역의 전통 음악과 무용에 대한 관심이 늘고, 아가마 경전 가운데서도 보다 내부로 들어가면 산스크리트로 쓰여 진 본 아가마 경전보다 프라반담이라고 불리는 타밀어로 된 찬송이 적극적으로 사용되었다. 아가마 경전 및 의례를 차용하면서 교리 면에서도 샤이바 싯단타를 표방하는 이들은 스와미나 학자들이 인도를 방문하는 등 인도 타밀과의 교류를 유지함으로써 영지주의 교리로서의 성장을 계속해왔다. 또한 신 힌두교는 탈사원, 탈의례의 방식으로 도시화된 중산층에게 강하게 어필하였다.

이 두 가지 현상은 그 방향과 이상이 일정치 않은 단순한 변화가 아니라 타자로부터 자신의 존재를 인정받기 위해 정통성을 확보하려는 일종의 개혁적, 쇄신적 태도에서 비롯되었다. 말레이시아 사회의 산업화, 도시화가 지금도 진행 중이기 때문에 인도인들의 도시로의 이주가 계속됨에 따라 현재도 이러한 변화는 진행 중이다.

이러한 변화 속에서 주목할 만한 사실은 힌두교가 힌두들의 인도인으로서의 자기 정체성의 중요한 방편이 됨에 따라 도시일수록 사원의례, 축제 등이 공식화되고 대형화되어 보다 많은 힌두들이 모이거나 참여할 수 있는 '힌두교'의 구심점으로 작용하고 있다는 점이다. 대표적인 축제인 타이푸삼의 경우, 말레이인이나 중국인 뿐 아니라 관광객들의 눈을 사로잡는 공개적 고행의 장으로서 힌두들의 소속감과 참여의식을 극대화하고 있다. 사실, 고행은 아가마화나 신 힌두교 운동에서도 버려야 할 구습으로 간주되었으나, 타이푸삼이 인도인들의 정체성을 드러낼 수 있는 대표적인 힌두 축제로 성장함에 따라 말레이시아 힌두교에서는 예외적으로 지속되고 오히려 대형화하고 있다는 점이다. 단, 순화되고 대형화되는 고행의 구체적 행태로 보아 이 또한 도시화의 영향으로 힌두로서의 정체성을 표현하는 하나의 방편이 되고 있는 것으로 보인다.

참 고 문 헌

노영순. 2003. "말레이시아의 '신경제정책'과 화인자본". 『중국근현대사연 구』제 19집.

소병국. 1995. "일제하 말레이 민족의식의 발전: 단절인가 연속인가?". 김성원 등 『일제하의 동남아』. 서울: 한국외국어대학교 출판부.

소병국(편). 1998. 『말레이시아사』. 서울: 도서출판 오름.

양승윤. 1993. "말레이시아 이슬람 부흥운동의역사적 배경에 대한 고찰". 『한국외국어대학교 논문집』제 26집. 서울: 한국외국어대학교.

Abraham, Collin. 2004. *The Naked Social Order*. Malaysia: Pelanduk Publications

Andaya, Barbara Watson and Andaya, Leonard Y. 1982. *A History of Malaysia*. London and Basingstoke: Macmillan Press.

Arasaratnam, S. 1970. *Indians in Malaysia and Singapore*. Bombay/Kuala Lumpur: Oxford University Press

Arasatnam, S. 1966. "Social And Political ferment in the Malayan Indian Community 1945~1955". *International Conference Seminar of Tamil Studies*. KL.

Beck, Brenda E. F. 1976. "The symbolic merger of body, space and cosmos in Hindu Tamil Nadu". *Contribution to Indian Sociology* Vol. 10 No.2.

Civananacittiyar. 1973. *Kalakam edition*. Madras: India.

Colletta, N. J. 1975. "Malaysia's Forgotten People: Education, Cultural Identity and Socio-Economic Mobility among South Indian Plantation Workers". *Contributions to Asian Studies*. (Vol. VII) Canada: Canadian Association for South Asian Studies.

Collins, Elizabeth Fuller. 1997. *Pierced by Murugan's Lance: Power and Ritual*. USA: Northern Illinois University Press.

Collins, Marie Elizabeth. 1991. *The Hindu Tamil Festival of Thaipusam in Penang Malaysia*. Berkeley: University of California.

Fleisher. Seth L. 1996. "Rethinking Historical Change in Sri Lankan Ritual":

Identities, Demons, Sorcery and the Ritualization of Resistance in the Sinhala Traditions of Suniyam. *Journal of Anthropological Research* Vol. 52.

Gurusamy. 1987/88. *Hinduism: the History of Sri-Mahamariyamman Kovil Devasthanam.* KL: University of Malaya.

Harper, Edward B. 1957. "Shamanism in South India". *Southwestern Journal of Anthropology* Vol. 13.

High Level Committee on Indian Diaspora. 2001. *Report of the High Level Commitee.* New Delhi: Non Resident Indians & Persons of Indian Origin Division Ministry of External Affairs.

Islam. Syed Serajul. 2005. "Malays and Islamic Revivalism". *The Politics of Islamic Identity in South East Asia.* Singapore: Thomson.

Jain, Ravindra K. 1989. "Race Relations, Ethnicity, Class and Culture: A Comparison of Indians in Trinidad and Malaysia". *Sociological Bulletin* Vol. 38.

Jain, Ravindra. K. 2003. "Culture and Economy: Tamils on the Plantation Frontier in Malaysia Revisited, 1998~1999". B. Prakesh, G. Sing & S. Vertovec(eds). *Culture and Economy in the Indian Diaspora.* London and New York: Routledge.

Kandaswamy, S. N. 1989. "The Concept of God in Saiva Siddhanta." *Jurnal Pengajian India.* KL: University of Malaya.

Karin Kapadia. 1996. "Dancing the Goddess: Possession and Class in Tamil South India". *Modern Asian Studies.* UK.

Khalid, Abdullah Azml Abdul. 1992. "Industrializaion and Urban Development in Peninsular Malaysia Late 19th Century to 1970's": Continuity and Change. *Proceedings for Second Malaysia-Singapore Forum.* KL: Universiti Malaya.

Kim, Khoo Kay. 2001. *Malay Society: transformation & Democratisation.* Selangor Darul Ehsan: Pelanduk Publications.

Kondapi, C. 1951. *Indians Overseas 1839~1947.* New Delhi.

Kuppuswamy, C. S. 2001. "Ethnic Tensions in Malaysia: A Wake-up call for the Malaysian Indian Congress".(Paper no. 23) *South Asia Analysis Group.* India.

Lee & Rajoo. 1987. "Sanskritization and Indian Ethnicity in Malaysia". *Modern Asian Studies.* Great Britain: Cambridge University Press.

Lee, Raymond L. M. "Ashes and Avatar: Miracles and Identity in the Satya Sai Baba movement". 1988. Ackerman & Lee. *Heaven in Transition.* University of

Hawaii Press.

Lee, Raymond L. M. "Taipusam in Malaysia: Ecstasy and identity in a Tamil Hindu Festival". 1989. *Contribution to Indian Sociology*(n.s.) 23, 2 N. Delhi/London: Sage Publications.

London Meikandaar AAdheenamm for Durban World Saiva Council. 1996. *Saivism: questions and answers*. India.

London Meikandaar AAdheenamm for Paris World Saiva Council. 1994. *Saivite Hinduism*. India.

London Meikandaar AAdheenamm for World Saiva Council. 1997. *The Characteristics of Saiva Siddhantham*. India.

Malaysia Hindu Sangam. 2004. *Hindu Renaissance Action Plan 2004~2008*. KL.

Moreno, Manuel and Marriott, Mckim. 1989. "Humoral Transactions in tow Tamil Cults: Murukan and Mariyamman" 1989. *Contribution to Indian Sociology* (n.s.)23,1. N. Delhi/London: Sage Publications.

Nadarajah, Devapoopathy. 1986. *The Strength of Shaivism*. KL: Malaysia.

Naidu, Ratna. 1980. *The Communal Edge to Plural Societies: India and Malaysia*. Delhi: Institute of Economic Growth.

Parekh, B. 1994. "Some reflections on the Hindu Diaspora". *New Community(The Journal of Ethnic and Migration Studies* 20: 603-20). Netherland.

Phang, Hooi Eng. 2001. "The Economic Role of the Chinese in Malaysia." Lee Kam Hing and Tan Chee-Beng(eds). *The Chinese in Malaysia*. Oxford: Oxford University Press.

Rajoo, R. 1975. *Patterns of Hindu Religion: Belief and Practices among the People of Tamil Origin in West Malaysia*. Unpublished M. A. Thesis, KL: University of Malaya.

Rajoo, R. 1983. "Caste, Ethnicity, Class and National Unity: the Dilemma of the Indian in Malaysia." *Modernization and National-cultural Identity*. KL: Malaysian Social Science Association.

Rajoo, R. 1989. "Sanskritization in the Hindu temples of West Malaysia". *Jurnal Pengajian India*. KL: University of Malaya.

Rajoo, R. 1992. *Urbanisation and Hinduism in Malaysia*. KL: Malaysia-Singapore Forum.

Ramasamy, Raja Krishnan. 1989. *Indian Malaysians and Affirmative Action: Justifying Necessity*. KL: University Malaya.

Sandhu, Kernial Sing. 1969. *Indians in Malaya: Some Aspects of Their Immigration and*

Settlement(1786~1957. Cambridge: Cambridge University Press.

Singaravelu, S. 1969/1970. "Hindu Culture With Special Reference To The Domestic Rites and The Temple Rituals." *Tamil Oli.* KL: University of Malaya.

Sundaramoorthy, G. 1976. *Saivism: based on Tamil Tradition.* KL: Malaysia Hindu Sangam.

Suryanarayan, V. 1982. "Indians in Malaysia: The Neglected Minority". ed. Bahadur, J. J. *Indians in Southeast Asia.* KL

Supernor, Dennis E. 1983. *Tamils in Malaysia: Problems in Socio-economic development for an immigrant minority group.*(PH.D. Thesis) Houston: Rice University.

Vertovec, Steven. 2000. *The Hindu Diaspora: Comparative Patterns.* London and New York: Routledge.

Wiebe, Paul D. & Mariappen, S. 1979. *Indian Malaysians: the view from the plantation.* N. Delhi: Carolina Academic Press.

www.eaisai.com. Sai Darshan.

3장
말레이시아 인도인의 암만(여신) 숭배: 사람들의 디아스포라 혹은 신들의 디아스포라[1]?

박 정 석*

I. 탈영토화와 종교

디아스포라의 특징 중 하나는 그들의 종교적 정체성이 필연적으로 '탈영토화'될 수밖에 없다는 것이다(아파두라이. 2004: 69). 이것은 인도인/힌두 디아스포라에서도 마찬가지이다. 인도인 역시 그들의 출신 지역과 사회적 배경에 따라 그리고 호스트 사회의 문화적 차이에 따라, 디아스포라의 종교적 스펙트럼은 역사적으로 다양하게 형성되어

---

* 목포대학교 역사문화학부 문화인류학전공 전임강사.

1) 이 글의 부제로 쓰인 '신들의 디아스포라'라는 개념은 와고르네(Waghorne 2004)의 저서 명 'Diaspora of the Gods'에서 차용한 것이다. 와고르네는 특정한 장소와 결부되어 있던 신격이 도시공간에서 혹은 해외에서 탈영토화 된 신격으로 변환된 현상을 가리켜 '신들의 디아스포라'라 한다.

왔다. 그럼에도 불구하고 일반적으로 인도 즉 모국의 힌두이즘이 '진짜'이고(authentic), 디아스포라의 힌두이즘은 진짜가 아닌 혹은 규범적인 형태에서 벗어난 것이라는 견해가 지배적이라는 것이다(Vertovec. 2000: 1). 하지만 인도가 '모든' 힌두이즘의 기준이며 척도라는 견해에서 벗어나야만 인도인 디아스포라를 제대로 이해할 수 있을 것이다.

인도인 디아스포라의 종교적 '탈영토화'는 말레이시아 내부에서 또 다른 형태로 발전한다. 말레이시아 독립 이후 도시화가 진행되면서 인도인 디아스포라들은 농장이라는 고립된 상황을 벗어나게 되었다.[2] 이것은 특정한 지역적 경계 안에서 카스트 체계로 표상되는 힌두이즘에서 탈피하여, 카스트 경계 구분이 모호해지는 도시공간에서 '보편적' 힌두이즘을 삶의 방식으로 수용할 수밖에 없는 영역으로 이동하였다는 것을 의미한다. 즉 '닫힌' 장소에서 '열린' 공간으로 삶의 영역이 전이된다. 종교적으로 탈영토화된 사람들은 도시공간에서 '우리'라는 공유된 감정 혹은 연대감을 카스트나 거주지역이 아닌 힌두 사원을 통하여 드러내고 있다. 도시공간의 사원은 힌두이즘이 새로운 형태로 변환하고 있는 일종의 실험실(Waghorne. 2004: 16)로서 다양한 내용을 구비하고 있다.

힌두이즘 특히 드라비다 전통에서 '마을 여신'으로 일컫는 암만(Amman)은 마을 단위 혹은 특정 카스트와 연계된 신격으로 일정한 테두리 안에서 영향력을 행사한다는 점에서 영토성을 지닌 신격이다. 하지만 도시화와 더불어 암만 역시 특정한 영토를 벗어나 보편적인

---

2) 영국은 식민지 경제를 효율적으로 운영하기 위하여 소위 '노동의 종족 간 분업'을 실시하였다. 즉 말레이인은 주로 농촌지역에 거주하면서 농업에, 중국인은 도시 및 광산지역에 거주하면서 상업 부분에 종사케 하였으며, 인도 타밀인들은 주로 플랜테이션 농장의 노동자로 고용하였다. 말레이시아 독립 이후 이와 같은 종족간의 공간적 분화는 어느 정도 해소되었지만, 말레이시아 정부의 말레이인 중심의 정치체제 유지 및 말레이인을 우대하는 신경제정책 등과 맞물려 종족 간 혹은 계층 간 경제적 불균형은 여전히 심각한 문제로 남아있다(소병국. 1998; 이경찬. 1998; 홍석준. 2003).

신격으로 전환되면서, 신격 그 자체는 물론 의례절차와 사원양식에 있어서 아가마(agama)적인 전통을 수용·모방하고 있을 뿐만 아니라, 새로운 양식 및 다른 전통의 신격과 종교복합 혹은 혼성되는 종교적 쇄신이 일어나고 있다. 사원은 일반적으로 특정한 시공간에 자리를 잡고 오랜 과거의 종교사와 연관을 맺고 있었다. 이처럼 과거에는 쉽사리 이동할 수 없었던 사원 그리고 신격이 디아스포라적 상황 아래에서 원래의 장소를 떠나 현대 도시 공간 또는 해외에서 '영토성'과 분리된 채 재정주(再定住)하고 있다.

  종교적으로 탈영토화 된 말레이시아 도시지역의 인도인 디아스포라를 이해하기 위해서는 디아스포라 힌두이즘[3]의 전개양상을 알아보는 것이 하나의 방편이 될 수 있을 것이다. 디아스포라 힌두이즘을 파악하기 위해서는 현재 힌두 사원에서 일어나고 있는 문화적·종교적 변화는 물론 '탈영토화'된 특정한 신격이 도시공간에서 어떤 위상으로 변환하고 있는지 그리고 사원양식과 의례절차가 어떤 형태로 전환하고 있는지를 분석할 필요가 있다. 이 글에서는 쿠알라룸푸르 시내의 암만 사원과 그 숭배양상을 분석함으로써 말레이시아 내부에서 디아스포라 힌두이즘이 어떻게 재생산되고 있는지를 알아보고자 한다.[4]

---

3) 종교에도 사람의 경우처럼 '디아스포라'라는 용어를 사용할 수 있는가에 대해서는 의문이 있다. 종교는 하나의 종족집단 경계를 넘어 수용되고 있으며, 대개 전지구적인 믿음체계로서 고향으로 돌아간다거나 특정한 고향을 상정하지 않기 때문이다. 하지만 유태교나 시크교의 경우처럼, 구성원들이 디아스포라 그 자체로 대변되기도 하며 특정한 종족 공동체처럼 간주되기도 할 뿐만 아니라 고향으로 돌아가려 하거나 고향을 건설하려는 강력한 신념을 간직하고 있기도 하다(Vertovec. 2000: 2). 하지만 힌두와 힌두이즘처럼 사람과 종교의 디아스포라가 분리된 실체로서가 아니라 어느 한쪽이 다른 한쪽에 매몰되어 있는 경우가 많다. 여기에서는 디아스포라 현상을 분석하고 이해하기 위한 도구적 '개념'으로서 '디아스포라 힌두이즘'을 사용하고자 한다.

4) 말레이시아에서의 현지조사는 2005년 1월 5일부터 1월 26일까지 현지에 체류하면서 쿠알라룸푸르 시내 및 인근의 힌두사원을 중심으로 관찰과 면접을 병행하였다.

Ⅱ. 말레이시아의 인도인 디아스포라

말레이시아 내 인도인 디아스포라들은 대부분이 타밀 출신이며 그 중에서도 하층 및 최하층 카스트 출신이 주류를 이루고 있다. 이와 같은 인구학적 배경과 더불어 20세기 초반 남인도 지역에서 브라만적 힌두이즘을 '북인도 제국주의'(northern imperialism)이라고 몰아 부친 DMK(Dravida Munnetra Kazigam, 드라비다인의 진보를 위한 집회)의 영향으로 인하여 산스크리트적 전통의 초월적 신격보다는 타밀전통의 마리얌만과 무루간을 신봉하는 사원이 많다(Wiebe & Mariappen. 1979: 135).

말레이시아 인도인 디아스포라는 정치적으로 탈영토화되어 있음에도 불구하고, 지리적 근접성으로 인하여 모국인 인도에서의 종교운동이 이주민들의 종교적 정체성에 직간접적으로 영향을 미치고 있다. 특히 힌두이즘과 자신들의 종교적 정체성을 결부시키고 있는 말레이시아 인도인들의 종교적·문화적 재생산은 인도 내부에서 일어나고 있는 종교근본주의 운동 특히 타밀의 종교개혁운동과 밀접하게 결부되어 있다.[5] 즉 정치적·지리적으로는 탈영토화되어 있지만, 재외 인도인들의 상상 속에는 인도가 '고향'의 형태로 존재하고 있으며 문화적 재생산의 토대가 되고 있다(아파두라이. 2004: 91).

1. 인도-타밀인과 카스트

현재 말레이시아 인구의 약 8~9%가 인도인이며, 그 수는 1,520,000

---

5) 말레이시아의 힌두 단체들은 1929년 인도 마드라스(현 첸나이)에서 드라비다. 운동의 지도자였던 라마사미 니익케르(Ramasamy Naicker)가 방문한 이후, 그의 영향을 받아 타밀 민족주의에 기반을 둔 타밀개혁협의회(Tamil Reform Movement)를 결성하게 된다. 개혁운동의 근저에는 남인도에 기반을 둔 샤이바 싯단타(Saiva Sidhanta) 교리가 자리 잡고 있었다(자세한 내용은 이 책 제1부 2장의 내용을 참조바람).

명에 이른다. 인도인 중에서도 인도－타밀인이 80% 이상을 차지하고 있다. 이런 인구학적 특성으로 말미암아 말레이시아 인도인 디아스포라의 종교의례는 대부분이 쉬바이즘과 같은 타밀 전통과 결부되어 있다. 말레이시아 전역에 있는 힌두 사원 및 신당의 수는 약 17,000개로 추산되며, 그 규모와 구조 또한 아주 다양하다(Ramanathan. 2001: 82). 사원은 그 자체로 종교적 의례를 수행하는 상징적 건물이지만, 사회복지와 종교적 교육을 베푸는 기관이며 축제를 통해 집단연대를 촉진시키는 역할을 하기도 한다. 특히 다종족·다문화 사회인 말레이시아에서 힌두사원은 무엇보다도 힌두 디아스포라의 종교적 정체성6)과 결부되어 있다(Ramanathan. 2001: 82).

말레이시아 인도인 중에서 인도 타밀인과 텔루구 및 말라얄리 그리고 타밀어를 모어로 사용하고 있으며 힌두전통을 따르고 있는 스리랑카－타밀인들을 합치면 드라비다 계통의 인구는 전체 인도인의 90% 이상을 차지하고 있다(Rajoo. 1983: 101). 말레이시아의 인도인 디아스포라를 인도－타밀인 중심으로 분석하는 이유는 이들 인도－타밀인들이 인구학적으로 대다수를 차지하고 있다는 것 이외에 종교적 영역에서도 대부분의 사원건물과 의례양식이 타밀전통을 따르고 있기 때문이다.

초기 인도인 노동자의 이주 및 거주형태로 인하여 말레이시아 인도인들은 행위규범에 있어서 카스트의 영향을 많이 받았다. 카스트별로

---

6) 모국을 떠난 디아스포라들이 '외국'에서 호스트 문화와의 상호작용 과정 중에서 겪는 문화적 혹은 종교적 정체성 문제는 동질화와 이질화 사이의 선택과 그로 인한 긴장관계 사이에 내재해 있다. 특히 주류 문화에 비해 소수자의 입장에 있는 공동체는 보다 큰 정치체계 혹은 주류들에게 자신들의 문화가 흡수 혹은 통합되지 않을까 하는 두려움을 안고 있다(아파두라이. 2004: 60). 다문화·다종족 사회에서 대개 주류문화 쪽은 국가 혹은 국민이라는 '상상의 공동체'(앤더슨. 2002)를 강조하지만, 비주류 혹은 소수문화의 입장에서 이것은 자신들의 정체성이 정치적 이해관계에 따라 소멸될 것이라는 두려움으로 각인된다.

신당 혹은 사원을 따로 건립한다든지 여러 신격들이 특정 집단의 신격으로만 받아들여지기도 하였다(Ramanathan. 2001: 83~83). 인도-타밀인 중에서 체티야르(Chettiyar)와 벨라라(Vellala) 그리고 스리랑카 타밀인들은 아가마적 혹은 텍스트적 전통을 강조하고 있으며, 반면에 인도인 인구의 대부분을 차지하고 있는 하층 카스트 사람들은 비 아가마적 마을 전통을 따르고 있다(Rajoo. 1982: 55).

말레이시아의 인도-타밀인들은 크게 브라만, 비 브라만 그리고 아디 드라비다(과거의 불가촉천민)로 분류될 수 있지만, 실질적으로는 비 브라만과 아디 드라비다의 두 범주로 구분하고 있다(Lee와 Rajoo. 1987: 392).[7] 같은 맥락에서 카스트 위계[8]에 따라 소위 '타밀아르'(Tamilar)로 불리는 상층 카스트와 파라이야르(Paraiyar)로 불리는 하층 카스트로 이분하기도 한다(Ramasamy. 1978/79: 94). 말레이시아 인도인 사회에서 의례적 정과 부정 혹은 음식공유와 같은 카스트 체계의 이데올로기적 기반은 대부분 사라졌지만, 혼인에 있어서는 여전히 카스트 내혼을 하려는 경향이 남아있다. 특히 자신들을 상층 카스트라 여기고 있는 카스트(여자)는 하층 카스트(남자)와의 혼인을 꺼려하고 있다.

말레이시아에 등록된 인도인 카스트 조직은 53개에 이르고 있으며, 이중에서 인도-타밀인 내부에서 확인되는 카스트 숫자만 해도 20개 이상이 된다고 한다. 인도-타밀인의 대표적인 상층 카스트로는 대개 브라만, 체티야르, 벨라라, 무쿠라토르(Mukkulattor), 카분타르(Kavuntar),

---

7) 말레이시아 힌두들의 카스트 분류에서 대개 브라만이 제외되는 이유는 말레이시아에 있는 브라만 인구가 아주 소수이며, 대부분 인도 독립이후 힌두 사원의 사제로 이주해 온 사람들로서 그들의 사회경제적 영향력이 또한 미미하기 때문이다.

8) 북인도 집단의 경우 대개 상층 카스트 출신이 많을 뿐 아니라 인구 구성에 있어서 소수이기 때문에 카스트가 사회분절에 큰 변수로 작용하지 않는다. 텔루구는 인도-타밀인과 유사한 사회적 배경을 가진 여러 카스트로 구성되어 있지만 역시 인구가 적어 카스트 경계가 인도-타밀인의 경우처럼 뚜렷하지 않다.

반니야르(Vanniyar), 나다르(Nadar), 칼라(Kalla), 무투라자(Muthurajah), 무달리야르(Mudaliyar) 등이 있고, 하층 카스트로는 암바타르(Ambattar), 반나르(Vannar), 팔라(Pallar) 및 차킬리야르(Chakkiliyar) 등이 있다. 상층 카스트는 인도에서 전통적으로 대지주이거나 상업에 종사하는 사람들이었다. 하층 카스트는 주로 이발사, 세탁부, 농업노동자 및 무두질 등을 업으로 하고 있었다(Lee와 Rajoo. 1987: 393; Rajoo. 1982: 56). 비록 과거 농장에서처럼 지역적으로 분리된 영역에서 거주해야만 했던 '불가촉천민'은 더 이상 존재하지는 않지만, 도시지역에서 과거 불가촉천민에 속했던 사람들은 대개 그 직업에 있어서 여전히 '카스트'와 연계되어 있다. 이들은 주로 도시지역의 청소부로 일하고 있다(Rajoo. 1982: 58).

특정지역 출신의 타밀인은 다른 종족집단과 고립된 채 고무농장이란 한정된 영역에서만 거주함으로 인해 타밀 문화와 종교가 타문화 및 타 종족 집단과의 경쟁이나 갈등 없이 재생산될 수 있었다(Jain. 1970). 또한 같은 카스트 내부에서도 의례와 생활방식 그리고 사회경제적 지위에 따라 다양한 계층을 이루고 있다. 비 브라만 중에서도 남인도에서의 전통적 직업과 카스트에 따라 내부적으로 차이가 있으며, 80년대까지만 해도 혼인 연망 또한 카스트 경계를 넘어서더라도 비브라만과 아디 드라비다가 혼인하는 경우는 드물었다(Rajoo. 1982).

2. 말레이시아 인도인 디아스포라의 특징

말레이시아의 인도인 디아스포라는 지리적으로 인도와 가깝다는 점과 인구학적으로 인도인-타밀인이 대부분을 차지하고 있다는 것 이외에도 이주자의 사회적 배경과 이주방식이 거의 동질적이라는 특징이 있다. 이주민들은 초기(1840~1910)에는 계약 노동자로 사탕수수와 커피 농장에 투입되었지만, 후기(1910~1938)에는 캉가니 체계 아래 주로 고무농장 노동자로 이주해 왔다. 계약노동자가 대부분 3년 혹은 5년 단위로 개인적으로 계약으로 맺어 이주해왔다면, 캉가니 체계는 캉가니로 불리는 십장이 주로 한 마을 혹은 한 지역에서 데리고 온 노동자들이 캉가니의 감독 아래서 특별한 기간을 두지 않고 함께 일을 하는 방식이다(Jain. 2004: 176~177). 따라서 캉가니 체계에서는 친족 및 카스트 연대가 주요한 연망으로 작용하였으며, 캉가니와 노동자가 일종의 후원자－피 후원자 관계와 유사한 기능을 하였다.

계약노동자로 말레이시아에 이주해 온 인도인 디아스포라들은 주로 고무농장에서 일꾼으로 일하거나 도시지역에서 청소, 전기, 상하수도, 철도 등의 업무에 종사했었다. 하지만 말레이시아의 도시화 및 신경제정책 등으로 인해 농장과 도시 외곽지역이 재개발되자 인도인 디아스포라들 내부에서도 이전의 거주지를 떠나 새로운 직업과 경제적 기회를 찾아 대도시로 몰려드는 인구가 급증하였다. 이들은 도시 내에서도 특정지역에 몰려 살기보다는 여러 지역에 분산거주하고 있다. 이것은 사회적으로 카스트 혹은 특정 직업과 거주지와의 관계가 단절된다는 점에서 또 다른 ‘탈영토화’라 할 수 있다.

신경제정책을 실시한 1971년을 기점으로 말레이시아는 빠른 속도로 공업화 및 도시화가 진행되어 왔다. 하지만 신경제정책은 말레이인을 포함한 부미푸트라에게 경제적 부와 발전의 혜택이 집중되도록 하였다. 말레이인 이외의 종족집단 중에서 중국인은 어느 정도 경제적인 혜택을 입었지만 인도인들은 상대적으로 그 혜택이 미미하였다(오명석. 2005: 192). 그럼에도 불구하고 인도 사회 내부에서는 이전과 비교하여 역동적인 변화가 일어났다. 우선 직업에서 있어서 농장 노동자에서 도시지역의 자영업과 블루칼라 직업종사자로 전환하였으며, 카스트 위주의 연망에서 직업과 계층으로 연계된 연망으로 그 중심이 옮겨가고 있다는 것이다(Jain. 2003: 76~77).

말레이시아 내부에서 힌두들은 말레이인 혹은 중국인에 비해 사회경제적으로는 물론 종교문화적으로도 비주류이자 소수자에 속한다.

이런 힌두들에게 있어서 힌두 사원은 일종의 '해방구'(communitas) 역할을 하며 동시에 지역 내 힌두들을 한데 묶어주는 기능을 하고 있다. 일반인들이 사원을 이용하는 방식에 영향을 미치는 요인으로는 사원 건립자 및 이용자들의 지역적 배경, 거주지 그리고 제도적 전략 등이 있다. 이런 요인들과 아울러, 사원의 사제 및 사원에서 행하는 의례들이 텍스트의 규준에 얼마만큼 충실하느냐 하는 것도 주요한 변수가 되고 있다.

현대화 역시 힌두이즘의 기본적인 신념구조와 실천행위 및 사회제도에 많은 영향을 미쳤다. 대개 마을 수준에서 전통적으로 특정한 전염병 예를 들자면 홍역, 페스트 혹은 콜레라와 연계되어 있던 여신들 혹은 신격들은 점차 그 자리를 잃어가고 있는 반면, 보다 상위의 산스크리트적인 신격들이 대중들에게 인기를 얻고 있다. 인도인 디아스포라 내부에서도 변화가 일어났다. 특히 교육의 기회증가로 인해 종교 세속주의, 평등주의 및 상대주의가 확산되었다. 이와 같은 내부의 변화와 함께 도시공간이라는 환경적 조건으로 인하여 다른 집단과의 접촉이 급격히 늘어나면서, 타문화는 물론 자신의 문화적 정체성에 대해 스스로를 되돌아보게 되었다. 그리고 영화, 라디오, 비디오와 같은 현대적인 기구와 신문, 종교관련 서적, 잡지 등을 통해 산스크리트적인 신격에 대한 이해가 늘어났다.

사원에서 신에게 드리는 기원방식 및 절차 역시 지역사회의 구조적 그리고 사회적 환경과도 밀접하게 연관되어 있다. 예를 들자면 사원 건립자 혹은 운영자의 카스트, 사원의 외양과 주신의 성격, 그리고 전문사제와 의례방식 등에 따라 사원의 종교적 위상 및 신도들의 사원에 대한 인식이 달라진다. 이런 맥락에서 사원의 의례절차와 공양물 또한 힌두 공동체 내부의 사회적 변화에 맞추어 많은 부분을 말 그대로 '창조'하기도 한다.9) 이런 현상은 말레이시아의 도시화로 인해 농

---

9) 예를 들자면 축제 혹은 의례를 진행하는 중간 중간에 최근에 유행하는 인도

장노동자보다는 도시지역에서 중산층(middle class)[10]으로 발돋움한 인구가 늘어나고 있는 것과도 관련이 있다. 즉 도시지역 중산층은 단순히 사원을 찾거나 기원하는 행위에서 머물지 않고 새로운 형태 혹은 새로운 종교적 이념의 수용에 있어서도 주도적인 역할을 하고 있다.[11] 말레이시아 인도사회에서 네오 힌두이즘에 속하는 사이 바바(Sai Baba) 운동을 앞장서서 받아들이고 전파한 사람들 또한 도시거주 중산층들이었다(Lee. 1982: 130).

해외 힌두이즘의 특징은 그 신념체계, 실천행위 및 사회적 구성에 있어서 인도 아대륙의 그것과는 다른 형태로 발전하고 있다는 것이다. 디아스포라 힌두이즘은 인도인들의 이주배경과 그 이후의 정착과정 그리고 현재의 위치에 따라 다양한 형태로 전개될 수밖에 없다. 달리 말해 디아스포라의 종교적 혹은 종족적 '공동체'가 형성되고 힌두문화가 재생산되는 과정은 내적 요인과 외적 환경과의 상관관계 속에서 이해되어야 한다. 다음 장에서는 암만 사원의 아가마화 및 종교적 쇄신을 통해 말레이시아에서의 디아스포라 힌두이즘의 특징을 살펴보고자 한다.

의 영화음악을 녹음기와 확성기를 통해 들려주고 있다. 공양물에 있어서도 시중에서 팔고 있는 팩에 든 우유나 병 우유를 흔히 볼 수 있으며, 심지어 남성 수호신격에게는 말레이시아에서 유행하고 있는 맥주와 시가(cigar)를 바치기도 한다.

10) 중산층에 대한 정확한 개념 정의 혹은 기준은 모호하다. 말레이시아의 경우 대개 직업을 기준으로 '행정 관료와 관리자', '전문가와 기술자', '사무직 종사자', '판매직 종사자' 등이 중산층 범주에 들고 '서비스업 종사자'까지 포함하는 경우가 있다고 한다. 1990년 현재 말레이시아 중산층의 구성 비율은 32.6%이지만 말레이인을 포함한 부미푸트라가 27%, 중국인이 43.2% 그리고 인도인이 27.3%이다(오명석. 2005).

11) 도시지역의 중산층이 새로운 사원을 건립하거나 사원 방문 및 숭배에 있어서 주도적인 역할을 하고 있는 현상은 타밀나두의 첸나이에서도 잘 드러나고 있다(Waghorne. 2004).

Ⅲ. 암만 사원과 디아스포라 힌두이즘

사람들이 카스트 위계에 따라 상층 카스트와 하층 카스트 혹은 비 브라만과 아디 드라비다로 구분되어 있듯이, 힌두이즘 역시 크게 두 가 지 '양식'(types)으로 구분된다. 하나는 아가마적 혹은 산스크리트적 힌 두이즘이며, 다른 하나는 '민중'(folk) 혹은 '마을' 힌두이즘이다(Rajoo. 1983: 103). 하지만 이 구분은 분석의 편의를 위해 이용하고 있는 개념 으로서 민중 혹은 마을 힌두이즘이라고 해서 아가마적인 전통이 없는 것은 아니다. 타밀지역 혹은 드라비다 전통에서 암만은 후자에 속하 는 대표적인 신격이었다.

말레이시아의 힌두사원은 크게 '대성당'(cathedral)형 사원, 공동체 사원, 카스트 사원 및 비손하는 신당(crisis shrine)으로 구분한다(Aveling. 1978). 하지만 도시공간에서는 대성당형 사원이면서도 카스트 혹은 공동체 사원의 성격으로 운영되는 사원이 존재한다. 쿠알라룸푸르의 스리 마하 마리얌만 사원은 대성당형이면서도 카스트 대표자들의 모 임인 사원위원회에서 운영하고 있다. 그리고 '마을' 신격이었던 마리 얌만 여신이 대성당형 사원인 스리 마하 마리얌만 사원의 주신(主神) 으로서 초월적 신격의 위치를 점하고 있다. 그리고 암만이 샥티로 자 리잡은 사원 안에 뱀신 나가, 무니쉬바란 또는 이미지 형태의 암만을 비손하는 신당 형태로 안치한 경우도 있어, 카스트 사원 혹은 공동체 사원으로 구분하기가 애매하다.

따라서 특정한 마리얌만이라는 신격을 중심으로 볼 때 도시지역의 사원을 앞의 네 가지 유형으로 구분하기에는 곤란한 점이 많다. 그리 고 사원의 주신을 아가마적인 절차에 따라 브라만 혹은 비 브라만 전 문사제가 의례를 집전한다고 해서 사원에 모셔져 있는 신격들 전체가 아가마화 또는 초월적 신격의 지위를 획득하는 것은 아니다. 이 장에서는 사원양식 혹은 운영주체에 따라 사원을 구분하여 분석하기보다는, 암만을 숭배하고 있는 사원을 전체적으로 조망하여 암만사원의 전문사제, 아가마화 및 종교 복합적 성격을 함께 살펴보고자 한다.

1. '마을 여신' 암만

타밀 속담에 "사원이 없는 땅에는 거주하지 말라"(Arasaratnam. 1970: 162; Ramanathan. 2001: 82)는 말이 있을 정도로, 타밀인이 거주하는 곳에는 항상 사원 혹은 신당이 있었다. 이주초기 농장에서 고립된 생활을 하였던 인도인 노동자들 대부분은 브라만 사제나 다른 전문사제 없이 그들의 종교적 의례를 행할 수 있는 신격인 마리암만을 숭배하였다(Jain. 1970: 134).

일반적으로 암만이라 불리는 여신은 그 역할을 나타내는 혹은 지역성을 나타내는 이름이 앞에 덧붙여진다. 암만은 특정 집단, 마을 혹은 지역의 문화적 역사적 경험을 드러내는 상징적 신격으로서, 삶과 건강 그리고 행운을 관장하면서도 죽음과 황폐 그리고 질병을 관장하는 신격이기도 하다. 또한 종교적 관념과 실천 행위에 있어서 브라만적 전통보다는 샤마니즘이 농후할 뿐만 아니라, '다른' 종교적 전통을 끊임없이 수용하면서 종교적으로 복합되고 있다(Pandian. 1983: 210~211).

'마을여신'(gramadevata) 중 대부분은 마을이나 지역적 거주지와 같은 사회적 단위를 보호하는 수호신이다. 특정 신격이 관장하는 지역 경계는 그 신격의 힘에 따라 좌우되지만, 대개 모든 거주지마다 특정한 수호 신격을 모시고 있다. 달리 말하자면 모든 수호 신격은 그 자신만의 영토를 가지고 있다고 할 수 있다. 신격의 이름과 지역명칭이 결부된 경우는 드물고 대개 같은 이름을 지닌 신격이 여러 지역에서 수호 신격으로서 기능을 한다. 그 대표적인 신격이 마리암만이다. 타밀 지역에서 마리암만은 천연두를 관장하는 여신(Dumont. 1970: 23)이며, 개별 마을에 있는 마리암만들은 서로 다른 신격으로 간주된다. 그럼에도 불구하고 마을마다 있는 마리얌만들을 한 여신이 여러 지역에 화현한 다른 모습들이라 여기고 있다(Fuller. 1992: 43).

마을 여신들 이외에도 타밀 전통의 마을 혹은 지역 단위의 남성 신격으로는 아이에나르(Iyenar), 마두라이 비란(Madurai Viran) 및 무나디안(Munadian) 등이 있다. 아이에나르는 대개 독립적인 신격으로 대개 별도의 신당을 차지하고 있으며 간혹 아이에나르만을 위한 축제가 있는 곳도 있다. 하지만 마두라이 비란이나 무나디안은 다른 신격을 모신 사원을 지키는 수준의 하위 신격이다. 이들이 수호하고 있는 여신들에게는 동물 공양을 하지 않는 경우에도 남성 수호 신격들은 동물 공양을 받는다(Whitehead. 1983: 90).

타밀 전통이 팽배한 농촌지역 출신으로 플랜테이션 노동자로 이주해 온 인도 타밀인들은 농장 내 거주지에 일반적으로 마리얌만 사원을 건립하였다(Jain. 1970: 15).[12] 마리얌만을 주신으로 모시고 있는 사원에는 대개 아홉 행성 신(Nine Planets)[13]을 안치한 신당과, 마리얌만을 수호하는 남성 신격 무니안티(Munianti)를 안치한 신당이 있다. 그리고 무니안티 신당 바깥에는 대개 무니안티를 수행하는 문나티얀(Munnatiyan)이 입구에 서 있다. 이처럼 농장 내 대부분의 사원에서 주신으로 모실 정도로, 마리얌만은 특정한 영토성을 지닌 채 농장 노동자들의 삶과 결부되어 있었다.

농장지역 뿐만 아니라 도시지역에서 철도, 전기, 수도, 도로 분야의 노동자 혹은 정부의 하급 공무원이 거주하는 지역에도 큰 나무아래

---

12) 마리얌만을 기리는 축제는 타밀 월력으로 아티 달(Ati, 7월에서 8월) 달 하순에 열린다. 이 축제를 가리켜 아티 티루빌라(Ati tiru-villa)라 한다. 이 축제는 공동체 성원 모두가 참여하는 축제이며, 특히 최근에 혼인한 가족들에게는 아주 특별한 행사가 된다(Jain. 1970: 124).

13) 아홉 행성은 개인의 탄생과 밀접한 관련을 맺고 있어 일생동안 개인의 운명을 좌우한다고 믿는다. 아홉 행성은 달, 금성, 수성, 화성, 태양, 목성, 라구(Raghu), 토성, 케투(Kethu)를 나타낸다.

혹은 개미 동굴 위에 마리얌만의 이미지나 사진을 안치하거나 조그만 신상을 모신 신당이 있다. 이들 신당은 별도의 사제 없이 혹은 누군가 관리를 하지만 사제 역할을 하지 않는 형태의 성소 혹은 신당이다. 말레이시아 정부 및 말레이시아 내 힌두이즘의 쇄신 노력에도 불구하고 이런 형태의 사원은 아직도 말레이시아 도심 곳곳에서 볼 수가 있을 정도로 '마을 여신'으로서의 마리얌만 신앙은 인도 타밀인들의 삶에 깊이 자리 잡고 있다.

2. 얌만 사원의 전문사제[14]

인도의 타밀 지역의 경우 마리얌만 사원의 전문 사제를 푸자리[15]라 부르며, 푸자리는 축제 기간 동안, 신상을 물로 씻는 의식을 주도하며 특정한 만트라를 반복하여 낭송하기도 한다. 이런 절차와 의식은 주로 큰 사원의 브라만 사제 혹은 텍스트를 통하여 배웠거나, 뜻을 모른 채 단순히 암송만 하는 경우가 많다. 타밀 지역에서 브라만 전통이 강한 곳에서는 마리얌만 사원에서도 동물 희생을 하지 않거나 하더라도 남성 수호신격 앞에서만 한다. 하지만 그렇지 않은 곳에서는 동물 희생은

---

14) 타밀 전통의 힌두이즘에서 사제는 크게 세 가지 범주로 구분된다. 첫째 브라만 사제이다. 브라만 사제 중에서도 쉬바를 주신으로 하는 사원의 사제(kurukkal)와 비슈누를 주신으로 하는 사원의 사제(arcakkar)를 구분한다. 둘째는 비 브라만 사제로 판다람(pandaram)이라 부른다. 판다람은 육식을 하며 아가마적 의례와 지식 부족이 부족하다. 마지막으로 푸자리(pujari)가 있다. 푸자리는 비 산스크리트적 사원 즉 마을수준의 신격을 모신 사원의 비 브라만 사제를 가리킨다. 판다람보다 의례적 지식이 더 부족하며 전문적으로 사제를 업으로 하는 카스트가 아니라, 사회경제적으로 낮은 계층의 개인을 가리킨다. 한 사원에도 브라만 사제와 비 브라만 사제가 있으며, 가내의례를 집전하던 브라만 사제(purohita 혹은 castiri)가 사원의 사제로 일하기도 한다(Fuller. 1991: 24~25; Lee와 Rajoo. 1987; Rajoo. 1992).

15) 지역에 따라 판다람이 얌만 사원의 사제인 경우도 있다. 판다람은 화환을 만드는 비 브라만 카스트이지만 채식주의자로서 브라만의 관습을 수용하고 있다(Dumont. 1970: 24).

물론 알코올, 여송연, 아편 그리고 말린 생선 등을 바친다(Whitehead. 1983: 90~91).

현대화, 도시화 등과 아울러 말레이시아 정부 차원에서 사원의 규모 및 운영주체에 대한 통제는 힌두사원의 형식과 규모 그리고 운영 방식에 많은 변화를 불러왔다. 말레이시아 정부는 1967년 법령(Social Act)을 제정하여 일정 규모 이상의 대지를 소유하고 위원회를 갖춘 사원들의 등록을 의무화하였다. 등록되지 않은 사원에 대해서는 불법으로 간주하여 사원으로서 인정하지 않고 공권력을 동원하여 철거할 수 있도록 하였다.

새로운 법령제정으로 인하여 힌두 사원은 우선 큰 나무 아래 혹은 개미집과 같은 장소에 단순한 이미지만 존재하던 신당 형태에서 벗어나 신상을 모신 사원으로 그 형식과 규모가 변화하였다. 그리고 전문사제 없이 혹은 신내림을 하는 샤만적 주제자가 모든 행사를 관장하던 형태에서, 만트라를 암송할 수 있는 전문사제를 고용하여 매일 수차례씩 신상에게 의례를 올리는 등 운영자와 전문사제가 분리된 형태로 전환하였다. 또한 특정한 소유자 없이 일종의 관리자가 신당을 돌보는 수준에서, 가족단위 혹은 친인척 및 전문 직종 대표자들이 참여하는 운영위원회가 사원의 제반사를 결정하는 체계를 갖추어 나가고 있다.

〈사례-1〉 데비 스리 라자칼리-암만(Devi Sri Rajakaliamman) 사원

사원의 역사는 100년이 넘었을 것이라고 한다. 사원은 가건물 형태이지만 사원의 구조는 주 건물 부분과 동물 희생을 하는 바깥부분으로 구분된다. 사원 안쪽 벽면 중앙에는 칼리-암만 상이 있고, 왼쪽에는 가네샤가 오른 쪽에는 무루간 상이 있다. 왼쪽 벽면을 따라 사제의 아버지 사진과 예수의 사진이 나란히 놓여져 있다. 그 옆에는 사이 바바의 사진이 있고, 마두라이 비란 상과 쉬바 상이 차례로 안치되어 있다. 오른 쪽 벽

면에는 부처상, 여신상, 상이 안치되어 있다. 바깥 공간과 구분되는 지점 중앙 즉 칼리-암만 상의 정면에 앉아 있는 모습의 사자상이 있다. 사자상의 왼쪽에는 무루간 상이 오른쪽에는 하누만 상이 있다. 바깥 공간 왼쪽 벽면을 따라 나가 상, 칼리 상 2개, 두루가 상이 차례로 안치되어 있고, 구석에는 아홉행성 신상이 있다. 바깥 공간에서 주 건물을 마주보는 벽면에는 시가를 문 순기리-가루판(Sungirigarupan), 무노리안(Munorian) 및 무니쉬바란 상이 있고, 바깥 공간이 끝나는 지점에 방향을 달리하여 카테-가루판(Kategarupan) 상이 있다. 수호신이자 싸움신인 이들의 입에는 굵은 여송연이 물려 있고, 카테-가루판 신당에는 작은 시가와 함께 기네스 맥주를 공양물로 바치고 있었다. 이 사원은 샤만적인 사제가 운영하고 있으며, 1년 한 번씩 물소를 잡아 희생제의를 한다. 그리고 나바라트리 축제 때는 맨발로 숯불을 걷기도 하며 매년 카바디 행렬에 참가한다. 소를 도살함으로써 새로운 힘을 충전한다고 한다. 할아버지가 영국 식민지 시절에 화폐(동전) 주조 공장인부로 이주해 왔으며, 아버지는 철도 노동자로 일했다. 두 사람 모두 직장을 가진 채 간헐적으로 칼리-암만의 신내림을 받는 사제로 일했지만 현재의 사제는 자동차 정비공장에서 일하다가 아버지로부터 사제직을 물려받은 후부터는 전문적인 사제로서 일하고 있다. 접신 의례를 하기 전 모든 여신상과 남성 수호 신상들이 들고 있는 창과 칼끝에 레몬을 꽂아 놓는다. 접신을 하기 위해서 한동안 주문을 외우며 한 손에는 불 종지를 들고 다른 한 손에는 긴 칼을 들고서 한발로 껑충거리며 춤을 춘다. 연기를 계속해서 흡입하고는 신내림이 받으면 날카로운 칼날로 혓바닥을 긋는다. 접신을 하는 동안 두 명의 보조자로부터 도움을 받고, 접신이 된 이후에는 사제의 부인이 장부에 기록된 순서대로 신도들을 사제에게 보낸다. 사제의 말은 일반인이 알아듣기 힘들어 보조자가 다시 설명해준다. 바깥 공간의 칼리 상 앞에서는 닭을 산채로 물어뜯어 닭 목에서 나오는 피를 마시면서 칼리와 동일시되는 신내림을 받는다. 신도들 중에는 타밀인 뿐만 아니라 펀잡인 가족들도 있었다.

    <사례-1>의 경우 조그만 함석지붕 형태의 신당에서 가건물이긴 하지만 여러 신격을 안치한 사원이다. 이 사원은 1974년 개인사원으로 등록하였다가 이후 형식상 운영위원회 명의로 등록을 변경하였지만, 실질적으로 개인사원으로 운영되고 있다. 하지만 사제의 성격은 크게 변하지 않고 있다. 사제는 만트라 혹은 텍스트를 통하지 않고 오로지 칼리-암만과의 접신을 통하여 신도들의 어려움을 해결해준다. 접신을 하는 동안 닭을 산채로 물어뜯어 피를 마시면서 영적인 힘을 고양한다. 앞의 <사례-1>에 기술한 사원의 운영자이자 샤만적 사제인 정보제공자는 동물희생을 하는 것과 레몬이나 호박을 자르는 행위는 모두 발리(balli) 공양의 한 형태라고 설명한다.

    동물희생을 하거나 하지 않음의 차이에 대해서는, 피흘림을 싫어하는 사원에서는 레몬이나 호박을 자름으로써 발리공양을 하고 그렇지 않은 사원에서는 동물희생을 할 뿐이라고 주장했다. 그에 따르면 호박 하나를 잘라 공양하는 것은 16명의 인간을 공양하는 것과 마찬가지이며, 레몬 하나는 물소 한 마리에 해당되는 공양이라는 것이다. 호박을 자른 다음 호박에다 쿰쿰 가루로 붉게 칠하는 것은 피를 상징하는 것이다. 그는 신들은 동물공양과 채식공양을 구분하지 않지만 단지 인간들이 구분한 것일 뿐이라고 주장한다. 그래서 채식만을 공양하는 사원에 가는 신자도 동물희생제의를 원할 때는 동물희생을 해주는 사원에 자유로이 오간다는 것이다.

    하지만 암만을 주신으로 안치한 대부분의 사원은 샤만적 사제가 단독으로 관리하는 형태에서 벗어나 운영자와 전문사제의 업무를 분리하고 채식위주로 공양하는 형태의 사원으로 운영되고 있다. <사례2>의 경우 말레이시아 내 대부분의 암만사원과 마찬가지로 신당형태로 시작하였지만 중산층 신도가 늘어남에 따라 점차 사원의 규모가 확대되고, 브라만 전문사제를 고용[16]하며 동물희생을 배격하고 채식 위주의 공양으로 바뀌었다. 즉 접신보다는 만트라를 음송하고 의례를 주기적으로 행함으로써 일반인들이 쉽게 찾을 수 있는 종교적 공간으로 전환한다. 또한 운영자와 전문사제를 분리함으로써 의례의 전문성 혹은 권위를 고양하려 한다. 많은 신도들로 하여금 전문사제에게 개인적인 의례를 주문하거나 사원의 일상적인 의례에 참여하게 함으로써, 사원은 신도들에게는 종교적 안식처이며 운영자에게는 종교적/세속적인 혜택을 동시에 가져다주는 기관인 셈이다.

〈사례－2〉 스리 두르게이－암만(Sri Durgaiamman) 사원

페탈링 자야(Petaling Jaya)의 부키트 가싱(Bukit Gasing)에 있는 사원으로 가건물 형태로 운영되고 있다. 사원의 소유자이자 운영자는 의례를 집전하지 않고, 별도로 타밀 출신의 사제 2명을 고용하여 의례를 집전케 하고 있다. 이들은 브라만으로 사촌간이며 나이는 각각 23세와 24세이다. 타밀나두에서 전문사제를 양성하는 교육기관에서 만트라를 배웠으며 1년 간 교육을 받은 다음 수료증을 받고 전문사제로 취업했다고 한다. 말레이시아 정부에서 허가하는 취업비자는 3년 간 1회에 한정되며, 취업한 지 올해가 3년 째 되는 해로 인도로 돌아갈 수밖에 없다고 한다. 이들의 임금은 월 600RM이다. 사제들은 사원 바깥에 나가 일반인들의 혼인식을 주제하기도 하며 이때의 수입은 자신들의 몫이다. 사원에서는 동물희생을 하지 않는다. 사원이 일반 주택

---

16) 주로 인도에서 전문사제들을 불러온다. 왜냐하면 말레이시아에는 사원의 푸자를 진행할 수 있는 사제의 수가 제한되어 있을 뿐 아니라, 인도의 사제들은 저렴한 임금으로 (계약기간 동안) 안정적으로 고용할 수 있기 때문이다. 하지만 이와 같은 표면적 이유 이외에도 인도인 사제 혹은 인도에서 훈련받은 사제가 '진짜'라는 믿음과 인도인 사제를 고용함으로써 사원의 위상을 제고할 수 있다는 계산이 깔려 있다.

과 멀리 떨어진 한적한 산 중턱에 있는 탓에 평일에 이곳을 찾는 사람은 그렇게 많지 않은 편이다. 사원의 공식적 의례는 오전(7시부터 10시)과 오후(6시 30분부터 9시) 2차례 진행한다. 사원은 입구부터 바깥공간과 안쪽 공간으로 구분할 수 있지만 기다랗게 연결되어 있어 마치 하나의 건물로 구성된 것처럼 보인다. 철제문을 들어서 입구의 왼쪽에는 마두라이-비란이 오른 쪽에는 아홉 행성 신상이 마련되어 있다. 그 앞쪽에는 남성 수호신 안자네이야르 상이 있고 뒤에는 락쉬미 신당이 있다. 오른 쪽 구석에는 도교계통의 신격인 다토(Dato)[17] 상을 모신 신당이 있다(다토를 모시게 된 이유를 물었더니 지금의 사원이 있던 곳에 원래부터 다토 신당이 있어 허물지 않고 함께 모시고 있다고 했다. 사원으로 들어오는 길목 한쪽에 다토 신당을 비롯하여 도교계통의 신상을 별도로 안치한 공간이 있다). 사원의 안쪽 공간 입구에는 요니 모양의 호마용 제단이 있고, 왼쪽에는 마리얌만 신당, 오른쪽에는 칼리-암만 신당이 있다. 안쪽 공간 중앙부에는 두르게이-암만을 모신 신당이 자리를 잡고 있으며 그 앞에는 앉아 있는 사자상이 입구를 마주보고 있다. 두르게이-암만 신당의 왼쪽에는 가네샤 신당이 오른쪽에는 무루간 신당이 있다. 뒤쪽에는 페차이-암만(Pechaimman) 신당과 나가-암만 신당이 별도로 마련되어 있다. 이 사원의 특징은 모든 신상을 별도의 신당에 안치하고 있다는 점이다.

---

17) 'Dato'는 나독공(拿督公 혹은 哪督公)을 일컫는 말레이어이다. 나독공은 중국인이 아닌 말레이인으로 사후에 지역의 수호신으로 숭배되고 있는 신격이며, 나독(Na Tok)은 어원상 할아버지를 의미하는 말레이어 다툭(datuk)에서 유래되었다(Tan. 1990: 9)고 한다. 다토를 모신 신당에는 '唐番拿督地主神位'라는 글귀를 중앙에 두고 좌우에 '黃金賜福人', '白髮知公老'이라는 글귀가 새겨진 석판이 있다. 다른 곳의 다토 신당에는 '拿扶家家好', '督庇戶戶安'라는 글귀가 있었다. 말레이시아 중국인들은 다토 상 이외에도 도교적 전통에 속하는 토지신, 천제, 관음 및 마조를 섬기고 있다.

3. 암만 사원의 아가마화

말레이시아에 이주해 온 대부분의 인도-타밀인들은 마리얌만과 무니쉬바란과 같은 신격을 숭배하고 있는 농촌마을 출신이었던 까닭에 이들 신격을 신봉하는 사원과 신당의 숫자가 쉬바, 가네샤, 라마와 크리쉬나와 같은 초월적 신격을 모시는 사원에 비해 압도적으로 많다. 하지만 마리얌만과 무니쉬바란과 같은 신격을 모시고 있는 사원에서도 지속적으로 이들 신격과 사원양식 그리고 의례절차를 아가마적인 양식으로 전환시키고 있다(Rajoo. 1983: 103).

전통적으로 역병과 관련된 마을 수준의 여신 암만이 아가마화된 사원에서 초월적 여신(혹은 샥티)으로 숭배되고 있다. 이런 현상은 말레이시아 독립 이후 급격하게 발전한 힌두 연맹과 더불어 케케묵은 시골 전통을 일소하고 힌두이즘을 정화하자는 개혁운동에서 비롯되었다고 할 수 있다. 이것은 힌두이즘 내부의 정화운동이지만, 말레이시아 내 다른 종족집단의 입장에서 바라본 인도인의 이미지에 대한 끊임없는 자기반성의 표출이다(Arasaratnam. 1970: 172~173).

신격 및 의례절차의 아가마화와 더불어 사원 역시 암만의 이미지만을 모시고 있던 소규모의 신당형태에서 인도인 석공들이 격식을 갖추어 건립한 화려하고 웅장한 사원으로 그 규모가 확대되고 있다. 암만 신상을 안치한 사원에서는 브라만 사제를 고용하여 텍스트에 따른 전통적 의식을 통하여 사원의 신상이 단순한 이미지가 아니라 초월적 존재인 여신이 현현하고 있다는 신성화 과정을 거친다.

〈사례-3〉 스리 마하샥티 무감비게이-암만
(Sri Mahashakti Mugambigaiamman) 사원

쿠알라룸푸르 시내의 거대한 쇼핑 몰인 메가 몰(Mega Mall) 건물 바로 앞에 있는 사원이다. 무감비게이는 여신 파르와티, 사라스와티 그리고 락쉬미가 합쳐진 신격이라고 한다. 이 사원은 전통적인 타밀 사

원 양식으로 건축한 아가마적 주 건물과 그 옆에 있는 커다란 나무가 있는 공간 그리고 식당과 사무를 보는 건물로 구분된다. 주신(主神)인 무감비게이를 모신 신당 왼쪽에는 가네샤를 모신 신당이 있고, 오른쪽에는 무루간과 그의 두 배우자를 안치한 신당이 있다. 중앙 홀의 오른 쪽 중간에는 두르게이－암만을 모신 신당이 있고, 중앙 홀 입구 오른 쪽 끝에는 아홉 행성 신을 모신 신당이 있다. 나무주위에는 쉬바 상과 나가상, 부처상 그리고 동자상이 함께 있다. 그 옆에는 칼리 여신을 안치한 신당과 무루간 상이 있다. 칼리신당과 나무 사이에는 가네샤 상이 있다. 나무둥치 안쪽에는 이 사원이 생길 때부터 안치했다는 마리얌만 신상이 있고, 그 옆에는 수호신격인 마두라이 비란 상이 있다. 마리얌만 상 앞에는 한 줄로 무니쉬바란 상, 두 개의 뱀 신상, 나가－암만 상, 마리얌만 상 그리고 하누만 상이 있다. 사원의 역사는 대략 100년쯤 되었을 것이라 한다. 처음에는 마리얌만 신상과 나무 한 그루가 있는 소규모의 신당이었다. 운영자의 증조모가 처음으로 신당을 운영하였으며, 할아버지가 뒤를 이어 운영하면서 40～45년 전에 가네샤와 무루간 신상을 안치하였다. 그리고 35년 전에 아버지가 사원운영을 물려받았으며, 5년 전에 아버지가 사망함에 따라 아들인 현재의 운영자가 사원을 책임지고 있다. 할아버지 때 고속도로가 건설되면서 그 옆 자투리 공간에 사원을 옮겼다가 지금의 메가 몰 건물이 있는 공간으로 다시 이전을 하였다. 사원 건축에 필요한 기술자는 모두 인도에서 데리고 왔다. 사원에는 타밀 브라만 사제를 1명 고용하고 있으며, 운영자의 막내 동생이 보조사제로 일하고 있다. 앞으로 브라만 사제를 1명 더 채용할 올 예정이다. 사원은 형식상으로는 운영위원회가 관장하고 있지만, 운영위원 대부분이 친인척이어서 가족이 운영주체인 셈이다. 사원은 1989년에 등록을 마쳤다. 개인들이 소유하고 있는 땅에 있는 사원인 경우 특별하게 등록이 요구되지 않았지만 사원을 이전하기 위해서는 등록이 필요했기 때문이었다. 등록 당시 16

명을 위원으로 위촉하여 등록을 하였지만, 운영위원 대부분이 가족이며 4~5명 정도가 외부인이었다. 사제를 인도에서 데리고 오는 것은 인도출신 사제가 전문적인 지식이 더 많고 음송을 더 잘하기 때문이며, 브라만으로서 채식을 하고 또한 한곳에 정착해서 계약기간을 채워주기 때문이라고 한다. 이 사원에서도 동물희생제의를 했지만, 30년 전 무니쉬바란을 안치한 이후 동물 희생을 중단하고 지금은 순수한 채식 공양만을 하고 있다.[18)

사원의 양식을 전통적인 타밀 힌두사원 모습으로 건축하고 브라만 전문사제를 고용하여 모든 의례에 만트라와 음송을 하는 등 외양적인 변환시키고 있다. 뿐만 아니라 공양물에 있어서도 동물희생을 중단하고 채식 위주로 공양을 하고 있다. 이런 공양물의 전환을 두고 앞의 정보제공자는 다음과 같이 설명하고 있다. "신에게 공양을 할 때는 가장 소중하고 귀중한 음식을 바친다. 과거에는 채식이 아니라 고기가 가장 귀한 음식이었다. 하지만 시대가 바뀌니 사람들의 생각도 바뀌어 동물공양보다는 채식공양을 선호하고 있다. 또한 말레이시아 내 여러 힌두 단체에서도 사원에서 채식공양을 권장하고 있으며, 일반 신자들 중에서도 사원에서는 채식공양을 하는 것이 옳다고 믿는 사람이 늘고 있다." 그래서 가정에서는 순수하게 채식을 하는 사람이 드물지만, 사원에서는 채식공양을 선호하고 있다는 것이다.

이것은 다문화 사회에서 다른 종족집단과의 일상적인 접촉을 많아진 결과 일상생활에서의 채식 위주의 음식섭취를 고집할 수 없게 되었다는 점과도 관련이 있다. 반면 종교적인 영역에서는 다른 종교집단과의 변별성 혹은 힌두이즘 내부의 순수성을 강조하려는 목적으로

---

18) 위 사례는 1974년 말레이시아 전역에서 무니쉬바란을 주신으로 모시고 있는 사원의 대표들이 모인 회의에서, 무니쉬바란이 바로 쉬바의 화현이라는 데 의견을 모으고 무니쉬바란 사원에서는 동물희생과 알코올 봉양을 금한다고 결의한 내용(Lee와 Rajoo. 1987: 400)을 반영하고 있다고 생각된다.

산스크리트적 힌두이즘을 수용함으로써 힌두이즘을 종교적으로 쇄신하고 있다. 이런 현상은 말레이시아 내 여러 힌두 단체들의 지속적인 종교적 교육과 힌두 쇄신 운동과 맞닿아 있다.

한편 <사례-3>에 기술한 사원이 메가 몰이라는 현대식 쇼핑 몰과 호텔을 바로 앞에 있다는 점은 도시 공간 속의 힌두이즘의 특징을 상징적으로 보여준다. 즉 이 사원은 도시지역 중상류층을 겨냥한 쇼핑 몰이라는 물질적 소비 공간과 타밀의 전통적 양식으로 전환한 종교적 공간이 함께 하고 있다는 것은 도시지역 중산층과 힌두이즘의 아가마화가 결부된 현상이라는 것을 구체적으로 보여주고 있다.

도시지역에서 힌두이즘이 아가마적인 양식으로 전환하게 된 배경에는 여러 가지 요인이 작용하였지만,19) 특히 교육받은 도시거주 중산층 힌두들이 새로운 힌두 정체성의 창조를 주도하였다. 이들은 지역적 신념체계와 실천행위를 배격하고 보다 보편적이고 '높은' 수준의 힌두이즘을 모델로 삼았다. 이처럼 도시지역 중산층은 다종족 다종교 사회에서 힌두이즘을 새롭게 해석하는 '문화적 중개인'(cultural brokers)으로서의 역할을 담당하고 있다.

이런 현상은 말레이시아의 현대화 및 도시화와 더불어 힌두 여성들의 지위와 역할변화와도 관계가 있다. 여성들이 가내의례를 주도하고 2세들에게 가장 먼저 종교적 가르침을 베푸는 사람으로서 도시 속의 각종 종교적 의례에 적극적으로 참여하고 있다. 사원의 건립과 증축을 후원하는 행사를 조직하거나 단체에 가입하는 등 여성들은 디아스

---

19) 라주(Rajoo. 1983: 104)는 말레이시아의 힌두이즘이 아가마화로 전환된 배경으로 다음과 같은 네 가지 요인을 들고 있다. 첫째 다른 종족집단과의 접촉이 늘어남으로 인해 전통적인 힌두이즘을 재해석하고 다종족 사회에 적합한 새로운 힌두 정체성을 창조하려는 노력이 대두되었다. 둘째 종교의 세속화로 이끈 도시화 및 서구화가 문화접변의 압력으로 작용하였다. 셋째 말레이시아 독립 이후 기독교와 이슬람과 같이 공식적 종교로서의 교구화에 대한 필요성이 증가하였다. 넷째 2차 세계대전 이후 종교가 종족 정체성을 드러내는 새로운 역할을 떠맡게 되었다는 것이다.

포라 힌두이즘의 모양 혹은 문화적 재생산을 결정짓는 주요한 동인으로 활동하고 있다.[20] 다음은 한 암만 사원의 정기적인 푸자에 여성들이 주도적으로 의례를 진행하고 있음을 보여주는 사례이다.

〈사례-4〉 스리 나게쉬와리-암만(Sri Nageshvariamman) 사원

도심지에 위치한 이 사원은 1905년 정글 지역에 처음 건립되었다가 1975년 현재의 장소(Janlan Lengkok Apdullah)로 이전하였다. 사원을 옮길 당시 나게쉬와리 신상과 신상이 있던 장소의 나무를 함께 옮겨와 현재의 장소에 사원을 건립하였다. 신상은 가건물 안쪽에 별도로 안치되어 있으며, 나무는 가건물 옆쪽에 심어져 있고 나무 주위에는 수많은 천 조각이 매달려 있다. 나무의 앞과 뒤에는 나가 상이 안치되어 있다. 나무의 맞은 벽면을 따라 가네샤, 칼리, 나가, 마두라이 비란 및 무루간 상이 별도로 안치되어 있다. 주 건물 안에는 나게쉬와리-암만 상이 중앙에 있고 왼쪽에는 두루가 상이 오른 쪽에는 쉬바 상이 있다. 주 건물 바로 옆 쪽 입구이자 나무의 뒤쪽에는 아홉 행성신을 모신 신당이 마련되어 있다. 사원의 전문사제는 브라만 사제와 비 브라만 사제가 각 1명씩 있다. 브라만 사제의 할아버지는 스리랑카인이지만 할머니는 타밀인이었고, 아버지는 타밀나두 트리치(Tricchi)에서 사제로 일하다가 현재는 말레이시아에 함께 거주하고 있다. 조사 당시(2005.01.09) 두루가 푸자를 거행하고 있었는데 참석자 100 여 명 중 대부분이 여성이었으며 남성은 겨우 10여명에 불과했다. 여성들은 소녀에서 중년 부인 그리고 노인에 이르기까지 연령층이 다양한 반면, 남성들은 주로 소년이거나 청년이었으며 뒷자리에 서있거나 의례에

---

20) 예를 들어 셀랑오르(Selangor)에 있는 라마(Sri Ramar) 사원의 경우, 사원 소속의 자선단체의 대표가 여성이다. 그녀는 사원 운영위원 24명 중 1명이며, 사원의 전문사제를 물색하여 고용할 정도로 폭넓게 활동하고 있다. 이 사례는 사원의 운영과 자선사업 그리고 사제고용에 까지 참여할 정도로, 대외적인 영역에서도 여성의 역할이 늘어났음을 한눈에 보여주고 있다.

는 적극적으로 참여하지 않았다. 여성신자들은 주로 책을 보고 음송하였으며, 타밀어로 표기된 책자보다는 영어로 된 책자를 가지고 음송하는 신자들이 훨씬 많았다. 음송은 앞자리에 앉은 두 명의 여성 신도가 마이크로 선창을 하면 나머지 신자들은 따라서 하는 방식으로 진행되었다. 사원을 찾는 목적은 대개 혼인문제, 불임 그리고 불운한 삶을 풀기 위해서라고 한다. 사원 입구에는 사원을 열고 닫는 시각과 함께 세정식 그리고 푸자를 하는 시간표가 걸려 있다. 사원은 평일에는 6시에 문을 열고 오후 9시(평일), 9시 30분(화, 금요일), 10시(월)에 문을 닫는다. 세정식은 오전 6시15분에 시작하고 푸자는 오후 7시에 한다. 즉 하루 두 차례 공식적인 의례가 진행된다. 젊고 미혼인 사제는 여성 신도들과 스스럼없이 이야기를 나누기도 하며 집안의 제반 문제까지 상담해주기도 한다. 여성신도들은 푸자의 준비는 물론 각종 의례 물품과 장비를 챙기는 일을 앞장서 하고 있었다.

4. 암만 사원의 종교 복합적 성격

사원들마다 그 형태와 모시고 있는 신격의 이름 그리고 신격의 숫자 등이 상이한 것처럼, 운영위원회 구성원은 물론 운영방식 또한 운영자와 이용자들의 성격에 따라 다양한 형태로 나타나고 있다. 따라서 단순히 의례와 교의 및 가치가 제도화되어 있으며 주로 전문사제들이 모든 행사를 주도하는 '공식적'(official) 종교와 공식적 종교 영역 밖에서 일반인들에 의해 유지되고 있는 가치와 신념체계를 일컫는 '대중적'(popular) 종교라는 이분법(Vertovec. 2000: 2장)으로는 말레이시아의 힌두이즘 특히 암만 숭배를 이해하기가 어렵다.

힌두이즘 내의 분파를 넘나들고 카스트 위계상의 차이를 허물어버리는 현대화된 힌두이즘은 직접적인 헌신을 통해 신을 기원하자는 박티(bhakti)[21] 운동과 연관되어있다. 말레이시아에서 디아스포라 힌두이즘은 한편으로는 인도에서 종교전문가를 지속적으로 초빙하고 사원 역시 타밀나두의 전통적인 양식을 모방하면서 사원의 위상을 높이고, 다른 한편으로는 사원의례를 아가마적인 것으로 전환하면서도 지역적 수준의 신격이었던 암만을 초월적 신격으로 쇄신하고 있다.

　말레이시아 인도인, 특히 타밀인들의 암만 숭배를 통하여 소전통에서 대전통[22]으로의 전환이 발생하고 있음을 알 수 있다. 지역적 수준의 소 전통에 속하는 신격이었던 암만이 초월적 산스크리트적 신격인 여신 샥티로 변환하고 있을 뿐 아니라, 샤만적 혹은 비 브라만적 의례 행위가 전문사제에 의해 체계적이고 규범적인 의례행위로 바뀌고 있다. 즉 특정한 역병과 관련된 여신으로서의 암만이 비슈누와 쉬바를 능가하는 초월적 여신인 샥티로 그 위상과 명칭이 바뀌고 있다.

　앞의 <사례-1>에서 나타난 것처럼 암만 사원에 예수의 자신과 부처 상 그리고 사이바바의 사진이 함께 놓여 있어, 종교적으로 기독교, 불교 그리고 네오 힌두이즘이 함께 자리하고 있는 셈이다. 또한 이 사원의 사제가 사용하는 의자의 팔걸이와 등받이는 황금색으로 채색된 용 문양이 새겨져 있어, 중국풍 혹은 도교적 전통의 상징물이 힌두이즘에 속하는 종교적 공간에 혼재하고 있음을 보여준다. 뿐만 아니라 <사례-2>의 경우에는 도교적 전통에 속하는 다토 상이 힌두이즘의 영역 속에 자리를 잡고 힌두의 신격과 동등한 위치를 차지하고 있음을 볼 때 말레이시아의 문화적 혹은 종교적인 토대를 무시하고는 디

---

21) 박티 이념은 카스트와 계층이 아니라 개인주의를 강조함에 따라 민주주의와 평등주의적 가치들이 팽배하게 만들었다(Vertovec. 2000: 27).

22) 힌두이즘 중에서도 한정된 지역에서 비 브라만적 혹은 비 산스크리트적인 신격을 따르는 신념체계와 의례행위를 일컬어 '소전통'(little tradition)이라 한다. 소전통에 속하는 힌두이즘에서는 주로 하위의 신격 혹은 잠재적으로 위해를 가할 수 있는 신격 등을 숭배하고 있다. 반면에 힌두이즘에서 '대전통'(great tradition)은 대개 산스크리트적 텍스트에 의존하고 있는 신념체계와 의례적 행위들로써 인도전역에 걸쳐 브라만 사제들에 의해 집전되고 있는 종교적 행위를 말한다. 대전통이라 일컫는 힌두이즘은 상위의 신격 혹은 일반적으로 초월적인 신격들로서 지역과 종파를 넘어 숭배되고 있는 종교적 관념체계이다.

아스포라 힌두이즘을 설명하기가 곤란하다. 다른 종교적 전통과의 종교복합(syncretism)은 물론 소위 소 전통에 속하는 신격들과 대 전통에 속하는 신격들이 한 공간 안에서 존재하고 있다. 또한 암만 신격이 '마을 여신'에서 벗어나 모든 신들을 초월하는 신격으로 등장한다.

앞의 <사례-3>의 경우, 사원을 전통 타밀식 혹은 아가마적인 양식으로 건축하여 사원자체의 외양변화는 물론 타밀의 석공으로 하여금 모든 일을 관장하게 함으로써 사원 건축에서 권위를 높이고 있음을 보여준다. 그리고 신당형태에서 본존으로 안치했던 마리얌만 신상 대신에 여신 파르바티, 사라스와티 및 락쉬미를 합신한 초월적 신격인 무감비게이-암만을 주신으로 등장시키고 있다. 이전의 마리얌만을 새로운 신격으로 전환함으로써 사원의 아가마화를 정당화하고 브라만 전문사제를 고용함으로써 의례절차 역시 아가마적인 전통으로 쇄신하고 있다. 사원을 전체적으로 아가마화하고 있음에도 불구하고, 마리얌만, 나가, 마두라이 비란, 무니쉬바란과 같은 마을신격 혹은 소전통의 신격들과 칼리, 가네샤, 쉬바 등 대전통의 신격을 한 공간에 두고 있어 두 전통간의 종교 복합적 모습을 보여주고 있다. 또한 이곳에는 부처상과 동자상이 함께 있어 불교와 도교적 전통에 익숙한 중국인 신도들에게도 힌두이즘을 쉽게 수용할 수 있도록 하고 있다.[23]

〈사례-5〉 스리 카마치-암만(Sri Kamatchiamman) 사원

쿠알라룸푸르 시내 타만 말루리(Taman Maluri)에 있는 사원이다. 울타리를 경계로 바로 옆에는 비람마 칼리-암만(Viramma Kaliamman) 신당이 있다. 칼리-암만 신당은 2년 전에 건립되었다고 하며, 칼리-암만 신당 맞은편에는 다토 신당이 있다. 카마치-암만 사원 입구 앞마당에는 무니쉬바란을 모신 별도의 사원이 있고, 그 뒤에 있는 큰 나무 아래에 가네샤를 비롯한 여러 신들의 사진과 이미지들이 놓여있

---

23) 중국인 밀집지역에 있는 힌두 사원에는 중국인들이 많이 찾을 뿐 아니라 금전과 물질을 희사하기도 한다(Lee와 Rajoo. 1987: 398).

다. 카마치－암만 신전 왼쪽에는 가네쉬를 안치한 신당이 있고 오른쪽에는 무루간 신당이 있다. 주신상을 모신 신전의 뒤쪽 왼편에는 이쉬와리－암만(Ishvariamman)을 모신 감실이 있고, 뒤쪽 중앙벽에는 마하락쉬미－암만, 오른쪽 벽에는 사라스와티－암만 그리고 두르게이－암만을 모신 감실이 별도로 설치되어 있다. 주신상을 마주보는 중앙홀에는 난디상이 있고 그 바로 앞에는 조그만 가네샤 상이 별도로 설치되어 있다. 중앙홀 오른쪽 벽감 왼쪽에 찬드라세카르－우마이쉬와라(Chandrashekhar-Umaishvara) 상, 가운데에 카마치 상이 있고 오른쪽는 춤추는 쉬바상이 있다. 이 사원에서 카마치－암만은 비슈누, 쉬바 그리고 브라흐마의 모신(母神)이자, 이쉬와리, 락쉬미, 사라스와티, 그리고 두르가로 화현한 여신으로 표현되고 있다. 카마치－암만은 쉬바의 어머니이기에 여신의 탈 것은 난디이다. 사원의 역사는 100년 전으로 거슬러 올라간다고 하지만 정확한 연대는 모르고 있다. 당시 사원에는 무니쉬바라 신상, 망고나무, 삼지창, 쉬바 링감을 안치하고 있었으며, 동물희생 제의를 했다고 한다. 1965년 무렵에 현재 운영자의 작은 할아버지가 무니쉬바라 신을 모시고 있었는데, 꿈에 암만 사원을 건립하라는 계시를 받았다. 그래서 암만 사원을 건립한 다음 카마치－암만(이쉬와라 신상)을 주신으로 모시게 되었다. 카마치 신상(지금의 이쉬와리암만 상)은 1965년에 금세공 카스트(Patthar)가 기부하였다. 그래서 카마치를 주신으로 안치하고, 무니쉬바라 신상은 앞마당에 별도에 신당을 만들어 이전하였다. 1999년부터 사원 개보수 작업을 시작하고 있으며, 2001년 8월에 인도에서 현재의 카마치－암만 상을 들여왔다. 사원운영위원회는 16명이며 가족, 친인척 혹은 지역주민들로 구성되어 있다. 현재의 운영자는 1985년부터 대표직을 수행하고 있다. 사원은 1971년에 등록을 하였으며, 인도의 칸치푸람에 있는 카마치 사원과 긴밀한 관계를 맺고 있다. 이 사원은 카마치 상은 인도 칸치푸람에서 그곳 사원의 카마치 상과 꼭 같이 만들었다. 사원에는 산스크리트를 할 수 있는 브라만 사제가 의례를 주재한다. 모든 의례는 아가마적인 규정을 준수하고 있다. 사원의 운영자가 체티야르 카스트이며 사원에 이쉬바라 신상을 기부한 것은 금 세공자 카스트이지만, 사원 운영에 있어서 특정한 카스트가 관여하거나 주도하지는 않는다고 한다.

<사례-5>의 경우, 사원의 주신인 카마치-암만을 산스크리트적 힌두이즘에서의 삼신 즉 비슈누, 쉬바 그리고 브라흐마의 어머니 신으로 격상시키고 있다. 또한 이들의 배우자인 락쉬미, 두르가, 사라스와티를 카마치-암만의 화현으로 설정하고 있다. 즉 비슈누이즘과 쉬바이즘을 초월하여 카마치-암만이 이들 세 남신들의 어머니일 뿐만 아니라, 세 여신이 카마치-암만의 다른 모습에 불과하다는 종교적 변환과 혼성을 통하여 또 다른 형태의 힌두이즘을 생산하고 있다. 하지만 이 사원의 원래 모습은 무니쉬바란을 주신을 모신 신당이었다는 점과 그 후 이쉬와라-암만을 주신으로 바꾼 사원이었다는 점에서 볼 때, 시대에 따라 사원의 외양과신격의 위상이 점차 대전통의 힌두이즘으로 옮겨가고 있음을 상징적으로 보여준다. 또한 산스크리트를 사용하는 브라만 사제를 고용하고 인도의 사원에서 신상을 들여옴으로써 사원의 '전통성'을 확보하고 있다. 그럼에도 불구하고 같은 공간에다 이전의 무니쉬바란 신상을 별도의 신당에 안치하고, 이쉬와라 신상을 카마치-암만의 화현으로 전환시켜 중앙 신전의 감실에 배치함으로써 '과거'의 믿음체계를 이어가고 있다.

즉 한편으로는 사원의 외양과 신격 그리고 의례절차를 끊임없이 쇄신하면서도 다른 한편으로는 무니쉬바란과 이쉬와리-암만과 같은 '마을신격'을 보존함으로써, 소 전통과 대 전통 그리고 비슈누교와 쉬바교를 아우르고 있다. 이런 현상은 도시화와 함께 새로운 종교주도 세력으로 등장한 '중산층'과 결부된 힌두이즘의 디아스포라적 현상이

다. 말레이시아의 디아스포라 힌두이즘은 한편으로는 아가마화, 동물 희생 배격, 전문사제 고용 그리고 전통적 타밀 건축양식 도입과 같은 종교적 쇄신을 하면서도, 다른 한편에서는 기존의 마을여신 숭배하고 다른 종교적 전통의 수용함으로써 종교적으로 매우 유연한 입장을 보이고 있다.

디아스포라 힌두이즘을 종교적으로 쇄신하려는 노력의 일환으로, 타밀지역의 건축가와 석공을 초빙하여 사원을 타밀식으로 건축하고 아가마적 의례를 수행하기 위하여 타밀나두에서 훈련받은 사제(브라만 혹은 비 브라만)를 고용하고 있다. 그리고 말레이시아 태생의 인도인들을 타밀나두로 보내어 종교적·의례적 훈련을 받게 하거나 타밀나두에서 온 전문사제 아래서 보조자 역할을 하게 함으로써 '전통'을 흡수 모방하게 하고 있다. 이런 저런 요인들이 겹쳐 말레이시아 인도인 사회에서는 과거 마을 수준의 여신들이 산스크리트적 신격으로 변환되어 새로운 이름과 신화가 덧붙여지고 전문사제를 둔 보다 규모가 큰 사원에서 많은 사람들의 숭배의 대상이 되고 있다.[24]

〈사례-6〉 스리 마하 마리얌만(Sri Maha Mariyamman) 사원

쿠알라룸푸르 시내 차이나타운 안에 있는 스리 마하 마리얌만 사원은 인도인 디아스포라의 상징적인 사원으로 알려져 있다. 이 사원은 1873년에 가족사원으로 세운 신당을 모태로 하고 있다. 사원은 계속해서 최초설립자 가족이 운영하다가 일련의 법적 소송을 거쳐 현재는 사원위원회가 운영주체이다. 운영위원회는 직업 혹은 카스트로 구성된 12개의 우파얌(upayam) 대표자로 구성되어 있다. 운영위원회는 의

---

24) 이와 같은 노력은 쉬바이즘과 비슈누이즘을 아우르는 종교복합으로 나타났으며, 지역적 신격과 종교전통을 아가마화 혹은 산스크리트화 하여 대전통으로 포섭시켰다. 예를 들자면, 마리얌만, 칼리 및 무니쉬바란과 같은 전통적으로 비 아가마적인 신격들이 많은 사원에서 산스크리트적 혹은 전 인도적 초월적 신격으로 구체화되고 있다(Rajoo. 1983: 105).

장, 평의원, 간사, 재무 및 회계, 종신고문 등으로 구성되며, 임시회의 및 정기총회를 통해 안건을 심의·처리한다. 운영위원회 산하에는 산하 기관의 운영일반을 의결하는 위원회를 비롯하여 종교, 교육, 유지 및 보수, 화장 및 매장, 정보, 도서를 담당하는 분과위원회가 별도로 구성되어 있다. 현재 총 67명이 운영위원으로 참여하고 있으며, 운영위원회는 마리얌만 사원을 비롯하여 쿠알라룸푸르 시내의 스리 가네쉬(Sri Ganesar) 사원과 바투 동굴(Batu Cave) 사원 그리고 2개의 학교를 운영하고 있다. 마리얌만 사원에는 구루칼이라 불리는 세 명의 전문사제가 있다. 그리고 판다람이라 불리는 전문사제와 보조사제 2명이 있다. 이들은 구루칼을 보조하는 역할을 한다. 주신 샥티의 신상은 인도에서 전문가들이 조각한 것을 들여온 것이다. 신상의 안치의례는 매 12년마다 정교한 의식절차를 따라 거행한다. 처음에는 산스크리트로 만트라를 음송했지만 지금은 모든 의례를 타밀어로 진행하고 있다(신들은 어떤 언어든 똑같이 받아들인다고 설명하지만, 인구 구성상 절대 우위를 점하고 있는 타밀인 신도들 때문에 의례에 쓰이는 언어가 바뀌었다고 생각된다). 이 사원의 주신인 마리얌만은 샥티로 불린다. 샥티와 쉬바 사이에는 두 아들 가네샤와 무루간을 두었다. 그래서 주신 마리얌만들 모신 신당 왼쪽에는 가네샤를 모신 신당이 별도로 있고 오른쪽에는 무루간을 모신 신당이 있다. 중앙 홀의 오른 쪽에는 춤추는 쉬바 상과 배우자 스리, 가네샤와 무루간 그리고 그 앞에는 쉬바를 따르는 구루의 모습을 재현해 놓은 감실이 있고 그 옆에는 암만과 두 수호신격 무니안티와 무니쉬바란이 좌우에 배열해 있는 감실이 있다. 마리얌만 신당을 마주보는 중간 지점에는 사자상이 있고 황금철주가 설치되어 있다. 중앙 사원으로 들어가는 입구 오른쪽 벽면 안에는 아홉 행성신을 모신 공간이 있다. 회랑으로 이어진 오른쪽 벽면 끝에는 비슈누를 안치한 신당이 있다. 중앙 홀 뒤쪽에는 4층 건물을 신축 중에 있으며 결혼식 후 식당 겸 잔치 공간으로 쓰일 것이라고 한다. 중앙 사원 뒤 오른쪽 끝에는 어린아이의 질병을 관장하는 페차이-암만을 모신 신당이 있고, 그 옆 공간에다 두르게이-암만을 안치한 신당을 새로이 건립하였다. 중앙 홀을 중심으로 왼쪽 벽면에는 춤추는 쉬바상을 비롯하여 쉬바의 사진과 쉬바를 숭배한 전설상의 구루를 안치한 감실이 있다. 다음 벽면에다 아홉 여신의 초상화를 붙여 놓았다. 중앙 홀 건물 오른쪽 외벽에는 쉬바와 샥티가 무루간과 가네샤에게 누구든지 먼저 우주를 한 바퀴 돌고 오는 자에게 황금망고를 주겠다고 한 신화 속의 일화를 부조상으로 재현해 놓고 있다. 주 건물로 들어서는 입구는 도로와 접해 있으며, 입구에는 화려한 채색으로 장식된 신상들이 외벽을 장식하고 있는 타밀 형식의 전형적인 사원정문(gopuram)이 있다.

<사례-6>의 경우, 사원의 주신인 마리얌만은 쉬바의 배우자로서 그리고 가네샤와 무르간의 어머니로 등장한다. 또한 타밀전통의 마을 여신인 페차이-암만을 비롯하여 무니쉬바란, 무니안티의 신상과 비슈누를 모신 신상 그리고 쉬바를 숭배한 많은 구루들의 모습이 사원 벽면을 따라 안치되어 있다. 즉 남인도 전통의 '마을 여신'이었던 마리얌만이 산스크리트 전통의 쉬바의 배우자인 샥티로 변환되었으며, 사원 내 신상들은 쉬바교와 비슈누교가 복합된 모습으로 재현되어있다. 브라만 사제를 고용하여 매일 푸자를 올리고 일반신도를 위한 개인적인 의례는 물론 요일에 따라 특별의례를 주기적으로 행하고 있다. 스리 마하 마리얌만 사원은 대성당형 사원에 속하면서도 특정 직업집단 혹은 카스트로 구성된 사원위원회가 사원을 운영하고 있다. 따라서 아직까지도 카스트 간 알력과 위계의 차이로 인한 구성원들간의 불화가 여전히 남아있다. 또한 종교적인 기구인 사원운영위원회를 정치적인 자산으로 삼아 정치권으로 진입하거나 기성정치인들이 사원의 종교적 문제에 개입하는 등(Gurusamy. 1987/88: 80~82), 말레이

시아 인도인 디아스포라 내부에서 사원을 이용한 '종교의 정치화'가 나타나고 있다.

Ⅳ. 변화하는 디아스포라 힌두의 암만 사원

말레이시아 도시지역에 혼재하고 있는 수많은 힌두 사원들을 종교적 '풍경'(landscape)에서 바라보면 초국가적 종교시대와 맞물려 일견 힌두이즘이 지구화되어가는 새로운 과정처럼 보인다. 하지만 이런 종교적 부흥 혹은 쇄신은 말레이시아 디아스포라의 역사적·사회적 맥락 속에서 이루어진 것이다. 타밀지역에서 '마을 여신'으로서 영토성과 결부되어 있던 여신 암만은 말레이시아의 도시화, 희미해진 카스트 경계, 다인종 다문화 사회에서 인도인으로서의 정체성 자각운동, 남인도에서 발흥한 반 브라만 이데올로기의 영향 등으로 인하여 기존에는 특정한 카스트 혹은 마을의 보호와 평안에 관여하던 암만이 이제는 도시공간에서 급격한 사회적 변화 및 그 불확실성 때문에 고통받고 있는 사람들 모두가 안식을 구하는 여신으로 자리 잡고 있다.

이런 변환에는 말레이시아 정부에서 사원규제법을 제정하여, 일정한 규모를 갖춘 사원만을 등록하도록 한 것도 일정부분 영향을 끼쳤다고 할 수 있다. 하지만 도시지역 중산층의 종교적 포용성 및 여신을 일반 주택과 같은 사원에 수용할 수 있었던 점 또한 도시와 농촌 혹은 대전통과 소전통과 같은 범주를 뛰어넘어 암만의 정체성을 재 정의할 수 있게끔 한 중요한 요인으로 작용하였다. 이런 맥락 속에서 1970년대 후반부터 쿠알라룸푸르 시내의 암만 사원에서는 브라만 사제를 고용하고, 동물희생을 금지하며, 여신을 이전의 잔혹한 모습에서 탈피시켜 하층카스트들만이 여신이 아닌 대중적이며 보다 폭넓게 수용할 수 있는 신격으로 변환시켰다.

　다시 말하면 말레이시아의 인도인 디아스포라들은 말레이인 및 중국인이 주도하고 있는 말레이시아 사회의 문화적 에토스로부터 그들의 생활양식을 변별하기 위한 노력의 일환으로 힌두이즘의 전통적 가치에 관심을 집중시켰다고 할 수 있다. 이런 욕구는 도시지역에서 급격하게 변화하고 있는 경제적·사회적 상황으로부터 직접적으로 영향을 받고 있는 중산층들에게 두드러지게 나타난다. 디아스포라적 상황에서 힌두이즘에 대한 도시지역 중산층의 종교적 관심과 새로운 사원 건축 그리고 혼성된 신격의 창출은 모두 '전통'의 한 부분으로 설명되고 있다. 하지만 종교적 쇄신을 '전통화'로 설명한다고 해서 사원의 운영자나 신도들이 종교적 쇄신을 자각하지 못하고 있다는 말은 아니다.

　인도인 디아스포라의 이런 종교적 정체성에 대한 욕구와 어우러져, 이전에는 마을 전통과 결부되어 있던 암만을 사원을 이전하면서 혹은 예전의 장소에서 보다 상층의 신격으로 '재정주'시키고 있다. 뿐만 아니라 타밀식 전통 건축양식을 모방한 사원을 건립하고 의례적으로는 아가마적인 형식으로 전환하고 있다. 그리고 인도에서 사원 건축가를 초빙하여 사원을 건립하고 아가마적인 의례를 수행할 수 있는 전문사제를 고용하여 사원의 의례를 주재케 하고 있다. 사원양식과 의례절차의 아가마화를 통하여 암만 사원이 디아스포라 힌두이즘의 '성스러움'을 간직하고 있는 공간이라는 점을 드러내고 있다. 이런 의미에서 사원은 그 자체로서 힌두이즘을 담보하고 있는 하나의 '틀'로서 기능하고 있다고 할 수 있을 것이다. 하지만 다른 한편에서는 이전의 '마을 여신' 전통을 보존하고 있을 뿐만 아니라 타 종교적 전통까지도 수용하고 있다. 즉 암만 숭배에는 아가마화·대 전통화는 물론 힌두이즘의 종교 복합적 성격과 혼성적 특성이 함께 나타나고 있다.

　힌두이즘 특히 디아스포라 힌두이즘에서 도시지역 중산층은 사원을 종교생활의 중심지로 삼고 있을 뿐 아니라 종교부흥의 한 축을 형성하고 있다. 말레이시아의 사례에서 보았듯이, 도시의 사원건축과 대중적 행사를 주도하고 있는 집단은 과거 카스트체계로 얽혀 있던 신분사회에서 벗어나 도시공간 속에서 '자유로운' 중산층으로 탈바꿈한 사람들이다. 도시는 사회적으로 탈맥락화의 장소이자 그 원인을 제공하는 공간으로 인식되고 있다. 도시 지역의 사원 역시 과거의 '주술적' 방식으로 묶여 있던 형식을 탈피하여 종교적으로 새로운 형태를 수용하거나 변환시키고 있다. 이처럼 중산층을 중심으로 도시공간에서 새로운 '장소'를 만들어가고 있는 디아스포라 힌두이즘에 대한 연구가 여러 현지에서 함께 이루어진다면, 탈영토화된 초국가 시대의 디아스포라에 대한 이해와 전망의 폭이 보다 넓어질 수 있을 것이다.

참 고 문 헌

소병국. 1998. "말레이시아 현대사". 소병국 외.『말레이시아』. 한국외국어대학교 출판부.

아파두라이 아르준. 2004.『고삐 풀린 현대성』. 차원현 · 채호석 · 배개화 옮김. 서울: 현실문화연구

앤더슨 베네딕트. 2002.『상상의 공동체』. 윤형숙 역. 서울: 나남출판.

오명석. 2005. "말레이 중산층과 개혁운동".『비교문화연구』11(1): 187~224.

윤인진. 2004.『코리안 디아스포라』. 서울: 고려대학교 출판부.

이경찬. 1998. "말레이시아 정치 · 외교와 국제관계". 소병국 외.『말레이시아』. 한국외국어대학교 출판부.

홍석준. 2003. "말레이시아에서의 영국 식민주의와 말레이 민족주의. 그리고 이슬람". 전남대 종교문화연구소.『종교와 문화 연구』제5호: 73~100.

Arasaratnam, Sinnappah. 1970. *Indians in Malaysia and Singapore*. London: Oxford University Press.

Aveling, Marian. 1978. "Ritual Change in the Hindu Temple of Penang". *Contributions to Indian Sociology* (n.s.)12(2): 173 — 193.

Dumont, Louis. 1970. *Religion/Politics and History in India*. Paris/The Hague: Mouton Publishers.

Fuller, C. J. 1991. *Servants of the Goddess*. Delhi: Oxford University Press.

Fuller, C. J. 1992. *The Camphor Flame*. Princeton: Princeton University Press.

Fuller, C. J. 2001. "Orality. Literacy and Memorization: Priestly Education in Contemporary South India". *Modern Asian Studies* 35(1): 1 — 31.

Gurusamy, Kalaiyarasi. 1987/88. *Hinduism: The History of Sri Maha Mariyamman Kovil Devastanam*. Dept. of Anthropology & Sociology. University of Malaya. Kuala Lumpur.

Jain, R. K. 1970. *South Indians on the Plantation Frontier in Malaya*. Kuala Lumpur: University of Malaya Press.

Jain, R. K. 2003. "Culture and Economy: Tamils on the Plantation Frontier in

Malaysia Revisited". 1998~1999. B. Prakesh, G. Sing & S. Vertovec(eds.). *Culture and Economy in the Indian Diaspora*. London and New York: Routledge.

Jain, R. K. 2004. "Race Relations, Ethnicity, Class and Culture: A Comparison of Indians in Trinidad and Malaysia". N. Jayaram(ed.). *The Indian Diaspora: Dynamics of Migration*. New Delhi: Sage Publication.

Lee, Raymond L. M. & R. Rajoo. 1987. "Sanskritization and Indian Ethnicity in Malaysia". *Modern Asian Studies* 21(2): 389－415.

Lee, Raymond L. M. 1982. "Sai Baba. Salvation and Syncretism: Religious Change in a Hindu Movement in Urban Malaysia". *Contributions to Indian Sociology*(n.s.) 16(1): 125－140.

Padian, Jacob. 1983. "The Sacred Symbol of the Mother Goddess in a Tamil Village: A Parochial Model of Hinduism". G. R. Gupta(ed.). *Religion in Modern India*. New Delhi: Vikas Publications.

Rajoo, R. 1982. "Indians in Peninsular Malaysia: Communalism and Factionalism". J. J. Bahadur Singh(ed.). *Indians in Southeast Asia*.

Rajoo, R. 1983. "Ethnicity and Religion among Urban Hindus in Peninsular Malaysia". *Jurnal Pengajian India* 1: 99－108.

Rajoo, R. 1992. "Urbanism and Hinduism in Malaysia". *Second Malaysia- Singapore Forum*. KL: Universiti Malaya.

Ramanathan, K. 2001. "The Hindu Diaspora in Malaysia". T. S. Rukmani(ed.). *Hindu Diaspora: Global Perspectives*. New Delhi: Munshiram Manoharlal Publishers.

Ramasamy, Rajakrishnan. 1978/79. "Caste among the Tamils in a Plantation Community". *Tamil Oli* 12: 93－99.

Tan Chee Beng. 1990. "Chinese Religion and Local Chinese Communities in Malaysia". *Contributions to Southeast Asian Ethnography* 9: 5－27.

Vertovec, Steven. 2000. *The Hindu Diaspora*. London and New York: Routledge.

Waghorne, Joanne Punzo. 2004. *Diaspora of the Gods*. New York: Oxford University Press.

Whitehead, Henry. 1983(1921). *The Village Gods of South India*. New Delhi: Asian Educational Service.

Wiebe, Paul D. & S. Mariappen. 1979. *Indian Malaysians: The View from the Plantation*. Durhan: Carolina Academic Press.

제2부
피지의 인도인 디아스포라

계약노동자와 승객 인도인

인도인의 초기 해외이주 흐름을 파악하는 데 있어 중요한 키워드 가운데 하나는 계약노동제이다. 계약 노동제는 인도의 노동자들을 아프리카와 카리브 해 연안 지역의 여러 지역의 노동력으로 사용하기 위하여 도입한 제도로서, 특정한 노동과 임금에 대해 5년 간 일종의 노동계약을 맺고 그 후에는 본인의 의사에 따라 한 차례 연장이 가능하거나 다른 작업장과의 계약을 선택할 수 있게 한 제도이다. 이 제도는 1834년 모리셔스로 보내는 이주민들에 대한 계약을 필두로 하여 가이아나(1838), 트리니다드 토바고(1845), 남아프리카 공화국(1860), 수리남(1873), 피지(1878) 등과 계약을 맺어 시행하였다. 식민정부는 인도의 캘커타와 마드라스에 현지 사무소를 두어 노동력 송출 업무를 담당케 하였다. 그러나 이 제도는 지불 임금이나 노동 조건 등의 관점으로 볼 때 단기 노예제와 하등에 다를 바 없었기 때문에 많은 비판이 뒤따르는 등 부작용으로 인해 1917년 이후로 폐지되었다.

한편 계약 노동자과는 달리 개별적으로 경제적 활동을 목적으로 이주한 인도인들도 있었는데, 주로 구자라트 등 인도 북부 출신 상인들이었다. 이들은 자기 자본을 갖고 들어 온 계층으로 여행 경비를 스스로 부담했기 때문에 계약 노동자들과 동일한 대우를 받는 것을 피하려고 스스로 '승객 인도인'(Passenger Indians)이라고 주장했다. 이들은 스스로 계약 노동자들과의 신분 차이를 강조하기 위해 폐쇄적이고 배타적인 집단 정체성을 형성하였다.

피지로 이주해온 인도인 디아스포라의 역사도 이러한 이주양상에 따라 두 가지의 하위 공동체의 형성을 발견할 수 있다. 첫째는 계약 노동자의 후손들이고 둘째는 자유로운 구자라티 등 상인들의 후손집단들이다.

피지에서는 1881년, 호주인 소유로 설탕 정제 회사가 설립된 이후, 영국 식민 정부의 정책으로 급속도로 설탕산업이 성장했다. 이후 설탕산업에 노동력 수요가 늘어나면서 인도정부와의 조정을 통해서 계약노동자 신분의 인도인 노동자가 피지로 이주하게 되었다. 1879년부터 시작된 피지로의 인도인 이주는 479명의 계약노동자들의 도착을 필두로 1916년까지 30여 년 간 지속되었다. 특히 1903년 이후로는 마드라스에서 계약노동자를 충원했기 때문에 남부인도인이 주로 이주했다. 피지 섬에 도착한 인도인은 남성, 여성 그리고 아이들을 모두 합해 1916년까지 60,639명이었다. 이들 중 약 40%는 계약이 끝난 후 인도로 돌아갔고 60% 가량은 피지에 남아 정착하였다.

1900년 이후, 계약 노동자들과는 달리 경비를 자신이 부담했던 펀잡과 구자라트 출신의 자유이민자들은 기술공과 무역업자들이 대부분이었다. 이들은 처음에는 남성들만 단신으로 건너와 정착한 이후, 점차 연쇄이주형태로 가족과 친지들을 본국으로부터 데리고 왔다. 일단 사업을 시작하면 그들은 인도로 돌아가 파트너나 보조자로서 남성 친지들을 모집했다. 새로운 보조자들은 일정기간 수련한 후에 돈을 모아서 사업을 시작했고 또 다른 친지들을 불러모았다. 이처럼 가족과 친지들까지 연쇄이주를 함에 따라 구자라트 공동체는 그들 특유의 문화적 전통을 유지시켰고 결과적으로 피지에서의 다른 인도인 공동체들과 섞이지 않았다. 또한 구자라티들은 초기에는 인도에서부터 전통적으로 담당해온 전문 상업 분야를 장소만 바꾸어 피지에서 운영했었지만, 점차 시간이 흐르고 성공을 거듭함에 따라 비전통적인 영역으로까지 사업을 확대시켰으며 결국 피지경제에서 강력한 세력으로 떠올랐다. 따라서 구자라티 공동체는 피지에서 경제적, 사회적으로 상위 계층으로 인식된다. 이처럼 계약 노동자로 이주한 인도인들과는 다른 환경 속에서 구자라티들은 카스트에 기반한 그들만의 족내혼, 음식규정의 제한, 혼인 유형 등과 같은 행동적 기준 등을 통해 그들 내부 집단의 통합력을 강화시켰지만 동시에 보다 폭 넓은 인도 피지인 공동체로부터 그들을 분리시켰다. 요컨대 구자라티 공동체는 계약 노동자의 이주역사와는 다른데 그들은 자유롭게 비 노동 이주자였으며 가족을 구성, 유지할 수 있었으며 카스트에 기반한 연쇄이주를 이루었기 때문에 비교적 내부 통합력을 유지할 수 있었다.

피지사회의 뜨거운 감자

이들이 이주해온 피지 사회는 전통적으로 친족을 기본 단위로 토지를 공동으로 소유하고 있었다. 사회조직 또한 친족관계에 기초해 있었으며, 사회적 재생산의 토대가 토지와 친족관계에 있었기 때문에 피지인들에게는 혈연과 땅이 가장 중요한 생존의 기반이었다. 백인들의 자본 유입과 어디에서나 식민지 현지의 사회 구조를 최대한 이용하는 영국의 통치방식은 피지의 전통적인 사회경제적 구조가 유지되는 데 결과적으로 긍정적으로 작용했다. 영국의 식민지 통치는 추장의 전통적 권위를 식민지 지배에 동원하면서 영국 여왕을 최상의 권력으로 하는 식민지적 위계구조를 피지에 형성하였다. 또한 영국은 유럽계 백인 농장주와 자국 자본의 이해관계를 보장하기 위해 사탕수수 플랜테이션 경영에 필요한 인도인 계약노동자들을 대규모로 이주시켜 자본제적 경영에 필요한 노동력으로 이용하였다. 여기에 원주민 보호주의와 식민지적 온정주의라는 미명하에 피지의 토지를 원주민들이 소유하도록 하는 법적 장치를 마련하였다. 이와 같은 식민지적 토지소유제도 하에서 원주민 토지의 임대와 개발을 위해 원주민 토지 신탁청이 만들어졌고 원주민 토지 신탁청은 원주민들의 토지를 외부인들에게 임대하여 주고 토지 임대수입을 식민지정부, 추장 및 위계적 집단 구성원들이 분배하여 갖게 함으로써 위계적 사회구조를 더욱 강화하는데 기여하였다(이태주. 1998: 113). 하지만 토지소유제도가 긍정적인 결과만을 야기한 것은 물론 아니다. 이 제도는 피지인에 의한 토지의 매매와 개발을 통제함으로써 토지를 이용한 생산력발전과 농업의 상업화의 기로를 저지하였으며, 또한 임대수입의 위계적 배분에 따른 신분적 갈등(특히 추장과 평민)을 초래하였다.

뿐만 아니라 토지소유제도는 토지 소유자인 원주민 친족집단, 개발자인 식민지 정부와 인도, 유럽인 및 외지인을 분리시킴으로써 경제관계를 이원화하였다. 즉, 영국의 간접 통치는 원주민 사무부에 의해 원주민들을 통치하는 행정체계와 인도인과 유럽인들을 관리하는 행정체계를 분리하여 이원화시켰으며, 그 결과는 피지인들은 토지를 소유하고 인도인들은 이를 개발하는 자로 양분되었다. 이와 같은 원주민의 토지에 대한 배타적 공동소유권이 인도인들을 외지인으로 구조적으로 차별케 하고, 반대로 피지인들은 인도인들의 자본제적 시장경제에 기생하는 주변인이 되게 하였다.

토지 및 경제권을 둘러싼 사회경제적 갈등은 1987년, 2000년의 쿠데타를 통해 정치적인 갈등으로 폭발하였다. 정치적 갈등의 주요한 쟁점은 언제나 토지에 관련된 것이었고, 이는 인도인과 피지인의 종족간의 갈등 뿐 아니라 피지인 내부의 갈등도 내포하고 있었다. 피지인 내부에서도 토지 임대료 수입의 불평등한 위계적 배분구조 때문에 계속해서 문제가 발생했고, 인도인들은 배타적인 토지소유제도에 대한 불만을 수시로 피력했다.

경제적으로는 피지 인도인들이 성공했다고 볼 수 있지만, 정치적으로는 전혀 그렇지가 않다. 피지가 영국으로부터 독립한 이후, 집권 세력은 피지인이 주도하는 동맹당이었다. 그러다가 1987년 총선에서는 피지인과 인도인들의 연합세력인 연맹당이 승리하였다. 인도인들의 정치적 부상에 부담을 느낀 피지인들 사이에서는 1987년에 따우께이즘이라는 피지민족주의가 일어났다. 급기야 피지 민족주의를 등에 업고 쿠데타가 일어나면서 공식적으로 인도인들의 정치참여와 경제활동에 제한이 가해지기 시작했고, 비공식적으로 인도인에 대한 테러와 절도, 방화가 감행되었다. 1999년에는 노동당의 최초 인도인 수상인 쵸드리(Chaudhry)가 내각을 구성하였지만 2000년에 일어난 쿠데타로 인도계 정권은 전복되었다.

재이주의 물결

결국, 인도인들은 정치권력의 획득을 통해 피지의 토지소유제도에 대한 개혁을 시도하였으나 피지인의 쿠데타로 좌절하게 된 것이었다. 그러자 많은 인도인들은 환태평양 일대의 국가인 미국, 캐나다, 뉴질랜드, 호주로 재이주를 택하기도 했다. 피지 인도인들의 국제 이주는 그들이 처해있는 정치적, 경제적 불안정이라는 구조적 환경에서 기인한 것이었다. 다른 국가로 재이주한 인도인 디아스포라들은 "피지는 나의 고향이다. 인도에는 나를 위해 아무 것도 남아 있지 않다"라고 말한다. 이는 피지 출신 인도인들이 자신들의 모국은 인도가 아닌 피지로 여전히 생각하고 있음을 보여주는 것이다.

다시 새로운 국가 환경에서 적응하고 살아야만 하는 인도인 디아스포라에게 있어서 시민권, 국민, 국가가 일치하는 국민국가의 이념은 더 이상 통용되지 않는다. 그들에게 시민권이란 한 영토와 주권에 충성을 다해야 하는 의무와 연관된 것이 아니라 생존과 번영을 위한 타협과 경합의 문제일 뿐이다.

조 정 규*

I. 서 론

　피지의 인구는 840,201명(2004년 말 추정)으로 피지 원주민은 456,207명
(54.3%), 인도인 320,659명(38.2%) 기타 63,335명(7.5%)(www.ststsfiji.fiji.gov.fj)
으로 이루어져 있다. 하지만 1986년 센서스에서 인도인은 전체인구의
48.7%로 피지 원주민의 46.0%보다 더 많은 비율을 차지하였고, 1966
년 센서스에서는 인도인이 50.5%를 차지한 적이 있을 정도로 피지에
서 인도인의 비중은 아주 높다. 근래 들어 인도인 인구가 감소한 것은
1987년과 2000년의 두 차례에 걸친 피지 원주민 중심의 쿠데타와 인

---

* 전남대학교 인류학과 전임연구원.

도인의 급격한 사회·경제적 요인의 변화 때문이다.

피지에 인도인이 정착하게 된 배경은 1874년 영국 제국주의세력이 피지 원주민 사회를 근대 상업과 산업으로부터 보호한다는 이유로 사탕수수 플랜테이션에 필요한 노동력을 멀리 인도로부터 데려 온 것으로부터 시작되었다. 1879년 490명의 인도인 계약노동자가 피지에 첫발을 내딛은 후 1916년 폐지될 때까지 약 6만 6백 40명의 인도인이 피지에 들어왔다. 인도 현지의 노동력 구인 사업체에 의한 5년을 계약조건으로 피지에 온 인도인 계약노동자들은 거의 노예 같은 생활을 하였다. 계약기간 만료 후에 노동력을 유지하고자 하는 유럽인 농장주의 강한 회유와 당시 열악했던 인도의 경제현실 때문에 24,655명이 계약 기한만료로 본국으로 돌아갔고(Mayer. 1953: 1), 나머지 약 60%의 인도인은 피지에 남아 정착하게 되면서 이들의 피지에서의 삶은 시작되었다(Gillion. 1962).

피지의 자연환경은 두 개의 아주 다른 기후대를 포함한다. 탁월풍(prevailing wind)은 남부와 동부에서 일어나고, 섬들의 바람받이 쪽은 1년 내내 강우량이 거의 비슷하다. 그렇지만, 서부와 북부는 종종 북쪽에서 불어오는 바람들이 몬순 같은 종류의 비가 원인이 될 때 더운 계절(12~3월)에만 비가 내린다. 피지에서 일시적인 여행자는 가장 현저하게 이러한 차이를 발견할 것이다. 양 지역에 대한 기온은 '건조지대'에서 겨울과 여름에 더 차이가 있지만, 일 년 내내 약 25℃로 평균해서 비슷하다. 그러나 수도인 동부 수바(Suva)의 강우량은 서부 도시 라우토카(Lautoka)의 거의 두 배이다. 사탕수수는 잦은 잡초제거와 양호한 배수 체계를 요구하므로 습윤한 조건에서는 잘 자라지 못한다. 초기의 재식농업은 습윤 지대에서 행해졌지만, 대부분의 사탕수수는 양 섬의 서쪽에서 성장하였다. 비티 레부(Viti Levu 남섬) 섬의 동남부에 있는 수바와 나부아(Navua) 주위에 살고 있는 인도인들은 차차로 벼나 다른 적합한 대안 작물로 전환해왔다(Mayer. 1961: 13~14).

이 글에서는 계약노동자로 피지로 건너온 인도인들이 초기에 어디에 정착하게 되었으며, 정착 이후 이들의 이주 경로를 파악하고, 피지 내 인도인의 이주를 발생케 한 원인을 규명하여, 이를 시계열적 및 공간적으로 파악하고자 한다. 필자는 인도인의 피지로의 이주과정 즉 계약노동제의 노동자로 이주하게 된 배경과 피지 내에서 지역 간 이동 및 해외로의 이주를 파악하기 위하여 우선 피지에서 기존에 발행된 서적, 논문, 통계자료를 1차적으로 조사를 하였다. 그 다음 현지조사를 통하여 문헌조사를 통해 파악한 현지의 사실을 확인하고 실제로 그러한 이주가 나타나게 된 지역의 상황을 인식하였고, 인도인과의 면담을 통하여 문헌자료나 통계자료에서 얻을 수 없는 생생한 이주의 과정을 파악할 수 있었다.

연구지역인 피지는 비티 레부와 바누아 레부(Vanua Levu 북섬)의 두 큰 섬과 기타 여러 개의 섬으로 이루어진 섬나라이다. 그림 1의 지도는 현재의 행정구역을 중심으로 표시하였다. 이 행정구역은 1970년 독립 이후의 행정구역으로 피지의 센서스가 시작되었던 1911년 행정구역과는 상당한 차이를 보이고 있다. 1911년에는 센서스 지역이 인구가 밀집된 도시와 광역의 주를 동시에 포함되고 있고, 1921년 센서스지역도 다르게 나타나고 있다. 각 센서스마다 행정구역을 포함한 지도를 작성할 수 없어 각 지역을 비티 레부와 바누아 레부의 양 섬을 기후대에 따라 동쪽과 서쪽으로 나누어서 설명하고 있다.

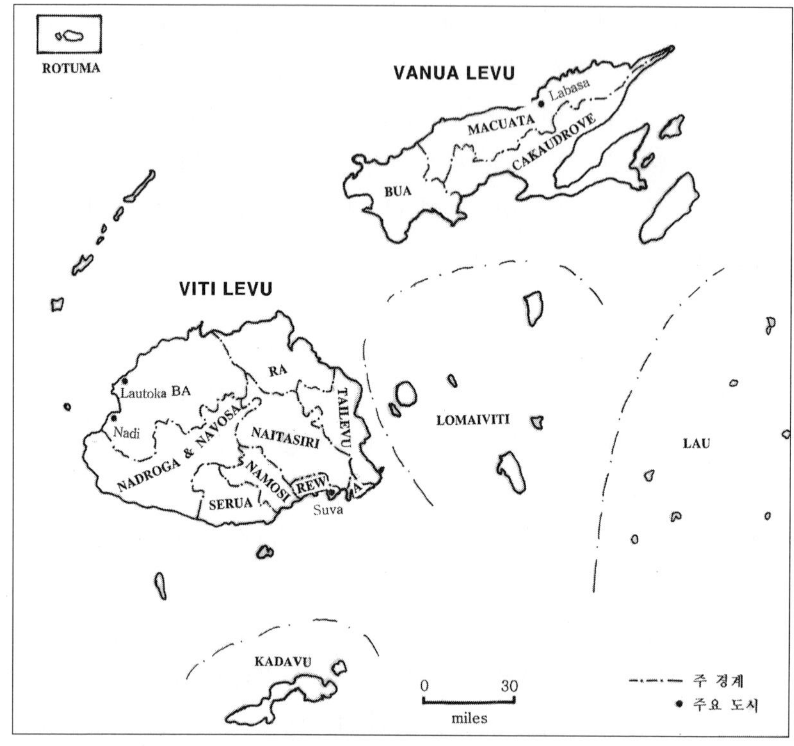

〈그림 1〉 연구지역 : 피지(1970년 독립이후 행정구역)

Ⅱ. 인도인의 피지 정착과정

피지에 정착한 유럽인들은 1860년대에 뛰어난 재배조건에 끌려 경작자로 정착하기 시작했다. 면화는 가장 좋은 수익을 제공했고 레와(Rewa)에서 주로 재배되었다. 자신들의 토지를 개발하기 위해 필요한 자금을 대출받느라 토지를 저당 잡혔던 경작자들은 1870년에 면화 시장이 붕괴되었을 때 곤경에 처했다. 그들은 생활비 뿐 아니라 융자금을 갚아나갈 수 있을 만큼 충분한 수입을 창출하는 다른 농작물들을 찾아야만 했다. 먼저 사탕수수가 가장 좋은 기대를 제공할 것으로 생각되었다(Dyer & Hodge. 1988: 16). 바누아 레부에 풍부한 충적토가 있는 레와(Rewa) 계곡에서 몇몇 농장주에 의해 사탕수수 재배가 시험적으로 실행되었다(Donnelly & Quanchi & Kerr. 1994: 47). 그리고 이들의 노력은 어느 정도 성공을 거두어 주된 재배 농작물이 면화에서 사탕수수로 전환이 이루어졌으나, 사탕수수는 많은 노동력이 필요하므로 노동력 부족이라는 새로운 문제가 대두되었다.

1874년 피지를 식민지로 만든 후 아더 고든 총독이 직면하게 된 문제 중의 하나가 피지가 빚을 지지 않고 살기 위하여 피지 경제를 발전시킬 수 있는 방법을 찾는 것이었다. 그 답은 곡물, 특히 면화, 코프라와 사탕수수의 개발이었다. 그렇지만, 모두 많은 노동력이 요구되는 플랜테이션 곡물이었다. 이때까지, 태평양 노동자들의 수입은 통제의 결과로 감소하고 있었고 고든은 피지 원주민의 노동을 이용하는 것을 반대했다. 피지 원주민의 노동력을 이용하는 것은 피지 원주민의 마을 생활을 깨뜨리고 그들의 모든 공동생활을 훼손할 것이라고 고든은 생각했기 때문이다. 고든의 해결책은 1838년 트리니다드와 모리셔스에서처럼 인도인 계약노동자를 고용하는 것이었다. 물론 이것은 피지의 미래를 크게 변화시키게 되는 계기가 되었다(Donnelly & Quanchi & Kerr. 1994: 48).

노동자 파견 협정은 1878년에 5년의 기간 동안 피지로 데려갈 노동자에 대해 인도 총독부와 맺었다. 노동조건은 형편없었지만, 5년 후에 인도로 귀환할 것인지 피지에서 더 일할 것인지를 선택하는 것은 자유로웠다. 만약 인도인들이 계약기간 만료 후 다시 한 번 5년 동안 피지에 머물기를 택한다면 그들의 귀환 비용 뿐 만 아니라 자녀의 귀환 비용까지 피지 총독부가 지불해주기로 했다(Donnelly & Quanchi & Kerr. 1994: 49).

이 협정을 통하여 1879년에서 1916년까지 약 6만 6백 40명의 인도인이 계약노동자로 피지로 이주하였다. 인도인들은 아주 다양한 이유로 피지에 도착했다. 비록 일부는 가족 간의 불화 등을 언급하기도 했지만, 사실 그들에게 피지 행은 가난을 벗어나 새로운 출발을 할 수 있는 가장 큰 기회였다. 특히 바다를 가로지르는 여행은 많은 인도인에 대한 카스트 구성원 자격의 상실을 의미했다(Donnelly & Quanchi & Kerr. 1994: 49). 1879년에 490명이 최초로 피지로 이주한 이래 피지 내 인도인의 수는 1881년 588명, 1891년 7,468명, 1901년 17,105명, 1911년 40,286명이었으며, 계약노동제가 사실상 종료된 1921년에 60,634명이 되었다(<표 1>).

<표 1> 인도인 이주 초기의 피지 원주민수 변화

	1881	1891	1901	1911	1921
인도인	588	7,468	17,105	40,286	60,634
피지 원주민	114,748	105,800	94,397	87,096	84,475
폴리네시아인	6,100	2,267	1,950	2,758	1,564
유럽인 및 백인	2,671	2,036	2,459	3,707	3,878
혼혈인	771	1,076	1,516	2,401	2,781
로투만인	2,452	2,219	2,230	2,176	2,235
중국인	-	-	-	305	910
기타	156	314	467	812	789
피지전체인구	127,486	121,180	120,124	139,541	157,266

출처: 1921 FIJI CENSUS, LEGISLATIVE COUNCIL, FIJI.

<표 1>에서 피지의 총인구는 1881년 127,486명에서 1901년에 120,124명으로 7,362명이 감소하였으나 인도인은 588명에서 17,105명으로 증가하였다. 1901년에서 1911년 사이에는 피지총인구가 19,417명이 증가하였으나, 인도인은 피지총인구의 증가보다 훨씬 많은 23,181명이 증가하였고, 1911년에서 1921년 사이에도 피지총인구는 17,725명이 증가하였으나, 인도인은 20,348명이 증가하였다. 이는 피지 원주민구조사가 시작된 1881년 이래 피지에서 피지원주민의 인구는 계속

해서 감소한 반면에 인도인은 계약노동제와 더불어 자유민에 의한 이주로 인구수가 증가하였다는 것을 보여주고 있다.

<그림 2>는 1884년 피지에 정착한 인도인의 정착지를 표시한 지도이다. 지도에서 보는 바와 같이 피지 이주 초기에는 피지의 사탕수수 재배가 비티 레부 섬 동부의 습윤한 지역에서 행해졌기 때문에 초기 이주한 인도인들은 충적지가 발달한 레와 강 계곡을 중심으로, 그리고 사탕수수가 재배되고 있는 동부의 섬을 중심으로 정착하기 시작하였다. 이러한 거주지역의 분포는 비티 레부와 바누아 레부 양 섬의 서부지역이 동부지역보다 사탕수수 수확량이 높다는 사실이 확인 된 이후에 거주지의 분포는 변화하기 시작하였다.

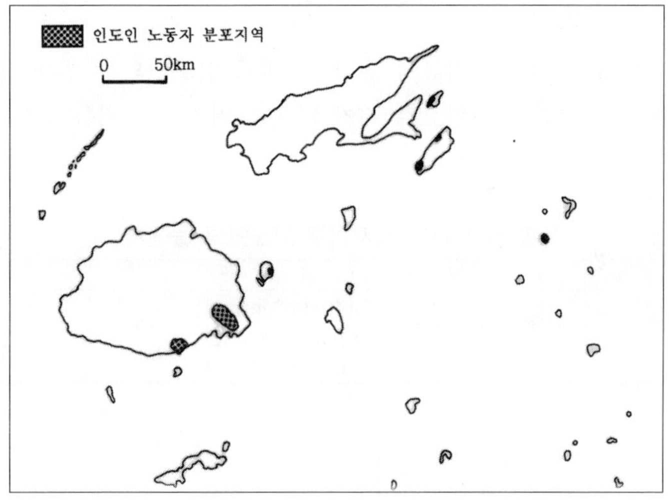

〈그림 2〉 계약노동 인도인 노동자 분포(1884년)

출처: Donnelly & Quanchi & Kerr, 1994, 49. 필자 재작성.

1911년 피지 거주 인도인 40,286명의 출생지 기록을 살펴보면 인도출생 인도인은 29,038명으로 아시아 지역 출생자 중 99.9%, 전체의 72%를 차지하고 있다(<표 2>). 인도 중에서도 연합 주(United Provinces) 출신이 약 65%, 마드라스 관구 약 15%, 벵갈 관구 약 9%로 이 세 지역 출신이 인도제국 전체의 약 90%를 차지하고 있다. 계약 노동자의 이출이 나타난 지역은 연합 주는 인도의 북부 즉 갠지스 강 상류 지역, 벵갈 관구는 갠지스 강 하류 그리고 마드라스 관구는 남동부 해안지역으로 지리적으로 갠지스 강을 중심으로 피지로의 이주가 나타난 것으로 보여주고 있다. 1911년 당시 기간만기의 이주자 및 농장 비 거주 인도인은 남자 16,000명과 여자 9,976명 총 25,976명이고, 농장거주 계약노동 이주자는 남자 10,073명과 여자 4,237명 총 14,310명으로 나타나 계약 노동 이주자의 비중은 35.5%로 나타났다. 1911년에 자유 정착민의 비중이 64.5%에 이르렀음을 알 수 있으며, 이들은 자유의사에 의해 거주지를 선택할 수 있는 권리를 가지고 있어 자신의 거주 목적에 따라 거주지를 선택하였다.

　한편 1911년 센서스 자료에 행정구역별로 인도인의 분포가 나타나 있어 필자는 그것을 바탕으로 피지 내 인도인의 거주지를 확인할 수 있다.

<표 2> 1911년 피지거주 인도인의 출생지

출생지역	인 도							
	벵갈 관구	봄베이 관구	마드라스 관구	United Provinces	Central Provinces	Central India	편잡	기타 인도
인구수	2,641	153	4,564	18,965	494	259	809	916
출생지역	피지	실론	기타 아시아	아메리카	아프리카	오스트랄라시아	항해 중	합계
인구수	11,069	3	22	92	34	5	23	40,286

출처: 1911 FIJI CENSUS, LEGISLATIVE COUNCIL, FIJI.

　<표 3>은 1911년 피지 행정구역내에 인도인의 분포를 보여주고 있다. 인도인이 1,000명 이상 거주하는 지역은, 크게 동부와 서부 두 지역으로 구분된다. 인도인들이 주로 거주하는 레와, 수바와 나부아

는 비티 레부의 동남부에 있고, 라우토카, 바(Ba), 난디(Nadi), 나드로가 · 콜로 웨스트(Nadroga & Colo West), 라(Ra)와 콜로 노쓰(Colo North)는 서부에, 마쿠아타(Macuata)는 바누아 레부의 서부에 있다. 이처럼 인도인들은 양 섬의 동부와 서부에 많이 거주한 것으로 나타나는데 이는 초기 정착과 사탕수수 재식농업과 밀접한 관련이 있다.

〈표 3〉 1911년 피지 내 인도인의 분포

주요 지역	합계	남성	여성
suva, town	993	644	349
suva, suburbs	2,327	1,536	791
Rewa	7,437	4,661	2,776
Levuka, town	78	62	16
Lomaiviti and Tailevu	170	114	56
Lautoka	2,628	1,740	888
Ba	6,234	4,100	2,134
Nadi	4,177	2,748	1,429
Navua	4,448	2,799	1,649
Nadroga & Colo West	1,825	1,234	591
Ra	1,279	827	452
Colo East	83	51	32
Colo North	1,037	693	344
Macuata	6,760	4,266	2,494
SavuSavu	63	49	14
Bua	274	181	93
Taviuni	250	181	69
Kadavu	12	8	4
Lau	104	84	20
In Fijian village	107	95	12
합계	40,286	26,073	14,213

출처: 1911 FIJI CENSUS, LEGISLATIVE COUNCIL, FIJI.

사탕수수 재배가 활발하지 않는 동부의 세 지역에 거주하는 인도인은 초기에 정착한 인도인들 중 서쪽의 사탕수수 재배 지역으로 이주하지 않고 그 지역에서 새로운 작물(벼 등)에 적응하면서 거주한 사람

과 농업 이외의 활동에 종사하기 위해 수도 수바로 이주한 사람들이
다. 서부 지역은 대부분 사탕수수 재배와 관련하여 이주하여 정착한
사람들이다. 중부지역은 산간지역으로 거주조건이 대단히 좋지 않기
때문에 인구가 희박한 지역이다.

  1921년은 계약노동자로 피지로 이주한 인도인의 계약기간이 모두
끝나 자유이주민이 되는 원년이라고 할 수 있다. <표 4>는 1921년
피지 내 인도인의 분포를 보여주고 있다. 10년 사이에 인도인의 수가
50%정도 증가하였다.

  <표 4>의 행정구역이 1911년과 약간 차이를 보이고 있으나 큰 차
이는 없다고 볼 수 있다. 또한 1921년의 인도인의 분포지역은 1911년
과 비교해 봤을 때 큰 차이는 없다. 하지만 수도인 수바의 인구가 급
격히 증가를 보이고 있는 점이 특이하다고 할 수 있다. 수바의 인도인
의 수는 1911년에 3,320명에서 1921년에 7,246명으로 증가하였다(표
4). 수바 지역에서 인도인은 상업 854명 중 100명(20.6%), 공업 3,179명
중 830명(26.1%)을 차지하고 있는데 상업과 공업과 같은 비농업적 일
자리를 찾아 수바로 인도인이 많이 이주한 결과이다. 여전히 마쿠아
타와 바 지역은 인도인이 많이 거주하고 있는데 이는 사탕수수 재배
와 밀접한 관련이 있다. 농업에 종사하는 인도인 19,433명 중 마쿠아
타에 3,254명(16.7%), 바에 2,826명(14.5%), 나드로가(Nadroga)에 2,803
명(14.4%) 그리고 비티 레부 섬의 사부사부(Savusavu)에 2,550명(13.1%)
으로 이 네 지역이 전체 농업인구의 58.7%를 차지하고 있어 사탕수수
농업이 중심을 이루고 있는 지역에 인도인들이 많이 거주하고 있다.

〈표 4〉 1921년 피지 내 인도인의 분포

행정구역	합계	남성	여성
BA	8,066	4,920	3,146
BUA	626	390	236
COLO EAST	411	250	161
COLO NORTH	2,430	1,496	934
KADAVE	27	20	7
LAU	244	166	78
LAUTOKA	4,713	2,851	1,862
LOMAIVITI	1,016	667	349
MACUATA	8,612	5,097	3,515
MAKOGAI	31	21	10
NADI	7,223	4,429	2,794
NADROGA	3,423	2,091	1,332
NAVUA	4,226	2,542	1,684
RA	2,421	1,499	922
REWA	7,565	4,402	3,163
SAVUSAVU	464	312	152
SUVA(MUNICIPALITY)	3,040	2,055	985
SUVA(SUBURBS)	4,206	2,472	1,734
TAVEUNI	1,085	741	344
IN FIJIAN VILLAGES	194	159	35
IN LIGHTHOUSES	38	26	12
IN QUARANTINE	558	395	163
합계	60,619	37,001	23,618

출처: 1921 FIJI CENSUS, LEGISLATIVE COUNCIL, FIJI.

　　계약노동 시스템의 혹사에도 불구하고 인도인들의 대부분은 인도
에서보다 더 나은 조건이라고 믿었다. 비록 힘들고 속박된 상황이긴
하지만 정규적인 임금, 음식과 숙소가 보장되었다. 계약기간이 끝나
자 상당수가 큰 돈 없이 인도로 되돌아갔지만, 그 보다 더 많은 사람

들은 돈을 더 벌려고 혹은 소득을 재투자하기 위해 피지에 남았다 (Donnelly & Quanchi & Kerr. 1994: 51).

계약노동 시스템이 종결될 즈음 사탕수수정제회사(Colonial Sugar Refining Company)는 설탕산업의 거의 전체를 운영하는 상태였고, 따라서 계약노동 노동자의 대부분은 이 회사의 통제 하에 있었다. 이 시스템의 종말과 함께 회사는 노동력의 부족에 직면하였고, 새로운 토지 정책을 통해 노동력을 확보하였다. 즉, 회사는 토지를 임차 농부들에게 약 4헥타(ha) 씩 떼어 임차해주고 농부는 회사로부터 토지를 임대하여 사탕수수를 재배하고 수확물은 공장에 전매하는 방식이었다 (Donnelly & Quanchi & Kerr. 1994: 51).

피지에 남은 많은 인도인들은 이처럼 농업 노동자, 숙련기술자, 사무원, 가게주인으로써 다양한 직업에 종사했다. 특히 크고 작은 사업에서, 인도인들은 대단히 유능하다고 증명되었다. 오늘날 인도인들은 피지의 상업적 이익의 많은 부분을 좌지우지한다.(Donnelly & Quanchi & Kerr. 1994: 51).

Ⅲ. 계약노동 이후의 인도인의 이주

계약노동 이후는 영국의 식민지 시대로 인도인이 계약노동자 신분에서 벗어나 자유 이주민으로서 피지에 정착한 시기이다. <표 5>는 1936년 센서스 자료로 피지내의 인도인 분포를 피지에서 출생한 인도인과 피지 외 지역에서 출생한 인도인으로 구분하여 자료를 정리한 것이다. 85,002명의 인도인 중 피지 외 출생 인도인은 24,145명으로 28.4%, 피지 내 출생 인도인은 60,857명으로 72.6%를 점유하고 있다. 피지 원주민도인의 분포지역에서 바(Mba(ba)) 지역이 마쑤아타 지역을 제치고 수위로 올라온 것이 특별하다. 레와의 경우, 피지 외 출생 인도인의 비율은 9.9%, 피지출생 인도인은 11.8%로 높게 나타나고 있는데 이는 레와 이외의 지역에서 이 지역으로 이주가 많았다는 것을 보여주고 있다. 레와 지역은 수도인 수바를 포함하고 있어 많은 인도인들이 계약노동 노동자의 신분에서 벗어나 농업 이외의 직업을 찾아 이 지역으로 이주하였기 때문이다.

〈표 5〉 1936년 피지 인도인의 분포

행정구역	합계	피지출생 인도인			피지외 출생인도인		
		남	여	계	남	여	계
KANDAVU	21	5	4	9	9	3	12
LAU	205	71	61	132	54	19	73
LAUTOKA	8,531	2,953	2,844	5,797	1,891	843	2,734
LOMAIVITI	422	142	131	273	108	41	149
MAKONGAI	217	81	41	122	79	16	95
MATHUATA	12,126	4,548	4,344	8,892	2,207	1,027	3,234
MBA(BA)	12,399	4,452	4,325	8,777	2,575	1,047	3,622
MBUA(BUA)	801	301	273	574	167	60	227
NAITASIRI	6,116	2,302	2,279	4,581	1,078	457	1,535
NAMOSI	263	88	64	152	89	22	111
NADI	9,003	3,208	2,954	6,162	1,993	848	2,841
NANDRONGA	5,272	1,876	1,804	3,680	1,106	486	1,592
RA	4,575	1,632	1,672	3,304	936	335	1,271
REWA	9,593	3,738	3,466	7,204	1,704	685	2,389
ROTOMA	19	6	6	12	6	1	7
SERUA	1,927	719	703	1,422	329	176	505
TAILEVU	6,230	2,456	2,303	4,759	1,050	421	1,471
THAKAUNDROVE	1,850	612	594	1,206	472	172	644
THOLO EAST	102	42	28	70	27	5	32
THOLO NORTH	3,539	1,226	1,111	2,337	907	295	1,202
THOLO WEST	1,791	707	685	1,392	294	105	399
합계	85,002	31,165	29,692	60,857	17,081	7,064	24,145

출처: 1936 A Report on the FIJI CENSUS, LEGISLATIVE COUNCIL, FIJI.

<표 6>에서 피지 이외 지역에서 출생한 인도인의 분포를 통해서 인도인들의 피지 내 정착과정을 역으로 추적할 수 있다. 물론 이들이

최초의 정착지와 그 이후의 이주과정을 보여주지는 못하지만 대략적으로 인도인들이 피지내의 정착과정을 파악할 수 있다. 바, 마쑤아타, 라우토카, 난디, 라, 톨로 노쓰는 양 섬의 서쪽에 위치하고 있는데 대체적으로 사탕수수 생산이 많은 지역으로 인도인의 정착이 많은 지역이다. 레와와 타일레부는 비티 레부 섬의 동쪽지역으로 인도인이 이주 초기에 정착한 지역으로 아직도 인도인이 많이 남아있는데 이들은 초기에 사탕수수 재배가 실패한 후에 벼 재배로 전환하여 정착하였고, 레와는 피지 최대의 도시이자 수도인 수바를 포함하고 있어 공업이나 상업 등 농업 이외의 경제활동에 종사하는 인도인들이 많이 거주하고 있어 인구수가 높게 나타나고 있다.

<표 6> 1946년 피지 인도인의 분포

행정구역	남	여	계
KANDAVU	14	6	20
LAU	98	63	161
LOMAIVITI	486	289	775
MATHUATA	8,820	7,553	16,373
MBA	25,110	21,597	46,707
MBUA	670	590	1,260
NAITASIRI	4,839	4,137	8,976
NAMOSI	222	224	446
NANDRONGA and NAVOSA	5,423	4,640	10,063
RA	3,732	3,215	6,947
REWA	8,045	6,569	14,614
ROTOMA	3	-	3
SERUA	1,316	1,203	2,519
TAILEVU	4,634	4,017	8,651
THAKAUNDROVE	1,404	1,144	2,548
합계	64,816	55,247	120,063

자료: 1946 CENSUS OF THE POPULATION, LEGISLATIVE COUNCIL, FIJI.

1946년 센서스의 피지 인도인의 인구는 120,063명으로 1936년보다 35,061명, 41.2%가 증가하였다(<표 6>). 행정구역의 통폐합으로 인해 1946년과 1936년을 비교하기가 어려운 측면이 존재한다. 그렇지만, 행정구역의 변화가 없는 칸다부(Kandavu), 라우(Lau)와 로토마(Rotoma) 지역은 인도인이 감소하였는데 이들 지역의 특징은 피지의 중심을 이루는 양 섬에서 멀리 떨어진 소규모의 섬들 지역이어서 이들 지역에 거주하던 인도인들이 양 섬으로 이주한 결과이다. 이들 세 지역을 제외하곤 모든 지역에서 증가를 보였다.

<표 7>은 1956년 인도인의 지역별 분포를 보여주고 있는데, 총인구는 169,403명으로 1946년보다 49,340명, 41.1% 증가하였다. 이전의 10년과 비교하면 거의 비슷한 인구증가를 보이고 있다고 할 수 있다. 1956년 지역별 인구에서 1만 명이 넘는 지역 중에서 타일레부 지역이 28.2%로 가장 낮은 증가율을 보였고, 가장 인구가 많은 바 지역은 41.3%로 인도인 인구증가율과 거의 비슷한 수치를 보였다. 나이타시리 지역이 56.2%로 가장 높은 증가율을 보였다. 수바 지역은 수도라는 이점으로 50.5%의 높은 증가율을 보였다. 과거 가장 많은 인도인이 거주하였던 마쑤아타 지역은 33.3%로 사탕수수 재배지역 중 가장 낮은 인구증가율을 보였는데 이 지역은 바누아 레부에 위치함으로 피지의 정치·경제의 중심이 비티 레부에서 이루어지면서 정치·경제적으로 소외되면서 인도인의 선호 거주 지역에서 멀어진 결과이다.

1966년 센서스는 지난 10년간 71,557명, 42.2%가 증가하여 가장 높은 증가율을 보였다. <표 8>은 1966년 인도인의 출생지와 현거주지를 비교한 것이다. 이를 통하여 출생지에서 현거주지로 얼마나 많은 이주가 발생했는가를 확인할 수 있다. 출생자와 거주자의 수를 비교해본 결과 거주자의 수보다 출생자의 수가 많은 지역은 바, 마쿠아타, 나모시, 그리고 타일레부의 네 개 지역이고, 나머지 지역은 출생자보다 거주자가 많은 지역이다. 이를 통하여 이들 네 지역에서 다른 지역

으로 순 이출이 나타났다는 것을 알 수 있다. 가장 인구가 많은 바 지역은 출생자의 거의 90%가 이곳에 거주하고 다른 지역으로 이주한 사람 중 47.9%는 이웃한 나드로가·나보사 지역으로, 22.4%도 이웃한 라 지역으로 이주하였다. 16.9%는 반대편에 위치한 수도 수바를 포함하는 레와 지역으로 이주하였다. 거주자가 출생자보다 많은 순증가를 보인 지역은 수도 수바를 포함한 레와 지역이다. 레와 지역은 인구흡입요인이 배출요인보다 많은 지역이기 때문이다.

<표 7> 1956년 피지 인도인의 분포

행정구역	인구수	남	여
BA	66,022	34,320	31,702
BUA	1,931	1,030	901
CAKAUDROVE	3,633	1,957	1,676
KANDAVU	17	9	8
LAU	237	141	96
LOMAIVITI	834	489	345
MATHUATA	21,831	11,412	10,419
NANDRONGA and NAVOSA	14,923	7,695	7,228
NAITASIRI	14,027	7,222	6,805
NAMOSI	131	69	62
RA	8,961	4,653	4,308
REWA ex SUVA CITY	2,693	1,362	1,331
SUVA CITY	19,321	10,322	8,999
SERUA	3,718	1,841	1,877
TAILEVU	11,099	5,822	5,277
ROTUMA	25	15	10
합계	169,403	88,359	81,044

출처: 1956 REPORT ON CENSUS OF THE POPULATION, LEGISLATIVE COUNCIL, FIJI.

〈표 8〉 1966년 현거주지 인구의 출생지 분석

행정구역	출생지																
	BA	BUA	CAKAUD ROVE	KAN DAVU	LAU	LOMAI VITI	MACU ATA	NADR OGA & NAVOSA	NAITA SIRI	NAMOSI	RA	REWA	SERUA	TAIL EVU	ROT UMA	미확인	합계
BA	84,603	24	92	4	28	152	290	2,734	228	16	1,828	2,304	328	264	1	35	92,931
BUA	13	2,062	43	-	2	7	690	3	-	-	2	26	7	6	-	1	2,862
CAKAUDROVE	73	92	3,663	-	34	19	937	28	16	-	10	180	16	10	1	9	5,088
KANDAVU	-	-	-	-	-	-	-	-	1	-	-	1	-	-	-	-	2
LAU	3	-	1	226	3	-	-	-	-	-	-	29	3	-	-	1	266
LOMAIVITI	53	2	28	-	4	405	45	8	10	-	15	123	6	16	1	3	719
MACUATA	233	377	517	-	3	9	31,254	45	26	1	45	351	39	37	-	7	32,944
NADROGA & NAVOSA	5,024	9	48	-	4	20	49	14,128	60	17	145	561	332	49	-	24	20,470
NAITASIRI	541	37	117	9	24	28	168	170	9,894	35	233	6,508	295	1,089	-	13	19,161
NAMOSI	2	11	-	-	-	-	2	7	9	36	-	57	22	4	-	-	150
RA	2,356	6	19	-	5	22	38	113	67	8	8,312	613	110	100	-	2	11,771
REWA(SUVA 포함)	1,773	31	348	12	87	195	494	476	1155	62	558	21,720	1,085	1,067	1	86	29,150
SERUA	117	2	23	1	1	5	16	126	82	6	48	706	3,047	79	-	2	4,261
TAILEVU	300	8	25	-	4	23	90	74	1,121	4	184	3,000	153	8,236	-	8	13,230
ROTUMA	-	-	-	-	-	-	1	-	-	-	1	2	-	-	16	-	20
SHIPS	-	-	3	-	1	1	3	1	-	-	-	11	-	3	-	-	23
합계	95,091	2,661	4,327	26	423	889	34,077	17,913	12,669	185	11,381	36,192	5,443	10,960	20	191	233,048

출처: 1966 REPORT ON CENSUS OF THE POPULATION, LEGISLATIVE COUNCIL, FIJI.

Ⅳ. 피지 독립이후의 인도인의 이주

1970년 피지 독립 이후에도 인도인의 수는 여전히 증가세로, 1976년에 인도인은 1966년보다 51,936명, 21.5% 증가한 292,896명이었다. 가장 인구가 많이 증가한 지역은 바 지역으로 10년간 2만여 명 이상이 증가하였는데 이는 바 지역이 사탕수수 재배의 중심지로 사탕수수 산업의 발달과 난디를 중심으로 관광산업의 발달로 이 지역으로 인구가 밀집하면서 증가현상을 보이고 있기 때문이다.

<표 9>에서 보면 인도인이 바 지역에 가장 많이 거주하는데, 바 출생자 117,713명 중 현재 바에 거주하는 인도인은 103,188명으로 출생자보다 거주자가 적다. 바 출생자 중 나드로가·나보사 지역으로 5,939명, 라 지역으로 2,295명, 레와 지역은 3,314명으로, 바 출신자는 인접한 나드로가·나보사와 라 지역으로 많이 이주하였고, 특히 수도 수바를 포함한 레와 지역과 인접한 나이타시리 지역으로 많은 이동이 있었다.

이상의 센서스 자료들을 토대로 보건대 대체적으로 인도인은 자신이 출생한 지역에 거주하고, 이동하더라도 인접한 지역과 경제적 활동이 활발한 수도 수바를 포함한 레와 지역으로 이동이 많이 나타나고 있다.

피지는 1970년에 영국으로부터 독립을 하였다. 피지가 독립한 이후에도 인도인의 수는 계속 증가하였다. 1976년 센서스 결과 지난 10년간 51,936명, 21.5% 증가하였다(<표 9>). 그러나 그 증가율은 그 이전보다 절반으로 떨어졌다. 이러한 인구학적 변화는 피지 내에서만 보면 인도인들의 철저한 가족계획, 생활수준과 교육의 향상, 결혼 평균 연령의 증가의 결과라고 볼 수도 있을 것이다(Chandra. 1979: 1).

<표 9> 1976년 현거주지 인구의 출생지 분석

행정구역	출 생 지																합계
	BA	BUA	CAKAU DROVE	KAND AVU	LAU	LOMAI VITI	MACU ATA	NADR OGA & NAVOSA	NAITA SIORI	NAMOSI	RA	REWA	SERUA	TAILEVU	ROTUMA	미확신	합계
BA	103,188	17	184	22	30	151	562	3,748	306	53	2,584	2,421	418	597	15	1	114,297
BUA	14	2,590	45	3	6	12	869	6	3	-	3	31	7	2	1	-	3,592
CAKAUDR OVE	59	86	3,977	1	30	13	1,121	9	5	-	14	183	3	11	-	-	5,512
KAND AVU	1	-	-	2	-	-	-	-	2	-	1	1	-	-	-	-	7
LAU	10	-	3	1	133	3	5	1	-	-	2	17	-	1	-	-	176
LOMAI VITI	63	4	20	-	5	329	35	12	5	-	14	76	3	35	-	-	601
MACU ATA	452	901	687	13	9	44	39,728	85	35	9	53	469	24	82	2	-	42,593
NADR OGA & NAVOSA	5,939	13	64	3	12	16	100	17,493	97	31	197	541	359	130	7	1	25,003
NAITASIRI	1,609	40	401	56	90	75	661	481	14,138	86	808	7,886	648	3,553	19	1	30,552
NAMOSI	5	7	1	-	-	1	1	7	11	78	2	38	15	6	-	-	172
RA	2,295	7	12	1	-	19	58	157	139	49	9,433	352	50	212	-	1	12,785
REWA(SUVA 포함)	3,314	48	400	31	120	222	1,103	670	1,517	66	878	19,830	919	2,182	19	-	31,409
SERUA	260	5	37	2	19	13	29	238	88	113	72	848	3,229	127	-	-	5,080
TAILEVU	504	12	73	3	15	35	133	125	1,228	9	292	1,962	182	10,873	1	3	15,450
ROTUMA	-	-	-	1	-	-	-	-	-	-	-	1	-	-	3	-	5
합계	117,713	3,730	5,904	139	469	933	44,405	23,032	17,574	494	14,353	34,656	5,857	17,811	67	7	287,234

출처: 1976 REPORT ON CENSUS OF THE POPULATION, Bureau of Statistics, FIJI.

하지만 1978년의 피지 관광 및 이주 보고서(Fiji Tourism And Migration Report)에 의하면 피지에서 다른 나라로 이민을 가는 이민자 1,856명 중 인도인이 1,592명으로 85.8%를 차지하였다. 이러한 정황으로 볼 때 그 이전에도 인도인의 해외로의 이민이 계속되면서 인구증가율이 감소하게 된 것으로 추정된다.

1986년 센서스 결과 지난 10년간 인구는 55,808명, 19.0% 증가하였다. 그 이전의 결과와 비슷한 결과인데 인도인 해외이민자가 1970년대 말 매년 1,500명 정도, 1980년대 초반은 2,000명 이상이 발생함으로써 인구증가율이 둔화되었다(<표 10, 11>).

<표 10> 1978~1986년 인도인 해외이민자

	1978	1979	1980	1981	1982	1983	1984	1985	1986
인도인 이민자	1,592	1,377	1,487	2,146	2,086	2,152	1,849	2,307	2,360

출처: FIJI TOURISM AND MIGRATION REPORT, Fiji Islands Bureau of Statistics, 각 년도별 필자정리.

V. 쿠데타 이후의 인도인 이주

1987년 쿠데타 이후 인도인 인구는 감소세로 돌아선다. 따라서 필자는 피지에서 인도인이 감소하게 되는 분수령인 쿠데타를 기점으로 인도인 이주의 경향과 추이를 살펴보고자 한다. 특히, 이주 유형상 국내이주와 국외이주를 분리하여 이러한 사회적 변화를 유도한 원인을 찾아보고자 한다.

〈표 11〉 1986년 현거주지 인구의 출생지 분석

행정구역	출 생 지																	합계
	BA	BUA	CAKAU DROVE	KANDA VU	LAU	LOMAI VITI	MACU ATA	NADROGA & NAVOSA	NAIT ASIRI	NAM OSI	RA	REWA	SERUA	TAILEVU	ROT UMA	outside FIJI	
BA	121,236	57	222	30	47	157	965	5,104	337	230	3,087	2,802	251	755	6	1,765	137,051
BUA	51	2,689	37	1	1	9	768	8	5	1	1	28	5	12	-	3	3,619
CAKAUDROVE	119	100	4,456	2	19	16	1,193	26	36	3	9	152	3	23	1	34	6,192
KANDAVU	7	-	2	20	-	-	2	1	2	1	-	10	1	-	-	-	46
LAU	29	-	1	-	96	-	9	5	8	-	2	26	32	3	-	7	218
LOMAIVITI	120	4	15	-	3	285	44	11	3	1	10	99	1	33	-	17	646
MACUATA	768	1,385	1,082	10	16	26	50,113	99	76	32	94	618	42	143	-	194	54,698
NADROGA & NAVOSA	6,495	49	2	12	20	20	153	20,104	135	65	191	546	324	153	1	167	28,425
NAITASIRI	3,837	96	583	32	169	128	1,730	937	18,720	174	1,377	11,223	778	4,828	5	272	44,889
NAMOSI	21	4	7	-	1	-	5	17	3	24	5	128	77	24	-	-	316
RA	2,890	4	28	2	2	25	68	129	147	7	10,579	436	63	237	-	113	14,730
REWA(SUVA 포함)	4,780	59	542	20	119	231	1,759	1007	1,869	167	988	20,175	703	2,054	9	1,824	36,306
SERUA	424	5	42	3	11	13	75	295	187	110	79	947	3,336	193	-	55	5,775
TAILEVU	756	17	62	4	9	27	219	179	1,105	30	336	2,012	172	10,621	1	222	15,772
ROTUMA	2	-	-	1	-	-	-	-	-	-	1	5	-	-	11	1	21
합계	141,535	4,469	7,081	137	513	937	57,103	27,922	22,633	845	16,759	39,207	5,788	19,079	34	4,674	348,704

출처: 1986 REPORT ON CENSUS OF THE POPULATION, Bureau of Statistics, FIJI.

1. 국내이주

1986년과 1996년 인구를 비교해 보면 1986년 348,704명에서 1996년 338,818명으로 9,886명의 순 감소를 보이고 있다. 인구증가는 자연증가와 사회적 증가로 살펴볼 수 있는데 피지 내 인도인의 출생률이 사망률보다 낮다고 볼 수 없어 인구감소는 자연증가보다는 사회적 이동에 의한 감소에 기인한다고 할 수 있다.

<표 12>는 1987년 쿠데타 발생을 전후한 1986년과 1996년의 10년간 인도인의 지역별 인구 분포를 비교한 것이다. 레와, 나드로가·나보사, 라, 바 지역에서 많은 인구감소를 보이고 있다. 이들 지역은 피지에서 도시가 발달한 지역으로 이 지역에 거주하는 많은 인도인들이 다른 지역 특히 해외로 이주한 결과이다. 그렇지만 부분적으로 나이타시리와 마쿠아타처럼 인구가 증가하는 지역도 있다.

<표 13>은 1996년 피지 내 인도인의 출생지와 현 거주지를 비교한 것이다. 인도인은 여전히 바와 마쿠아타를 중심으로 사탕수수 재배 중심지에 많이 거주하고 있다.

<표 12> 1986년과 1996년 피지 내 인도인 분포

	BA	NADROGA & NAVOSA	RA	NAITASIRI	NAMOSI	REWA	SERUA	TAILEVU	BUA	CAKAUROVE	MACUATA	KADAVU	LAU	LOMAIVITI	ROTUMA	합계
1986	137,051	28,425	14,730	49,023	316	36,306	5,775	15,772	3,619	6,192	54,698	46	218	646	21	348,704
1996	135,492	25,244	12,239	49,032	411	28,330	6,003	14,893	3,356	6,838	56,294	48	88	536	23	338,818
차	-1,559	-3,181	-2,491	4,134	95	-7,976	-228	-879	-263	646	1596	2	130	-110	2	-9,886

출처: 1986, 1996 REPORT ON CENSUS OF THE POPULATION, Bureau of Statistics, FIJI.

〈표 13〉 1996년 현 거주지 인구의 출생지 분석

행정구역	출생지															합계
	BA	NADR OGA & NAVOSA	RA	NAITA SIRI	NAM OSI	REWA	SERUA	TAILEVU	BUA	CAKAU ROVE	MACU ATA	KAD AVU	LAU	LOMAI VITI	ROT UMA	
BA	118,815	5,968	2,595	4,583	20	3,987	390	749	13	133	690	8	5	44	2	138,002
NADROGA & NAVOSA	6,215	17,677	142	1,282	22	826	332	223	4	17	102	2	2	14	-	26,860
RA	3,115	141	8,567	1,847	5	853	81	369	1	24	67	1	-	7	-	15,078
NAITASIRI	633	153	162	22,484	24	1,730	285	1,532	10	56	176	3	8	5	-	27,261
NAMOSI	117	31	5	98	163	49	75	36	-	8	6	-	1	1	-	590
REWA	2,088	399	284	8,120	68	14,005	494	1,214	15	118	376	11	14	86	6	27,298
SERUA	368	194	26	843	48	505	3,855	194	3	7	40	1	-	15	-	6,099
TAILEVU	683	128	175	4,259	36	1,605	178	9,817	6	30	102	3	2	21	1	17,046
BUA	117	24	11	241	3	105	21	24	2,518	200	1,764	-	2	1	-	5,031
CAKAUDROVE	260	49	23	815	7	479	53	121	53	4,613	1,365	-	1	23	2	7,864
MACUATA	1,541	283	113	3,739	13	2,424	164	425	717	1,560	51,219	-	4	26	4	62,232
KADAVU	22	13	3	51	1	25	3	13	1	4	22	19	-	2	-	179
LAU	52	23	4	158	-	71	16	9	1	18	20	-	46	9	-	427
LOMAIVITI	114	21	14	154	-	140	9	34	8	13	25	-	-	274	-	806
ROTUMA	7	3	-	10	-	4	-	3	-	1	-	-	-	-	6	34
OTHER PLACE	1,345	137	115	339	1	1,522	47	130	6	36	320	-	3	8	2	4,011
합계	135,492	25,244	12,239	49,023	411	28,330	6,003	14,893	3,356	6,838	56,294	48	88	536	23	338,818

출처: 1996 REPORT ON CENSUS OF THE POPULATION, Bureau of Statistics, FIJI.

2. 해외이주

1987년 쿠데타가 발생하여 인도인에 대한 경제적·정치적 압박이 강화되면서 많은 인도인들이 해외로 이주하였는데 그 결과 피지 내 인도인의 인구가 지난 10년간 9,886명, 2.9%의 감소를 보였다. 인도인의 해외이주는 1986년에 2,362명에서 1987년에는 4,294명으로 급증하였고, 1988년 4,808명, 1989년 4,981명, 1990년 5,020명, 1991년 4,911명, 1992년 4,184명 순으로 1990년을 최고점으로 점차 줄어들지만 여전히 인도인의 해외이주는 계속되고 있어 피지 내 인도인의 인구수는 계속해서 감소하고 있다(<표 14>).

<표 14> 1987년 쿠데타 이후 인도인 해외이민자

	1987	1988	1989	1990	1991	1992	1993	1994	1995	1996	1997	1998	1999	2000	2001	2002	2003
인도인 이민자	4294	4808	4981	5020	4911	4184	3707	3748	4463	4527	3999	4273	4244	4568	5550	4831	4964

출처: FIJI TOURISM AND MIGRATION REPORT, Fiji Islands Bureau of Statistics, 각 년도 별 필자정리.

1990년 이후 약간 주춤하던 인도인의 해외이민이 2000년 두 번째 쿠데타 이후 역시 급증을 하였다. 1999년 4,244명에서 2000년 4,568명으로, 2001년 5,550명으로 급증하였고, 2002년 4,831명, 2003년 4,964명으로 2000년 이전보다 더 많은 인도인이 해외로 이민을 떠나고 있다. 그 결과 인도인은 계속 감소하고 있다 2004년 말 현재 320,659명(38.2%)으로 1996년과 비교하면 18,159명, 5.4%가 감소하였다.

<표 15>는 피지 국적자들의 해외이주자의 수와 이주 국가를 보여주고 있다. <표 14>와 <표 15>를 비교해 보면 인도인의 해외 이주자의 비중이 상당히 높게 나타나고 있다는 것을 알 수 있다. 1987년 쿠데타 이후 피지 국적자의 해외이주 목적지는 호주, 뉴질랜드, 미국

이 절대 다수를 차지하고 캐나다도 꽤 높은 비중을 보이고 있다. 2000
년까지는 호주가 가장 선호하는 해외이주국가였는데, 그 이후 뉴질랜
드가 가장 선호하는 국가로 상황이 변화하였다.

<표 15> 피지 해외이주자와 이주국가

국가 연도	호주	뉴질랜드	미국	캐나다	영국	유럽 대륙	태평양 제도	기타	합계
1987	2,566	1,025	1,226	410	36	15	80	36	5,394
1988	2,582	1,643	941	397	40	6	63	23	5,695
1989	2,387	1,783	895	574	35	19	50	16	5,759
1990	2,353	1,224	1,149	1,011	29	9	55	19	5,849
1991	2,502	1,031	1,047	967	37	7	62	33	5,686
1992	2,105	771	812	981	28	8	51	27	4,783
1993	1,656	703	816	977	34	8	64	26	4,284
1994	1,469	678	1,031	978	14	5	47	95	4,317
1995	1,940	678	1,561	695	30	5	57	157	5,123
1996	1,903	1,030	1,513	651	15	8	44	26	5,190
1997	1,498	972	1,564	494	30	3	63	155	4,779
1998	1,423	1,237	1,869	411	40	11	60	44	5,095
1999	1,736	1,323	1,619	372	54	8	53	31	5,196
2000	1,798	1,689	1,449	443	73	17	71	50	5,590
2001	1,876	2,463	1,370	674	72	13	36	33	6,537
2002	1,631	2,249	1,242	551	104	6	22	72	5,877
2003	1,910	2,201	1,125	532	155	15	39	203	6,180

출처: FIJI TOURISM AND MIGRATION REPORT, Fiji Islands Bureau of Statistics,
각 년도 별 필자정리.

<표 16>은 해외이민을 떠나는 피지 국적자들을 직업별로 구분한
것이다. 해외 이민자들의 직업은 고급인력이라 할 수 있는 전문직, 기
술직, 행정 및 경영, 사무 관리직의 비중이 높게 나타나고 있고, 단순
직업이라 할 수 있는 판매직, 농림어업 종사자들의 해외이민자 수는
상대적으로 낮게 나타나고 있다. 이는 해외이민은 이민 수용 국가의
이민정책에 많은 영향을 받기 때문이다. 일반적으로 단순직보다는 고

급인력이 이민에 유리하고, 이들은 더 많은 자산을 가지고 있기 때문
에 투자이민도 가능하기 때문이다.

〈표 16〉 피지 해외이주자의 직업

국가 연도	전문직, 기술직, 관련 노동자	행정 및 경영, 관련 노동자	서기 및 관리직, 관련 노동자	판매직 노동자	서비스 노동자	농림 어업 노동자	생산직, 교통 장비 노동자	기타	합계
1987	538	219	1,575	137	101	86	403	3,059	6,118
1988	570	231	559	124	81	94	492	3,345	5,496
1989	-	-	-	-	-	-	-	-	-
1990	534	246	512	147	75	138	661	3,337	5,650
1991	545	264	518	161	105	119	641	3,079	5,432
1992	477	235	374	156	93	94	544	2,648	4,621
1993	363	205	355	122	108	99	506	2,349	4,107
1994	426	190	348	114	96	107	483	2,391	4,155
1995	536	245	474	126	89	114	536	2,811	4,931
1996	574	270	426	133	90	111	537	2,889	5,030
1997	502	230	349	137	94	74	486	2,621	4,493
1998	578	290	464	116	95	112	476	2,698	4,829
1999	658	258	425	139	115	98	451	2,693	4,837
2000	823	371	479	140	109	102	469	2,782	5,275
2001	977	398	544	151	119	111	554	3,462	6,316
2002	802	368	521	127	128	90	489	2,955	5,480
2003	795	384	518	134	119	85	570	3,166	5,771

출처: FIJI TOURISM AND MIGRATION REPORT, Fiji Islands Bureau of Statistics, 각 년도 별 필자정리.

VI. 결 론

이 글은 계약노동제 하에서 최초로 인도인이 피지로 이주한 이후
피지에 정착한 인도인의 정착과 이후 피지 내 및 해외로의 이주과정
을 이주초기에서 2003년까지 공간적으로 분석하였다. 초기에는 사탕

수수재배, 그 후는 도시화, 마지막으로 쿠데타의 세 가지 요인이 인도인의 이주과정에 중요한 영향을 미쳤다고 할 수 있다.

인도인의 이주과정을 주요한 세 단계로 요약하면 다음과 같다.

첫째, 인도인의 피지로의 이주는 피지에서 면화재재가 국제가격의 하락으로 대체작물인 사탕수수를 재식농업에 의해 재배하면서 대량의 노동력이 필요함에 따라 인도인을 1879년에서 1916년 사이에 사탕수수 농장에 계약노동자로 투입하면서 시작되었다. 초기에는 백인들이 주로 정착하고 있던 피지의 동부지역인 수도 수바를 중심으로 분포하였으나 그 후 서부지역이 사탕수수 재배의 생산성이 높은 곳으로 알려지면서 사탕수수 재배의 적지인 바 지역을 중심으로 인도인이 집중하기 시작하였다.

둘째, 관광산업과 사탕수수 산업의 발달로 수바, 라우토카, 난디 등 도시가 발달하면서 인도인의 도시지역으로 이주가 나타나기 시작하였다. 도시로의 이주는 대부분 도시 주변지역에서 그 도시로 이주가 대부분이다. 나이타시리는 도시지역이 아니면서도 인도-피지 원주민의 증가가 두드러졌는데 이는 수도인 수바의 팽창으로 교외지역이 포함된 결과이다.

셋째, 1987년과 2000년 두 번의 쿠데타로 인하여 인도인은 미래에 대한 불안 때문에 해외로 이민을 가는 사람들이 급증하기 시작하였다. 1987년 이전에는 연간 약 2,000명 정도가 이민하던 것이 쿠데타후는 약 5,000명 정도, 2000년 쿠데타 이후에는 5,000명 이상의 인도인이 해외로 이주하였다. 이들 대부분은 전문직, 사무 관리직, 기술직 등에 종사하는 고급인력이며, 주로 호주, 뉴질랜드, 미국, 캐나다로 이주하였다.

참 고 문 헌

이태주. 1998. "피지의 식민지적 전통과 변화-따마부아 마을의 추장과 바누아-" 서울대학교 박사학위논문.

Adrian, C. Mayer. 1953. "The Organization of Indian Settlement in Fiji". Reprinted from *MAN* : 1.

Bruce, Knapman. 1985. "The Rise and Fall of The White Sugar Planter in Fiji 1880-1925". *Pacific Studies*. Vol. 9. No. 1: 53-82. The Institute for Polynesian Studies.

Chandra, Rajesh. 1979. "The Indo-Fijian Population Growth: and Stabilization" *Pacific Studies* Vol. 5: 1-9. The Institute for Polynesian Studies.

Chetty, N. K. & Prasad, S. 1993. *Fiji's Emigration : An Examination of Contemporary Trends and Issues.* DEMOGRAPHIC REPORT NO. 4. The University of The South Pacific.

Donnelly, T. A. Quanchi, Kerr G. J. a. 1994. *Fiji in the Pacific-a History and Geography of Fiji.* The Jacaranda Press.

Dyer, Peter and Hodge, Peter. 1988. *Cane Train.* The New Zealand Railway and Locomotive Society INC.

Gillion, K. L. 1962. *Fiji's Indian Migrants: a History of the End of Indenture in 1920.* Melbourne: Oxford University Press.

Moynagh, M. 1980. "Brown or White? A History of the Fiji Sugar Industry, 1873-1973". Canberra. Pacific Research Monograph No.5. Australian National University: 28-60.

Patrick, Brownlee & Colleen, Mitchell. 1997. *Asia Pacific Migration Research Network. Working Papers Series Working Paper No. 1.* Wollongong, N.S.W.

Shlomowitz, Ralph. 1986. "Indian and Pacific Islander Migrations in Fiji: A Comparative Analysis". *Pacific Studies*. Vol 12: 59-86. The Institute for Polynesian Studies.

Shlomowitz, Ralph. 1986. "The Fiji Labor Trade in Comparative Perspective. 1864

　　　　－1914". *Pacific Studies*. Vol. 9. No. 3: 107－155. The Institute for
　　　Polynesian Studies.

Fiji Islands Bureau of Statistics. 1978－2003. *FIJI TOURISM AND MIGRATION
　　　REPORT.*

Bureau of Statistics. 1976. *REPORT ON CENSUS OF THE POPULATION.* FIJI.

Bureau of Statistics. 1986. *REPORT ON CENSUS OF THE POPULATION.* FIJI.

Bureau of Statistics. 1996. *REPORT ON CENSUS OF THE POPULATION.* FIJI.

LEGISLATIVE COUNCIL. 1911. *FIJI CENSUS.* FIJI.

LEGISLATIVE COUNCIL. 1921. *FIJI CENSUS.* FIJI.

LEGISLATIVE COUNCIL. 1936. *A Report on the FIJI CENSUS.* FIJI.

LEGISLATIVE COUNCIL. 1946. *CENSUS OF THE POPULATION.* FIJI.

LEGISLATIVE COUNCIL. 1956. *REPORT ON CENSUS OF THE POPULATION.*
　　　FIJI.

LEGISLATIVE COUNCIL. 1966. *REPORT ON CENSUS OF THE POPULATION.*
　　　FIJI.

2장
피지계 인도인의
초국가적 성격

김 경 학*

Ⅰ. 초국가주의 개념을 둘러싼 다양한 논의

1920~30년대 이주에 관한 초기 사회과학 연구들의 주요 주제는 이주자의 정착국 내에서의 적응과 사회적 배제 등과 관련되었다. 그러나 1990년대 이후 이루어진 연구물들은 이주자가 정착하고 있는 국민국가의 영토를 벗어나 모국의 가족과 공동체 그리고 전통을 유지하고 있음을 토대로 초국가적 시각을 강조하고 있다. 예컨대 라우스(Rouse. 1995)는 이주국과 정착국이라는 이항적 모델에 초국가적인 사회적 공간과 이주자의 다중적 장소에 대한 귀속의 개념을 결합시켜야

---

* 전남대학교 인류학과 부교수.

한다고 주장하였다. 이주에 관한 최근의 연구들은 초국가적 시각의 부각과 교통 통신수단의 급속한 발전과는 밀접한 관련이 있음을 강조하고 있다.

바쉬 등(Basch et al. 1994)은 초국가주의를 이주자들이 모국과 정착국의 양쪽을 연결하는 다양한 사회적 관계를 형성하고 유지하는 과정으로 정의하고 있다. 초국가주의라 명명된 과정들은 오늘날 많은 이주자들이 지리적, 문화적, 정치적 경계를 넘나들며 '사회적 장'(social fields)을 만들고 있음을 강조하고 있다. 초국가적 이주자들은 흔히 국경을 넘나들며 가족, 경제, 사회, 종교, 정치적 측면에서 다중적 관계들을 발전시키고 있다.

초국가주의적 성격은 이주자가 모국과 정착국 양측에 걸쳐 다중적으로 개입되어 그 관계를 유지하고 있어야 한다는 점에 있다. 포르테스(Portes. 1997)는 초국가적 이주자들은 경제적 성취와 사회적, 정치적 안전을 추구하고자 국가적 경계를 넘나들면서 밀도 있는 네트워크를 형성한다고 강조한다. 이러한 네트워크를 통해 점차 많은 사람들이 이중적 삶을 살아가고 있는데, 이들은 이중 언어를 구사하고 다른 문화들을 별 어려움 없이 소화해 내며, 두 국가에 두 곳의 '홈'을 유지하고, 이 두 곳에서 경제적, 정치적, 문화적 이해를 추구하고 있다. 과거에 비해 저렴하면서도 효율적인 새로운 교통 통신수단으로 인해 이주자들은 초국가적으로 '여기'와 '저기'의 삶의 유지한다.

지구화(globalization)와 초국가주의의 개념 간에 중복되는 면이 있음에도 불구하고, 키어니(Kearny. 1995)는 다음과 같이 두 개념을 구분하고 있다. 지구화 과정은 흔히 특정 국가적 영토로부터 탈중심화 되는 반면, 초국가적 과정은 한 개 또는 그 이상의 국민 국가에 정박하고 있거나 넘나드는 것을 말한다. 이와 관련지어 구아니조와 스미스(Guarnizo & Smith. 1998)는 '아래로부터의 초국가주의'와 '위로부터의 초국가주의'를 구분하고 있는데 후자는 지구화와 유사하여 특정 영토에 정착되어지지 않는 거시 경제적 과정에 관심이 많지만, 전자는 두 개 또는 그 이상의 국민 국가를 넘나들면서 발산하는 관계에 관심이 있는 초국가적 성격과 관련된다. 따라서 초국가주의의 분석 대상은 일상적인 사람들이 주요한 동인이 되며, 이들의 일상적 삶, 활동, 사회적 관계 속에서 이들의 초국적 성격이 규명되는 경향이 있다.

초국가주의는 지구화 과정과도 밀접한 관계를 가지고 있다. 교통통신수단이 발달하면서 이주자는 다중적 위치(localities)를 점유하고 다중적 정체성을 갖게 되며, 가족과 친족 관계는 한 장소에서 지구적인 규모로 확장되어 간다. 가족과 친족에 근간을 두고 전개되는 경제적 거래(교환)가 확대되어 감에 따라 '모국'과 정착국 그리고 이 두 곳간의 관계가 점차 재구조화되어 가고 있다.

다중적 장소에 대한 충성은 초국가적 이주자들을 규정하는 또 다른 특성이다. 이들에게 '홈'의 의미는 복합적이고 다차원적이기 때문에 '홈'에 대한 다중 또는 초 지역적(trans-local) 이해를 요구하고 있다. 예컨대 라우스(1991)는 새로운 사회적이고 심리적 공간(spaces)을 추구하고자 구래의 패러다임을 폐기하자고 제안한다. 그에 따르면 국경을 넘나들면서 미국의 실리콘 벨리에서 일하는 멕시코 이주자들에게 홈은 움직일 수 있는(이동할 수 있는) 개념이 되었기 때문에 홈은 '복수–장소적'(pluri-local)이다. 즉 이들에게 홈은 직장을 찾아 떠나는 멕시코 타운 또는 이들이 직업을 잡은 미국의 어떤 장소 그 이상의 것이 된다. 홈은 '이곳'과 '저곳'간의 변화하는 연계 내부에서 형성되는 공간, 공동체가 되어 더 이상 특정 지리적 장소에 연결되어 있지 않다.

지난 수십 년에 걸친 정보 혁명 등은 현대적 의미의 지구화를 더욱 가속화시켜 문화들이 국가의 경계를 넘어서서 충돌하고 혼합되는 '새로운 공간'(new spaces)을 창출하였다. 특히 통신기술의 발전은 급진적으로 문화가 탈지역화(delocalization) 되는데 중요한 동인이 되었다. 매스미디어가 모든 문화와 사회에 침투하게 됨으로써 우리는 더 이상 특정한 장소 세계에 머물러 있을 수만은 없다. 교통통신의 발달은 공동체 구성원간의 사회적 상호작용의 성격을 변형시키고 있다. 공동체의 구성원들은 더 이상 직접적인 면대면적 상호작용만을 요구하지 않는다. 문화의 이동하는 속성 즉 지역성(locality)과 문화간에 연결고리가 해체되어 간다는 사실은 오늘날의 공동체의 개념에 변화를 가져올 수밖에 없다. 동일 장소에 함께 산다는 지역성으로 인해 생기는 게마인샤프트적인 사회적 관계는 더 이상 자연스런 과정이 아니다. 다양한 형태의 이주와 지구적인 이동으로 인해 사회적 관계의 탈공간화(despatialisation), 즉 주체성, 영토, 사회적 관계가 더 이상 동시발생적일 수 없다(Bauman. 1998).

한편 특정 영토를 넘나드는 사람들이 늘어가면서 시민권, 국민, 국가 간에는 일치성이 있어야 한다는 지금까지 당연한 것으로 여겨왔던 명제가 흔들리고 있다. 시민권을 받지 않은 영주권자는 자신의 모국에 있는 사람들, 장소들과 사회적 정치적 네트워크를 유지하면서 세계적인 초국가적 도시들에 살고 일하고 있으며 이러한 사람들이 점차 증가하고 있다. 많은 사람들의 삶의 방식이 점차 초국가적으로 되어감에 따라 '누구도 두 국가를 가질 수 없다'는 명제는 옛말이 되고 있다. 종족적, 인종적, 사회적, 국가적 정체성은 전통적으로 '지역화'(localized)되어 있고 특정한 공간(space)이라는 맥락과 관련지어 형성된다고 일반화되어 왔다. 그러나 초국가적 주체들은 그들이 여러 공동체에 동시적으로 거주하거나 연결을 맺고 있기 때문에 다양한 규칙들에 따라 활동하고 있다. 초국가주의자들의 정체성, 행동, 가치들은 위치(location)에 의해 제한되지 않는다. 대신 그들은 융통성 있게 개인적이고 국가적인 정체성을 구성하고 활용한다. 매일 일상생활에서 초국가주의는 이중적 삶을 살아가고 있는 사람들, 즉 두 언어를 말하고 두 나라에 홈을 가지고 있고, 국가적 경계를 넘나들며 끊임없이 규칙적인 접촉을 통해 삶을 살아가고 있는 이중적 삶을 살아가고 있는 사람들의 수는 점차 증가되어 가고 있다(Portes et al. 1999).

본 연구는 피지와 소위 태평양 일대의 국가, 호주, 뉴질랜드, 미국, 캐나다 등에 거주하는 피지계 인도인을 대상으로 하여 그들의 초국가적 성격을 규명하고자 한다. 이를 위해 본 연구는 '지구적 인도인 디아스포라'(global Indian diasporas)의 일부분을 구성하고 있는 피지의 인도인들이 몇 차례의 피지 원주민(ethnic Fijians) 주도의 쿠데타로 인해 피지에서 호주를 비롯한 환태평양(the Pacific Rim) 일대로 재이주(twice migration)를 하고 있는 현실에 주목하고 있다. 피지계 인도인은 교통통신 기술의 발전에도 불구하고 태평양 일대의 국가들로 재이주하기 이전에는 인도대륙과는 구체적인 관계가 아닌 단지 '문화적으로 상상된 관계'만을 상정한 채 피지에 거주하면서 피지 원주민을 타자로 하여 자신들의 정체성을 형성하였다. 그러나 1980년대 이래 피지계 인도인은 호주와 뉴질랜드를 비롯한 환태평양 일대로 대규모 이주를 하고 있어 이들에게 피지 내부적 관계 외에도 피지 밖에 거주하는 친인척과 친구 등의 네트워크 형성과 유지가 매우 중요하게 되었다. 즉 피지 내부와 피지 밖의 다양한 국가에 거주하고 있는 피지계 인도인들 간의 긴밀한 인적 네트워크와 문화 및 송금 등은 피지를 이미 뉴질랜드, 호주, 캐나다, 미국 등을 포함하는 환태평양 지역으로 연결시키고 있다. 따라서 초국가주의의 개념들은 피지계 인도인이 처한 이주적 상황을 학문적으로 이해하고 천착하는데 매우 유용하다고 사료된다.

Ⅱ. 피지의 인도인 개관

피지에서 인도인의 역사의 시작은 멀리 1879년으로 거슬러 올라간다. 1874년 영국에 자진 복속된 피지에서 영국 제국주의 세력은 피지 원주민사회를 근대 상업과 산업으로부터 보호한다는 이유로 사탕수수 플랜테이션에 필요한 노동력을 원주민을 대신하여 멀리 인도 등 남아시아로부터 데려 왔다(Lal. 1983, 1996). 1879년 479명의 인도인 계약노동자가 피지에 첫 발을 딛으면서 시작된 피지에서의 계약노동제는 1916년 폐지되기까지 약 6만 6백 40여명의 인도인을 피지로 불러들였다. 인도 현지에서 노동력 구인 사업체에 의해 자세한 노동의 내용 및 처우 등에 대한 설명 듣지 못하고 감언이설에 최초 5년을 계약 조건으로 온 인도인들의 피지에서의 삶은 거의 노예의 삶에 가까운 생활이었다. 계약기간의 만료 후 현지 노동력을 확보하려는 유럽인 농장주의 강한 권유와 당시 열악했던 인도의 경제적 현실을 고려하여 약 60%의 인도인은 피지에 남아 정착하게 되면서 이들의 피지에서의 자유인으로서의 삶은 시작되었다(Gillion. 1962).

소위 이들 '기르미티야'(Girmitiya)[1]의 사회 조직적 특징의 가장 중요한 것은 이들이 카스트 집단별로 또는 마을 단위별로 이주하지 않고 개인 단위로 이주하였기 때문에 카스트가 이들의 생활전반, 즉 의례, 혼인, 노동 등을 규제하지 못했다는 점이다. 특히 인도에서 피지까지 오는 장시간의 항해에서 카스트에 따른 식사관습과 주거의 구별처럼 카스트에 따른 행동규제는 지속될 수 없었다. 게다가 이들은 피지 도착 후 개인의 카스트 지위에 상관없이 플랜테이션 농장주로부터 지시된 동일한 노동 행위를 할 수밖에 없었다. 또한 3~4명의 남성에 1명의 여성 노동자라는 극히 불균등한 성비는 카스트에 따른 혼인을 원천적으로 불가능하게 만들었다. 이 모든 조건들이 인도 대륙에서 거의 신조처럼 지켜오던 카스트 원칙을 피지에서 쉽게 와해시켰다. 그러나 인도인들은 카스트를 대신하여 출신지와 종교를 중심으로 하여 북부 인도인, 남부 인도인, 힌두, 무슬림 등으로 서로를 구분하였다(Mayer. 1961).

---

1) 피지로 온 계약노동자는 흔히 '기르미티야'(Girmitiya)로 알려져 있다. 이는 5년을 '계약'으로 온 노동자를 뜻하는 것으로 '어그리먼트'(agreement)를 인도 노동자들이 잘못 발음하여 만들어진 새로운 용어이다(Lal. 1983).

계약노동자의 신분에서 자유노동자가 된 인도인은 피지의 2개의 주 섬인 바누아 레부(Vanua Levu)와 비티 레부(Viti Levu) 섬의 사탕수수와 코프라 생산이 가능한 지역 예컨대 난디(Nadi), 라우토카(Lautoka), 나우소리(Nausori), 람바사(Labasa) 등에 집단적으로 정착하였다. 이들의 정착지와 원주민의 정착지가 근접한 곳도 있었지만 대체로 이질적인 두 집단의 주거지는 분리되었다. 피지 정착 후 중요한 타자인 원주민과의 관계에서 인도인은 생계방식, 종교, 언어, 혼인관계 등의 요인들을 토대로 한 차별화를 통해 자신들의 종족성을 구성하였다.

인도인의 힌두스타니(Hindustani)의 사용, 힌두교와 이슬람의 신봉, 인도인 족내혼(endogamy) 고수 등은 원주민들과의 차별화를 만들어 피지 내 인도인 정체성 구성에 크게 기여하였다. 계약노동자로 온 이민 당사자들의 출신지는 전 인도에 걸쳐 다양하여 남부지방 출신도 일부 있지만 대다수의 노동자들은 비하르(Bihar)와 우타르 프라데쉬(Uttar Pradesh) 등의 북부 인도 출신이었다. 따라서 북부 인도의 대표적인 언어인 힌디(Hindi)의 방언들인 보즈푸리(Bhojpuri)와 아와디(Avadhi)가 기본이 되고, 여기에 일부 피지어와 영어의 단어가 뒤섞인 '플랜테이션 힌두스타니'(plantation Hindustani)라는 새로운 언어가 탄생되어, 이는 마침내 피지계 인도인의 공용어가 되었다. 이밖에도 인도인과 원주민은 자신들의 언어 외에도 공용어인 영어를 생활에서 기본적으로 사용하여 왔다.

인도인들은 자신들의 열악한 상황의 극복을 자녀들의 교육에서 찾고자 하였다. 즉, 토지소유의 거의 불가라는 한계를 극복하고 자녀들이 농업 외 분야로 나갈 수 있는 길은 교육을 통해 가능한 것이었다. 따라서 그들이 자유노동자로 신분 전환된 이후 가장 먼저 종교적 제도체인 힌두사원과 모스크를 지은 후, 다음으로 이들은 교육기관을 세워 자녀들을 교육시키기 시작했다. 이러한 교육열에 힘입어 일찍이 1950년대부터 일부 인도인들은 뉴질랜드, 호주, 영국 등으로 유학을 다녀와 공무원, 전문직에 종사하는 비율이 높아졌다. 실제 1968년 피지의 수도인 수바(Suva)에 남태평양대학교(University of South Pacific)가 설립된 후 쿠데타가 있기 전까지 원주민에 비해 인도인의 입학생의 수가 상대적으로 많았다.

1970년 영국으로부터 독립한 이래 피지 원주민의 지지를 받은 피지 동맹당(Fiji Alliance Party)이 17년 동안 집권하였다. 그러나 1987년 4월 총선에서 인종과 무관하게 노동자들의 전폭적 지지를 받은 피지 노동당(Fiji Labour Party)과 인도계의 국민 연합당(National Federation Party)의 연합 세력은 집권당인 동맹당을 누르고 평민 출신 피지 원주민 바반드라(Bavadra)에 의한 노동당 정권을 출범시켰다. 그러나 선거 결과에 따른 불안을 느낀 원주민의 반인도적 정서를 토대로 삼아 원주민 출신 군인인 람부카(Rabuka)에 의해 주도된 군사 쿠데타에 의해 노동당 정권은 1개월만에 집권을 마감하였다. 이후 계속된 1987년 10월과 2000년 5월의 쿠데타는 피지 대부분의 정책을 친 원주민, 친 기독교, 반 인도인적 성격으로 만들었다. 이에 따라 1987년의 첫 쿠데타 이래 이민 자격과 능력을 갖춘 많은 수의 인도인들의 호주를 비롯한 뉴질랜드, 미국, 캐나다 등으로의 이민 행렬이 시작되었다.

사실 인구 면에서 보면 1940년대 중반이래 인도인은 피지 원주민을 수적으로 앞서기 시작했다. 그러나 1987년 첫 쿠데타가 발발한 후 인도인의 수는 급격히 감소하기 시작했다. 1986년 센서스에 따르면 인도인은 전체 인구의 48.7%로 46.0%를 점하고 있는 원주민보다 많았지만 1996년에는 피지 원주민이 약 50%인 반면 인도인은 약 45%로 감소하였고 2004년 말 추정치에 의하면 피지 전체 인구 840,201명 가운데 피지 원주민은 54.3%를 그리고 인도인은 38.2%로서 크게 감소하였음을 알 수 있다. 이처럼 계속된 피지의 쿠데타와 이로 인한 정치, 경제적 불안은 인도인의 '피지 탈출' 행렬을 지속시키고 있다.

Ⅲ. 태평양 일대 국가로의 이주

그간 남태평양에 위치한 피지의 인도인들은 소위 '인도인 구 디아스포라'(old Indian diasporas)의 하나로 간주되었다. 이들은 인도와 구체적이고 실제적인 상호교류를 하지 않고 단지 자신들의 문화와 조상이 인도에서 왔다는 정도로만 인도와의 관련성을 지니고 있었다. 물론 인도정부에서 지원하는 장학금을 받고 일부 인도인들이 인도에서 유학한 바는 있지만, 유학 기간 후 인도에서 정착하였다든지 인도와 사회·문화적, 정치·경제적으로 지속적인 관계를 유지해 온 사례는 거의 없다. 따라서 적어도 1987년 피지의 첫 번째 군사 쿠데타로 인해 인도인이 소위 환태평양 일대의 국가인 미국, 캐나다, 뉴질랜드, 호주로 대규모 이주를 하기 전까지는 피지의 인도인은 인도인 디아스포라의 일원이었다.

1987년 군사 쿠데타 이전에도 인도인의 피지 외부로의 이민은 있어 왔다. 1960~70년대에도 미국과 캐나다를 비롯한 뉴질랜드와 호주로의 소수의 이민이 있었다. 예컨대 1960년대 초부터 노동자로 일시적인 체류자만을 허용하였던 '남태평양 직업허용협약'(South pacific work permit scheme)으로 일부 인도인들이 뉴질랜드로 진출한 바 있다. 그러나 이 협약은 1987년 군사 쿠데타 발발 후 일부 인도인들이 이 협약을 불법 체류하는 목적으로 이용하는 사례가 늘자 시효정지 되었다.

사실 1960~1980년대 초까지 경제적 침체에 직면하던 피지 정부는 인도인들의 외부 사회로의 이주에 애써 무관심하였다. 특히 전문직이나 공무원인 인도인들이 이주할 경우 발생한 여석을 원주민이 채울 수 있기 때문에 피지 정부는 1987년 군사 쿠데타 발발 이전까지는 이주에 무관심으로 일관하였다. 대체로 인도인들의 이주 규모가 커지기 시작한 것은 1970년대 피지 독립을 전후 한 시기였다. 1970년대의 피지 헌법상에 명기된 정치적인 불평등 조항 등에 불안을 느끼고 원주민으로부터 임차한 토지의 만료 시기의 도래에 미래의 경제적 불투명성을 미리 감지한 일부 인도인들은 외부세계로 이주를 시작하였다.

1960~70년대에 많은 수의 인도인들은 캐나다와 미국을 이민 대상국으로 선호하였다. 백호주의의 여파가 여전하였던 호주와 직업의 기회가 상대적으로 제한되어 있던 뉴질랜드가 지리적으로는 피지와 매우 근접해 있지만 당시 상대적으로 이민을 관용적으로 허용하던 미국과 캐나다가 인도인들의 우선적인 이민 대상국이 되었다. 당시 캐나다는 최고의 이민 대상국이었다. 캐나다의 이민자 선발은 인종, 국적, 종족 등에 따른 차별이 없었기 때문이었다. 특히 피지가 영국으로부터 독립했던 1970년 이전에는 인도계 피지인도 영국 시민이었고 여권에 피지 컬러니(Colony of Fiji)로 기록된 영국 여권을 소지하였기 때문에 캐나다로의 이주는 상대적으로 수월한 편이었다. 캐나다의 가족결합(family union) 이민 프로그램에 따라 많은 인도인이 이주함에 따라 당시에는 소위 연쇄이민이 이주의 한 가지 특징이었다. <표 1>에 나타난 바와 같이 1975년도의 인도인이 선택한 이주국의 분포를 보면 약 50%가 캐나다를, 약 18%가 미국을, 약 14%가 호주를, 11%가 뉴질랜드를 선택하였다.

1952년 아시아 태평양계 출신자에 대한 이민 지분을 허용하는 맥카란 왈터(McCarran-Walter) 법안의 개정으로 1965년부터 인도계 피지인의 미국으로의 이주도 시작되었다. 초기에 기술독립이민과 가족결합이민이 주종을 이루었으며, 최근에는 일정 부분의 피지 시민에게 추첨을 통해 이민을 허용했던 ‘외국인노동자 입국허가증’(green card lotteries) 제도의 혜택으로 일부 인도인이 미국으로 이민가고 있다. 관광비자나 친지방문 등으로 미국에 입국하여 불법체류 도중 사면을 받아 시민권을 받은 인도인도 상당수 된다.

1960~70년대 일부 인도인은 앞서 언급한 ‘남태평양 직업허용협약’

의 일환으로 일부 뉴질랜드에서 노동자로 단기 체류한 경험이 있는 사람들로서 외국생활에 대한 경험과 이를 통해 축적한 현금을 토대로 하여 미국과 캐나다로 이민하기도 하였다. 당시의 인도인들 이주는 주로 건축, 메카닉, 운전 등 숙련 기술자들의 이주였기 때문에 이주로 인해 인도인 커뮤니티의 고급두뇌 유출은 크지 않은 편이다. 고급두뇌 유출은 대략 1980년대 초부터 시작되었다. 이 시기에 일부 피지 정치인들이 인도인을 피지로부터 추방해야 한다는 슬로건을 외치기 시작하고 향후 전개될 토지문제를 이해한 고급두뇌의 일부가 이민을 시작하기 시작하였다.

호주의 경우는 1970년대에도 백호주의의 잔재가 남아 있었기 때문에 인도인의 이민이 쉽진 않았지만 1973년부터 공식적으로 인종을 토대로 한 편견은 사라지고 기술이민, 난민, 가족결합 등 다양한 조건으로 이민이 허용되기 시작했다. 호주 내에 인구증가의 속도가 빠른 (1981~1986년에 10%, 1986~1991년 17% 급증) 이민자 집단의 하나인 피지출신 인도인은 2001년 호주 센서스 기준으로 약 40,000명이 호주에 거주하고 있다. <표 1>에 나타난 바와 같이 1980년대 중반부터 인도인의 최고 이민 대상국은 호주로 바뀌었다. 1987년 쿠데타 후 호주는 상당수의 인도인을 난민 자격으로 받아들인 바도 있다. 1990년대 들어 호주와 뉴질랜드는 이민 수용 자격심사에 '점수제'(point system)를 도입하여 단순 기술자와 반숙련공의 이민을 줄이고 전문직 이민자의 수용을 늘이기 시작하였다. 이에 따라 의사, 변호사, 회계사, 교사 등 전문직의 뉴질랜드와 호주에의 이민이 크게 늘어났다. 3차 쿠데타가 일어난 2000년에는 호주정부가 인도인 244명에게 인본주의적 토대로 영주권을 부여한 바도 있다.

<표 1> 피지 인도인의 해외 이주국 분포현황

연도	호주	뉴질랜드	미국	캐나다	기타
1975	13.6	10.2	18.4	50.6	7.2
1980	21.6	7.0	36.8	29.3	5.3
1985	35.1	6.7	37.0	17.2	4.0
1986	40.7	9.2	32.5	13.8	3.8
1987	47.6	19.0	22.7	7.6	3.1
1988	45.3	28.8	16.5	7.0	2.4
1989	41.4	31.0	15.5	10.0	2.1
1990	40.2	20.9	19.6	17.3	1.9
1991	44.0	18.1	18.4	17.0	2.4
1992	44.0	16.1	17.0	20.5	2.4
1993	38.7	16.4	19.0	22.8	3.1
1994	34.0	15.7	23.9	22.7	3.7
1995	37.9	13.2	30.5	13.6	4.9
1996	36.7	19.8	29.2	12.5	1.8
1997	31.3	20.3	42.7	10.3	5.3
1998	27.9	24.3	36.7	8.1	3.0
1999	33.4	25.5	31.2	7.1	2.8
2000	32.2	30.2	25.9	7.9	3.8

출처: 피지통계청(1975년~2000년).

Ⅳ. 인도인 이주의 정치·경제적 환경

1. 정치적 환경

1970년대부터 1987년에 걸쳐 5회의 피지 선거는 인종적인 토대 위에서 실시된 바 있다. 독립 이전인 1960년대에 인종을 토대로 한 2개의 정당이 결성되었다. 피지 원주민이 중심이 된 피지 동맹당과 인도인을 토대로 한 국민연합당이 그것들이며, 그 후 1985년에 노동자 계급을 중심으로 하면서 인종적 토대를 초월하여 피지노동당이 결성되었다. 그간 집권은 동맹당을 중심으로 한 피지 원주민들이 하였으나 1987년의 선거에서 최초로 노동당과 국민연합당의 연합전선이 집권당인 동맹당에 승리하였다. 노동당의 피지인 바반드라(Bavadra)가 수상이 되고 인도계 피지인의 많은 수가 내각의 각료로 입각했으나, 1987년 5월 원주민 출신 대령 람부카가 '피지식 삶의 방식의 고수'라는 기치를 내걸고 정권을 전복하였다. 이 과정에서 인도인에 대한 폭력, 방화, 강간 등이 자행되었으며 모든 면에서 인도인을 불리하게 하는 법령들이 1990년 헌법 개정을 통해 이루어졌다. 예컨대 오직 원주민만이 수상, 대통령, 군사령관이 될 수 있으며 모든 공무원의 50%를 원주민에게 할당하고 피지 추장제의 최고기관인 '대 추장 회의'를 최고 정치집단의 하나로 인정한다는 것들이었다. 또한 70석의 하원의원석 가운데 오직 27석만을 인도인들에게 할당하는 등 인종을 토대로 한 차별정책이 근본적으로 자리를 잡게 되었다.

첫 번째 쿠데타 이후 인도인에 대한 테러, 협박, 절도 등 온갖 종류의 공격이 가해졌으며 이는 경찰과 군인의 묵인 하에 자행되었다. 쿠데타와 헌법개정을 통한 인도인에 대한 제도적인 불이익조치로 인해 대규모 인도인의 외부로의 이주가 시작되었다. 1997년의 헌법개정에 의해 선거제, 공공 부분, 교육 및 취업 등에서의 인종적 불평등 조치가 다소 완화됨에 따라 피지의 민주화와 평화의 도래가 기대되었다. 즉 1997년의 개정조치로 인해 피지는 민주화의 길로 다소 접어들어 외국과의 외교단절이 다소 회복되었지만 인도인들의 이주를 막을 수는 없었다. 개정된 헌법을 토대로 한 1999년 선거에서 노동당의 인도인 쵸드리(Chaudry)가 수상이 되어 최초의 인도인 수상과 그가 이끄는 정부가 탄생하였다. 이에 원주민들은 새로 구성된 정부에 조직적으로 저항하고 인도인 학교와 사원에 방화하였으며 인도인 가정과 상점을 공격하였다.

2000년에 실패한 사업가인 조지 스페이트(George Speight)와 그가 주동한 원주민 무장 과격분자 6명이 국회의사당 내에 있던 수상 쵸드리와 그의 각료 및 국회의원들을 인질로 잡고 인도계 정권의 전복과 임시 내각구성을 하여 원주민 추장 티모시를 과도정부 총리에 지명하였다. 2000년 쿠데타는 일부 원주민들이 인도계가 정부를 지배한 것에 대한 불만을 표현하였지만 내부적으로 보면 피지 원주민 지도부 내부의 갈등이 주요 원인이었다는 견해가 지배적이다. 그러나 이러한 정치적 갈등은 인도인을 희생양으로 삼았던 것이 분명하였다. 이 와중에 오랫동안 불이익을 당하고 가난에 시달렸던 원주민 계층에게 인도인들을 대상으로 한 폭력과 강탈을 허용한 것으로 해석되었다. 재산피해와 폭력피해로 보면 1987년 쿠데타보다 2000년의 쿠데타가 더욱 심했기 때문에 인도계 사람들은 이러한 정치적 불안을 피해 대규모 이주를 다시 한 번 시도하였다. 특히 2000년 쿠데타 이후에 원주민에 의한 인도계에 대한 폭력과 절도 등은 이미 인내의 한계를 넘은지 오래되었다. 절도 등과 관련하여 인도인들의 신고를 받은 원주민 경찰은 심지어 범인에 대한 탐문작업조차 하지 않는다.

2. 경제적 환경

사실 인도인은 피지에 사탕수수 계약노동자 신분으로 왔다. 인도인은 농업에서 기술과 능력을 발휘하면서 농업부문에 대체로 성공적으로 적응하였다. 피지 내에서 원주민과 인도인 간의 종족성 경계의 한 가지는 토지소유가능 여부라 여겨지며, 이를 통해 '토착민'과 '이방인'의 정체성이 구성된다. 피지에서 토지소유자를 지칭하는 타우케이(taukei)와 외지인을 지칭하는 불랑이(vulagi) 관계가 원주민 민족주의인 타우케이즘(taukeism)으로 발전했고 타우케이즘은 피지 원주민과 인도인간의 인종적 대립을 심화시켰다(이태주. 2000: 168). 타우케이즘은 토지를 매개로 한 원주민 자신들만의 정체성에 호소하는 표현들의 토대가 된다.

사탕수수 노동자로 온 인도인은 자유노동자 신분으로의 전환된 이래 사탕수수와 코프라와 같은 현금작물을 원주민으로부터 임차한 토지에서 재배하였다. 피지의 초대 총독인 고든(Gordon)이 피지의 토지가 거래되지 못하고 원주민이 공동으로 소유하는 것을 원칙으로 정했기 때문에 인도인은 피지 전체 토지의 약 83%에 해당하는 원주민 토지를 장기 임차하여 농사를 해 왔다. 1997년부터 장기 임대된 토지의 계약이 만료되기 시작하면서 토지 임대를 둘러싼 긴장관계가 원주민과 인도인간에 심화되기 시작되었다.

외부적으로 인도인이 피지의 경제를 지배하고 있다는 성공 신화는 그 내부를 자세히 들여다 볼 필요가 있다. 1920년대부터 자유 이민으로 인도에서 온 구자라트 상인들은 행상부터 시작하여 현재는 피지 전체 상업부문의 약 60% 이상을 점유하게 되어 경제적으로 성공하였다. 문제는 약 50% 이상의 계약노동자 후예인 인도인의 경제적 상황이 악화되고 있다는 점이다. 이들 대부분은 농업에 종사하고 있는데 이들의 토지는 극소수를 제외한 대다수가 30년을 임대조건으로 하여 원주민 지역 혈통 단위인 마탕갈리의 땅을 임차하여 농사짓고 있다. 이러한 임차기간이 1997년부터 마감되기 시작하면서 2028년이면 모든 계약기간이 종료된다.

아래 <표 2>가 보여주고 있듯이 가장 많은 인도 농가의 임차기간 마감은 이미 1999~2000년 사이에 발생하였다. 임차기간이 종료되어 피지의 마탕갈리로부터 재계약을 허용 받은 비율의 경우 1999년 1,594가구의 계약 만료가구 가운데 재임차를 허용 받은 경우는 350가구, 2000년의 경우는 1,955가구 가운데 단지 311가구만이 재 임차 계약에 들어갔다. 더구나 농지 재계약에 들어가지 못한 인도인 농가 가운데 상당수의 가구들은 임차농지에 세워진 자신들의 가옥조차 아무런 보상을 받지 못하고 피지 원주민에게 빼앗기는 일이 빈번하게 일어나고 있다.

이러한 경제적 불안 외에도 피지 정부는 교육부문에서 인종을 토대로 하여 심한 차별정책을 실시하고 있다. 사실 많은 수의 구자라티 상인들과 전문직과 기술직에 근무하는 인도인들은 대부분 전통적인 방식으로 살아가고 있는 원주민에 비해 경제적으로 윤택한 것은 사실이나 모든 인도인이 부유한 것은 아니다. 상당수의 인도인 농가, 특히 소규모로 사탕수수 등을 재배한 농가는 경제적으로 어려움에 처해 있었다. 그러나 원주민을 편향적으로 지원해 주는 피지 정부는 자녀들의 학비보조나 장학금 혜택 등을 원주민 중심으로 실시하고 있으며, 관공서 등의 임용에 있어서도 차별원칙을 세우고 있다. 이러한 차별을 피하고 자녀들의 고등교육 기회의 부여와 직업 등 장래를 생각하면서 인도인들은 이민을 모색하여 왔다.

토지와 가옥에서 밀려난 인도인 가운데 현금 능력이 있는 사람들과 이민의 조건을 갖춘 사람들은 주저 없이 외부로 이민을 떠날 수 있지만, 많은 농가들이 호주, 뉴질랜드, 미국, 캐나다 등에서 요구하는 이민 조건을 충족시킬 수 없다. 이들은 피지 정부가 제공하는 임시거처에 머물거나 아니면 수도인 수바(Suva)나 라우토카(Lautoka) 등 대도시에 거주하는 친인척의 집에 잠정적인 신세를 지면서 막노동이나 택시 운전 등을 할 수밖에 없다.

이민 대상국가에서 요구하는 자격을 지닌 피지계 인도인의 경우는 이민 준비가 수월하지만 그렇지 않은 경우 유일하게 피지를 탈출할 수 있는 방법은 자녀의 혼인에 기대는 수밖에 없다. 미혼 자녀가 호주 등 외부에 있는 피지계 인도인과 혼인을 하여 일단 그 자녀가 영주권 또는 시민권을 보유하게 되면 가족원의 일부는 연쇄이민의 기회를 잡을 수 있는 확률이 높아지기 때문이다. 피지의 '사탕수수 노동자 협의회'에 근무하는 비마 사미(Bhima Sami. 남. 50세)의 사례 외에도 수많은 이민들이 혼인관계를 토대로 이루어지고 있다. 비마 사미는 아들 3명이 있다. 자신은 대학 졸업을 하지 못하고 고등학교를 나온 뒤 은행 근무를 거쳐 현재의 직장에 근무하고 있다. 장남도 대학을 졸업하지 못했지만 외부로 이주를 위해 호주에 살고 있는 많은 친척들에게 호주의 시민권자 인도인 가운데 좋은 며느리 감을 물색해줄 것을 부탁하였다. 그러나 아들이 현재의 며느리와 피지에서 연애를 하는 바람에 호주로의 이민은 성사되지 못했다. 본인은 이민을 원치 않는다고 말하지만 자신이 나이와 자격 등으로 볼 때 이민을 가기에는 역부족이기 때문에 아들의 혼인을 통해 가족 연쇄이민을 기대 한 것으로 추정된다. 막내아들이 2005년 봄 학기부터 남태평양대학에 입학했는데 막내아들은 법학을 공부하여 변호사 자격을 취득한 후 뉴질랜드로 이민을 원하고 있다. 따라서 비마는 이제 막내아들이 뉴질랜드로 이민 가서 후일 자신들을 초청할 수 있기를 기대하고 있는지 모른다.

피지에 거주하는 인도인들이 피지 외부의 피지계 인도인과의 혼인을 성사시킬 수 없는 상황에 처해 있는 일부 부모는 미국, 호주, 캐나다 등의 유럽인들과 전문 중매업자나 펜팔을 통해 딸을 혼인시키는 경우도 발생한다. 대개 이러한 경우 대상 남자들은 중년 이상의 이혼한 남성이거나 심지어는 사회적으로 신체적으로 장애인 경우도 있다.

〈표 2〉 1997~2024년 토지 신탁청 임대 토지 계약기간 만료 현황과 전망

연도	임차 가구 수	연도	임차 가구 수	연도	임차 가구 수
1997	134	2008	299	2019	306
1998	237	2009	278	2020	152
1999	1594	2010	374	2021	168
2000	1955	2011	445	2022	135
2001	458	2012	419	2023	148
2002	622	2013	487	2024	88
2003	432	2014	380	2025	85
2004	600	2015	784	2026	65
2005	463	2016	361	2027	54
2006	521	2017	177	2028	13
2007	652	2018	254		
소계	7668		4258		1214
총계	13,140				

출처: 농림부 및 피지 토지 신탁청 검증 지위 보고서. 1997년.

V. 이주자들의 구성과 이주 동기

피지 통계청의 자료에 따르면 1970년대 초부터 2002년 사이에 걸쳐 약 117,800명의 피지인이 해외로 이주했으며, 이 숫자의 90%는 인도인으로 추정하고 있다. 첫 번째 쿠데타가 일어난 1987년 5월부터 1989년 5월 사이에만 약 11,000의 피지인(대부분이 인도계)이 피지를 떠났지만, 베드포드(Bedford. 1989)에 따르면 실제로는 약 29,000명 이상이 피지를 떠났을 것으로 조사되었다. 이는 출국할 때 단순 방문으로 신고한 많은 인도인이 현지에 불법 체류하여 난민 등의 자격으로 영주권을 얻거나 여전히 불법체류자로 남아 있는 수를 포함해야 하기 때문이다. 또한 1990년부터 2002년 사이에 약 65,000명 이상이 피지를 떠났으며 이러한 이민은 현재도 계속되고 있다. 특히 1987년 군사 쿠데타와 2000년 시민 쿠데타시기에 이민의 비율은 매우 높았다. 2000년 한 해 동안 약 6000명 이상의 인도인이 피지를 벗어났으며 이들의 대부분은 숙련 이민과 비즈니스 이민이었다. 즉 이민을 떠난 사람 가운데 상당수는 이미 호주나 뉴질랜드의 영주권을 지니고 있었거나 새롭게 이주를 할 수 있는 조건 즉 경제력과 지원 자격을 지닌 사람들이었지만, 경제력과 자격미달인 사람은 피지에 남아있을 수밖에 없다.

이처럼 피지를 떠나 해외로 이주할 수 있는 사람들은 기술이민을 갈 수 있는 숙련기술자나 전문 직종 종사자들, 가족들의 스폰서를 받아 가족결합이민을 갈 수 있는 사람, 혼인을 통해 이주할 수 있는 사람들로 한정된다. 1987년과 2001년 사이에 약 67,277명의 인도인이 해외로 이주했으며, 이들 가운데 의사, 변호사, 교사, 간호사 등의 전문 직종 종사자는 공식 통계로 8,669명이 보고되고 있지만 실제로는 이보다 훨씬 높을 것으로 추정하고 있다(Voigt-Graf. 2003). 1987년에는 이주자의 약 10.5%가 전문직이었지만 2001년에는 이주자의 약 15.5%

가 전문직 종사자였다는 사실은 이주로 인한 고급 전문직종의 '탈피지' 현상이 피지의 경제적 환경에 큰 영향을 끼칠 수 있음을 말해준다. 8,669명의 전문직 종사 가운데 2,728명이 교사들이었으며 단일 직종으로는 가장 높은 비율을 보여주고 있어 의료 분야와 교육 분야에서 피지는 큰 타격을 입고 있다.

피지를 떠난 사람들의 이주 동기는 매우 다양하지만 대개 정치적 불안, 악화된 경제 환경, 더 나은 자녀교육, 직업의 기회 포착, 차별 없는 사회에 대한 욕구, 더 높은 삶의 질 추구 등이다. 이민은 대개 송출국과 정착국 간의 흡인요인과 배출요인을 생각하는데 1970년대 이전의 인도인의 이민은 더 나은 삶의 추구와 경제적 욕구의 달성, 더 나은 교육환경 추구 등이 대부분이었다. 1970년대 이후 1987년 쿠데타 이전까지의 이민의 배경에는 일부 고등교육을 받은 계층들의 피지 독립과 함께 피지에 드리워진 인종적 차별의 그림자와 향후 있게 될 임차 토지의 몰수 등을 예상한 이민 동기가 추가되었다. 물론 피지 가운데서도 일부 지역에서의 경제적 환경의 악화 등을 경험한 인도인, 특히 비숙련 노동자들은 호주와 뉴질랜드로 관광방문을 하여 현지에 불법 체류하여 일정 기간 지난 후 사면을 받아 현지에서 영주권과 시민권을 받아 이들이 다시 가족들을 불러 이민을 이어가는 가족연쇄이민도 발견된다.

1987년 쿠데타 발발 이후에는 정치적 안정 추구와 인종차별 회피, 사회적 불안의 회피 등의 동기가 추가되어 이런 문제들이 해결된다고 생각되는 태평양 일대 국가로 이주 행렬이 이어갔다. 2000년 쿠데타 발발은 이러한 행렬을 다시 한 번 보여주는 계기가 되었다. 이주자들 대부분은 정치, 경제적으로 문제가 없었던 것은 아니더라도 최소한 1987년 쿠데타 이전까지는 모국인 피지를 떠나 다른 나라에 산다는 생각을 거의 해본 적이 없었다고 한다. 인도에서 피지로 이주한 이주 1~2세대와는 달리 이주 4~5세대에 속하는 대부분의 인도인들은 자신들이 태어나고 자라고 교육받았던 피지를 모국으로 생각하고 있기 때문이었다.

세 번째 쿠데타인 2000년 쿠데타 이후에 해외에 거주하는 인도인들은 피지로 귀환한다는 생각을 거의 포기한 상태이다. 따라서 호주, 뉴질랜드, 캐나다, 미국에 정착한 피지 인도인들의 대부분은 영주권의 부여 이후에 일정 기간 지나서 획득 가능한 시민권을 많은 사람들이 받은 상태이다. 예컨대 1996년 호주 센서스에 따르면 호주에 거주하는 약 73%의 피지계 인도인은 시민권을 받은 상태이다(Voigt-Graf. 2003). 미국과 캐나다에 거주하는 피지계 인도인의 경우 시민권 보유의 비율은 호주나 뉴질랜드의 경우보다 더 높을 것으로 추정된다. 호주와 뉴질랜드에 영주권을 획득한 상당수의 피지계 인도인이 피지를 근거지로 자신들의 전문직종과 비즈니스를 운영하기 위해 피지 시민권을 유지하고 있기 때문이다. 호주나 뉴질랜드에 거주하는 피지계 인도인의 극히 소수가 캐나다나 미국으로 재차 이주하려는 생각을 지닌 경우도 있지만, 대부분의 호주와 뉴질랜드 피지계 인도인은 현지를 자신들의 새로운 홈으로 생각하여 더 이상의 추가적 이민을 생각하지 않는 경향이 있다.

VI. 피지 출신 인도인들의 초국가주적 성격의 등장

1. 피지계 인도인

피지 외부에 거주하는 피지계 인도인들에게 인도로 귀환하고자 하는 '귀환의 신화'(myth of return)(Safran. 1991)는 없다. 세계 도처에 있는 인도인 집단들 가운데 피지와 카리브해 등 일부 지역에 거주하는 '인도계 재외동포'(Persons of Indian Origin, PIO)는 소위 '재외 인도인'(Non-Resident Indians, NRI)과 달리 자신의 기원지였던 인도와의 접촉이 단절되어 문화적 요소들의 유사성을 제외하면 인도와 특별한 의미를 갖고 있지 못하다. 따라서 피지계 인도인의 소수가 인도를 방문하는 것은 순수하게 관광객의 입장으로 힌두교의 성지를 방문하거나 자신의 조상이 왔던 곳을 알고 있는 사람의 경우 여행 도중 기회가 닿으면 고향을 찾아 나서는 것이 전부이다. 따라서 피지계 인도인에게 인도는 언젠가는 귀환해야 하는 모국이 아니다. 호주에 살면서 인도 여행단에 합류하여 다녀온 시드니 리버풀 구청의 공무원인 라젠드라 싱(Rajendra Singh. 남. 51세)의 다음과 같은 진술은 이런 성격을 보여준다.

> "나의 증조부모 모두 인도 우타르 프라데쉬 출신인데 피지로 노동자로 와서 만났다. 돌아가신 부친이 어린 시절 그분의 아버지 그러니까 나로 말하면 할아버지께서 그분의 아버지 그러니까 나로 보면 증조부가 인도로 돌아가야 한다는 말을 자주 했다고 한다. 이로 미루어 보면 아마 나의 할아버지 때까지는 막연히 인도로 돌아가고 싶다는 생각이 약간 있었던 것 같다. 그러나 내 아버지나 나 그리고 내 동생들을 보면 인도는 나와 직접적인 관계가 전혀 없다. 내가 어린 시절을 보내고 친구를 사귀고 학창시절을 보낸 곳, 그러니까 내가 성장한 곳이 피지이고 나와 나의 선조들은 지금의 피지가 건설될 때까지 헌신을 다 했기 때문에 피지는 나에게 모국이다. 인도는 단지 내 문화가 온 곳, 특히 우리가 큰 신이라고 믿는 라마가 탄생한 곳이기 때문에 종교적인 이유로 성지순례를 갔다 온 것이다. 인도에 가서 여러 가지 면에서 충격을 많이 받았다."

라젠드라가 충격을 받은 것은 인도에 인구가 많으며 거지가 거리에 너무 많다는 것, 거리가 지저분하다는 것, 인도 시골이 너무 낙후되어 있다는 점 등이다. 사실 라젠드라처럼 대부분의 피지계 인도인들은 자신의 증조부 또는 고조부가 인도에서 왔지만 너무 오랫동안 접촉이 단절되어 인도에 관한 기억과 접촉 경로를 전적으로 상실하였다. 이들에게 귀환을 한다면 오히려 피지라고 말하는 것이 일반적이다. 이에 대해 자동차 수리공인 자기디쉬 람(Jagidish Ram. 남. 53세)은 다음과 같이 말하고 있다.

> "피지는 참으로 살기가 좋았다. 모든 것이 느슨하게 돌아가고 먹을
> 것도 싸고 매일 익숙한 사람들을 만나고 심지어 우리는 피지 원주민과
> 도 너무 좋은 관계를 지내왔다. 쿠데타가 있기 훨씬 전인 1970년대 말에
> 이민 온 나 같은 사람들은 호주에서 살다가 은퇴해서는 피지에 지내고
> 싶었다. 내가 자랐던 곳이고 아직도 일부 나의 친척이 살고 있기 때문이
> 다. 1987년 첫 번째 쿠데타가 있을 때만 해도사정이 진정되겠지 생각했
> 다. 그러나 2000년 쿠데타를 보고 나는 피지로 돌아가는 것을 포기했다.
> 나는 호주에서 죽을 때가지 살게 될 것이다. 사실 나의 대부분의 가족들
> 은 호주에서 살고 있다."

피지계 인도인들은 피지에서의 사회적 관계와 문화적 토대를 통해
해외에서 자신들의 집단과 그 정체성을 만들어 내고자 하며, 다른 한
편으로 호주, 캐나다, 뉴질랜드, 미국 등지에 거주하는 피지계 인도인
친족원들과의 교류를 통해 초국가적(transnational) 관계를 유지하고 있
다. 사회·문화적으로 이들이 초국가적 관계를 선명하게 보여주는 상
황은 피지와 태평양 일대 국가들에 산재하여 거주하는 피지계 인도인
과의 혼인관계이다. 피지 외부에 거주하는 인도인 입장에서 문화적
배경을 공유하고 있는 피지계 인도인을 자녀의 배우자로 선택하는 것
은 많은 점에서 유리할 것으로 생각되었다. 혼인 후 문화적 충돌이 적
으며, 특히 피지 외부에서 자녀들이 양육되면서 자녀가 너무 서구화
된 자녀를 둔 부모들은 문화적으로 상대적인 보수성을 띄고 있는 피
지 거주 인도 젊은이들 가운데에서 배우자를 선택하는 것이 바람직하
게 여긴다. 예컨대 피지에 거주하고 있는 비마 사미(49세)의 누나는
미국에 이민 갔지만 매년 피지에 와서 친척이나 누이들을 방문하였
다. 그녀는 아들 혼인을 위해 비마 사미에게 피지에서 며느리 감을 구
해볼 것을 부탁하였다. 미국에서도 피지계 인도인을 며느리 감으로
찾아볼 수 있었지만 크게 서구화와 개방화된 아들을 종교적이고 보수

적인 며느리가 와서 다소 '인도적'으로 만들어 주길 기대하고 있었다.

피지를 비롯한 어느 한곳에서 혼인 또는 사망 의례와 새집 장만 후 올리는 '가르 보즈' 등의 의례들은 피지를 비롯한 태평양 일대 국가에 흩어졌던 가족들을 다시 모이게 할 수 있는 좋은 계기가 되고 있다. 피지에서 호주로 1994년에 이주한 샤르마(Sharma. 남. 39세)의 사례는 초국가주의의 사회문화적 양상을 잘 보여주고 있다.

> "나는 이주하기 이전에 피지 텔레콤에 근무하였으며 호주에 와서도 통신기업인 옵터스(Optus)에 근무하고 있다. 나는 3남 2녀의 둘째로 큰 형은 피지에서 살다가 1998년에 사망하였으며, 남동생과 두 여동생은 모두 캐나다로 이주하였다. 남동생은 1987년 쿠데타가 있기 직전에 캐나다에 거주하는 피지계 인도인 여성과 혼인하여 쿠데타 직후 떠났다. 남동생의 혼인은 캐나다에 거주하는 친척이 중매를 섰는데 캐나다의 제수씨 가족이 동생을 보기 위해 피지에 와서 혼인이 결정된 것이다. 1988년 캐나다에서 자동차 메카닉이었던 동생은 부모님과 두 여동생을 스폰서하여 캐나다로 이주시켰다. 나는 1994년에 호주로 독립 기술 이민하였는데 캐나다로 이민을 계획하던 큰 형이 1998년에 피지에서 사망하여 캐나다의 다른 가족원들과 자신도 피지에서 모였다. 그 이후 2000년에 현재의 내 집을 장만하였을 때 나의 집에서 집장만 의례를 지내기 위해 캐나다 형제들과 부모님을 호주로 초청하여 모든 가족이 모일 수 있는 기회를 가졌다. 나도 호주에 이민 온 뒤에 휴가 차 캐나다를 1회 방문한 적이 있다."

이와 유사한 경우는 호주에 거주하면서 사설 라디오 방송국을 운영하고 있는 제이 프라사드(Jay Prasad. 남. 55세)의 집안 이야기를 통해서도 발견된다. 그는 자신의 가족과 친척의 이주사와 이주 후 초국가주의적 관계에 대해 다음과 같이 말하고 있다.

> "나의 형제는 8남매이다. 맏이는 교사인 누나인데 현재는 피지에 있지만 내년(2003년)에 미국에 있는 아들 초청으로 미국으로 간다. 둘째인 형은 캐나다에서 구세군이고, 셋째인 나는 피지 방송국에 근무하다가

1988년 뉴질랜드를 경유하여 호주로 이민을 왔다. 넷째인 남동생은 피지에 있지만 이민을 준비하고 있으며, 다섯째 교사를 하고 있는 여동생은 1998년에 뉴질랜드로 이민 갔다. 여섯 번째인 여동생은 20 여 년 전에 미국에 있는 피지계 인도인과의 중매결혼으로 미국에서 살고 있으며, 일곱 번째 와 마지막 두 남동생은 2000년에 미국으로 이민을 갔다. 이처럼 뿔뿔이 흩어져 살기 때문에 전부 모이기란 거의 어려워졌다. 지난해 뉴질랜드의 누나와 함께 계시다 돌아가신 어머님 장례식에서나 모두 뉴질랜드에서 모일 수 있었다. 이처럼 집안에 누가 죽거나 결혼을 해야 만이 겨우 만날 수 있게 되었다."

피지의 쿠데타 이전에도 서구 사회로의 이주는 계속 있어 왔다. 그러나 군사 쿠데타는 이러한 경향을 급격하고 심화시켰기 때문에 이주 자격이 되는 모든 사람들은 피지를 벗어나 미국, 캐나다, 뉴질랜드, 호주로 이주를 하였고 여전히 원하고 있다. 이제 이들 가운데 일부는 자신의 가족과 친족원을 만나기 위해서 피지를 갈 필요가 없는 경우가 허다하다. 그간 피지는 인도인들의 모국으로서의 역할 뿐 아니라 모든 피지계 인도인들 삶의 중심이었다. 아직도 피지에는 약 32만명 (피지 통계청에 의하면 2004년 말 기준으로 320,659명의 인도인 거주)의 인도인들이 거주하고 있기 때문에 피지는 여전히 가장 많은 수의 인도인이 살고 있는 곳이다.

그러나 자신의 가까운 친인척들이 피지 밖으로 대부분 이주한 가정의 경우 일상적인 안부를 묻는 전화나 이메일과 가족의 대소사를 위한 방문도 피지가 아닌 호주, 뉴질랜드, 미국, 캐나다가 그 대상이 되었다. 호주에 이민 온 무슬림 연합회 사무국장인 암자브 마하브(남. 56세)의 다음의 이야기는 피지 인도인이 피지와 갖는 관계의 성격변화에 대해 알 수 있게 한다.

"나의 직접적인 가족원 모두는 피지를 떠나 미국, 캐나다, 호주, 뉴질랜드에 산다. 지난 해 호주 무슬림 연합회 일로 피지를 간 적이 있다. 그러나 피지에 나의 가족은 물론이려니와 가까운 친족원의 대부분이 모두 다른 나라로 이주를 하였기 때문에 3일 동안 피지의 호텔에서 지내야 했다. 물론 먼 친척이나 친구들이 전혀 없는 것은 아니지만 그들에게 3일 밤을 신세질 만큼 가까운 사이는 아니다. 이제 피지에 가도 나를 반갑게 맞아줄 사람들이 없다. 우리 아이들도 사촌 형제를 만나기 위해서는 피지를 가는 것이 아니라 뉴질랜드나 캐나다를 가야한다."

특히 마하브 자녀의 경우 피지를 가더라도 전혀 아는 사람들이 없다. 피지를 떠나온 지 30여년이 되었으며 마하브 본인은 일 때문에 가끔 피지를 갔지만 자녀들은 호주에서 학업 등으로 분주하여 거의 방문할 기회가 없었다. 피지에서 태어나 2~3세 때 호주로 건너간 자녀들은 피지에서 이제는 완전한 이방인이 되었다. 또한 뉴질랜드로 1987년에 가족들을 이주시킨 피지의 라젠드라 프라사드(55세)는 사업 때문에 본인은 뉴질랜드와 피지를 일상생활처럼 오고 가지만 일단 뉴질랜드에 이주한 자녀들은 더 이상 피지를 크게 그리워하지 않는다고 말한다. 특별한 행사가 있어야만 피지에 오는 그의 딸은 자신의 청소년기의 대부분을 뉴질랜드에서 보내고 기억할 만한 일도 뉴질랜드와 연결되어 있기 때문에 프라사드와는 달리 피지에 대한 애정이 거의 없다.

초국가주의적 관계를 가장 잘 보여주는 또 다른 양상의 하나는 이주민들 간 또는 이주 발산국과 이주자들 간의 송금과 선물교류 등이다. 이주자들의 모국에 대한 송금이 갖는 사회·문화적, 정치·경제적 의미는 초국가주의에 관한 많은 연구에서 분석된 바 있다(Keely & Tran. 1989; Lessinger. 1992; Al-Ali Nadje & Koser. 2002). 특히 경제적으로 열악한 개발도상국의 경우 이민자들이 모국의 가족들에게 보내는 송금의 양은 해당 국가의 주력 산업의 연 수익금에 버금가는 정도라고 보고한다. 예컨대 남태평양 국가들 가운데 통가(Tonga)와 사모아(Samoa) 경우 호주와 뉴질랜드 등의 이민자들이 모국으로 보낸 송금양은 해당 국가의 외환거래 양 가운데 가장 큰 규모를 차지하고 있다.

반면 대부분이 인도인들로 구성되는 피지출신 이민자들의 피지 내의 가족들에게 보내는 송금은 다른 남태평양 국가와 비교할 수 없을 만큼 소량이다(Mohanty. 2002; Reddy et al. 2002). 대부분 인도인들이 피지를 기회만 주어지면 떠나려는 상황이기 때문에 송금양이 적을 수밖에 없지만 그 와중에서도 이민자들은 피지에 남아 있는 부모와 형제들을 위해 소량이나마 송금을 하고 있으며 해외에 흩어져 있는 가족들의 애경사에는 송금과 선물을 보내고 있다. 다음의 호주에 거주하고 있는 자기디쉬 람(53세), 라제쉬 랄(32세), 라즈 프라사드(39세) 등의 사례는 외국에 거주하는 피지계 인도인들이 규칙적이거나 거액은 아니더라도 상황에 따라 부모와 형제들 간에 송금을 하고 있는 바를 보여준다.

"나는 1981년에 호주로 이민 온 뒤 부모님께 6개월에 5~600 호주 달러를 보내며, 부모님이 호주 방문을 원하시면 그 때마다 항공권을 구입하여 보내드린다. 나의 형제들은 호주, 뉴질랜드, 피지에 그리고 여형제들은 미국과 호주에 살고 있는데 우리들간에는 결혼식 등에는 직접 방문하여 현금과 선물을 주며, 디왈리 등 힌두 축제 시에는 선물이나 현금을 보내 서로 축하해 주고 있다. 그리고 국제 전화비가 너무 많이 청구될 정도로 피지를 비롯한 다른 국가들에 자주 전화를 거는 편이다"(자기디쉬 람).

"나는 1996년에 호주로 이민 와서 통신업체에 근무하는데 2001년에 집을 구입하였다. 당시 호주에서 '가르 보즈' 의례를 했는데 이를 위해 피지의 부모님을 초청할 때 항공권을 구입해 보내드렸으며, 부모님은 3개월간 나의 가족과 머물고 피지로 돌아가셨다. 부모님께 규칙적으로 송금하는 것은 아니더라도 사탕수수 수확철 등 노임이 필요할 때나 병환에 있을 때 또는 디왈리 등 축제 때마다 부모님께 송금하고 있다"(라제쉬 랄).

"나는 1989년 호주에 이민 와서 현재(2002년) 독립적으로 회계사 사무실을 개업하여 운영하고 있다. 나는 피지의 바누아 레부에 있는 부모님께 1년에 1,000 호주 달러를 송금하고 특별한 일이 있을 때마다 송금한다. 2000년에 피지의 형수가 작고했는데 조카가 학교를 다닐 수 있도록 송금했으며, 아버지가 화장실을 수세식으로 교체할 때도 목돈을 보낸 바 있다. 그러나 여동생이 호주로 이민 오게 되면 부모님도 호주로 모실 예정이다(라즈 프라사드)."

영국인들은 피지에서 원주민과 인도인들을 스포츠를 통해서도 분리시켜 관리하였다. 예컨대 원주민들에게는 럭비를 인도인에게는 축구를 도입시킨 것이다. 물론 현재는 종족적 구분 없이 두 경기를 모두 즐기는 일부 젊은 세대도 있지만 아직도 럭비와 축구는 피지인과 인도인을 구분 짓는 유용한 분리 역할을 한다. 1955부터 피지 인도 축구 연합회(Fiji Soccer Association)의 개최로 실시된 피지 지방간 축구 토너먼트(inter-district tournament)는 현재까지도 피지에 이어져 오고 있다. 피지계 인도인들은 피지 밖으로 이주한 후에도 현지에 축구 연합회를 만들어 자신들끼리의 모임을 갖는다. 예컨대 호주의 경우 1995년에 '호주 피지 축구연합회'(Australian Fiji Soccer Association)를 통해 피지에서와 동일한 방식으로 일 년에 4회에 걸친 토너먼트를 하고 있다. 축구 클럽의 구성은 선수들의 피지 출신지를 배경으로 조직되는데, 예컨대 피지의 수바 출신 선수는 수바 팀에 소속되며, 응원단 역시 수바 출신 피지계 인도인들로 구성된다.

피지축구협회는 1년에 4회에 걸친 토너먼트를 하는데 매년 그렇지는 않지만 해외 팀이 참여하는 경우도 있다. 피지축구협회 산하에 종교를 축으로 한 다양한 축구 토너먼트가 있다. 예컨대 남부 인도 출신들로 구성된 힌두종교 조직인 '덴 인디아 산마르가 이키야 산감'(Then India Sanmarga Ikya Sangam, TISI Sangam)의 축구조직과 무슬림 축구조직은 환태평양 일대에 흩어져 있는 피지계 인도인들의 축구를 통한 초국가적 연망을 가장 잘 보여주고 있는 사례들이다.

특히 피지 출신 인도 무슬림들은 피지에 있는 피지무슬림리그(Fiji Muslim League)의 한 부서인 '피지 무슬림 스포츠'(Fiji Muslim Sport) 주관으로 소위 '팬카'(FANCA: Fiji, Australia, New Zealand, Canada, America) 축구 토너먼트를 개최하고 있다. 피지무슬림 스포츠의 회장, 총무, 재무는 언제나 피지 거주자가 맡아 왔다. 1995년에 시작된 팬카는 한해는 해외에서 다음 해는 피지에서 순번제로 개최하고 있다. 예컨대 2001년은 캐나다 밴쿠버에서 2002년은 피지에서 2003년은 호주 시드니에서 개최된 바 있다. 토너먼트 개최국의 인도 무슬림들이 행사의 모든 것을 준비하고 본 토너먼트로 모금된 돈 가운데 50%는 기금으로 비축하고 남은 50%는 5개 팀이 분할하여 가져간다. 이 대회를 통해 태평양 일대 국가로 산재되어 있는 피지출신 인도 무슬림들의 결속이 강화될 뿐 아니라, 실제적으로는 이 대회에 참여하는 선수들과 응원단의 일원으로 참여하는 사람들이 개최 국가를 방문하여 현지의 친지들을 방문할 수 있는 기회를 가지게 된다.

피지와 피지 밖에 거주하는 인도인간에는 피지의 급변하는 정치, 경제적 상황에 대한 정보를 친지 방문 시 개인적으로 또는 수시로 이메일을 통해 주고받고 있다. 이 뿐만 아니라 호주 등 해외에 거주하는 친인척과 친구들 간에도 자신들이 거주하고 있는 국가들 내에서의 인도인 커뮤니티의 정보를 방문을 통해 전달해 주고 있다. 호주 시드니의 리버풀지역에서 운영되고 있는 '뉴사우스웨일즈 사나탄 다름 종교·문화 연합회'(Sanatan Dharm Religious-Cultural Association of New South Wales)에서 사제 역할을 하고 있으면서 현직 고교 교사인 판디트 수크랄 나라얀은 2001년 겨울 방학 동안 캐나다로 이민 간 친구들의 방문을 받았다. 친구들은 캐나다 밴쿠버의 리츠몬드(Richmond) 지역에서 활발히 운영되고 있는 '브리티쉬 컬럼비아 베딕 문화 협의회'(Vedic Cultural Society of British Columbia)의 활동에 대해 나라얀에게 많은 정보를 전달해 주었다. 호주에 거주하는 피지계 인도인과 인도에서 직접 이주해 온 인도인 간에 조화로운 관계를 만들어 내는데 큰 관심이 있는 나랴얀으로서는 캐나다의 상황이 매우 궁금했던 차였다.

방문한 친구들은 밴쿠버에서 자신이 운영하는 힌두 만디르 및 협의회에서는 피지계 인도인과 인도에서 직접 이주한 인도인들 간에 서로 화합하여 기금모금을 통해 만디르를 만들었으며 만디르의 준공식 행사에서 이들 두 집단의 대표들이 인도 국기와 캐나다 국기를 함께 흔들고 있는 사진을 보여주며 두 집단이 화합할 수 있었던 경위에 대해 자세한 설명을 해 주었다. 이 사례는 피지와 무관하게 캐나다와 호주에 거주하는 피지계 인도인 커뮤니티들 간에 필요한 정보가 교류되는 초국가적 네트워크를 보여주고 있다.

사실 친지방문, 송금, 의례, 스포츠 등을 통해 피지, 뉴질랜드, 호주, 미국, 캐나다 등에 흩어져 살고 있는 인도인들은 지난날 피지라는 한정된 지리적 영토 속에서 함께 살 때와는 다른 사회·문화적 양상들을 보이고 있다. 이러한 초국가적 양상들은 국민 국가적 경계를 넘나드는 사람, 현금, 재화, 이념과 정보들의 지속적인 흐름을 통해 공고화되고 있다. 특히 초국가적 경계 넘나들기는 사업을 하는 사람들 외에도 변호사, 회계사 등의 전문직에 종사하는 사람들 경우에 보다 선명하게 나타나며, 이들 가운데 일부는 이주국과 피지를 넘나드는 이중적 삶을 살아가고 있는 '셔틀러'(shuttler)가 되어가고 있다. 이러한 예는 다음의 변호사 나이두(Naidu. 남. 48세)의 경우를 통해 이해될 수 있다.

"나는 사탕수수 노동자 후예인 인도인이다. 남태평양 대학을 졸업하고 호주 시드니 대학에서 법학으로 석사를 끝내고 1992년 피지로 돌아왔다가 다시 1997년 호주로 이주를 하였다. 부인은 피지에서도 교사였는데 현재 캔버라에서 초등학교 교사를 하면서 2명의 아이와 함께 지내고 있다. 부인과 아이들은 호주 시민권을 획득했지만 나는 피지에서 변호사 사무실을 운영하기 위해 호주 영주권만을 획득했고 피지 시민권을 유지하고 있다. 호주 시민권을 취득하는 경우 피지 시민권을 포기해야하는데 이런 경우 피지에서 변호사업을 유지하기 위해서는 외국인으로서 피지 정부에 영업 허용을 요청하는 등 번거로운 일이 벌어진다. 캔버라에도 내 집의 일부에 변호사 사무실을 운영하고 있지만 주 수입은 피지 라우토카 시에서 운영하는 변호사 사무실이다.

이주 후 초창기에는 2주씩 호주 캔버라와 피지 라우토카에 번갈아 가며 머물면서 사무실을 운영하였지만, 현재는 1달에 한번 씩 주말을 호주에서 보내고 피지로 돌아온다. 나는 변호사업을 위해 스스로 장거리 왕복을 뛰는 '셔틀러'가 되었다. 호주와 피지라는 두 나라의 국경을 넘나들면서 양쪽에 집을 가지고 있다. 피지에는 나의 사무실이 있는 라우토카 시에 부모가 살고 있고 호주에는 나의 가족이 살고 있다. 사무실에 나오면 가장 먼저 핸드폰을 들고 부인과 가족에게 전화부터 걸어서 안부를 묻는 것이 일상화되었다. 나처럼 피지와 호주 또는 뉴질랜드를 정기적으로 왕복하며 두 곳에 홈을 유지하는 동료 변호사들이 상당수 된다."

자신의 비즈니스를 위해 나이두처럼 피지 시민권과 호주나 뉴질랜드 영주권만 갖고 있는 사례는 호주에서 회계사 사무실을 운영하고 있는 라즈 프라사드의 경우도 마찬가지이다. 그의 부인과 자녀는 호주 시민권자이지만 본인은 호주 영주권자이면서 피지 시민권자이다. 사실 영주권을 획득한 뒤 연속으로 2년만 거주하면 시민권을 신청할 수 있는 자격이 주어지지만 라즈 프라사드는 피지에도 회계사 사무실을 개업하고 싶어서 피지 시민권을 보유하고 있다. 그는 피지의 상황을 봐서 외국인에게 사업하기 편리한 조건이 되면 호주 시민권을 취득할 예정이다.

변호사 나이두처럼 2주씩 피지와 호주를 단기 왕복하는 셔틀러는 아니지만 피지와 뉴질랜드를 장기 왕복하며 자신의 피지 비즈니스를 관리하는 경우는 특히 1987년 피지 쿠데타 이후 큰 사업을 하는 대부분의 인도인들에게 일반화된 현상이다. 피지에서 가장 많은 29개의 체인 슈퍼마켓을 소유하고 있는 인도인 라젠드라 프라사드(55세) 사례는 국민 국가의 경계를 넘나드는 초국가적 양상을 잘 보여주고 있다.

"나는 1987년 군사 쿠데타가 일어난 후 부인과 가족들을 모두 뉴질랜드로 옮기고 일부 재산을 뉴질랜드에 투자하였다. 나를 제외한 모든 가족원은 뉴질랜드 시민권을 획득하였지만 나는 뉴질랜드 영주권만 갖고 있다. 뉴질랜드와 피지를 넘나들면서 나의 가족생활과 피지의 사업을 관리하고 있기 때문에 1년에 약 5개월은 뉴질랜드에서 보낸다. 모든 슈퍼의 경영진은 대개 믿을 만한 나의 친족원들이 맡고 있다. 나 외에도 규모는 약간 작지만 피지 라우토카 시에 4개의 슈퍼를 소유하고 있는 사촌형제인 라베쉬 프라사드 역시 약 4개월은 뉴질랜드에서 보낸다. 그의 가족들 역시 뉴질랜드에 이민을 갔다. 나와 라베쉬의 친인척들의 많은 수가 호주, 뉴질랜드, 캐나다, 미국 등에 흩어져 살고 있으며, 이들을 결혼식 등 의례시에나 만날 수 있다. 뉴질랜드나 호주에서 행사가 있을 경우는 참여하는 경우가 많지만 캐나다나 미국에서 있는 경우 시간이 되지 않으면 선물이나 현금을 보낸다.”

라젠드라 프라사드처럼 계약노동자 후예로서 피지에서 성공한 기업가로 간주되는 레디(Reddy)는 대규모 호텔 6개가 묶인 ‘호텔 타노아(Tanoa) 그룹’의 회장이다. 그의 경우도 모든 가족은 시민권을 획득하여 뉴질랜드에 살고 있지만 그는 뉴질랜드의 영주권과 피지 시민권을 갖고 있다. 그 역시 프라사드처럼 피지와 뉴질랜드를 넘나들며 호텔들을 경영하고 있다.

사실 1987년 제 1차 피지 군사 쿠데타 이후에 10만 명이 훨씬 넘는 인도인이 피지를 떠났으며 이 가운데 상당수의 인도인들은 의사, 법조인, 교사, 회계사 등의 전문직 종사자들이었다. 이들은 이주를 위해 필요한 학력과 근무 경력 등에서 일반인보다 유리한 조건에 서 있었기 때문이었다. 전문직 종사자의 대량 이주는 피지의 의료와 법률 분야에 부정적인 결과를 가져왔다. 따라서 피지 외부로 이민 간 인도인 전문직 사람들 가운데 일부는 피지 정부의 초청으로 이제는 ‘외국인의 신분’으로 피지에서 근무하고 있다. 피지의 라우토카 시에 있는 고등법원의 판사 키소르 고빈(Kisor Govin. 남. 69세)의 사례는 이러한 경우에 속한다.

“나는 뉴질랜드에서 법학으로 일찍이 유학을 끝내고 1985년 피지 고등법원 판사가 되었다. 1987년 피지 군부의 쿠데타에 반대하는 단식 농성으로 항의하여 군부에 의해 투옥된 바도 있다. 1987년 쿠데타 이후 호주로 이주하여 호주 시민권자가 되었으나 2002년도에 호주 정부로부터 고등법원 판사의 자리에 요청을 받아 외국인으로서 2년 계약직으로 피지에 와서 한번 계약이 재체결되어 현재도 고등법원의 판사를 하고 있다. 나의 부인은 호주에 이민 간 후 사망하였고 장남은 시드니의 변호사, 차남과 막내딸은 시드니의 은행원이고 나의 여동생은 시드니의 판사로 있다. 현재 나는 정신박약자인 나의 아들과 단 둘이서 피지에 거주하고 있는데 6개월에 한 번씩 시드니 집에 가서 약 1개월의 휴가를 가족들과 함께 보내고 온다.”

2. 구자라티 피지인

일부 노동자 후예출신 인도인들이 상업으로 성공한 사례도 있지만 피지의 상업부문을 장악하고 있는 인도인들의 대부분은 1920년부터 자유 이민으로 피지에 온 구자라티 커뮤니티이다. 이들은 현재 피지에서 ‘푼자스’(Punjas), ‘타푸’(Tapoo) 등 대기업과 대규모 백화점 체인, 관광상품업체 체인을 소유한 사람부터 소규모 가게를 운영하는 사람들까지 다양하게 분포되어 있다. 사실 구자라티 이주자들은 구자라트주에서 온 장인들(artisans)과 상인들이며 처음에는 남성들만 이주했다가 점차 연쇄이주형태를 띠면서 가족들의 이민이 뒤따랐다.

이들은 철저한 카스트 내혼 등을 통해 구자라티 커뮤니티를 고수함으로써 노동자로 온 일반 인도인과 구분을 하면서 상인 계층으로 피지에서 자리를 잡게 되었다. 구자라티 이주 1세대와 2세대들의 대부분은 상업부문에 종사하여 성공을 거두었지만, 다음 세대는 일찍이 경제적으로 성공한 부모들의 지원 하에 호주와 뉴질랜드로의 유학 경력을 토대로 하여 전문 직종에 진입하였으며, 현지에서 학력을 바탕으로 하여 1960년대부터 피지와 가까운 호주와 뉴질랜드 뿐 아니라 멀리 영국 등에 정착한 사례들도 있다. 특히 1987년 쿠데타 발발 이후에는 대규모 구자라티 커뮤니티들이 해외로 이주를 갔다.

부모 세대는 피지에서 상업을 지속하고 있는 반면 자녀들의 대부분은 이민을 가서 영주권이나 시민권을 획득한 경우가 많다. 일부 부모 세대조차도 뉴질랜드나 호주의 영주권을 이미 획득한 경우가 많은데 이들은 1987년과 2000년 피지에서의 정치적 불안을 경험한 후 만일의 사태에 대비하기 위하여 해외의 영주권을 지니고 있다. 피지출신 구자라티 인도인들의 피지 외부로의 이주도 피지계 인도인의 외부로의 이주의 과정이라는 큰 틀 속에서 이해될 수 있지만 그들만의 독특성이 발견된다. 피지 내에서도 구자라티들은 자신들만의 문화를 유지하면서 노동자 후예 인도인들 흔히 '피지계 인도인'이라 불리는 사람들과 자신들을 구분하여 왔다. 구자라티 인도인 내부에도 다양한 카스트들이 있으며 동일 카스트들 간의 혼인이 주로 이루어지고 있을 뿐 아니라 각자의 카스트 연합회를 운영하고 있다. 2004년 말 현재 약 7,000명의 구자라티들이 피지에 거주하고 있으며, 이들 대부분은 잡화점, 슈퍼, 의류가게 등의 소규모 비즈니스부터 시작하여 운송업, 관광업, 호텔업, 공장운영, 기업운영, 면세점운영 등 대규모 비즈니스에 종사하고 있다.

이들은 경제적으로 피지계 인도인보다 크게 앞서 있기 때문에 일찍이 자녀들을 해외로 유학시켰으며, 2세대들 가운데 일부와 3세대들의 대부분(1920년대 초부터 구자라티들의 피지로의 본격 이주가 시작되었다고 보면 장년층은 이주 2세대들이고 청년층 이하는 3세대로 간주된다)은 전문직 종사자가 많다. 경제적으로 여유가 있었던 구자라티들의 피지 외부세계로의 이주는 호주에 재이주한 후 사위가 운영하는 마트에서 일을 도와주고 있는 피지출신 구자라티 트리캄지(Trikamji. 남. 72세)의 가족 사례가 잘 보여주고 있다.

> "1935년 자신이 2살 때 부모와 두 형과 함께 구자라트에서 피지로 이주를 왔으며 나중에 전체 자신의 형제와 자매는 6형제와 1여동생이었다. 6명 가운데 5형제가 호주에 거주하고 있으며 둘째형은 호주에 살다

가 부인이 사망하자 인도에 가서 먼 친척들과 함께 지내고 있다. 자신의 자녀를 비롯해 대부분의 조카들도 호주에 거주한다. 자신의 손아래 두 명의 동생은 일찍이 호주로 유학하여 두 명 모두 호주 브리스번에서 변호사 일을 하며, 자신의 아들도 1978년에 브리스번에 있는 동생에게 초등학교부터 유학을 보내 현재는 변호사다. 자신은 1992년에 피지에서 가게를 하다가 아들과 형제가 스폰서를 하여 호주로 이민을 왔다. 피지에서 회사에 다니던 사위와 딸도 1992년 후반에 호주에 있는 가족들이 스폰서를 하여 이민하였으며 현재는 호주 리버풀의 번화가에서 피지와 인도 물건을 포함하여 잡화를 취급하는 마트를 운영하고 있다. 자신의 자녀들과는 달리 자신과 다른 형제들은 2~3년에 한번 씩 인도에 있는 형과 다른 먼 친척들을 만나기 위해서 인도의 고향에 다녀온다."

1987년 군사 쿠데타를 경험한 이후 구자라티 커뮤니티도 호주, 뉴질랜드 등으로 대거 이주했으며, 여전히 피지에서 비즈니스를 하고 있는 구자라티의 상당수가 호주와 뉴질랜드 등의 영주권을 보유하고 있다. 구자라티 커뮤니티의 젊은 세대들도 호주, 뉴질랜드 등 태평양 일대 국가로 혼인을 통해 이민을 간다. 혼인은 구자라티 커뮤니티에게도 여전히 유효한 이민 전략인 셈이다.

호주, 뉴질랜드로 이주한 구자라티들은 정착지에서 인도에서 직접 이주한 구자라티와 사회적 상호작용을 하는데 노동자 후예 인도인에 비해 상대적으로 힘들지 않다. 구자라티들의 피지와 인도에 대한 애정과 충성심은 세대에 따라 다르게 나타난다. 60~70대 노년층의 경우 어린 시절에 인도에서 부모를 따라 피지에 이주 온 사례도 있지만 2세대 이후는 대부분 피지에서 출생한 사람들이다. 따라서 피지에서 태어나서 성장했고 교육받았기 때문에 피지 태생 구자라티들은 피지를 모국으로 생각하고 있으며 이들에게 인도는 큰 의미가 없다. 그러나 인도에서 피지로 와서 현재 생존하고 있는 1세대들과 비교적 최근에 사업상의 이유로 인도에서 피지로 온 구자라티들에게 인도는 여전히 자신들의 모국이다. 특히 인도의 구자라트에 거주하는 친척들과 혼인을 맺고 종교적 축제에 참여하는 등 지속적으로 사회·문화적 교류를 지속시켜 온 이들 구자라티들에게 인도는 여전히 모국으로서의 큰 의미를 지닌 대상이다.

쿠데타 이전에도 인도 구자라트로부터 소수의 인도 구자라티들이 피지의 친인척 집에 와 친인척이 운영하는 비즈니스에 합류해 온 사례가 많았다. 특히 쿠데타 이후 피지에 있던 상당수의 구자라티들이 태평양 일대 특히 호주와 뉴질랜드로 이주를 하자 이들의 빈자리를 채우기 위해 인도에서 피지로 일부 구자라티들이 이주를 한 바 있다. 피지를 떠나 호주와 뉴질랜드에 거주하고 있는 구자라티들은 피지의 비즈니스를 여전히 유지하고자 인도의 구자라트로부터 자신들의 가난한 친인척들을 불러 자신들의 비즈니스를 돌보게 한다. 자신들은 가끔 피지를 들러 사업을 관리하기 때문에 피지와 뉴질랜드나 호주라는 국가 경계를 넘나들고 있다. 인도에서 최근에 온 구자라티들은 7년 이상을 피지에 거주하면 피지 정부로부터 시민권을 부여받을 수 있다. 이들 자녀들은 피지에서 교육을 받아 일정 자격을 갖추면 이들 역시 호주와 뉴질랜드로 다시 이주를 하고자 한다. 1982년에 인도 구자라트에서 피지로 온 지텐드라 자데브(Jitendra Jadev. 남. 48세)의 다음 이야기는 인도의 구자라티가 피지에 이주하여 '인도인 디아스포라'가 된 후 일정 기간 후에 그 자녀들이 호주나 뉴질랜드로 재이주하여 '초국가적 구자라티'가 될 가능성을 보여주고 있다.

> "나는 25살의 나이로 피지에서 봉제공장을 운영하고 있는 당숙의 요청으로 피지에 와서 피지에서 출생한 같은 구자라티 카스트 여성 그러니까 지금의 부인을 만나 피지에서 혼인하였다. 나는 1982년부터 1989년까지 당숙의 봉제공장에서 일하다가 1989년 독립하여 소규모 봉제공장을 만들었으나 1993년 피지에 불어닥친 하리케인의 피해로 공장 문을 닫고 현재는 피지 라우토카 시의 번화가에서 재단가게를 운영하고 있다. 난 피지 시민권을 받았으나 가끔 인도에 있는 부모 형제를 만나기 위해 구자라트를 방문하였다. 나는 2001년에 부업으로 개업한 인도여행사 일을 하면서 매년 인도와 고향 구자라트 나으시리(navsiri)를 방문할

수 있게 되었다. 언제나 인도 고향은 나의 마음속에 있지만 피지에서 태어난 2명의 아들은 한 번도 인도를 방문할 수 있는 기회가 없었기 때문에 인도를 그리워하지 않는다. 비록 내가 촬영해 온 비디오 필름을 통해 인도와 나의 고향을 아이들이 본 바는 있지만 그들에게 인도는 큰 의미가 없다. 큰아들은 현재 피지공학전문학교(Fiji Institute of Technology)에 재학 중이고 둘째 아들은 고등학교 3학년으로 남태평양대학교(Univ. of South Pacific) 건축학과를 지망하고자 한다. 사실 피지공학전문학교 졸업장은 호주와 뉴질랜드 이민에서 매우 좋은 자격조건을 충족시켜주며, 건축학 역시 이민을 위한 좋은 분야라 여겨지기 때문에 두 아들은 자격이 갖추어질 경우 이민 갈 확률은 대단히 높다고 본다. 그러나 나는 아들들이 호주나 뉴질랜드로 이민을 가더라도 인도 고향에서 여생을 보내고 싶다.”

일부 구자라티들은 가족들이 피지 외부의 여러 나라들로 이주하더라도 자신들이 하는 사업을 통해 긴밀한 초국가적 네트워크를 유지하고 있다. 이러한 점은 피지와 호주에서 금은방을 운영하는 소니 가족의 다음의 사례가 잘 보여준다. 피지의 ‘로드 쥬얼리’(Lord Jewelry) 상호의 소니 가족 금은방은 피지, 호주, 뉴질랜드, 미국에 거주하고 있는 일부 형제들이 금은방을 운영하고 있다. 피지에는 수도 수바의 가장 중심가에 큰 규모로 금은방이 둘째 형제에 의해 운영되고 있으며 이곳이 로드 쥬얼리의 본사인 셈이다. 호주에는 피지계 인도인이 가장 밀집되어 있는 리버풀 지역과 파라마타 두 곳에 다른 형제들이 금은방을 운영하고 있다. 사실 호주에 이주 온 소니 가운데 약 20% 미만만이 금은방을 운영하고 있고 그들의 자녀들 대부분은 전문직에 종사하고 있다. 이처럼 비즈니스에 종사하는 구자라티들은 피지와 다른 국가들에 흩어져 살고 있는 가족들과의 수출입 등의 거래관계를 유지시키면서 자신들의 사업을 육성해 가고 있으며, 해외에 지사를 오픈하는 경우도 있다.

또한 큰 비즈니스를 운영하고 있는 거의 대부분의 구자라티들은 피지와 근거리에 있는 호주와 뉴질랜드에 가족을 이민 보내고 자신들은 피지를 정례적으로 방문하면서 자신의 비즈니스를 관리하고 있다. 예컨대 수바에 3개의 호텔과 영화관을 갖고 있는 '타운하우스 호텔' 주인인 구자라티는 뉴질랜드와 피지를 넘나들며 생활하고 있는데 그의 모든 가족은 뉴질랜드에 있다. 그 역시 2003년에 뉴질랜드에서 영주권을 갖게 되었는데 가끔 사업 전체를 파악하기 위해 피지에 와서 각 호텔의 총지배인으로부터 사업성과를 보고 받는다. 그의 외아들은 고등학교를 피지에서 마치고 뉴질랜드 오클랜드 대학으로 유학을 간 후 현지에 정착하여 시민권을 획득하였다.

한편 구자라티들도 피지 출신 다른 인도인들처럼 해외에 있는 친인척들과 사회·문화적 관계를 유지하고 있다. 그러나 이들은 인도와도 그 연결 끈을 유지하고 있다는 점에서 노동자 후예들과 다르다. 따라서 해외에 있는 친인척방문 시에도 많은 경우 인도를 여행지에 포함시키고 있다. 예컨대 1997년에 호주에 살고 있는 아들과 합류하기 위해 피지에서 이민 온 구자라티 조기아(69세)는 호주로 이민 온 후 부인과 함께 3개월간 여러 나라를 여행했다. 캐나다의 밴쿠버에서는 부인의 사촌형제와 자신의 조카 집에서 신세를 졌고, 미국으로 가서 LA에 있는 사촌 형제를 만났으며 영국에 가서는 자신의 누이를 만났다. 영국을 거쳐 인도에 가서 인도 여행을 마친 후 호주로 돌아왔다. 그는 피지에 거주하면서도 여전히 인도 구자라트의 친인척과 연락을 취하고 있었기 때문에 여행 도중 구자라트의 인도 친척 집을 방문하여 보름동안 시간을 보내다 호주로 귀국하였다.

Ⅶ. 맺음말

피지계 인도인의 전체 약 1/3 이상은 피지 밖에 거주하고 있으며, 이러한 비율은 계속될 피지 거주 인도인들의 이주로 인해 점차 더 높아질 것으로 확신된다. 그러나 호주, 뉴질랜드, 캐나다, 미국 등 이민을 위해서는 해당 국가들이 일정한 이주의 자격을 요구한다는 점을 고려한다면 상당수의 인도인들은 향후에도 피지에 불가피하게 머물 수밖에 없을 것이다. 피지를 떠난 대부분의 인도인들은 호주와 뉴질랜드를 비롯한 소위 환태평양 일대 국가들에 거주하고 있으며, 일부를 제외하면 피지출신 인도인들 대부분은 피지를 모국으로 생각하고 있다. 그러나 현재 피지 외부로 이주한 인도인들은 연이은 피지의 쿠데타 후 더 이상 피지로 귀환한다는 생각을 하지 않는다. 이들은 현재 거주하고 있는 곳에 피지만큼 정서적인 애착을 느끼진 못하지만 최소한 신변 안전의 위협과 공식적 차별은 없기 때문에 현지에 대한 소속 의식을 키워가고 있다. 호주, 뉴질랜드, 캐나다, 미국(드물게는 영국을 포함하여)으로 재이주한 후 피지 출신 인도인들은 피지를 중심으로 하여 이들 국가에 흩어져 살고 있는 가족과 친지들과의 사회·문화적, 경제적인 초국가적 네트워크를 유지하고 있다. 이러한 네트워크는 일부 학자들이 주장하는 '아래로부터의 초국가적' 성격을 보이고 있다. 즉 통과의례들, 친지방문, 정기적 스포츠 행사, 송금 등의 친족 의무 수행, 전화와 이메일을 통한 안부 등 일상적 맥락에서의 초국가적 네트워크가 확립되고 유지되고 있다.

이주자의 초국가적 성격의 강화는 분명 교통 통신수단의 발달과 밀접한 관련을 갖고 있다. 보다 신속하고 편리하며 저렴해진 교통통신수단은 특히 피지와 근접한 호주와 뉴질랜드로 이주한 인도인들에게 다중적 장소에 대한 소속과 다중적 삶을 유지할 수 있도록 한다. 이들에게는 시민권, 국민, 국가가 일치되어야 한다는 국민국가의 이념은 더 이상 흔들리지 않는 명제가 아니다. 이들에게 시민권은 특정 영토와 주권에 충성을 다 해야 하는 강요의 대상이 아니고 타협과 경합의 대상이 된다.

약 120년 전에 인도를 떠나 낯선 피지 땅에 정착하여 현지에서 공고

한 인도인 사회를 만들었던 디아스포라 인도인들 가운데 점차 초국가적 공동체의 일원으로 살아가는 사람들의 수가 늘어가고 있다. 피지 외부에 있는 인도인 수가 늘어가고 이들의 피지와의 사회·문화적, 정치·경제적 관계가 약화되면서 초국가적 네트워크와 공간(space)에서 그간 차지하였던 모국으로서의 피지의 중요성도 점차 약화될 것이다. 특히 어린 시절 피지를 떠나거나 피지 외부에서 출생한 인도인 세대들은 그들 부모 세대와는 달리 피지와 개인적인 정서적 밀착감이 약화되고 있다.

한편 일부 피지 구자라티들은 태평양 일대 국가로 재이주하면서 초국가적 공동체의 일원이 되고 있으며, 이들이 남긴 피지의 빈자리를 최근 인도에서 온 새로운 구자라티들이 충원하고 있다. 그러나 얼마 있지 않아 이들 새로운 구자라티 역시 피지를 앞서 떠난 인도인들처럼 유사한 형태의 재이주 과정을 통해 초국가적 공동체의 구성원에 합류할 것으로 사료된다.

참 고 문 헌

김경학. 2003a. '호주 피지계 인도인의 종족 정체성 구성'. 『국제지역연구』. 서울대학교 국제지역연구원. 제12권 제2호.

김경학. 2003b. '호주 피지계 인도무슬림 사회의 구성과 그 전망'. 『인도연구』. 한국인도학회. 제 8권 2호.

김경학. 2004. '이주와 종교적 공동체 : 호주의 피지계 인도인의 라마얀 만들리를 중심으로'. 『국제지역연구』. 제 8권 제4호.

이태주. 2000. '멜라네시아의 토지 공동체주의와 전통의 정치'. 『한국문화인류학』. 33(1):16

Al-Ali Nadje & Khalid Koser(eds). 2002. *New Approaches to migration: transnational communities and the transformation of home.* Routledge: London.

Basch, L., Glick Schiller, N. and Szanton Blanc, C. 1994. *National unborn: ransnational Projects. Postcolonial Predicaments and Deterritorialized Nation-States.* Langhorne: Gordon and Breach.

Bauman, Z. 1998. *Globalization: the human Consequences.* Cambridge: Polity Press.

Bedford, R. 1989. "Out of Fiji ··· A Perspective on Migration after the Coups". *Pacific Viewpoint.* 30(2). 142 − 53.

Gillion, K. L. 1962. *Fiji's Indian Immigrant.* Melbourne.

Guarnizo & Smith, M. P. 1998. "The locations of transnationalism". M. P. Smith and L. E. Guarnizo(eds.) *Transnationalism from Below.* New Brunswick. NJ: Transaction Publishers.

Kearny, M. 1995. "The local and the global: the anthropology of globalization and transnationalism". *Annual Review of Anthropology* 24.

Keely, C. B. & B. N. Tran. 1989. "Remittances from Labour Migration: Evaluation. performance and Implications". *International Migration Review.* 13(3).

Kim, Kyung-hak. 2004. "Twice Migrant Indo-Fijian Community in Sydney: with particular reference to Socio-Religious organizations". *Indian Anthropologist* 34(2).

Lal, Brij V. 1983. *Girmitiyas: The origins of the Fiji Indians.* Canberra: The Journal of Pacific History.

Lal, Brij V. 1996. "The odyssey of Indenture: Fragmentation and Reconstitution in the Indian Diaspora". *Disaspora.* vol 5. no 2.

Lessinger. J. 1992. "Nonresident-Indian Investment and India's Drive for industrial modernization". Frances Abrahmer Rothstein and Michael L. Blim(eds.). *Anthropology and the Global Factory: studies of the new industrialization in the late twentieth Century.* New York: Bergin & Garvey.

Mayer, Adrian. C. 1961. *Peasants in the Pacific.* Berkeley: University of California Press.

Mohanty, M. 2002. "human Capital Resource outflow and Development in Fiji Islands". *Proceedings of the pan Pacific Conference.* Bangkok.

Portes, Alejandro. 1997. "immigration theory for a new century: some problems and opportunities". *International migration Review.* 31.

Portes, A. Guarnizo. L. E. and Landolt. P. 1999. "The study of transnationalism: pitfalls and promises of an emergent research field". *Ethnic and Racial Studies* 22.

Reddy, M. Mohanty and M. Naidu V. 2002. "Economic cost of human capital loss from Fiji". *Proceedings of the 5th International Conference of the Asia Pacific migration Research Network.* Fiji.

Rouse Roser. 1991. "Mexican Migration and the Social Space of Postmodernism". *Diaspora* 1(1). Spring: 8 – 23.

Rouse Roser. 1995. "Questions of identity. personhood and collectivity in the transnational migration to the US". *Critique of Anthropology* 15(4).

Safran, William. 1991. "Diasporas in Modern Societies: Myths of Homeland and Return". *Diaspora.* 1(1). spring.

Voigt-Graf, C. 2003. "Fijian teachers on the move: Causes, implications and policies?". *Asia Pacific Viewpoint.* 44(2): 163 – 174.

3장
피지 관광산업에 있어서 인도인 디아스포라의 지위

인 태 정*

I. 들어가는 글

오래전부터 인간은 자연 재난을 피하기 위해, 혹은 식량을 찾거나 상업적 목적을 위해서 이동하곤 했다. 그러나 대규모적인 이주는 제국주의와 식민주의 시대에 제국주의 정부의 주도하에서 강제적 혹은 반강제적 형태로 이루어졌다. 본 논문은 19세기에서 20세기에 걸쳐 강제적 혹은 자발적으로 인도 모국을 떠나 피지 국가로 이주한 '인도인 디아스포라'에 관한 연구이다. 인도인 디아스포라는 이주자의 사회적 배경, 이주의 역사적 시기, 이주 목적에 따라 다양한 층을 구성

---

* 전남대학교 인류학과 전임연구원.

하며 또한 이주한 정착국가의 사회문화적 구조, 정치경제적 배경, 이주민에 대한 국가정책에 따라 다양한 삶의 양태를 보여준다.

대부분의 피지 인도인은 계약노동자의 신분으로 1879년과 1916년 사이에 사탕수수 플랜테이션 노동자로 피지로 이주하였다. 그 이후 1900년과 1930년 사이에 계약노동제에 의해서가 아니라 자발적인 자유이주자로서 구자라트 지역 출신의 숙련공이나 무역업자들의 이주가 있었다(Gillion. 1962; Grieco. 1998). 이주자의 사회적 배경과 이주의 역사적 시기의 차이는 피지에 거주하는 인도인 내부에서 별개의 공동체를 형성하게 되는 주요한 요인이 되었다.

한편, 인도인들이 이주한 피지의 전통사회는 친족관계에 기초한 토지공동소유제도[1]가 특징이며 1874년에서 1970년까지, 거의 1세기 동안 영국의 식민지 통치를 받으면서 피지의 토지제도는 변형되어 유지되어 왔다. 피지의 토지공동소유제도로 인해서 피지의 경제는 종족적 분업에 기초한 경제적 이원화가 이루어졌다. 즉, 토지소유와 농업은[2] 피지 원주민이 주도하고 있고, 상업과 무역, 그리고 자본주의적 시장 경제에서는 백인(유럽계 피지 시민과 미국, 유럽 등지의 외국인 자본

---

1) 피지의 전통적인 토지공동소유제도는 식민지 이전의 시기에 토지에 대한 어떠한 절대적인 소유권도 없었으며 지역에 따라 다양한 집단과 토지관행에 따라 토지를 점유, 교환, 증여하기도 했었다고 한다. 그러나 식민지시기에 토지공동소유제도가 식민지 간접통치와 식민지 행정의 도구로 이용되면서 피지 원주민의 소 종족에게만 공동으로 소유되고 절대 양도할 수 없는 배타적인 토지소유관계로 정형화되었다. 이러한 토지소유제도의 제도화는 피지의 위계구조에 따른 차별적 분배로 피지 원주민 내부의 반목과 갈등을 초래하였고, 또한 다른 민족들의 토지소유를 배제함으로써 민족 간의 갈등을 초래하게 되었다.

2) 1970년대 이전까지, 피지원주민은 공동으로 토지를 소유하면서 토지임대수입을 위계적으로 배분받았으며, 따라서 그 당시 농업의 주된 생산자는 계약노동자로서 이주한 인도인들이었다. 그러나 1976년에 농지임대차법의 개정, 1997년에 농지임대차계약이 만료되면서 직접 농업을 경영하고자 하는 피지원주민이 급증하였고 그에 다라 농업을 주도하는 생산층의 민족적 교체가 이루어졌다.

가)과 인도인이 주도하고 있다. 이러한 사회적 특성은 1960년대부터 본격적으로 발달한 피지 관광산업에도 반영되어 있다. 현재 피지의 국가경제는 사탕수수산업과 관광산업의 두 경제적 기둥을 가지고 있으며 특히 관광산업은 2003년에 이르면 사탕수수산업의 대략 2.7배의 수익을 내는 산업분야이며, 사탕수수, 의류, 금, 원목, 어업의 수출액의 합계와 맞먹고 있다.[3] 따라서 피지에서 관광산업은 외화수입의 주요한 원천이자 국가 최대의 산업이라고도 할 수 있다.

본 연구의 목적은 피지의 중요한 국가산업이자, 피지 원주민에 비해 인도인이 상대적인 우위를 점하고 있는 관광산업에 있어서 인도인이 차지하는 지위를 살펴보는 것이다. 인도인이 관광산업에 있어서 점하고 있는 위치는 피지의 정치경제적 역학, 인도인 디아스포라집단의 형성과 분화, 피지 관광산업의 발전과정과의 끊임없는 상호작용 속에서 형성되어 왔으며, 필자는 이러한 역사적, 사회적 과정 속에서 인도인의 지위를 고찰하고자 한다.[4]

Ⅱ. 피지의 정치경제적 배경

1. 경제적 이원화

피지의 전통적인 사회는 친족을 기본 단위로 하면서 토지를 공동으

---

3) <표 1> Ministry of tourism. 2004: 10, General Information on Tourism in Fiji.

Year F($)mil	Tourism F($)mil	Sugar F($)mil	Garment F($)mil	Gold F($)mil	Timber F($)mil	Fish F($)mil
2003	622.1	230.7	252.7	76.5	33.2	85.0

4) 피지에서의 현지조사는 2005년 1월 24일부터 2월 12일까지 약 3주 정도 체류하면서 수행되었다. 우선 남태평양 대학(The University of South Pacific USP)에서 피지와 관련된 서적, 논문, 통계자료 등의 문헌조사를 실시하였다. 그리고 피지 관광청(Ministry of tourism)을 방문하여 피지의 관광산업 종사자들에 대한 목록을 입수하였고, 호텔 지배인, 남태평양 대학의 관광경영학과 교수, 피지 타임즈(Fiji Time) 편집장들과의 면담을 통해 피지 관광산업의 현황, 피지 호텔산업의 소유주와 경영자의 현황을 조사하였다.

로 소유하는 사회였다. 즉, 바누아(야부사의 연합) - 야부사(가장 광범
위한 친족집단 혹은 종족) - 마탕갈리(소종족, 가장 보편적으로 알려
져 있는 토지소유단위) - 토카토카(확대가족)라는 위계화된 친족집단
으로 구성되어 있으며 각 집단의 추장들은 높은 권위에 따른 공동체
적 의무가 요구되었다.

현재까지도 피지는 전 주민의 70%이상이 전통적인 생계경작 방식
에 의존하고 있는 농촌 마을에 거주하고 있으며 각 마을은 전통적인
혈연중심의 위계화된 사회구조를 비교적 잘 유지하고 있다(이태주.
1998: 5).

피지의 전통적인 사회경제적 구조가 유지되어 온 역사적 과정에는
백인들의 자본 유입과 영국 식민지 통치의 유산이 자리 잡고 있다. 영
국의 식민지 통치는 추장의 전통적 권위를 식민지 지배에 동원하면서
영국 여왕을 최상의 권력으로 하는 식민지적 위계구조를 피지에 형성
하였다. 또 한편으로 영국은 유럽계 백인 농장주와 자국 자본의 이해
관계를 보장하기 위해 사탕수수 플랜테이션 경영에 필요한 인도인 계
약노동자들을 대규모로 이주시켜 자본제적 경영에 필요한 임노동자
로 이용하였다. 그와 동시에 원주민보호주의와 식민지적 온정주의라
는 미명하에 피지의 토지를 원주민들이 소유하도록 하는 법적 제도적
장치를 마련하였다. 식민지적 토지소유제도 하에서 원주민 토지의 임
대와 개발을 위해 원주민 토지 신탁청이 만들어졌고 원주민 토지 신
탁청은 원주민들의 토지를 외부인들에게 임대하여 주고 토지 임대수
입을 식민지정부, 추장 및 위계적 집단 구성원들이 분배하여 갖게 함
으로써 위계적 사회구조를 더욱 강화하는데 기여하였다(이태주. 1998:
113). 이러한 토지소유제도는 피지 원주민에 의한 토지의 매매와 개발
을 통제함으로써 토지를 이용한 생산력발전과 농업의 상업화의 기로
를 저지하였으며, 또한 임대수입의 위계적 배분에 따른 신분적 갈등
(특히 추장과 평민)을 야기하였다.

또 한편으로, 토지 소유자인 원주민 친족집단 개발자인 식민지 정부와 인도, 유럽인 및 외지인을 분리시킴으로써 경제관계를 이원화하였다. 즉, 영국의 간접 통치는 원주민 사무부에 의해 원주민들을 통치하는 행정체계와 인도인과 유럽인들을 관리하는 행정체계를 분리하여 이원화시켰으며 피지 원주민들은 토지를 소유하고 인도인들은 이를 개발하는 자로 양분하였다(이태주. 1998: 311~312).

원주민의 토지에 대한 배타적 공동소유권은 인도인들을 외지인으로 차별하게 하였으며, 반대로 피지 원주민들은 인도인들의 자본제적 시장경제에 기생하는 주변인들이 되었다. 이러한 이원적 구조는 현재까지도 피지 원주민과 인도인의 종족적 분업구조를 지속시키게 만들었으며, 민족 집단에 의한 직업적 범주를 나타낸 다음의 <표 2>에서도 잘 나타난다.

〈표 2〉 1999년 남성인구 중 각 직업군의 종족별 분포

	Fijians	Indians	Others	Totals
	Male	Male	Male	Male
Legislators Senior Officials and Managers	742(21.22%)	1,995(57.05%)	760(21.73%)	3,497(100%)
Professionals	3,204(42.21%)	3,458(45.55%)	929(12.24%)	7,591(100%)
Technicians and Associates	2,913(44.10%)	3,045(46.09%)	648(9.81%)	6,606(100%)
Clerks	2,475(36.45%)	3,900(57.44%)	415(6.11%)	6,790(100%)
Service Workers and Shop and Market Sales Workers	4,646(47.75%)	4,625(47.53%)	459(4.72%)	9,730(100%)
Skilled Agricultural and Fishery Workers	567(63.71%)	273(30.67%)	50(5.62%)	890(100%)

Craft and Related Workers	3,305(30.28%)	7,050(64.60%)	559(5.12%)	10,914(100%)
Plant and Machinery Operators and Assemblers	3,722(37.44%)	5,912(59.46%)	308(3.10%)	9,942(100%)
Elementary Occupations	7,085(52.01%)	6,141(45.08%)	397(2.91%)	13,623(100%)
Armed Forces	3,117(99.55%)	12(0.39%)	2(0.06%)	3,131(100%)

출처: Fiji Islands Bureau of Statistics-Key Statistics, March 2005.
　　　남성을 중심으로 필자가 재구성.”

　　<표 2>에 의하면, 인도인 남성이 우세한 비율로 종사하고 있는 직종은 입법자, 고급 공무원, 경영자(Legislators, Senior Officials and Managers, 57.05%), 사무직(Clerks, 57.44%), 공예업 관련 노동자(Craft and Related Workers, 64.60%), 제조업, 기능공(Plant and Machinery Operators and Assemblers, 59.46%)이었다. 반면, 피지 원주민 남성이 주로 종사하고 있는 직종은 숙련 농업 및 어업 노동자(Skilled Agricultural and Fishery Workers, 63.71%), 단순 노무직(Elementary Occupations, 52.01%), 군인(Armed Forces, 99.55%) 등이었다. 즉, 토지 소유와 관련되어 있는 직종과 군대 등의 직종은 피지 원주민이 우세하고, 비교적 사회적 위세와 교육 수준이 높은 직종은 인도인들이 우세하면서 종족에 의한 직종간의 분리현상이 확연하게 드러났다. 그러나 위계가 높은 직종에서 인도인이 차지하는 비율이 높다고 하더라도 직종간의 종족적 분리현상이 반드시 피지 원주민과 인도인의 평균 수입의 격차로 이어지지는 않는다.

　　다양한 인종 집단 내에서 경제적 격차와 직업적 불균형에 관해 연구한 호주 경제학자 피스크(Fisk. 1970: 47)에 의하면 주요한 두 인종집단간의 수입 격차는 협소하다는 것이다. 1977년에 인도인 가족의 평

균 수입은 4,003달러였고, 피지 원주민 가족의 평균수입은 3,398달러였다. 반면에 다른 인종 가족들의 평균 수입은 6,228달러였다. 게다가 1976년에 비고용 인구는 피지 원주민들이 46%, 인도인들이 48%, 다른 인종들은 6%에 머물렀다. 그리고 1976년과 1982년 사이에는 피지 원주민들의 비고용 인구는 46%에서 34%로 하락했고, 기타 다른 인종들의 비고용 인구는 6%에서 3%로 하락했는데 인도인들의 비고용 인구는 48%에서 62%로 14% 증가하였다(Lal ?: 126~127).

쿠데타 이후 피지 원주민과 인도인의 종족갈등이 불거지면서 현재 피지 원주민과 인도인의 수입을 비교하는 통계는 공식적으로 나오지 않기 때문에 1970년대의 자료처럼 피지 원주민과 인도인의 수입을 비교할 수가 없다. 다만 15세 이상의 비 경제활동인구를 비교한 통계에 의하면 피지 원주민은 46,431명인데 비해 인도인은 60,414명으로 나타났다(Bureau of Statistics. 2005). 이를 통해 인도인의 비경제 활동인구가 피지 원주민보다 훨씬 높음을 알 수 있으며, 인도인이 피지 원주민에 비해 총인구수가 적은 것을 감안한다면 인도인의 경제적 위치는 그다지 높지 않음을 추측할 수 있다. 그럼에도 인도인의 소수(특히 구자라티)가 경제적 성공을 거두었기 때문에 피지 원주민들의 상대적 빈곤감이 더 큰 것 같고 이러한 심리를 피지 정치인들이 정치이데올로기로 이용하면서 종족간의 정치적 대립은 격화되고 있는 것이다.

2. 정치적 대립

영국의 식민통치 결과로 피지 사회에서는 심오한 분리와 갈등이 내재하게 되었다. 하나는 피지 원주민 내부의 갈등으로서 추장에 대한 평민들의 불만이 쌓이면서 추장과 평민들 간의 신분적, 계급적 반목이 격화되고 있다. 또 하나는 다른 인종 집단, 특히 인도인들의 토지소유제도에 대한 불만이 쌓이면서 인종간의 긴장과 반목이 격화되고 있다는 것이다.

피지의 내재적 갈등은 1987년, 2000년의 쿠데타를 통해 정치적인 갈등으로 가시화되었다. 피지의 독립 이후 원주민이 주도하는 동맹당(Fiji Alliance Party)이 계속 집권하였지만 1987년 총선에서 피지 노동당(Fiji Labour Party)과 인도계의 국민 연합당(National Federation Party)의 연합 세력이 집권당인 동맹당을 누르고 평민 출신 피지 원주민 바반드라(Bavadra)가 주도하는 노동당 정권을 출범시켰다.

이러한 선거결과는 점증하는 부와 특권이 인도인의 것이 아니라 토착적인 피지 공동체 내부의 특정한 개인과 집단의 것이라는 사실에 대한 피지 원주민들의 불만족을 반영한 것이었다(Gerard & Terence. 2001: 8). 특히 추장 지배의 합법성에 대한 피지 원주민들의 도시중간계급의 반발이었다(Lal. ?: 113).

그럼에도 불구하고 1987년에 타우케이즘(taukeism)[5]이라는 피지민족주의를 중심으로 쿠데타가 일어나면서 공식적으로는 인도인들의 정치참여와 경제활동에 제한이 가해지기 시작했고, 비공식적으로는 인도인에 대한 테러와 절도, 방화가 감행되었다. 1999년에는 노동당의 최초 인도인 수상인 쵸드리(Chaudhry)가 내각을 구성하였지만 2000년에 일어난 쿠데타로 인도계 정권이 전복되었다. 2000년에 다시 일어난 쿠데타 역시 원주민의 권리라는 이름으로 인도-피지 원주민들의 정치권력에 대항하고자 수행되었지만 실상은 인도인과 피지 원주민의 갈등뿐만 아니라 피지 원주민들 집단내의 경쟁에서 빚어졌다고 할 수 있다.

제라드(Gerard & Terence. 2001: 5)는 2000년에 있어났던 쿠데타 상황을 설명하면서 다음과 같이 주장하였다. "쿠데타 지도자인 조지 스페이트(George Speight)는 반역혐의로 그가 체포되기 이전에 피지의 언어

---

5) 타우케이즘은 유럽인과 인도인들의 휘지 유입과 토지 요구 증대에 대한 휘지 원주민들의 토지수호와 바누아에 대한 원주민들의 주권을 확인하는 정치경제적 이념이라고 할 수 있다(이태주. 1998: 314).

로 말하지 않았으며, 전통적인 권력의 최고 보고(寶庫)인 '추장 최고 평의회'(the Great Council of Chiefs)뿐만 아니라 피지원주민의 군사사령관의 압도적인 권력에 대해 저항하는 그의 요구를 제시하였다. 따라서 피지 사회의 내부에 존재하는 깊은 균열을 생각해보면, 소위 인도인의 위협이라는 것은 민족적 통합을 유지하기 위해 피지 원주민 정치가들이 만들어낸 수사학적 고안물"이라는 것이다.

소룬(Solrun. 2002: 72) 역시, 많은 사람들이 2000년에 피지에서 일어났던 쿠데타의 원인을 피지의 사업과 시장경제에서 인도인들의 우세함에 대한 반작용, 즉 자원의 불평등한 분배에 기초를 둔 인종간의 갈등현상으로 해석하고 있다고 한다. 그러나 쿠데타 당시 인질들의 구성이 인도인뿐만 아니라 피지 원주민이 1/3이상을 차지하고 있는 것에 대해 전혀 언급하지 않는다고 주장했다. 이는 쿠데타가 단순히 인종갈등에서만 빚어진 것이 아님을 보여주는 것이다.

요컨대, 피지 원주민에 의한 쿠데타 발발은 단순히 인도인과 피지 원주민간의 종족적 갈등뿐만 아니라 피지 원주민 내부의 불평등한 위계구조를 반영한 것이다. 이러한 갈등의 주요 원천은 토지를 중심으로 이루어지고 있다. 피지 원주민 내부의 갈등은 피지 사회의 위계구조에 따른 토지수입의 불평등한 분배에서 야기되고 있으며, 인도인과 피지 원주민의 갈등은 토지소유와 임대에 대한 불평등한 법적 구조에서 기인한 것이다. 즉, 인도인은 토지를 소유하지 못하도록 법으로 제도화되었고, 다만 토지를 임대해서 농사를 지을 수 있도록 농지임대차법이 1966년에 제정되었다. 이후 1976년에 다시 개정된 농지 임대차법은 농지 임대차 기한을 최소 30년으로 규정하여 당시 계약 체결된 농지임대차계약이 1997년 말부터 만료되기 시작하였다.

이에 쵸드리(Chaudhry) 수상은 임대토지의 만료기간이 도래한 2만 명 이상의 인도 피지 원주민 소작인들의 안정성을 담보해주려고 했으나 결국 실패로 끝나고 말았다(Gerard & Terence. 2001: 8). 그래서 인도인 농민들은 농지 재 임대 여부의 불확실성으로 불안감이 고조되고 있으며, 계약 만료를 기회로 인도인 농민을 대신하여 피지 원주민들은 직접 자신들이 농업을 경영코자 하면서 종족간의 갈등은 심화되고 있다.

Ⅲ. 피지 인도인 디아스포라의 형성과 분화

피지의 인도인들은 크게 두 하위공동체로 분류할 수 있다. 한 공동체는 1879년과 1916년 사이에 피지로 이주해온 계약 노동자들의 후손들이고 또 다른 공동체는 대략 1900년과 1930년대 사이에 구자라트 주에서 이주해온 비 노동 이주자이면서 자유로운 구자라티 상인들의 후손들이다.

1878년과 1916년 사이에 사탕수수통장에서 일하기 위하여 피지로 온 인도인들은 대략 3/4이 북인도(주로 현재의 우타르 프라데시(Uttar Pradesh)와 비하르(Bihar))에서 왔고, 1/4은 남인도(주로 타밀나두(Tamilnadu)와 안드라 프라데쉬(Andhra Pradesh))로부터 왔다. 이들은 5년 동안 계약 노동을 하기 위해 계약노동체계에 의해 조직된 이주를 하였다(Rutz. 1995: 76).

계약 노동자들의 이주는 1870년대 후반부터 피지에 설탕산업이 급속히 성장하였고 이로 인한 노동력 부족현상이 야기된 시기와 맞물린다. 백인 농장주와 기업가들은 값싼 토지와 노동력을 공급받음으로써 피지를 원재료생산지로서 형성하고 자신들은 상품공급자로서 위치하면서 피지의 전 자본주의적 관계를 통합하고자 하였다(Young. 1970). 그들은 피지 원주민들의 프롤레타리아화를 기대하였으나 피지 원주민들은 농장노동체제를 싫어했으며 피지 원주민들은 종족의 땅에서 일하기를 선호하였다(Young. 1970). 그래서 백인 농장주와 기업가들은 피지에 계약 노동제를 도입하여 인도인 노동자를 수입해왔으며 그럼으로써 그들은 인도인의 값싼 노동력을 이용하고 통제할 수 있게 되었다.

결국, 계약 노동자들의 이주는 피지의 백인 농장주와 기업가의 이해관계에 의해서 이루어진 것이었다. 그와 아울러 영국과 피지 식민지정부는 인도인들의 토지소유권을 원천적으로 봉쇄하고 다만 장기간의 토지점유와 임대만을 허용하였다. 그래서 토지소유제도에 근거한 종족분리정책은 토지를 소유한 집단으로서 피지 원주민과, 이를 상업적으로 개발하는 집단으로서 인도인으로 이원화시켰다.

농지 임대차법에 의해 인도인들은 피지 원주민들의 원주민 토지를 30년간 임대하여 경영하는 방법으로 상업적 농업을 시도해야 했으며, 토지압박과 상업적 농업의 불안정으로 고통을 겪어야 했다.6) 그에 따라 인도인들은 지위상승을 위한 수단으로서 교육에 전념할 수밖에 없었다. 랄(Lal. ?: 124)에 의하면 교육이 인도인에 대한 관계는 토지가 피지 원주민에 대한 관계와 같다고 한다. 즉 피지 원주민들에게 토지는 문화이자 정체성이자 보호 장치이며 정치적·경제적 권력의 결정적인 축으로 간주되는 반면, 인도인들에게 교육은 그들 생존의 근원으로 간주되었다고 한다. 그 결과 인도인들은 사무직, 경영직, 숙련노동직에 진출을 많이 하게 되었다. 또한 실제로 많은 인도인들은 자신들과 후손들의 정치적, 경제적 구제수단은 오로지 보다 높은 교육을 받는 것뿐이라고 믿고 있다.

한편, 주로 구자라트 지역에서 온 기술공과 상인들은 처음에는 남

---

6) 계약노동제 시기에 사탕수수제조업을 독점적으로 경영하는 호주인 소유회사인 사탕수수정제회사(CSR)는 인도인이 경작한 사탕수수를 구입해서 제조·판매하는 회사였다. 사탕수수정제회사는 인도인 계약노동자의 물리적 착취, 인도인 소작농의 사탕수수 수확물에 대한 가격통제 등으로 막대한 이윤을 획득했다(Gillion. 1962; Moynagh. 1980: 28~30, 60). 따라서 인도인 계약 노동자 및 소작농들은 토지임대료에 대한 압박, 회사의 혹독한 노동착취와 가격통제, 외부의존적인 사탕수수경제의 불안정성으로 불안정하고 낮은 경제적 지위를 점해야만 했다.

성들만 이주했다가 점차 가족, 친척, 마을 동료 등의 연쇄이주형태로 피지에 정착하였다. 이것이 구자라트 공동체가 그들 특유의 문화적 전통을 유지시키고 피지에서의 다른 인도인 하위 공동체들과 구별할 수 있도록 하였다(Grieco. 1998: 716). 즉, 구자라티들은 처음에 피지에서 작은 사업을 시작하면서 그들은 다시 인도로 돌아가서 파트너나 보조자로서 남성 친지들을 모집했다. 이들 새로운 보조자들은 일정기간 수련한 후에 돈을 모아서 그들 고유의 사업을 시작했고 또 다른 친지들을 불러모았다. 그들 카스트의 다른 구성원들은 그들의 성공 소식을 들으면서 피지에서 이미 정착한 카스트 동료들로부터 도움을 받아 유사한 사업을 시작하였다. 초기의 이주자들의 성공은 그 뒤의 이민자들에게 그들이 해외에서 생존할 수 있는데 필요한 사회적, 경제적 근거와 필요한 연결망을 공급해주었다. 정착한 구자라티 사업가들은 친지들과 카스트 동료들을 연속적으로 모집함으로써 그들 집단을 정착시키고 확장시킬 수 있게 되었다. 이렇게 자유로운 '연쇄'이주의 과정을 통해서 구자라티 공동체가 형성되었기 때문에 조직된 노동력 이주와는 대조적으로 피지에서 그들의 멤버십을 유지할 수 있었다.

구자라티들은 초기에 인도에서의 전통적인 직업과 관련된 사업들을 시작했었는데, 점차 시간이 흐르고 성공을 거듭함에 따라 비전통적인 영역으로 사업을 확대시켰으며 피지경제에서 강력한 세력으로 등장하였다. 그래서 구자라티 공동체는 피지에서 경제적으로, 사회적으로 높은 계층에 오르게 되었다. 카스트에 기반한 그들만의 족내혼, 음식규정의 제한, 혼인 유형 등과 같은 행동적 기준 등을 통해 그들 내부 집단의 통합력을 강화시켰지만 동시에 보다 폭 넓은 인도 피지 원주민 공동체로부터 그들을 분리시켰다(Grieco. 1998: 724~726).

요컨대 구자라티 공동체는 계약 노동자의 이주역사와는 다른데 그들은 자유로운 비 노동 이주자였으며 카스트에 기반한 연쇄이주를 이루었기 때문에 비교적 내부 통합력을 유지할 수 있었다. 또한 그들은 처음부터 자신의 자본을 가지고 있었으며 피지국가에서 지속적인 성공을 거두게 되면서 그들은 같은 인도인 내부에서도 스스로 집단을 분리시켜 자기들만의 패쇄적인 공동체를 형성하였다. 결국 피지 원주민들처럼 인도인들도 동일한 집단이 아니며 경제적 위세에 따라 인도인 집단 내부에는 이중적 분리구조가 형성되게 되었다.

Ⅳ. 관광산업에 있어서 인도인 디아스포라의 지위

1. 피지 관광산업의 발전과정

피지의 관광산업은 20세기 초에 태평양을 횡단하는 선박무역에서 그 연원을 가진다. 호주와 미국의 선박항로는 승객들이 상륙하거나 호주 혹은 남미 노선을 향해 배를 갈아타는 중요한 이송항구로서 피지를 이용하였다. 그래서 승객들을 위한 호텔과 다른 서비스 시설들이 수바(Suva 피지의 수도)에 구비되었다. 그러한 사업의 일환으로, 1914년에 유럽인 소유의 연합 증기선 회사(Union Steamship Company)에 의해 그랜드 퍼시픽 호텔(Grand Pacific Hotel)이 세워졌다.

피지의 유럽인 거주자들은 피지 관광산업의 가능성에 눈 뜨게 하기 위해서 정부에 대해 관광의 촉진을 지속적으로 제안, 촉구하였다(Fiji Times and Herald, 1 March 1927, Scott. 1970: 3에서 재인용). 이러한 노력과 맞물리면서 잠재적인 방문객을 위해 피지사회의 정보를 제공할 목적으로 1923년에 수바 관광청(Suva Tourist Bureau)이 형성되었다(Ministry of tourism. 2004: 2~3; Scott. 1970: 1~2).

1941년에는 난디(Nadi)에 공항이 건설되었는데, 1951년까지는 Pan-American, Canadian Pacific Air, Air Pacific에 의해 태평양을 관통하는 항로에서 연료를 재보급하는 정거장으로서 피지가 이용되었다(Plange. 1996). 1950년대 후반 보잉(Boeing) 707과 두글라스(Douglas DC8) 제트기가 피지에 도입되면서 관광객이 더욱 증가하기 시작했다. 그로 인해 관광객을 위한 숙박시설이 발달하기 시작했는데 1960년과 1961년에 스카이로지(Skylodge)와 모캄보(Mocambo) 호텔이 지어졌다. 두 호텔은 난디 공항 근처에 지어졌으며 지역의 유럽인과 미국인 기업가들에 의해 경영되었다(Britton. 1983: 26~28).

피지에서 관광산업의 획기적인 발전의 계기는 피지 정부가 1962년에 면세 무역지대를 설정하면서이다. 고가품, 카메라, 망원경, 녹음기 등의 면세품을 판매하면서 많은 수의 호주와 뉴질랜드의 방문객이 증폭하였다. 이로 인해 정부는 새로운 호텔의 건축을 장려하기 위해 1964년에 호텔 지원 법령(Hotel Aids Ordinance)을 통과시켰다(Ministry of tourism. 2004: 3~4).[7]

정부가 면세 무역지대를 설정하면서 1960년대 지역 유럽인과 호주 회사는 전자, 보석 등을 외국에서 수입하여 판매하는 도매업을 시작하게 되었다. 이때, 몇몇의 뛰어난 인도인 회사(대표적인 회사로는 Caines-Jannif Ltd., D. Gokal and Co., and Narsays Ltd 등이 있었다), 특히 구자라티들은 그들의 지역상품 무역 라인을 다양화시켰으며 관광객 면세품업에 집중하였다(Britton. 1983: 29).

면세 쇼핑업의 성장, 관광객들의 급증, 정부의 호텔 지원 법령(Hotel Aids Ordinance)의 통과로 인해서 피지의 숙박부문은 1960년과 1975년 사이에 급진적인 변화를 겪었다. 1960년대에 Regent, Sheraton, Hyatt(지금은 Warwick), The Fijian and the Mocambo(샹그리라 그룹), Travelodge와 Best Western 등 대규모 호텔이 생겼으며 국제적 수준의 호텔을 포함해서 숙박부문의 급속한 성장이 있었다.

이것들은 피지의 관광발전에 있어 외국 자본의 확대로 보여 진다

---

7) 정부의 호텔지원 법령이 통과되면서 피지 내의 투자가와 기업인들은 그들이 주변화 될 위협을 느끼게 되었고, 지속적으로 정부에게 "소수인에 의해"(외국 투자가와 기업인들) 관광산업이 독점화될 위험에 대해 경고했다(Sutherland. 1992: 76).

(Plange. 1996). 이러한 추세는 1970년대에도 이어졌는데 특히 1970년과 1975년 사이에 건축되어 경영되는 모든 객실의 65%가 외국인의 소유였으며, 리조트의 67%, 호텔의 58%가 외국인 회사에 의해 공급되었다(Britton. 1983: 63). 그 당시, 숙박부문에 인도인과 피지 원주민의 투자도 이루어졌지만 해외의 회사와 지역의 회사는 관광객을 유인하는데 있어서 제공되는 숙박의 유형에 따라 그 기능이 달랐다. 해외의 큰 회사인 경우는 그들의 재정적 지원, 높은 수준의 경영기술을 통해 관광객들이 기대하는 호화스러운 관광 환경을 제공했던 반면, 인도인, 피지 원주민 회사는 적은 자본력, 경험부족, 낮은 수준의 경영기술 때문에 숙박규모와 질에 있어서 낮았으며 관광객 유인에도 그다지 성공적이지 못했다.[8]

또 한편으로 고용구조에 있어서 외국인들은 경영급과 관리급의 지위를 차지하고 있었다. 브리튼(Britton. 1983: 71)에 의하면, 1976년 당시 외국인 소유 호텔의 56.7%가 경영급과 관리급에 외국 시민들을 고용하고 있다. 그 외에 지역의 유럽인들이 34.3%, 피지 원주민들과 인도인들이 겨우 9.0%를 차지하고 있었다고 한다.

결국 피지에서 관광 촉진과 개발은 소수의 해외 기업가들에 의해 이루어졌으며, 관광산업의 소유와 경영구조에 있어서 그 위계적 차이는 오늘날에 이르기까지 유지되고 있다.

2. 피지 호텔산업의 소유와 경영에 있어서 인도인 디아스포라의 위치

필자는 피지 관광산업의 구조적 특성을 고찰함에 있어 그 대상을 호텔산업에 국한시키고자 한다. 관광산업의 주요산업이라고 할 수 있

---

8) 이 당시 피지인 운영 숙박시설의 규모는 평균 다섯 개의 객실에 불과했다(Britton. 1983: 62)는 사실에서도 규모의 차이를 추측할 수 있다.

는 항공운송산업, 호텔업, 여행업, 리조트업, 면세상품업 및 기념품업 중에서 항공운송산업은 국가적 규모이기 때문에 피지 관광산업의 내부적 구조를 살피기에는 적합하지 못하다. 또한, 여행업, 리조트업, 음식업, 면세 상품업 및 기념품업 등은 사업 규모가 대규모에서 작은 상점에 이르기까지 너무나 천차만별이기 때문에 전체를 파악하기가 힘들다. 물론 호텔업 역시 사업 규모의 차별성은 있지만 적정 수준의 규모를 갖추고 있기 때문에 피지에 있는 호텔의 전반적인 모습을 파악하기가 용이하다.

또한 호텔산업을 중심으로 살펴보는 또 다른 중요한 이유는, 호텔과 음식업 부문은 피지에서 국내총생산(GDP)의 4%를 차지하고 있으며, 특히 관광숙박부문에 있어서 총 유급고용인구의 14%(풀타임의 78%내에서)를 수용하고 있다. 게다가 이 '숙박부문은 유급 고용인구의 중요한 근원이자 토착인구의 가장 큰 고용인'이기 때문(Ministry of tourism. 2004: 2~3)에 피지 관광산업의 구조를 살펴봄에 있어 호텔산업은 적절한 연구대상으로 여겨진다. 피지의 호텔산업에 있어서 종족적 위계구조는 피지사회에서 주요 세력인 백인, 인도인, 피지 원주민을 중심으로 살펴보겠다.9)

피지의 호텔산업에 있어서 소유주의 현황을 <표 3>을 통해 살펴보면, 백인이 전체의 32.74%, 인도인이 19.93%, 피지 원주민이 2.49%

---

9) 피지 원주민들은 토착과 외지인을 구분하는데 토착은 비백인 피지민족을 지칭하고, 외지인들은 피지 시민권을 가지지 않은 외국인 기업가, 피지 시민권을 가진 유럽인, 인도인, 중국인 등을 지칭한다. 혹은 피지에서 경제적·정치적으로 높은 위세를 차지하는 사람들은 백인들이기 때문에 외국인과 유럽인을 통틀어서 백인이라고 부르기도 한다. 그 외의 다른 인종은 중국인, 일본인, 인도인으로 부른다. 본 논문에서는 백인의 범주에 외국인 기업가와 피지 시민권을 가진 유럽인, 인도인의 범주에 계약 노동자 후손들과 구자라티 후손들을 포함시켰다(특히 구자라티를 다른 인도인과 구별하기 위해서 G의 범주를 표에 따로 표기하였다). 그리고 피지 원주민의 범주는 비 백인 피지민족, 기타의 범주에는 중국인, 일본인, 그리고 민족성이 미확인된 소유주와 경영자들을 포함시켰다.

를 차지하고 있다. 백인과 인도인이 전체 호텔 소유의 52.67%를 차지하고 있고, 백인과 인도인을 비교해볼 때 백인은 인도인 소유의 거의 두 배에 이르고 있다. 한편, 피지 원주민의 소유는 현저하게 낮은 비율을 차지하고 있다.

한편, 경영자의 현황을 살펴보면, 백인이 전체의 42.71%, 인도인이 32.38%, 피지 원주민이 3.92%를 차지하고 있다. 경영자의 현황에서도 백인이 많은 비율을 차지하는데, 이는 관광객의 종족 구성이 주로 미국, 유럽인들의 백인들이 차지함으로써 백인 관광객의 취향과 선호에 맞는 경영을 하기 위함인 것으로 추측된다. 인도인 경영자 역시 피지 원주민에 비해서는 비교적 많은 비율을 차지하고 있는데 이는 인도인들의 높은 교육열로 인한 결과로 보여 진다. 피지 원주민 경영자들은 경영자의 비율에서도 낮은 비율을 차지하고 있음을 확인할 수 있다.

<표 3> 호텔의 소유주와 경영자 현황

종족별 구성	소유주(명)	비율(%)	경영자(명)	비율(%)
백인	92	32.74	120	42.71
인도인	56	19.93	91	32.38
피지 원주민	7	2.49	11	3.92
기타	126	44.84	59	20.99
총계	281	100.00	281	100.00

출처: Ministry of tourism in fiji, Industry listing (Updated January. 2005). 소유주와 경영자의 종족적 구성은 현지조사를 통해 재작성."

다음은 호텔의 숙박요금에 따른 소유주와 경영자의 현황을 살펴보겠다. <표 3>은 호텔의 총계에 따른 소유주와 경영자의 현황을 조사한 것인데, 이 표에서는 호텔의 서비스와 시설 면에서 등급을 알 수가 없다. 피지에서는 한국이나 다른 나라처럼 특급, 1급, 2급 등의 등급은 없고, 숙박요금에 따라 호텔을 구분하고 있다.[10]

---

10) 여기서 제시된 호텔목록은 숙박비가 최소 70달러 이상인 호텔들을 대상으로

그래서 <표 4>는 피지 관광부에서 제시한 호텔숙박요금에 따른 구분을 통해 소유주의 현황을 조사한 것이다. 호텔 숙박요금이 700달러(피지 달러) 초과인 호텔의 소유주는 백인이 91.67%를 차지하고 있고 인도인과 피지 원주민은 없다. 호텔 숙박요금이 700달러에서 300달러 초과인 호텔의 소유주는 백인이 63.64%, 인도인(G: 18.18%)이 18.18%, 피지 원주민이 9.09%를 차지하고 있다. 호텔 숙박요금이 300달러에서 70달러인 호텔의 소유주는 백인이 47.62%, 인도인(G: 4.76%)이 19.04%, 피지 원주민이 9.53%를 차지하고 있다. 전반적으로 호텔의 소유주는 백인들이 많지만 특히 숙박요금이 비싼 고급스러운 호텔의 소유주는 거의 전체인 90%가 백인이다.

<표 4> 숙박요금에 따른 소유주 현황

숙박요금	소유주(명)					비율(%)				
	백인	인도인	피지 원주민	기타	총계	백인	인도인	피지 원주민	기타	총계
F$ 700 초과 (Luxury)	11	0	0	1	12	91.67	0	0	8.33	100
F$ 700-300 (Up Market)	14	4(G:4)	2	2	22	63.64	18.18(G:18.18)	9.09	9.09	100
F$ 300-70 (Mid-Range)	10	4(G:1)	2	5	21	47.62	19.04(G:4.76)	9.53	23.81	100

출처: www.bulafiji.com/accommodation. 소유주와 경영자의 종족적 구성은 현지조사를 통해 재작성.

한편, <표 5>는 호텔 숙박요금에 따른 경영자 현황을 나타내는 표이다. 이 표에 의하면 호텔숙박요금이 700달러 초과인 호텔의 경영자는 백인이 66.67%, 인도인은 15.38%, 피지 원주민이 7.69%를 차지하고 있다. 호텔 숙박요금이 700달러에서 300달러 초과인 호텔의 경영자는 백인이 72.73%, 인도인(G: 4.55%)이 9.09%, 피지 원주민이 9.09%

한 것이다.

를 차지하고 있다. 호텔 숙박요금이 300달러에서 70달러인 호텔의 경영자는 백인이 57.15%, 인도인이 19.04%, 피지 원주민이 4.77%를 차지하고 있다. 전반적으로 호텔의 경영자는 백인들이 역시 많으며, 특히 숙박요금이 비싼 고급스러운 호텔일수록 백인 경영자들이 많고 숙박요금이 보다 저렴해질수록 인도인과 피지 원주민의 진출이 많음을 알 수 있다. 그리고 호텔 소유자 현황과는 달리 경영자 현황에서는 구자라티보다 계약 노동자 후손들이 많음을 또한 확인할 수 있다.

<표 5> 숙박요금에 따른 경영자 현황

숙박요금	경영자(명)					비율(%)				
	백인	인도인	피지 원주민	기타	총계	백인	인도인	피지 원주민	기타	총계
F$ 700 초과 (Luxury)	8	2	1	1	12	66.67	16.67	8.33	8.33	100
F$ 700-300 (Up Market)	16	2(G:1)	2	2	22	72.73	9.09(G:4.55)	9.09	9.09	100
F$ 300-70 (Mid-Range)	12	4	1	4	21	57.15	19.04	4.77	19.04	100

출처: www.bulafiji.com/accommodation. 소유주와 경영자의 종족적 구성은 현지조사를 통해 재작성.

다음 <표 6>은 호텔 객실 수에 따른 소유주 현황을 조사한 것이다. <표 4>와 <표 5>를 통해서는 호텔의 규모를 알 수 없기 때문에 관광부에서 제시한 호텔 객실 수에 따른 구분을 근거로 해서 소유주와 경영자의 현황을 살펴보았다.11)

<표 6>에 의하면, 호텔 객실 수가 150객실 초과가 되는 규모가 큰 호텔의 소유주는 백인이 80.00%를 차지하고 있고, 인도인과 피지 원주민은 없다. 호텔 객실 수가 150객실에서 51객실 이상인 호텔의 소유주는 백인이 63.64%, 인도인(G: 18.18%)이 18.18%, 피지 원주민은

---

11) 여기서 제시된 목록은 저렴한 소규모 숙박시설을 제외한 호텔수준을 대상으로 작성된 것이다.

9.09%를 차지하고 있다. 호텔 객실 수가 50객실 이하의 호텔의 소유주는 백인이 61.11%, 인도인(G: 11.11%)이 16.67%, 피지 원주민은 3.70%를 차지하고 있다. 호텔 객실 수에 따른 소유주의 현황을 살펴보아도 객실 수가 많은, 규모가 큰 호텔일수록 백인이 차지하는 비율이 우세하다.

<표 6> 호텔 객실 수에 따른 소유주 현황

숙박요금	소유주(명)					비율(%)				
	백인	인도인	피지원주민	기타	총계	백인	인도인	피지원주민	기타	총계
150객실 초과 (Large)	4	0	0	1	5	80.00	0	0	20.00	100
150객실-51객실 (Midium)	7	2(G:2)	1	1	11	63.64	18.18(G:18.18)	9.09	9.09	100
50객실이하	33	9(G:6)	2	10	54	61.11	16.67(G:11.11)	3.70	18.52	100

출처: www.bulafiji.com/accommodation. 소유주와 경영자의 종족적 구성은 현지조사를 통해 재작성.

<표 7>은 호텔 객실 수에 따른 경영자 현황을 조사한 것이다. 호텔 객실 수가 150객실 초과가 되는 규모가 큰 호텔의 경영자는 백인이 80.00%를 차지하고 있고, 인도인은 20.00%를 차지하고 있으며, 피지 원주민 경영자의 비율은 없다. 호텔 객실 수가 150객실 미만, 51객실 이상인 호텔의 경영자는 백인이 72.73%이고, 피지 원주민이 9.09%이며, 인도인 경영자 비율은 없다. 호텔 객실 수가 50객실 이하의 호텔의 경영자는 백인이 59.26%, 인도인(G: 1.85%)이 18.52%, 피지 원주민이 1.85%를 차지하고 있다. 호텔 객실 수에 따른 경영자의 현황을 살펴보아도 객실 수가 많은, 규모가 큰 호텔일수록 백인이 차지하는 비율이 우세하다.

<표 7> 호텔 객실 수에 따른 경영자 현황

숙박요금	경영자(명)					비율(%)				
	백인	인도인	피지원주민	기타	총계	백인	인도인	피지원주민	기타	총계
150객실 초과 (Large)	4	1	0	0	5	80.00	20.00	0	0	100
150객실-51객실 (Midium)	8	0	1	2	11	72.73	0	9.09	18.18	100
50객실이하 (Small)	32	10(G:1)	1	11	54	59.26	18.52(G:1.85)	1.85	20.37	100

출처: www.bulafiji.com/accommodation. 소유주와 경영자의 종족적 구성은 현지조사를 통해 재작성.

피지 호텔산업에서 소유주와 경영자의 비율을 통해 종족적 위계구조를 살펴본 결과, 최정상에는 백인, 다음은 인도인, 그 다음은 피지원주민이 차지하고 있음을 확인할 수 있었다. 또한 인도인들 중에서도 소유주는 구자라티들이 많으며, 실제 경영자는 계약노동자의 후손들이 많았다. 따라서 피지 호텔산업의 소유와 경영에 있어서 인도인은 중간적 지위에 위치하고 있었다.

V. 나오는 글

이 연구는 19세기와 20세기에 걸쳐 제국주의 정부의 주도 하에서 피지로 이주를 하게 된 인도인 디아스포라에 관한 것이다. 특히 현재의 피지국가가 사탕수수 산업에 이어 관광산업에 주력을 하고 있으며, 관광산업에 있어서 인도인 디아스포라의 지위에 초점을 둔 연구였다. 연구결과를 요약하면 다음과 같다.

첫째, 피지의 호텔산업은 계급적 위계구조를 이루고 있고, 호텔의 소유구조와 고용구조를 통해 이러한 위계구조를 지속적으로 확대 재생산하고 있다. 즉 소유구조에 있어서 최상층에는 대규모의 외국인 호텔 산업가와 지역의 유럽 호텔 산업가, 그들 밑에는 중소규모의 인도인(특히 구자라티)이 차지하고 있고, 하층에는 피지 원주민과 기타 종족의 호텔산업가들이 차지하고 있었다. 따라서 인도인은 피지 호텔산업의 소유구조에 있어서 중간적인 위치를 점하고 있다. 이는 인도인, 특히 구자라티들이 이주 초기부터 자기 자본을 가지고 온 사람들이었으며, 모국에서 상업과 무역에 종사하던 사람들이었기에 가능한 일이었다. 하지만 위계구조상으로 인도인이 중간적 위치를 점하고 있지만 전체 호텔의 소유현황, 호텔의 규모와 질에 따른 소유 현황을 살펴보았을 때 외국인이 차지하는 비율은 압도적으로 우세했으며 따라서 인도인은 하층에 가까운 중간적 위치였다.

한편, 고용구조에 있어서 최고 수준의 경영자 직급에는 외국인(백인)들이 50%이상 차지하고 있었고, 다음에는 인도인, 그 다음에는 소수의 피지 원주민들이 차지하고 있었다. 경영구조에 있어서도 역시 인도인이 중간적인 위치를 점하고 있었다. 경영자들은 인도인, 특히 계약 노동자 후손들이 많이 차지하고 있었는데 이들은 피지의 원주민 토지소유제도로 인해서 법적으로 토지를 소유할 수 없게 되자 농업에 있어서 더 이상의 성공을 보장받을 수가 없었다. 그래서 이들은 계층 상승의 유일한 수단이 교육이라고 믿으면서 자식들의 교육에 전념할 수밖에 없었으며, 그러한 사회적 동기와 행동의 결과가 경영진의 진출로 나타난 것으로 보인다.

둘째, 피지의 호텔산업은 종족간의 분업구조를 초래하였다.

호텔산업을 포함한 피지의 관광산업은 호주, 뉴질랜드, 북미로부터 온 유럽인 후손들에 의해 주로 경영되고 있다. 인도인은 가끔 관광산업의 '후면'에서 발견되며, 관광산업의 '전면'에는 다른 종족 집단은 배제되고 주로 피지 원주민이 차지하고 있다(Harrison: 2004). 이러한 분업구조는 피지를 방문한 관광객들이라면 쉽게 경험할 수 있는 현상이다. 호텔이나 관광지에 가면 관광객을 맞이하는 객실과 관광객을 접대하는 사람들은 거의 피지 원주민들이고, 이를 경영, 소유한 사람들은 백인, 혹은 인도인들이다. 필자가 묵었던 호텔에서 고용인의 구조를 살펴보면, 소유주는 인도인(구자라티)이고, 경영자도 인도인이었다. 그러나 객실, 호텔에 딸린 술집, 청소부 등 고용인원의 10명 중에서 청소부 2명만이 인도인이었고 그 외는 모두 피지 원주민들이었으며 모두 여성이었다. 이러한 현상은 종족에 따른 직업적 범주에도 나타난다. 즉 종족과 성에 따른 직업적 범주를 보면, 피지 여성과 인도 여성과의 극심한 편차를 보인 것은 서비스직, 판매직이었다. 피지 여성은 이 직종에 종사하는 인구가 3,056명인데 비해, 인도 여성은 1,504명으로서 피지여성의 고용비율이 인도여성보다 대략 2배에 이른다 (Bureau of Statistics. 2005).

종족적 분업구조를 유지시키기 위해 종족 정체성에 대한 선입견과 고정관념이 오래 전부터 동원되어왔다. 예를 들면, '피지 원주민들은 천성적으로 공손하고 복종적이며 기꺼이 즐거운 마음으로 관광객들을 기다릴 준비가 되어 있다. 또한 그들은 호텔 관광객들의 안락을 고양시킬 만큼 개인적인 서비스 정신이 강하기 때문에 직접적으로 접대할 수 있는 영역에 종사하는 게 마땅하다. 한편, 인도인들은 그들의 축적된 상술과 보다 높은 교육적 질을 소유하고 있음으로써 행정관이나 교육적 직업이 적당하다. 그 결과 인도인들은 관광객과 적게 접촉하는 직업(간접적으로 자문 서비스 등)에 종사하고 반면에 피지 원주민들은 정면으로 관광객과 접촉하는 직업과 기능을 담당하는 것이 적절하다'(Britton. 1983; Gillion. 1977; Samy. 1975)는 담론이 피지에서는 일반적인 정설로 받아들여지고 있다.

이러한 선입견은 피지의 관광을 소개하는 홍보지나 관광지, 그리고 관광기념품에서도 잘 나타난다. 피지 원주민의 사진을 통해 피지를 주로 소개하고, 관광지에서는 원주민의 의례와 의상을 통해 원주민의 문화를 소개하고, 주요한 기념품도 원주민의 양고나[12] 그릇, 식인 풍습을 떠올리게 하는 식인용 포크 등이다.

이는 종족 집단으로서 피지 원주민들을 문화적 총체성을 지닌 것처럼 억지로 상정하면서 그 종족의 50%를 구성하는 인도인들을 배제하는 것이며, 이러한 기만은 식민지 시기부터 전해져 온 것이라고 길리언(Gillion. 1977)은 비판하였다. 또한 사미(Samy. 1975)도 훼손된 종족적 정체성의 대가로 피지 원주민과 인도인은 종족적으로 직종 분업을 이루게 되었음을 비판하였다. 이러한 선입견과 편견은 피지의 행정관 및 지배세력들에 의해 의도적으로 고안, 강화된 이데올로기일 수도 있지만 필자는 전면과 후면이 분리되는 종족적 분업구조가 관광산업의 특성에 의해서 더 강화된 것이라고 생각한다. 즉 피지에 와서 피지 고유의 문화와 원주민을 보고 싶어하는 관광객들의 욕구에 부응한 관광 사업가들의 경제적 이해관계에 의해 종족적 분업구조가 더욱 고착되는 것이다.

---

12) 일종의 후추식물 뿌리로 만드는 비알콜성 전통음료.

참 고 문 헌

이태주. 1998. "피지의 식민지적 전통과 변화─따마부아 마을의 추장과 바누아─" 서울대학교박사학위논문.

Britton, S. G. 1983. "Tourism and Underdevelopment in Fiji". Development Studies Centre Monograph No. 31 Canberra: Australian National University: 10─78.

Fisk, E. K. 1970. *The Political Economy of Independent Fij.*, Canberra: Australian National University Press.

Gerard, A. Finin & Terence Wesley-Smith. 2001. "Coups, conflicts and crises: the new Pacific Way?". *Institute of Race Relations* Vol. 42(4):1─16.

Gillion, K. L. 1962. *Fiji's Indian Migrants: a History of the End of Indenture in 1920.* Melbourne, Oxford University Press.

Gillion, K. L. 1977. *The Fiji Indians: Challenge to European Dominance. 1920─1946.* Canberra. Australian National University Press: 187.

Grieco, E. M. 1998. *The Effects of Migration on the Establishment of Networks: Caste Disintegration and Reformation Among the Indians of Fiji.* Florida State University: 724─726.

Harrison, D. 2004. "Levuca, Fiji: Contested Heritage?". *Current Issues in Tourism* Vol. 7. No. 4&5: 131─136.

Lal, V. ? "The Fiji Indians: marooned at home". *Fiji Indians*, (출처와 연도미상, 연도는 1990년 이후로 추정됨).

Moynagh, M. 1980. "Brown or White? A History of the Fiji Sugar Industry. 1873─1973". Canberra, Pacific Research Monograph No.5, Australian National University: 28─60.

Plange, Nii-k. 1996. *"Fiji" in Hall, C. M.& Page, S. J. Tourism in the Pacific -issues and cases.* Thompson Business Press: 205─210.

Samy, J. 1975. "Crumbs from the table? The workers' share of tourism". in B.R. Finney and K. A. Watson(eds.) *A New Kind of Sugar.* Honolulu:

Universityof Hawai'i Press: 111－212.

Scott, R. J. 1970. "The development of tourism in Fiji since 1923". *Transactions and Proceedings of the Fiji Society* 12: 40－50.

Solrun W. B. 2002. "Fijian Business-a Bone of Contention. Was it One of the Factors Leading to the Political Crisis of 2000". *The Australian Journal of Anthropology* 13(1): 72－87.

Sutherland, W. 1992. *Beyond the Politics of race: An Alternative History of Fiji.* Canberra: Australian National University.

〈관공서 등 자료〉

Bureau of Statistics. 2003. *Visitor arrivals 2002.* Statistical News 7. Suva.

Bureau of Statistics. 2005. *Paid employment by occupational categories, ethnic group and sex.* 1999: 73.

Government of Fiji. 1998. *Cencus of Population and Housing.* Parliamentary Paper No. 43. Suva: Bureau of Statistics.

Ministry of tourism. 1994. *Master Plan for Eco-Tourism Development.* Suva.

Ministry of tourism. 1998. *Fiji Tourism Development Plan.* 3－15.

Ministry of tourism. 2004. *General Information on Tourism in Fiji.* 1－6.

Ministry of tourism. 2005. *Industry listing* (Updated January 2005).

www.bulafiji.com/accommodation.

www.nltb.com.fj.

4장
피지 인도인 여성의
사회적 지위와 변화

정 효 진*

Ⅰ. 이주와 여성

이주는 성(性), 계급, 종족성(Ethnicity), 이주동기, 이주시기, 이주형
태, 그리고 전 지구적인 상황 속에서 복잡하고 다양하게 전개되는 현
상으로, 이주 연구에서 여성이 관심을 받게 된 것은 비교적 최근의 일
이다. 최근까지 이주 연구에서 여성의 존재는 남성 이주자에게 의존
적인 존재로 남성 이주자를 따라서 이주하거나, 남성들의 이주 이후
고향에 남아 남편의 부재에 따른 책임을 떠맡아 생활을 유지하는 존

___

* 전남대학교 인류학과 박사과정.

재로 기술되어왔다. 하지만 오늘날 여성은 단독으로 이주할 뿐만 아니라, 수적인 면에서도 남성과 거의 대등한 경우도 발견된다. 최근 아시아 태평양 지역에서 두드러지는 여성들의 이주는 더 나은 임금과 고용조건, 윤택한 삶, 사회·경제적 혜택을 위해 그리고, 사회불안과 문화적인 제약들을 피하기 위해 여성들이 얼마든지 독립적으로 이동할 수 있을 뿐 아니라, 이주를 통해 사회적 변화를 야기하는 중요한 주체가 될 수 있음을 잘 보여준다. 이제 여성은 언제, 어디로 이주할 것인가를 결정하는 이주주체이며, 적극적인 경제활동의 주체이자, 이주민 가족과 사회의 문화적 정체성을 형성하는 가장 핵심주체이다.

어느 곳에서나 자발적/비자발적 이주를 통해 형성된 이주민 사회는 서로 다른 이주 동기와 적응전략을 구사하는 이들로 구성되고, 주재국에 적응하는 과정에서 가족관계, 가구형태, 가치관의 변화를 경험하기 마련이다. 따라서 이주자들의 출신지역, 계급, 젠더, 종족성 및 주재국과의 상호작용, 그리고 전 지구적인 맥락은 한 이주민 사회의 이주경험과 그에 따른 정체성의 형성과정을 이해하기 위한 실질적인 요소들이다.

피지 인도인 여성들의 사회적 지위 역시 이런 맥락 속에서 이해되어야 할 문제이다. 19세기 초 계약노동제하에서 '기르미티야'(Girmitiya)로서 피지로의 이주, 계약노동제 종료 이후 피지 인도인 공동체의 재형성, 그리고 피지의 독립 이후 현재에 이르기까지 피지 인도인 여성들의 사회적 지위는 모국의 영향, 피지의 정치·경제·사회적 변화, 그리고 초국가적인 이주흐름 속에서 변화하고 있다. 계약노동제 기간 동안 인도인 여성은 남편을 따라 가족단위로 이주하거나 자신들의 열악한 상황에서 벗어나려고 개별 이주하기도 하였다. 당시 이주 인도인 여성의 존재는 피지 인도인들의 전통적인 생활과 문화적 토대를 유지하는 기반이 되었다. 플랜테이션에서 이들 여성은 남성과 마찬가지로 계약노동을 수행했지만 인도에서 이식된 전통적인 젠더 이데올로기와 열악한 노동조건 속에서 남성에게 종속적인 위치를 차지하였다. 또한 계약노동제 하에서 인도인 공동체의 카스트제도는 개별이주의 속성, 인종주의적이고 착취적인 노동조건 속에서 약화되었고, 그 결과 지역·카스트·종교를 초월한 상호작용이 가능하게 되었다. 계약노동제가 종료된 이후에는 약화되었던 전통적인 가부장 질서가 재편되었다. 1920년대 식민지설탕정제회사(the Colonial Sugarcane Refining Company)가 농지를 남성중심의 작업집단에 임차하면서 여성은 경제활동영역에서 배제되었다. 특히 계약노동제 기간 동안의 여성의 도덕성과 관련된 문제들은 피지 인도인 공동체 내에서 여성의 활동을 가정에 국한시키고 나아가 사회진출 기회마저 차단하는데 영향을 미쳤다.

그러나 1940년대 중반 이후 피지 인도인 공동체 내에서 교육 필요성의 자각, 1970년대 중반 이후 피지 내 경제사정 악화에 따른 경제구조 재조정, 그리고 1987년 쿠데타의 발발로 인한 정치사정의 악화와 같은 일련의 사건들은 피지 인도인 여성의 경제활동과 사회적 지위의 변화를 가져왔다. 오늘날 피지 인도인 여성은 경제활동과 사회진출을 통해 자신들의 사회적 지위를 고양시키려고 노력하고 있지만 피지 인도인 공동체의 보수적인 성격, 성역할에 대한 전통적 이데올로기의 강조, 그리고 피지의 정치적·사회적 불안요인들은 일상생활에서 남성 지배를 정당화하면서 피지 인도인 여성의 사회활동 및 지위에 부정적인 영향을 미치고 있다.

지금까지 피지의 인도인 공동체에 대해서는 많은 오해와 편견이 있어왔다. 계약노동제 초기의 유럽선교사들은 플랜테이션 노동조건이 인도인 노동자들의 도덕성에 얼마나 치명적인 영향을 미쳤는가에 관심을 가졌는데, 그 과정에서 인도인 노동자들에 대한 자의적인 해석을 서슴지 않았다. 당시 선교사였던 버튼(Burton. 1910: 315)은 계약노동제가 인도인 노동자에게 돈을 벌 수 있는 기회를 제공했다는 점에서 유익한 제도라고 주장하면서 플랜테이션에서 발생한 폭력 및 살인에 대해 그들이 비 기독교인이기 때문이라는 인종주의적인 해석을 하였다. 1960년대 이후 길리언(Gillion. 1962: 147)은 인도인 계약노동자에 대한 선교사들의 인종주의적인 견해를 논박하면서 그들이 단순히 노동력 충원을 위해 온 것이 아니라 새로운 환경에서 새로운 삶의 기회를 추구하여 이주했다는 점을 강조하였다. 1970년대 들어 피지 인도인 학자들은 자신들의 역사에 대한 재평가에 관심을 가지게 되었는데, 이들은 다큐멘터리, 생존자의 구술사를 중심으로 연구를 수행하였다. 특히 피지 인도인 여성과 관련된 사실의 진위여부를 검증하는데 관심이 있었던 랄(Lal. 1983)은 자신의 연구를 통해서 플랜테이션에서 빈번하게 발생했던 폭력 및 남성의 자살원인이 이들 여성들의 부도덕성, 그리고 인도인 여성이주자 20%가 매춘부라는 데서 기인한다고 보았던 식민지 행정 관료와 선교사들의 편협한 시각을 비판하였다. 그는 이 문제에 대해서 계약노동자들의 성비 불균형적 충원, 가족, 결혼, 친족, 카스트와 같은 사회제도가 제 역할을 수행하지 못했다는 점에서 원인을 찾아야 한다고 주장하였다. 이러한 그의 주장은 남성과 여성을 동등한 인간존재로 보았다는 점에서 유의미하지만 플랜테이션 하의 가족제도의 붕괴가 여성에게 상대적인 자유를 부여했다는 점, 계약노동제가 종료된 후 전통적인 가부장적 질서가 복원되면서 여성의 종속이 강화된 점을 간과한 측면도 있다고 하겠다. 그렇지만 더 넓은 사회구조적인 맥락 속에서 인도인 공동체를 분석하고자 했던 랄의 시각은 주재국에 적응하는 과정에서 피지 인도인들의 가족관계, 가구형태, 가치관의 변화 등의 상호작용을 바라보게 한다는 점에서 의미가 있다고 하겠다.

　이러한 그의 시각과 결부해 필자는 특히 피지의 정치, 경제, 사회적 변화 속에서 피지 인도인 여성의 사회적 지위와 젠더 관계가 전통적인 젠더 이데올로기와 갈등하면서 변화하는 현재의 모습을 살펴보고자 한다. 과거 피지 인도인 여성들은 모국인 인도문화의 영향 특히,

성역할에 대한 전통적인 젠더 이데올로기로 인하여 남성에게 종속적인 지위에 놓여 있었지만, 독립 이후 피지 사회 제반의 변화 속에서 점차 새로운 길을 모색해 가고 있다. 필자는 현재 피지 인도인 여성의 모습을 살펴보기 위해 2005년 1월 24일부터 2월 10일까지 약 3주간 현지조사를 수행하였다. 이 글의 상당부분은 이 현지조사 기간 동안 피지의 수바(Suva)와 라우토카(Lautoka) 도시에 거주하는 피지 인도인 남녀 20여명을 대상으로 수집한 심층인터뷰 자료에 토대하고 있다.[1]

Ⅱ. 피지 인도인 공동체

1. 계약노동제 전후의 피지 인도인 공동체

인도인 계약노동자는 1800년대 다수의 식민지를 확보하고 있던 영국이 피지 원주민을 근대 상업과 산업의 무차별적 영향에서 보호하고 플랜테이션 산업에 필요한 노동력을 인도에서 충원하려 했던 정책으로 피지에 유입되었다. 당시 많은 인도인들은 계약노동자의 신분으로 모리셔스, 트리니다드, 자메이카, 가이아나, 남아프리카와 수리남으로 이주하였고, 피지에는 1879년부터 1916년까지 60,537명의 인도인들이 5년 계약을 맺고 들어오게 되었다. 이들은 10년 동안 거주 이후에 자유롭게 이동할 수 있는 자격을 부여받았으며, 계약노동기간이 종료된 뒤 2/3정도는 농업과 상업에 종사하였다. 1916년 계약노동제가 폐지될 무렵, 이들의 약 40%는 인도로 돌아갔고, 나머지 60%는 피지에 남

---

1) 인터뷰는 수바와 라우토카에 거주하는 남녀 20명 — 20대 (남녀 1:5), 30대(2:4), 50대(2:1), 60대(5:0) — 을 대상으로 진행하였다. 면담자 가운데 대다수는 북인도 공동체에 속한 이주자들로, 무슬림 1명, 기독교인 1명을 제외하고는 모두 힌두교도였다. 대부분의 면접은 도시라는 공간 특성상 핵심 정보제공자(key informant)를 중심으로 한 네트워크를 이용하였으며, 인터뷰 장소로는 면담자들의 자택 또는 연구자의 숙소에서 이루어졌다.

왔다. 1920년대 이후 자유 이주자인 편자비와 구자라티들이 피지에 들어오면서부터 피지 인도인은 다양하고 사회적으로 복잡한 공동체를 형성하게 되었다. 피지 인도인은 자신들의 하위공동체를 계약노동제 기간에 형성된 북인도인, 남인도인, 무슬림 공동체와 계약노동제 종료 이후에 형성된 구자라티와 편자비 공동체로 분류하고 있다. 북인도인과 무슬림 공동체 대다수는 북인도 출신(Uttar Pradesh, Bihar, Central Provinces)인 반면(Lal. 1983), 남인도인 공동체는 주로 안드라 프라데쉬, 타밀 나두, 케랄라 출신들이었다(Gillion. 1962). 이와 달리 구자라티(Surat, Navsari)와 편자비(Jullundur, Hoshiarpur, Ludhiana, Amristsar) 공동체는 1920년대 이후 자유이주로 형성된 하위공동체이다(Grieco. 1998: 715~720). 1879년 계약노동자들 중 90%는 북인도 출신이었고, 1903년 이후부터는 남인도인들이 충원되기 시작하였다. 북인도와 남인도에서 충원된 이주자들은 다양한 카스트 출신으로 농민출신이 많았는데,[2] 대부분이 18세에서 30세 정도의 남성들이었다.

 피지로의 항해과정, 플랜테이션에서의 생활조건, 그리고 여러 지역과 사회집단에서 개별 충원되었던 이주민 구성은 의례적 위계화, 경

---

2) 다음 표는 피지의 북인도이주자의 카스트 출신이 아주 다양함을 잘 보여준다 (Lal. 2000b: 107 재인용).

Name	Number	%	Name	Number	%
Chamar	6,087	13.40	Lodha	735	1.62
Muslim	5,455	12.01	Jat	708	1.66
Ahir	4,197	9.24	Gadariya	691	1.52
Thakur	3,416	7.52	Kewat	656	1.44
Kurmi	2,307	5.08	Rajput	652	1.43
Kori	1,942	4.27	Pathan	584	1.29
Brahman	1,535	3.38	Murao	553	1.24
Kahar	1,500	3.30	Luniya	559	1.23
Khatri	1,182	2.61	Gond	541	1.19
Pasi	999	2.20	Sheik	493	1.08
Koeri	740	1.63	Dusadh	464	1.02

제적인 교환, 판차야트와 카스트 내혼과 같은 카스트 집단의 상호작용을 저해함으로써 카스트 체계의 와해에 영향을 미쳤다. 그런 가운데 계약노동자들은 카스트와 무관하게 공통의 경험, 거주지의 근접성, 작업장에서의 협동을 목적으로 자하지 바이(jahazi bhai: boat brother), 가온 바이(gaon bhai: village brother)와 같은 새로운 사회관계를 맺게 되었다. 전자는 피지로의 항해과정에서 이주자들이 형성한 유사 친족적인 관계를, 후자는 플랜테이션에 새로 온 이주자가 같은 고향 사람들과 맺은 관계를 가리키는 것으로 이런 관계는 계약노동자들에게 경제·사회적인 안정감을 제공하였다. 일례로 계약노동이 종료된 이후 자하지 바이나 가온바이는 같이 슈가케인(sugar cane) 농지를 임대하거나 작은 가게를 운영하였으며, 결합가구를 이루어 살기도 하였다(Grieco. 1998: 722).

1860년대 영국은 식민지에 필요했던 플랜테이션 이주노동자를 충원하는 데 있어 구체적인 성비규정을 하지 않았다. 그러나 플랜테이션에서 열악한 사회적·도덕적 상황을 접하게 된 인도 식민정부가 이주문제에 관심을 표명하면서 영국은 1870년 남성 대 여성의 충원비율을 100:40으로 규정하여 플랜테이션 생활의 안정을 도모하고자 하였다. 플랜테이션에서 피지 인도인 여성은 남성과 같은 조건에서 노동하면서 잉여생산과 노동력재생산에 기여했다. 하지만 피지 인도인들은 2~3개의 쿨리 라인(coolies lines)에서 40~50명이 집단거주를 해야 했기에 그 속에서 가족생활을 제대로 유지하기란 어려웠다. 또한 충원과정상의 남녀성비불균형은 남성들 사이에서 폭력경쟁을 유발하였고, 그 과정에서 여성은 문란한 성생활과 부도덕하다는 식으로 매도되었다(Lal. 2000b: 107). 이러한 열악한 노동조건과 피지 인도인 여성의 부도덕성은 1916년 인도에서 계약노동제 폐지운동의 모티브가 되기도 하였다. 플랜테이션에서의 인종주의적이고 착취적인 노동조건은 피지 인도인 특히, 피지 인도인 여성에게 취약한 사회적 지위를 부여하였다. 이와 더불어 피지에서 카스트제도의 약화를 비롯한 일련의 과정은 피지 인도인 공동체에게 전통적인 제도의 단절, 가족의 해체와 변화를 의미한 것이었다.

　계약노동제가 종료된 후 대다수 노동자들은 플랜테이션에 남지 않고 사탕수수공장(sugar mill)일대에 정착하였다. 1920년대 말 사탕수수정제회사(the Colonial Sugar Refining Company)는 소농체계를 입안하여 기혼자에게 우선적으로 사탕수수 경작지를 임대하였고, 이에 따라 몇 개의 가구로 구성된 작업집단이 형성되었다. 사탕수수정제회사는 사탕수수 경작의 속성상 아버지와 아들로 구성된 작업파트너를 선호했는데(Chandra. 1975: 142~145), 이런 정책의 변화는 과거 계약노동제 기간에 수행했던 노동자로서의 피지 인도인 여성의 역할상실과 가정으로의 귀속을 의미하였다. 계약노동제 기간 동안 피지 인도인들은 광범위한 촌락구조와 친족망이 없는 상황에서 모국에서와 같은 사회구조와 제도를 제대로 유지할 수 없었지만 계약노동제가 종료된 이후 피지 인도인들은 자신들의 전통적인 문화와 삶을 재구성하기 시작했다. 또한 1920년대를 기점으로 구자라티와 펀자비들의 자유이주의 증가, 그리고 이들의 연쇄이주와 가족재결합의 증가는 피지 인도인 공동체의 인구증가 및 안정에 기여하면서 계약노동제 기간 동안에 비인간화되고 소외되었던 가족의 명예(izzat: family honour)를 회복시키는 계기를 부여하였다. 그런 과정 속에서 과거 계약노동제 기간 동안 '도덕성을 상실한 매춘부'라는 여성에 대한 인식은 계약노동제 종료 이후 가족재구성에 있어 여성에 대한 엄격한 통제의 필요성을 각인시키게 되었고, 점차 여성들의 활동은 전통적인 젠더 이데올로기의 강조와 더불어 가정 내에 국한되게 되었다.

2. 독립 이후의 피지 인도인 공동체

피지 인도인들은 영국식민정부의 분리통치정책, 피지 인도인 공동체의 전통과 관습, 종교상의 뚜렷한 차이로 피지 원주민과 통합되지 않고 120년 이상 동안 서로 다른 종족공동체를 유지해왔다(Singh. 2001). 1879년 이후 피지 원주민 인구증가의 주요인은 계약노동자의 유입 때문이었다. 계약노동자로 유입된 피지 인도인 공동체는 1916년 이후 자연적인 인구증가가 이주를 압도하면서 점차 안정 국면에 들어서게 되었다. <그림 1>은 피지 인도인 공동체가 수적인 면에서 인구성장과 더불어 안정되었음을 보여주는 것으로, 1996년 피지 인도인은 총인구의 44%를 차지하면서 피지 원주민(51%)에 이어 두 번째로 큰 인종집단을 차지하였다(Fiji Islands Population Profile. 1996). 1966년과 1976년 사이에는 피지 인도인 인구증가율의 감소현상(1966년 50.5%에서 1976년 49.8%로 감소)이 나타나는데, 이는 가족계획, 생활수준향상, 교육, 결혼연령의 증가에 따른 결과였다(Chandra. 1996: 23~45).

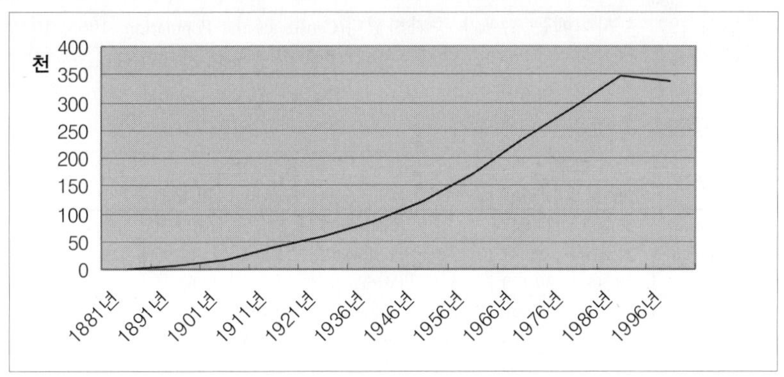

〈그림 1〉 피지 인도인의 인구성장 추이

출처: 1881~1996 Report on the Census of the Population, Bureau of Statistics, Fiji.

1966년부터 1976년 사이 특히, 1970년 독립 이후 피지는 경제 및 사회서비스 분야에서 상당한 발전을 경험하였고 도시화와 그에 수반된 국내이주도 꾸준히 늘어났는데, 수바지역 거주인구만 해도 1976년 33.4%에서 46.8%로 늘어났다.[3] GDP의 증가 역시 피지의 경제성장을 보여주는 지표로 1972년 이전에는 10%를 초과한 적이 없었지만 1972년부터 1975년 사이에 GDP가 20% 이상 증가하였는데, 이는 제조, 관광 등의 산업에 외국자본이 투입된 결과라고 할 수 있다. 1970년대 들어서는 도시화의 진전 속에 피지 인도인들의 도시정착이 늘어났는데, 이들은 전문직, 비기술직 노동, 상업과 기술, 서비스 분야에 종사하면서 중산계급으로 부상하게 되었다(Lateef. 1987a: 2~9). 또한 1987년과 1998년 사이 피지정부는 면세봉제공장 생산권장정책과 무역장벽완화를 통해 세계경제로 편입을 시도하면서 경제 및 산업구조의 변화를 시도하였는데, 이런 변화는 피지의 노동력구조의 변화와 함께 봉제공장과 임노동 분야의 여성고용을 증대시켰다. 한편 1987년과 2000년에

---

3) 1950년대 이후부터는 도시근교에 새로운 주택단지가 들어서면서 도시거주 인구가 점차 늘어났는데, 1956년과 1966년 사이에 피지의 도시인구는 42%, 1966년과 1977년 사이에는 37%가 증가하였다(Census of the Population. 1966, 1976). 이 외에도 피지의 도시화 및 도시성장에 대한 연구에서 찬드라(Chandra. 1986)는 도시화 수준이 1966년 33.4%(1966년), 1976년 37.2%, 1986년 38.7%로 꾸준히 증가하고 있음을 보여준다.

구분	인구		연성장률	구분	인구		연성장률
	1966년	1976년			1966년	1976년	
Suva	80,269	117,827	3.9	Nausori	9,619	12,821	2.9
Lautoka	21,221	28,847	3.1	Savusavu	1,861	2,295	2.1
Ba	8,309	9,173	1.0	Vatukoula	4,993	6,425	2.6
Labasa	9,716	12,956	2.9	Rakiraki	2,708	3,755	3.3
Levuka	3,000	2,764	-0.8	Navua	1,595	2,568	5.1
Nadi	11,351	12,995	1.4	Tavua	1,949	2,144	1.0
Sigatoka	2,339	3,635	4.5	Korovou	329	290	-1.3
Total	1966년	159,259					3.2
	1977년	218,495					

Source: Census of the Population, 1966~1977.

일어난 세 차례의 쿠데타는 피지 인도인들의 정치참여와 경제활동에 제재를 가하면서 정치·경제적인 위기감을 안겨주었고, 이들의 국제적인 재이주 증가를 초래하였다.

Ⅲ. 젠더 이데올로기

바렛(Barrett. 1980)은 사회영역에서의 젠더구분은 가구와 가족이데올로기를 언급하지 않고서는 이해할 수 없다고 주장한다. 이러한 그의 주장은 가족생활을 통하여 여성정체성과 그 의미가 재생산되며, 가구는 여성의 종속적인 위치를 구축하고 재생산하는 중요한 토대임을 지적하는 것이라고 하겠다. 피지 인도인 가정에서 여성의 종속성이 전통적인 젠더 이데올로기의 강조를 통해 재생산·유지되고 있다는 점 또한 그의 입장에서 설명이 가능하다.

피지 인도인 공동체의 가족제도와 젠더관계는 이주 초기부터 현재에 이르기까지 모국인 인도문화의 영향을 여전히 받고 있다고 할 수 있다. 계약노동자로 이주한 이후 피지 인도인들은 피지 원주민과 분리된 사회를 유지해왔기 때문에 이들은 다른 지역으로 이주한 인도인 계약노동자들보다 전통적인 문화유산을 잘 보존할 수 있었다. 이러한 전통적인 문화유산 가운에 피지 인도인 여성들에게 주요한 영향을 미쳤던 것 중의 하나는 전통적인 젠더 이데올로기라고 할 수 있다.

모국 인도에서 여성에 대한 인도인들의 관점과 태도는 이중적이라고 할 수 있다. 인도에서 여성은 오염가능성이 큰 존재로 인식되어 의례 및 사회적 지위가 낮은 것으로 규정됨과 동시에 창조와 재생산활동의 중추라는 점에서 강하고 독립적인 존재로 규정되기도 하였다. 인도문화에서 종속적인 여성상과 독립적인 여성상이라는 이중적인 관념은 여성이 자신의 힘을 통제할 능력이 없기 때문에 남성이 여성을 제재할 필요가 있다는 주장과 맞물려 여성에 대한 물리적인 통제를 정당화시켰다(김주희 외. 2005). 이런 관념의 영향 속에 인도사회는 지역, 종교, 카스트, 시대에 따른 차이가 있지만 전반적으로 남성우월 사회를 유지하였고, 남편에게 순종하고 봉사하는 아내의 역할과 자녀를 양육하는 어머니의 역할을 이상적인 것으로 강조하였다. 또한 혼인이나 가정생활과 관련해 조혼, 사띠, 과부억압과 같은 사회제도와 관습은 여성의 종속적인 지위를 강화하였다.

여성분리 관습 중의 하나인 파르다(purdah) 이데올로기는 여성과 남성의 분리 필요성을 강조하고, 여성을 가정영역에 국한시켜 공간이동을 제한할 뿐만 아니라, 여성행동의 지침으로서 여성의 순결을 중요시한다. 그래서 여성은 결혼에 예속되어 가사를 돌보고, 가정에서 자녀출산과 양육을 맡아 남성에게 경제적으로 의존적이 될 수밖에 없었다. 파르다 이데올로기는 가정에서 가장의 권위를 강조하는 가족이데올로기와 결합되면서, 여성은 아내와 어머니로서 남편에게 복종하고 가족에게 헌신해야 한다고 강조되었다. 그 속에서 남성은 항상 의사결정권을 쥔 사람이었고, 여성은 어머니가 됨으로써 집안 내에서 사회적인 지위와 힘을 얻을 수 있었다(Lateef. 1991: 1~31). 이러한 파르다 이데올로기는 현재의 피지 인도인 가족관계에서도 여성의 삶 전반에 영향을 미치고 있다. 이와 같은 모국 인도문화의 영향 속에서 피지의 인도인 공동체는 지역·종교적인 차이에도 불구하고 여성에 대한 전통적인 젠더 이데올로기를 공유하고 있다. 특히, 인도인 가족 내에서 남성지배/여성종속, 경제부양자로서의 남성/경제적 의존자·남성출계의 재생산자·가족명예의 담지자(repositories)로서 강조된 여성상에 따른 공간적·사회적인 제재가 피지 인도인 공동체 내에서 존속되면서 피지 인도인 여성은 경제적으로 낮은 지위를 점할 수밖에 없었다(Gupta. 1976).

그러나 독립 이후 전개된 일련의 근대적인 변화, 여성교육과 경제활동, 서구적인 가치관, 그리고 이에 수반된 제 관계의 변화들은 피지 인도인 여성의 사회적인 지위변화에 긍정적인 영향을 미쳤다. 그럼에도 불구하고 가정을 통해 재생산되는 피지 인도인 공동체의 전통적인 젠더 이데올로기, 그리고 피지의 불안한 정치사회적 상황은 여성보호 명분으로 여성의 삶을 규제하는 구실로 작용하고 있다.

Ⅳ. 피지 인도인 여성의 현재

1970년대 들어 피지의 경제사정 악화에 따른 산업구조의 변화, 도시화의 진전, 교육기회의 확대, 그리고 이주 후세대들의 점진적인 서구적 가치관에의 노출은 피지의 인도인 공동체에도 영향을 미치게 되었다. 전통적인 가족이데올로기를 강조하면서 남성지배적인 관계를 유지해왔던 피지의 인도인 공동체는 핵가족화에 따른 가족관계의 변화, 세대간의 변화, 여성의 경제활동과 교육기회를 통해 전통적인 젠더관계의 변화를 보이고 있다. 이 장에서는 이런 변화가 피지 인도인 가정과 여성에게 미치고 있는 영향, 그리고 이들이 경험하고 있는 갈등을 중심으로 전통적인 젠더관계의 변화가능성을 살펴보고자 한다.

도시화의 진전에 따라 피지 인도인의 가구형태가 핵가족화 되면서 오늘날 피지 인도인들 특히, 젊은 세대들은 결혼과 더불어 분가하는 것을 당연하게 여기는 추세에 있다. 그렇지만 대부분의 피지 인도인들은 가족관계를 중요하게 생각하기 때문에 분가에 찬성하면서도 결합가족형태를 유지하는 것이 이상적이라고 여기고 있다. 피지 인도인 공동체의 가구형태와 가족관계의 변화에도 불구하고 가장의 권리는 여전히 강조되고 있지만 이주 후세대로 올수록 의사결정과정에 여성의 참여가 확대되고 자녀의 의견이 존중되고 있음을 볼 수 있다.

이주 3세대인 나이두(Naidu. 여. 24세)는 유치원교사를 하다가 결혼

이후 전업주부로 생활하고 있다. 현재 그녀는 시부모, 시숙들과 같이 살고 있는데, 그녀의 시아버지는 바(Ba)에서 슈가케인 농사를 짓다가 라우토카로 이주한 이후 현재 운수업에 종사하고 있다. 3세대가 한 집에서 같이 살고 있는 그녀는 집안 대소사의 결정이 가족원의 의사 수렴과정을 거치기보다 가장인 시아버지의 의견에 따라 결정된다고 말한다. 일례로 그녀의 가족들은 모두 힌두교를 믿었는데, 시어머니의 잦은 병치레로 시아버지가 기독교로 개종을 결정하자 모든 식구들은 이의 없이 기독교로 개종하게 되었다는 이야기는 가장의 결정권이 여전히 중요하다는 것을 보여준다.

결합가족이면서도 평등한 가족관계를 유지하고 있는 사례는 전통적인 가족원간의 위계와 수직적인 가족관계가 변화하고 있다는 것을 보여준다. 현재 남태평양대학교(University of South Pacific) 1학년에 재학하고 있는 라즈네쉬(Rajnesh. 남. 19세)는 이주 5세대로 부모님, 큰형과 형수, 둘째형과 살고 있다. 그의 가족은 외형상 결합가족을 유지하고 있지만 가족원 간에 위계관계를 강조하기보다 가족원의 의견을 존중해주는 부부관계·부모자녀의 관계를 잘 보여주고 있다.

> "나는 부모님과 세대간의 차이를 느껴본 적이 없다. 집안에서 우리는 친구 같은 관계로 많은 것을 서로 이야기하고 상의한다. 하지만 우리 삼촌들은 엄한 편이다. 집안일은 주로 아버지가 결정하고, 아버지가 안 계시면 어머니가 중심 역할을 하신다. 어머니와 아버지는 서로 동의하지 않는 문제가 있을 경우 서로 조정하려고 노력하는 편이다. 형과 형수가 분가를 원한다면 부모님과 상의해 볼 수 있다. 어머니는 전업주부였고, 집안의 재산은 아버지가 관리하셨다. 하지만 아버지가 동의하신다면 재산의 일부는 어머니의 명의로 둘 수도 있다. 1992년 아버지가 자동차를 사셨을 당시 아버지는 가족들과 상의해 명의를 어머니 앞으로 해주셨다. 어머니가 뭔가를 사고 싶으면 아버지와 상의해서 살수도 있다."

교육은 남녀관계를 변화시키는 중요한 요인 중의 하나인데, 과거 교육에 대한 피지 인도인의 태도는 일관적이었다. 1900년대 초반 피지 인도인 공동체 내에 교육기반시설이 부족한 가운데 교육을 주도했던 단체는 아리아 사마즈(Arya Samaj)와 사나탄 다름(Sanatan Dharm)과 같은 종교단체들이었다(Singh. 2001). 당시 피지 인도인 공동체 내에서 남아교육에 대한 부모들의 요구는 보편적이었던 것과 달리 여아교육의 교육적 가치를 인식하기까지는 상당시간이 필요했다. 가장에게 집중된 권한은 자녀교육에도 영향을 미쳤는데, 집안의 연장자인 남성은 자신의 권한으로 자녀교육의 기회를 박탈하기도 하였다. 특히, 부모들은 딸이 결혼과 동시에 시댁에 귀속된다는 관념, 교육기회가 오히려 남성과의 접촉기회를 제공할 수도 있다는 생각에 사로잡혀 과거 여아교육은 남아교육에 비해 훨씬 낮은 편이었다. 1937년 6세에서 14세까지의 피지 인도인 취학연령아동 23,608명 가운데 남아는 4,164명, 여아는 1,467명만이 교육을 받았다는 점은 남녀교육의 격차를 단적으로 보여준다고 할 수 있다(Williams. 1937: 16~21). 현재 라우토카에서 잡화상을 운영하는 사헤이(Sahay. 남. 50대 중반)는 아들 2명과 딸 1명의 자녀를 두고 있다. 그의 아들들은 대학을 졸업한 이후 뉴질랜드로 이주해서 살고 있으며, 그의 딸은 건강상의 이유로 뉴질랜드에서 대학을 중퇴하고 현재 그와 살고 있다. 그는 과거 피지 인도인 공동체에서는 여아교육에 관심이 거의 없었다고 말한다.

"50년 전 인도인의 피지생활에 대해서 말하자면, 부모들은 딸들이 밖에 나가는 것조차 허락하지 않았다. 당시 대다수의 여성은 고등학교에 가지 못하고 초등학교만 겨우 졸업할 수 있었다. 당시 우리 인도인들은 뿔뿔이 흩어져 산데다가 학교는 멀리 떨어져 있었다. 유럽인의 생활방식은 우리와 달랐고, 피지 원주민들은 코로(koro: village)에 살았다. 인도인 부모들은 1950년대와 1960년대에 들어서야 아들, 딸들에게 교육을 시켜야 한다는 것을 깨닫게 되었다. 이전에는 교육을 시켜도 아들만 시켰지 딸은 관심을 두지 않았었다."

그의 말처럼 피지 인도인 여성들은 부모세대가 교육의 중요성을 깨달은 뒤에야 교육의 혜택을 누리게 되었으며, 교육은 이들의 직업선택, 경제활동기회, 혼인 후 직장생활의 지속 등에도 영향을 미치고 있다. 조사과정에서 만난 대부분의 피지 인도인 여성들은 대학에서의 전문교육 및 전문직종의 진출여부가 결혼 후 여성의 경제활동 지속여부에 중요한 영향을 미치게 된다고 말하였다. 산제쉬니(Sanjeshni. 여. 28세)는 이주 4세대로 고등학교를 졸업하고 결혼한 이후 가사에만 전념하고 있는데, 그녀는 대학에서 전문적인 교육을 받지 않았기에 결혼과 동시에 직장을 쉽게 그만 둘 수 있었다고 말한다.

> "결혼 후 직장을 그만 두는 것이 일반적인 것은 아니다. 사람들은 가난한 경우 부부가 일을 할 수밖에 없다. 나는 일하는 것을 원하지 않았고, 남편 역시 마찬가지였다. 내가 일하기를 원했다면 남편도 동의했을 것이다. 가끔 직장을 그만 둔 것을 후회하기도 한다. 만약 내가 공부를 계속했고, 좋은 직장을 가졌거나 전문직에 종사하고 있었다면 쉽게 그만두지는 않았을 것이다. 하지만 나는 리셉셔니스트였고, 특별한 직업이 아니었기에 미련 없이 직장을 그만둘 수 있었다."

교육이 가정 내에서 여성의 지위에 영향을 미치고 있다는 점은 리타(Rita. 여. 31세)의 부모님에 대한 이야기에서도 드러난다. 수바의 한 호텔 매니저로 일하고 있는 그녀는 이주 3세대로 인도에서 대학을 마치고 인도출신 남편과 결혼했지만 성격 및 문화적 차이를 극복하지 못하고 이혼했으며, 현재 부모와 같이 살고 있다.

> "내 어머니는 고등교육을 받지 못하고 영어를 읽고 쓸 정도의 교육만 받았었다. 당시에는 자식을 많이 낳고 집안일을 도맡는 것이 여성의 몫이었고, 집안을 다스리는 것은 남자들의 몫이었다. 그 상황에서 아버지는 항상 보스였던 반면 어머니는 종속적인 관계 속에서 아버지의 말이 무조건 옳다고 했어야 했다."

이러한 그녀의 말은 이주 세대의 변화, 여성의 교육, 그리고 가족관계의 변화를 통해 가정 내에서 여성이 발언권을 행사할 수 있으며, 집안일도 가장의 독단적인 결정이 아닌 가족원들의 의견수렴을 거치는 식으로 변화하고 있음을 보여주고 있다. 피지 인도인 여성의 경제활동 역시 가족형태 및 관계, 지위변화에 영향을 미쳤다. 피지 여성의 노동시장 참여율은 1976년 17.1%(Census of the Population. 1976)에 그칠 정도로 저조한 편이었지만, 독립 이후 피지경제 및 산업구조의 변화, 교육기회가 확대되면서 그것은 1986년에는 23%, 1996년에는 36%로 증가세를 보이고 있다(Fiji Bureau of Statistics. 1999). 1987년 이후에는 쿠데타로 악화된 경제회복을 목적으로 도시중심지역에 봉제공장이 세워졌는데, 이 역시 여성노동자를 공장으로 유입시킴으로써 여성의 경제활동에 기여하였다. 여성고용과 관련해 슬래터(Slatter. 1987: 47~59)는 여성의 주직종이 도소매업, 식당과 호텔, 제조업에 집중되어 있으며, 주 직업군은 간호사, 교사, 비서직, 사무직, 청소, 소매, 웨이트리스, 가정부임을 지적하였다.

그러나 경제활동을 통해 피지 인도인 여성들의 공적영역으로의 진출이 꾸준히 증가하고 있음에도 불구하고 전통적인 성분업과 가족 내 역할은 여전히 지속되고 있다. 특히 피지 인도인 공동체의 파르다 이데올로기는 여성의 직업에도 영향을 미쳐 이들 공동체 내에서 남자와 접촉하는 일을 수반하는 직업, 야근과 같은 일은 여성에게 부적합한 일로 간주되는 경향이 있다. 이주 3세대로 교직에 종사하고 있는 싱 부인(Mrs. Singh. 여. 35세)은 현재의 남편과 결혼한 후 시어머니를 모시고 딸 둘과 같이 살고 있다. 이들 부부는 둘 다 경제활동을 하고 있지만 가사영역에서 성역활 구분은 여전히 지속되는 경향이 강하다. 그녀의 남편은 가끔 아침식사를 준비해주고, 딸들의 등교준비를 도와주기도 하지만 항상 그러는 것은 아니라고 한다. 스니타(Snita. 여. 24세)의 경우도 마찬가지 상황이다. 그녀는 이주 4세대로 대학을 졸업하고 직장생활을 하다 결혼하면서 직장을 그만두었지만 최근 다시 직장

생활을 시작했다. 그녀는 시부모, 시동생과 같이 살고 있는데, 직장생활을 다시 시작했음에도 불구하고 가족들의 식사준비를 위해 새벽 4시 30분에 일어나며, 퇴근 후에도 집안일을 위해 서둘러 귀가한다고 말한다. 이처럼 직장생활을 하는 대부분의 피지 인도인 여성이 가사노동에서 자유롭지 못한 것은 전통적으로 이들이 가사일의 전담자로 여겨졌기 때문으로, 이들은 늘어난 경제활동에 비례하여 가정과 직장에서 이중적인 노동 부담을 지고 있는 실정에 있다. 또한 이들의 수입이 남성에 비해 그리 높지 않은 보조적인 수입에 불과하다는 점 역시 가사노동의 책임에서 벗어나지 못하게 하는 데 영향을 미쳤다.

가사노동책임과 보조수입원으로서 여성의 노동력은 분명한 한계가 있지만 가정에서 여성의 모습은 변화하고 있다. 하나의 단적인 사례로 부부공동계좌(joint account)를 가지고 있는 부부의 사례는 피지 인도인 여성의 경제활동에 따른 변화된 모습을 보여준다. 부부가 공동으로 소득을 예금하고 필요시 상의해서 사용하고 있는 싱 부인의 사례는 과거에는 볼 수 없었던 모습이다.

가족관계, 가구구조의 변화, 여성의 교육과 노동시장에의 참여, 그에 따른 가치관의 변화는 결혼에도 영향을 미치고 있다. 중매결혼은 과거 피지 인도인 공동체의 지배적인 결혼형태로, 특히 직장생활을 하지 않아 친척을 제외한 남성과의 접촉기회가 거의 없는 여성들의 일반적인 결혼형태였다. 반면 '연애결혼'과 '중매 연애결혼'은 교육받고 직업을 가진 여성들에게 더 일반적인데, 교육과 경제활동을 통한 전통적인 결혼관의 변화와 집 밖에서의 다른 남성과의 접촉기회의 증가는 이러한 결혼형태의 변화를 가져왔다(Lateef. 1987b: 60~79). 과거에는 결혼을 결정함에 있어 출신 지역과 종교가 중요시되었으나, 최근에는 지역·종교·인종·국경을 초월한 결혼사례가 늘고 있으며, 혼인에 대한 자녀들의 의견도 존중되는 추세로 변화하고 있다.

나라얀(Narayan. 남. 60대 중반)은 이민 3세대로 그의 조부는 북인도

비하르에서 기르미티야로 피지에 이주해 와서 타부아(Tavua)에 정착하였다. 나라얀은 어려운 경제여건에도 불구하고 피지에서 사범대학을 졸업하고 호주 퀸즈랜드(Queensland)에서 농과대학을 졸업한 이후 피지에 귀국, 농무부처에서 일하면서 노동당 활동을 했었다. 그는 1971년 북인도 출신의 부인과 중매 결혼하였다. 그는 자신이 결혼했던 당시에는 북인도인, 남인도인, 시크, 구자라티들 각각의 공동체 내에서 결혼이 이루어지는 것이 일반적이었지만 현재 자녀세대들의 결혼은 자기 세대와 많이 달라졌다고 말한다.

> "나는 아들 셋, 딸 둘로 자식이 다섯이다. 아들 셋은 1999년 호주로 가서 둘은 시드니(Sydney)에, 한 명은 멜버른(Melbourne)에 있다. 장남과 둘째는 호주의 시민권을 가지고 있는데, 작년에 큰아들은 라우토카 출신의 인도인 여자와 연애결혼을 했다. 며느리 감이 기독교인이어서 교회에서 결혼식을 치렀는데, 우리는 힌두지만 아들이 결혼을 원했기에 허락했다. 내가 결혼할 당시만 해도 그런 결혼은 종교 차이 때문에 어려웠다. 막내는 중매결혼을 했다."

구자라티인 리타는 자신이 고등학교 데이트하던 때를 회상하면서 그때만 해도 구자라티가 북인도인과 데이트하는 것이 허용되지 않았다고 말한다. 그녀는 부모세대들이 매우 보수적이어서 동일 카스트 내에서의 결혼을 종용하였고, 신부감이 적당하지 않을 경우 인도에서 배우자를 물색했다고 한다. 하지만 인도와 피지에서의 생활에 따른 문화적 격차로 인한 문제점이 드러나면서 부모들의 인식도 바뀌게 되었다고 말한다.

한편 결혼형태의 변화는 부부관계의 변화를 함축하기도 하는데, 앞서 말한 싱 부인의 사례가 그러하다. 그녀는 아버지의 중매로 여러 남자와 선을 본 후 현재의 남편과 결혼하였다. 주변 사람들은 그녀가 중매로 결혼한 것을 믿기지 않아한다고 하는데, 그 이유는 그녀가 가정에 얽매이지 않고 사회생활을 적극적으로 하고 있기 때문이라고 한다.

"지금 연애는 보편적으로 받아들여진다. 동료교사들은 내가 중매 결혼한 것을 잘 믿지 않는 편인데, 내가 운전하면서 자녀를 픽업해 학교에 데려다 주기도 하고 때로 영화보고 싶으면 동료들과 같이 가서 영화도 보고 생활이 자유로운 편이라 그렇게 생각하는 듯하다."

이와 같이 결혼형태와 부부관계의 속성을 결부시키는 주변 사람들의 반응은 중매결혼에서 연애결혼으로 변했다는 단순한 형태적 변화뿐만이 아니라 종속적인 부부관계가 좀 더 '평등한 관계'로 변화할 여지가 있다는 점을 함축하는 것으로 보인다.

그렇지만 교육과 경제활동과 같은 사회·경제적인 기반의 변화에도 불구하고, 피지 인도인 여성에게 있어 결혼은 아직 선택의 문제인 것은 아니다. 라티프(Lateef. 1987a: 2~9)는 피지 인도인 여성의 결혼에 대한 연구에서 여성이 처한 사회적·문화적·경제적인 조건 때문에 결혼이 불가피하다고 주장한다. 더욱이 대다수가 힌두교도인 피지 인도인 공동체 내에서 결혼이 여성의 다르마(dharma) 완수에 필수적으로 간주되는 점, 그리고 경제적으로 여성이 가족에게 의존적일 수밖에 없는 점은 이들에게 결혼선택의 여지를 주지 않고 있다. 더트 양(Ms. Dutt. 여. 31세)은 남태평양대학교의 화학과 시간강사로 재직 중인데, 공부로 인해 결혼 적령기를 놓치게 되었다. 현재 그녀의 부모는 중매와 신문광고를 동원해서 사윗감을 물색하고 있으며, 이는 전문직에 속한 여성이라도 결혼이 개인의 선택문제가 아님을 보여준다.

이와 같이 피지 사회의 급격한 사회 및 경제변화는 여성들에게 서구적인 가치이식, 교육과 경제활동의 참여, 결혼형태의 변화, 그리고 그에 수반된 가족관계와 가치관의 변화를 가져왔다. 근대적인 변화는 전통적인 이데올로기의 약화를 가져왔으며, 이제 피지 인도인 여성들은 전통적이고 근대적인 여성성 사이에서 갈등하고 있다. 싱(Singh. 1998: 2~5)의 연구에 의하면, 도시에 거주하는 교육받은 젊은 피지 인도인 여성일수록 가족과 종교적인 도덕성을 강조하는 전통적인 가치와 여성의 해방을 강조하는 서구식 가치관 사이에서 갈등을 경험하게 된다고 한다. 전통적인 젠더 이데올로기를 강조하는 피지 인도인 공동체 속에서 여성이 겪게 되는 경제 및 사회관계의 변화에 따른 갈등양상은 이혼으로 나타나기도 한다. 이혼사유는 여러 가지인데, 경제활동과 서구식 가치관은 이혼율의 증가에 영향을 미치고 있다.

사미 부인(Mrs. Sami. 여. 50대)은 여성의 경제활동과 여성에 대한 가정폭력, 그리고 이혼율의 증가를 결부시켜 바라보고 있다.

> "근래 들어 방송에서 가정폭력에 대한 사건을 날마다 볼 수 있다. 가정폭력은 다반사로 일어난다. 그 이유는 여러 가지이다. 봉제공장에서 일하는 여성이 다른 남자와 바람나고, 그러다 남편이 알게 되어 싸우게 되는 경우가 허다하다. 대개 이혼한 사람들은 간통으로 이혼한 경우가 많다."

도시지역의 이혼급증과 관련해 나라얀(Narayan. 남. 60대) 역시 그 원인을 여성의 경제활동과 결부시켜 바라본다. 그는 과거에 여성들이 집안일만 했을 때는 남편에게 경제적으로 의존해야 했기 때문에 이혼율이 적었지만, 최근 부부경제활동의 증가에 따라 여성의 경제적 독립성이 커지고 평등을 추구하게 되면서 이혼율이 증가하고 있다고 말한다.

과거의 피지 인도인 여성들은 경제적인 불안정성, 자식에 대한 염려, 그리고 여성의 헌신을 강조하는 전통적인 가족이데올로기 때문에 여성에 대한 가정폭력에도 불구하고 이혼을 쉽게 결정하지 못했다. 여성에 대한 폭력행사의 이유는 모르는 남성들과 어울리거나, 공간적인 거리 유지를 위배하는 것과 같은 부적절한 행동으로 자신과 가족원 명예를 더럽혔거나, 남편과 시어머니에게 순종하지 않는 이유, 간통혐의, 말이 너무 많다는 등 여러 가지이다. 라티프(Lateef. 1990: 43~62)는 서구화의 영향으로 전통적 가족이데올로기와의 갈등 속에서 일어나는 모순상황을 물리적 폭력으로 해결하려는 과정에서 가정 내 여성폭력이 빈번하게 일어난다고 보았다. 특히, 피지 인도인 공동체 내에서는 남성이 단다(danda: stick)를 가지고 여성을 통제하는 것이 용인되면서 그것은 가족중심적인 이데올로기와 함께 전통적인 젠더관계를 유지·재생산하는 기제로 이용되었다. 그러나 이제 피지 인도인 여성들은 공동체 내의 이혼여성에 대한 사회적 낙인에도 불구하고 이혼을 선택하고 있다. 리타(Rita. 여. 31세)는 자신의 경험에 비추어 피지 인도인 여성의 이혼이 가족의 수치로 여겨지고 있다고 말한다.

> "내 남편은 인도에 사는 사람이었는데 나랑 가치관의 차이가 많았다. 나는 자유분방한 성격으로 사람들과 어울려 이야기하는 것을 즐겼지만 남편은 그런 나의 모습을 이해하지 못했다. 이런 성격차이를 극복하지 못하고 남편과 나는 이혼결정을 했는데, 가족들은 이혼에 대해 심하게 반대했다. 왜냐하면 그들은 나의 이혼이 가족에게 수치를 안겨준다고 생각했기 때문이었다. …
>
> 내가 이혼하지 않은 상황이었다면 호텔에 긴급한 일이 생겨도 나오지 못했을 것이다. 결혼한 여성은 가사를 도맡아 하는 것이 당연하게 여겨지고, 아내로서 남편과 가족들과 시간을 보내야할 의무가 있기 때문이다. 여동생의 결혼식에 참석하기 위해 많은 사람들이 우리 집에 왔었는데, 그들은 나에게 정말 안됐다면서 재혼하라고 위로해주었다. … 이혼 이후의 생활에 대해 말하자면 나는 가족의 명예를 실추시킨 셈인데, 집안 모임에서 내가 무슨 말을 해도 자기들끼리 대화하고 내 의견을 존중해주지 않는다. 물론 나를 의도적으로 모욕하려는 것은 아니지만, 내 여동생 의견을 더 존중해준다는 느낌을 받았다. 하지만 내가 선택한 인생인 만큼 열심히 살 것이다."

자신의 이혼에 대한 주변의 '사회적 낙인'이라는 불리한 상황에도 그녀의 이혼선택은 여성들이 '가족명예의 담지자·가정 내의 여성'이라는 틀을 벗어나 '자아 중심적'으로 변화하고 있는 모습을 보여준다. 또한 시부모와의 갈등으로 인한 이혼 사례들, 인도영화에 담긴 전통적인 가치관들 때문에 자녀들이 그것을 보도록 하지 않는다는 한 여성의 말도 피지 인도인 여성들이 전통적인 이데올로기와 가치관의 갈등을 경험하고 있음을 보여준다. 이런 현상들은 피지 인도인 여성들이 전통적인 이데올로기, 사회·문화적인 관행에 반하여 스스로를 독립적인 존재로 바라보게 되었음을 보여준다.

1987년 쿠데타 이후 피지의 정치경제적 상황은 여성들의 삶과 정체성에 영향을 미친 중요한 사건으로 이후 여성들은 자신들의 문화, 식민주의 유산, 교육체계에 대한 성찰을 통해 자신들의 권리에 더 관심을 갖게 되었다(Leckie. 2000: 178~201). 그렇지만 1987년과 2000년에 발발한 세 차례의 쿠데타는 피지 인도인 공동체 여성에게 있어 남성통제를 재 강화하는 한편 재이주로 인한 이들 여성의 지위 변화가능성을 확대했다는 이중적인 의미를 띠고 있다. 쿠데타로 인해 조장된 정치·사회불안, 그리고 그 과정에서 일어난 피지 인도인 여성에 대한 폭행과 잔학행위는 남성가족원들의 두려움을 증가시켰고(Chandra. 2003), 이에 '여성보호' 명분으로 행해지는 남성통제들은 정당성을 부여받고 있다. 슈가케인 사무소에 다니는 비마 사미(Bhima Sami. 남. 50대)는 큰아들 부부, 미혼의 아들 둘과 한 집에 같이 사는데, 그는 최근 일을 다시 시작한 며느리의 출퇴근을 시켜주고 있다. 그의 경우처럼 여성가족성원의 출퇴근을 시켜주는 것은 편의성과 피지의 치안문제로 인해 자연스럽게 받아들여지고 있다. 하지만 여성가족원의 사회활동을 제한한다는 점에서 볼 때 그것은 가족원간의 권력관계를 은폐하고 여성을 가정영역으로 재통합시키면서 남성 지배를 재 강화하는 측면도 있다.

한편 피지의 인도인 인구는 1987년 쿠데타를 기점으로 지속적인 감소세를 보이는데, 많은 피지 인도인들이 호주, 뉴질랜드, 캐나다, 미국으로 재이주하고 있다. 쿠데타 이후 피지의 인도인들은 사회경제적인 불안, 농지접근제한과 임대기간의 종료, 정치 불안의 지속, 사회경제적인 기회상실과 전반적인 차별관행 등을 이유로 재이주하고 있다. 이와 같이 쿠데타 이후 태평양 일대의 국가로 재이주한 피지 인도인 여성의 경제활동, 그들의 가치관의 변화에 대한 피지 인도인 남성들의 부정적인 견해는 재이주에 따른 변화들이 피지의 인도인 여성의 사회적 지위변화의 변수로 작용할 여지를 보여준다. 보통의 피지 인도인 남성처럼 전통과 가족을 중요하게 생각하는 자간나트 사미(Jagannath Sami. 남. 50대)는 이주 2세대로, 그의 아버지는 인도에서 출생하였지만 3세 때 작은 할머니를 따라 피지로 이주하였다. 피지에서 어려운 경제여건에도 불구하고 남태평양 대학교를 졸업한 그는 공직생활을 하다가 현재는 슈가케인 사무소의 위원활동을 하고 있다. 그는 재이주 이후 주재국의 환경이 재이주 피지 인도인 여성들의 가치관에 나쁜 영향을 미친다고 보는데, 특히 이들이 서구인처럼 생활하려는 경향이 강해지면서 가족 및 자녀간의 갈등이 발생하게 된다고 말한다.

"내 동생가족은 호주로 이주해 살고 있다. 거기서는 가족이 해체되는 것을 자주 볼 수 있다. 여자들은 절대적인 자유를 누릴 수 있고, 법적으로도 재산의 70%를 차지할 수 있다. 여성들이 남성과 평등하지 않다는 것을 말하려는 것은 아니다. 하지만 때로 법에도 허점이 있다. 내 조카는 결혼해서 아이도 낳고 열심히 일해서 번 돈으로 멋진 집도 샀다. 그런데 부부사이에 논쟁이라도 일어나면 조카부인은 경찰서에 전화를 한다. 지난 달 내가 휴가차 거기 있었을 때도 그런 일이 일어나 조카가 구금되었다. 그 부인은 여기 출신인데, 엄마를 따라 이주했었다. 조카부부는 중매로 여기서 결혼을 했다. 하지만 조카부인은 호주에서 성장했고, 호주인처럼 행동한다. 논쟁이 일어날 때마다 조카부인은 경찰을 부른다. 그리고 당장 내일이라도 조카가 집을 팔 경우 그는 집 매매한 돈의 30%만 갖게 된다. 내가 말하고자 하는 것은 물론 그런 법들이 호주인들에게는 정당화될 수 있지만, 인도인과 아시아인들을 포함해 과거에 힘들게 살아서 더 잘 살려고 열심히 일하는 사람들에게는 부당하다. 남편들은 가족에게 시간을 할애하기보다 직장생활에 시간을 더 할애하고 아내 역시 남편과 지내는 시간보다 일을 하다 보니 서로 공유하는 시간도 없고, 이런 조건들이 문제를 일으킨다."

 이는 재이주 국가의 사회문화적인 상황 속에서 일어나는 전통적인 젠더 이데올로기의 단절과 갈등을 보여주는 것으로, 피지 인도인 공동체 여성의 사회적 지위가 전통적인 젠더 이데올로기의 극복여부에 따라 변화할 수 있음을 함축하고 있다. 2003년 통계는 피지에서 1990년대 초반부터 남성보다 많은 여성들이 해외로 이주하고 있음을 보여주는데, 1990년부터 2001년까지 호주로의 피지 인도인 이주자 가운데 여성이 52~57% 정도를 차지하고 있다(Fiji Bureau of Statistics. 2003). 찬드라(Chandra. 2003)의 연구에 의하면 남성의 재이주 후 피지에 남겨진 인도인 여성은 자녀의 교육, 재산, 가족관계에 관련된 중요한 결정을 내리게 된다. 재이주한 피지 인도인 여성은 네트워크 형성과 사회·경제적 후원 및 가족에 대한 송금을 통해 가정에서 차지하는 비중이 커지면서 점차 피지 인도인 가정의 전통적인 젠더관계의 변화에도 영향을 미치고 있다. 이러한 재이주 현상은 피지 인도인들이 초국가적인 네트워크를 형성하고, 긴밀한 사회·문화·경제적인 관계를 유지하고 있다는 점(김경학. 2005)을 고려할 때 피지 인도인 여성의 사회관계와 역할변화에 중요하게 작용할 것으로 보인다.

V. 종속으로부터의 탈출

 지금까지 살펴본 바와 같이 피지에서 계약노동이주시기의 인도인 공동체는 개별이주의 특성, 인종주의적 편견과 불균형한 성비, 노동착취 속에서 카스트제도의 쇠퇴를 경험하였다. 계약노동제 종료 이후 피지 인도인 공동체 재 형성기에는 사탕수수정제회사의 정책, 종교전통과 가부장적 질서의 복원 및 여성에 대한 전통적인 젠더 이데올로기의 강조, 그리고 교육과 경제활동의 기회가 배제되면서 피지 인도인 여성의 활동은 가정영역에 국한되었다. 그러나 피지사회의 근대화와 도시화 과정 속에서 여성교육과 경제활동, 그리고 쿠데타로 인한 경제사정의 악화와 사회불안은 피지 인도인 여성의 사회활동과 그에 따른 지위변화에 영향을 미치고 있다. 이제 피지 인도인 여성은 변화된 사회적 토대 위에서 전통적인 젠더 이데올로기와 갈등하면서 새로운 변화를 모색하고 있다. 쿠데타 이후 늘어난 피지 인도인의 국제적인 재이주 현상은 이러한 피지 인도인 여성의 갈등과 사회적인 지위변화에 영향을 미칠 것으로 보이는데, 이는 피지에 남아있는 대부분의 인도인 가정들이 재이주를 희망하고 있으며, 특히 재이주 인도인들이 초국가적인 네트워크를 형성하고 긴밀한 교류를 유지하고 있음을 볼 때 더욱 그러하다.

과거 계약이주노동시기부터 현재 국제적인 재이주 과정까지 피지의 인도인 여성의 이주경험은 이주자로서 여성의 사회적인 지위변화를 거시적이고 구조적인 관점에서 바라볼 필요가 있음을 말해주고 있다. 지금까지 피지 인도인 여성의 사회적 지위와 젠더관계가 사회구조적인 관계의 영향을 받고 있음을 밝혔다. 하지만 피지 인도인 여성들이 자신들이 처한 상황에서 변화를 가져오기 위한 적극적인 노력에 대해서는 다루지 못했다는 한계가 있으며, 이 부분에 대해서는 향후의 연구과제로 삼고자 한다.

참 고 문 헌

김경학. 2005. "인도-휘지인의 초국가주의적 성격". 서울: 한국인도학회.

Barrett, M. 1980. *Women's Oppression Today: Problems in Marxist Feminist Analysis.* London: Verso.

Burton, J. W. 1910. *The Fiji of Today.* UK: Charles H. Kelly.

Chandra, Rajesh. 1996. "Urbanization in Fiji. 1976~1986: A Preliminary Analysis". *The Journal of Pacific Studies.* Vol. 19.

Chandra, Dharma. 2003. "Fiji's International Migration in the Context of Human Development: gender trends. motivations and strategies. *prepared paper for Economic and Social Commission for Asia and the Pacific.* USP.

Gillion, K. L. 1962. *Fiji's Indian Migrants: a history to the end of indenture in 1920.* Melbourne: Oxford University Press.

Grieco, Elizabeth M. 1998. "The Effects of Migration on the Establishment of Networks: Caste Disintegration and Reformation Among the Indians of Fiji". *International Migration Review.* Vol. 32. No. 3.

Gupta, A. R. 1976. *Women in Hindu Society.* New Delhi: Jyotsna Prakashan.

Jayawardena, Chandra. 1975. "Farm, Household and Family in Fiji Indian Rural Society". *Journal of Comparative Family Studies.* Vol Ⅱ. No. 1.

Lal, Brij V. 1983. "Girmityas: The Origins of the Fiji Indians". *The Journal of Pacific History.* Canberra.

Lal, Brij V. 2000a. "The East Indians of Fiji". *Endangered Peoples if Oceania.* Greenwood Pub Group.

Lal, Brij V. 2000b. *Chalo Jahaji: on a journey through indenture in fiji.* Division of Pacific & Asian History. The Australian National Univ.

Lateef, Shireen. 1987a. "Indo-Fijian Women: Past and Present". *Manushi: a journal about women and society.* No. 39.

Lateef, Shireen. 1987b. "Marriage: Choice or Destiny?: The case of Indo-Fijian Women in Suva". *The Journal of South Pacific.* Vol. 13.

Lateef, Shireen. 1990. "Rule by the Danda: Domestic Violence among Indo-Fijians". *Pacific Studies.* Vol. 13. No. 3.

Lateef, Shireen. 1991. "Wife Abuse Amongst Indo-Fijians". *Sanctions and Sanctuaries.* J. Brown, J. Campbell & D. Counts(eds.). USA: Westview Press.

Leckie, Jacqueline. 1987. "Women and Work in the South Pacific". *The Journal of Pacific Studies.* Vol. 13.

Leckie, Jacqueline. 2000. "Women in post-coup Fiji: negotiating work through old and new realities". *Confronting Fiji Futures.* ed. by Akram-Lodhi. A. Haroon. Asia Pacific Press.

Singh, Sarva Daman. 2003. "Indians in Fiji". Sarva Daman Singh and Mahavir Singh(eds.). *Indians Abroad.* Maulana Abul Azad Institute of Asian Studies. Hope India Publication/Greenwich Millennium.

Singh, Shubha. 2001. *Fiji: A Precarious Coalition.* Har-Anand Publication Pvt Ltd.

Singh, Suzanne. 1998. *Indo-Fijian Women's Sexuality and Resistance: flirting with Foucault.* USP.

Slatter, Claire. 1987. "Women Factory Workers in Fiji: The "Half a Loaf" Syndrome". *The Journal of South Pacific.* Vol. 13.

T'Bale Jimaima. 1982. "Family Pattern and Lifestyle Information for the Development of Family Studies Courses for Fiji"-a survey of women in cities. USP.

Williams, Esther M. 1937. *A Study of the Education of Girls in Fiji with Especial Reference to the Education of Indian Girls.* B. A Thesis. Univ. of Melbourne.

〈관공서 등 자료〉

통계청. 1976. *Census of the Population* Vol. 3.

______. 1976. *Report on the Census of the Population.*

______. 1996. *Fiji Islands Population Profile.*

______. 1999. *Fiji Bureau of Statistic.*

______. 2003. *Fiji Bureau of Statistics.* unpublished data.

제3부
아프리카의 인도인 디아스포라

아프리카에 진출한 두 부류의 인도인

인도와 아프리카는 오랜 교류의 역사를 가지고 있다. 고대이래 인도인은 인도양의 무역풍을 이용해 아프리카 대륙과 상업적 교류를 해왔다. 이 과정에서 동부 아프리카 해안에는 소규모 인도인 정착촌이 형성되기도 했다. 하지만 아프리카대륙으로의 대규모 이주는 19세기 말부터 시작된 아프리카 지역에 대한 영국의 제국주의와 밀접한 관련이 있다.

19세기 이후 동남부 아프리카를 지배하기 시작한 영국은 이 지역의 자원을 최대한 활용하기 위하여 기간산업을 확충하는 한편 대규모 상업 플랜테이션을 조성하기 시작한다. 값싼 노동력을 이용해 최대의 이익을 창출하고자 했던 제국주의 영국은 아프리카 내 노동력보다 복종적이고 근면한 인도인 노동자에 주목했다. 영국 식민지청은 동부아프리카 및 남아프리카에 인도인 계약노동자를 송출하는 것을 내용으로 하는 협약을 인도 정부와 맺게 된다.

19세기 중반이후 동부 아프리카에 송출된 인도인노동자는 대부분 동부 해안가의 몸바사(Mombasa)에서 내륙의 캄팔라(Kampala)를 잇는 철도부설에 투입되었다. 이와 함께 케냐와 탄자니아 일대에 형성된 대규모 플랜테이션에도 적지 않은 노동력이 수입되었다. 특히 남아프리카에서 식민지를 경영하고 있던 나탈 식민지청(Natal Colony)은 사탕수수 플랜테이션에 필요한 인도인 노동자를 대거 수입하기 시작했다.

아프리카에는 계약노동자 이외에도 상업적 이익을 추구하기 위해 자발적으로 이주를 해 간 인도인들이 있었다. 식민정부에서 이주에 따른 비용을 부담한 계약 노동자와는 달리 이들은 스스로 경비를 부담한 상인이었다는 의미에서 '승객 인도인'(Passenger Indian)이라고 불렀다. 승객인도인과 계약 노동자는 공통점보다는 차별성이 부각되는 집단이었다. 계약 노동자는 대부분 사회적으로 하층민 신분으로 구성되어 있었던 반면 승객인도인은 대대로 상업 활동에 종사해 온 전문직업인들이었다. 두 집단은 출신지역도 달랐다. 계약노동자의 대부분이 인도 남부, 특히 타밀(Tamil)과 북부 출신인 반면 승객인도인은 절대다수가 구자라트(Gujarat) 출신이었다. 또한 출신지역에 따라 언어와 사회문화적 관습에 차이가 있었지만 계약노동자의 대부분이 종교-문화적으로 '힌두'(Hindu)였던 반면 승객인도인은 '무슬림'(Muslim)이 절대다수를 차지했다. 승객인도인은 무슬림 공동체라는 테두리 안에서 기본적인 사회활동을 유지했다. 특히 혼인과 종교 활동은 철저하게 폐쇄성을 유지해 계약노동자와의 사회적 거리를 유지했다.

이와 함께 대부분의 승객인도인이 식자층이었다는 사실도 문맹자가 대부분인 계약노동자와 차별되는 중요한 특징이다. 이런 차이는 두 인도인 집단이 상호교류를 하는데 장애물이었을 뿐 아니라 아프리카 사회에 적응하는 과정에서도 다르게 나타난다. 특히 이주 초기에 승객인도인들은 유사(類似) 정당을 결성하는 등 엘리트정치 집단을 형성한 반면 계약노동자들은 자신들의 권익보호를 위해 노조를 결성하는 등 정치노선의 차이를 보여준다.

범퍼존으로서의 인도인

이주 초기에 인도인들이 내부적으로 하나의 공동체를 형성할 만한 구심점이 없었던 것은 사실이지만 이들을 바라보는 외부의 시각은 달랐다. 호스트 사회의 시각에서 볼 때 인도인 이주민들은 단지 '인도인' 또는 '아시아인'일 뿐이었다. 영국 식민정부는 의도적으로 인도인을 식민정부와 아프리카인 사회의 긴장을 완충해주는 '범퍼존'(Bumper zone)으로 이용했다. 아프리카인에 비해 적당히 나은 사회적 혜택을 부여하는 한편 인도인에 대한 부정적인 이미지를 형성해 식민지 사회체제에 대한 아프리카인의 불만을 인도인에게 향하도록 유도했다. 결과적으로 아프리카인은 인도인이주민을 '침략세력'으로 이해했다.

동부아프리카의 경우 인도인에 대한 적대감은 독립이후 반인도인 정서로 표출된다. 그 중 대표적인 사건은 1972년 우간다에서의 인도인 추방이었다. 독립이후 쿠데타로 정권을 탈취한 우간다(Uganda)의 이디 아민(Idi Amin)은 우간다 내에 있는 모든 '아시아인'(인도인)에 대한 추방명령을 내렸다. 인도인은 우간다 사회의 암적 존재라는 것이 이유였다. 인도인의 재산은 모두 압류되었으며 인도인은 예외 없이 추방되었다. 동부아프리카와 남아프리카에 정착한 인도인도 비슷한 운명을 겪었다.

탄자니아는 독립과 함께 사회-경제적 '토착화'(Tanzanization)를 시도해 은행과 무역회사를 국유화하는 사회주의적 조치를 취했다. 결과적으로 인도인이 소유하고 있던 자산과 회사는 모두 국유화되었다. 케냐의 경우 1967년에 이주제한법을 발효하면서 비 시민권자가 무역허가증과 직업허가증을 취득하는 것을 법적으로 금지했다. 이런 정책은 모두 인도인의 사회적 행동반경을 제한하려는 정부의 의도에서 비롯되었다. 결과적으로 탄자니아의 경우 1961년에 88,700명이었던 인도인이 1971년에는 52,000명으로 줄어들었다. 케냐도 독립 직전인 1962년에 176,613명이었던 인도인이 1982년에는 105,000명으로 줄었다. 하지만 우간다와 함께 가장 극단적인 정책을 펼쳤던 지역은 잔지바르(Zanzibar)였다. 독립이후에도 탄자니아로부터 자치권을 부여받았던 잔지바르는 철저한 동화정책을 시도해 인도인이 현지 아프리카인과 결혼하는 것을 강요했다. 이를 거부하는 인도인에게는 강제추방이 기다리고 있었다.

남아프리카에서 인도인은 소수 남아공유럽인의 '아파르트헤이트'(Apartheid) 정책의 희생양이었다. 아파르트헤이트 정책은 유색인종에 대한 백인의 사회적 폭력이었으며 인도인도 이 인종차별법의 희생자였다. 특히 결혼금지법과 집단 거주구역법 등은 인도인이 남아공의 다른 인종과 사회적 교류를 하는데 원천적인 장애물로 작용했으며 이 과정에서 '인도인'이라는 정체성이 서서히 형성되어 갔다.

아프리카 인도인의 초국가주의적 거주형태

현재 아프리카에 정착한 인도인이주민은 초기 이주민의 3세대나 4세대에 해당한다. 이들은 다민족, 다문화를 표방하는 아프리카 국가에서 소수민족을 대표한다. 케냐의 경우 33,800,000명의 인구 중 인도인은 불과 1%를 차지할 뿐이며 남아공의 경우 전체 인구 44,300,000명 중 2.5% 의 인구 구성을 보여주고 있다.

아프리카의 인도인들은 대개 계약노동자로서 이주해왔지만 현재는 의사, 교수, 법률인, 사업가 등 전문직업인으로 성장한 경우도 많다. 특히 주목할 만한 사실은 이 전문직업인을 형성하고 있는 고급 두뇌집단의 인도인들이 거주와 소속국가의 경계를 넘나드는 '초국가주의적'(transnational) 성격을 보이고 있다는 점이다. 이들 인도인들은 아프리카 현지에 사업체나 병원, 법률사무소 등을 운영하는 한편, 유럽이나 북미지역에 또 다른 사업체나 은행계좌를 개설해 놓고 수입을 관리한다. 이들에게 국가와 영토는 거추장스러운 장애물일 뿐이다. 이미 동부아프리카와 남아프리카의 많은 인도인들은 국경과 영토를 자유롭게 넘나드는 현대적 의미의 '유목민'의 전형을 보여주고 있으며, 더 많은 인도인들이 이러한 삶의 유형을 갖게 되기를 희망하면서 살아가고 있다.

	케냐	남아프리카공화국
인구	33,829,590	44,344,136
민족구성	키쿠유 22%, 루히야 14%, 루오 13%, 칼렌진 12%, 캄바 11%, 키시 6%, 메루 6%, 아시아인(인도인) 외 기타	아프리카인(줄루, 코사, 소토-츠와나 등) 79%, 백인 9.6%, 혼혈인 8.9%, 인도인 2.5% 외 기타
종교	기독교 45%, 카톨릭 33%, 무슬림 10%, 기타	독립교회 11.1%, 카톨릭 7.1%, 네덜란드 개혁교회 6.7%, 무슬림 1.5%, 기타
언어	스와힐리(공용어), 영어(공용어), 기타 현지어	줄루어 등 9개 현지어(국어), 영어(국어), 아프리칸스어(국어)
경제현황	동부아프리카의 무역, 금융 중심지이지만 만연한 부정부패로 인해 경제성장이 둔화되고 있다. 동부아프리카의 경제 중심지라는 매력 때문에 동부아프리카 국가 중 인도인들이 가장 많이 거주하고 있다. 실업률은 40% 정도이다.	아프리카 국가 중 경제구조와 경제력이 최고이다. 특히 증권시장은 세계 10대 안에 포함된다. 금과 다이아몬드 등은 세계 최고의 유통량을 보여주고 있으며 서비스업이 발달되어 있다. 이런 경제적 환경 때문에 아프리카에서 가장 많은 수의 인도인이 거주하고 있다. 높은 범죄율과 불안한 치안, 높은 실업율(26%)이 문제이다.

* 2004년 현재 케냐와 남아프리카공화국 개괄.

1장
케냐 인도계 이주민들의 언어와 정체성

양 철 준*

Ⅰ. 이주와 사회 언어학

디아스포라 연구에 있어 정체성의 문제에 접근하기 위해 가장 일반적으로 적용되는 기준이 언어이다. 그만큼 언어는 정체성과 밀접하게 직결되어 있고 이주민 공동체의 언어연구는 정체성에 관한 논의에서 핵심적인 부분을 차지한다. 본 장에서는 호자 이스마일리, 구자라트 자이나교도, 구자라트 힌두교도 공동체를 중심으로 케냐 나이로비 거주 인도계 이주민 공동체 구성원들의 언어 선택, 언어사용패턴 및 언어에 관한 인식과 태도에 노정된 구체적인 사례를 분석함으로써 이들

* 전남대학교 인류학과 전임연구원.

이 어떤 방식으로 자신들의 종족적, 종교적, 사회적 정체성을 인식, 수행, 교섭, 전승하는지 살펴보고자 한다. 이주민 공동체 사회에서 정체성이 어떤 양상으로 형성, 변화, 지속되는지에 관한 연구는 다양한 관점과 목적에서 수행되는데 이러한 연구를 통하여 다른 이주민 공동체의 정체성을 연구하는데 있어 비교자료를 제공해줄 수 있고 거시적으로는 디아스포라 연구에 있어서도 개념적 구도를 설정하는데 있어서도 유용하다. 정체성에 관한 연구는 이주민 공동체의 구성과 성격을 분석할 수 있는 첩경이 될 뿐만 아니라 응집력과 지속성을 가늠할 수 있는 판단의 기준으로 사용될 수도 있다. 또한 집단적 동질성과 응집력, 소속의식 등에 토대를 둔 정체성의 분석은 이주민 공동체 집단의 변화와 연속성을 예견할 수 있는 징후가 되기도 한다.

케냐에 거주하는 인도계 이주민 공동체에 관한 연구는 주로 정치적, 경제적, 사회학적 연구에 국한됨으로써[1] 상대적으로 언어에 관한 연구는 상당히 빈약하고 정체성의 구축과 집단적 경계설정이라는 주제와 관련된 연구는 전무한 실정이었다.[2] 이 글은 기능적 부하와 기능적 명료성 개념을 도입하여 인도계 이주민 공동체 구성원들이 사용하는 제 언어를 정체성의 유지와 지속이라는 맥락 속에서 살펴볼 것이다. 케냐에 정착한 인도계 이주민 집단의 정체성을 조명하기 위한 접근방법으로 사회언어학적 분석을 시도한 것은 몇 가지 이유로 설명할 수 있다. 첫째, 인도계 이주민들의 종족적, 종교적, 사회적 배경이

---

1) 케냐를 포함한 동부아프리카 인도인 공동체 연구에서 주목을 끄는 저작으로는 그레고리(Gregory. 1993)의 경제, 사회사 연구와 맥코맥(McCormack. 1971)의 정치사 연구가 있다. 전자는 이주 초창기부터 80년대까지 인도계 이주민 공동체 구성원들이 참여했던 다양한 사회적, 경제적 활동에 주안점을 두었고 후자의 경우는 이주 초기 백인들과 인도계 이주민들과의 갈등, 정치 참여, 키쿠유 족이 추축이 되어 전개했던 반영투쟁에 대한 인도인들의 태도 등에 초점을 맞추었다.

2) 해외 인도인 공동체의 언어연구로는 데이비드(David et al. 2003) ; 무케르지(Mukherjee. 2003) ; 나지(Naji et al. 2003) ; 자야람(Jayaram. 2004) 등을 참조할것.

복잡다단하고 이들은 케냐에서도 자신들만의 경계를 설정하여 삶을 영위해나가고 있다. 이러한 경계설정에서 두드러지는 특징은 종교적, 종족적, 사회적 경계가 언어라는 매개체를 통해 명확해지는 경향이 농후하다. 즉 언어가 정보전달의 기능과 함께 사회적 상황을 규정하고 종교적 혹은 종족적 지표로서의 기능을 동시에 수행하는 것이다. 둘째, 인도계 이주민들은 나이로비, 몸바사, 키수무 등 대도시 등지에 주로 거주하는데 도시문화는 필연적으로 다양한 혼합적 요소들이 상호작용을 통해 흥미로운 사회언어학적 상황을 조성한다. 도시는 농촌 사회에 비해 정태적이지 않고 부단한 변화를 거듭함으로써 풍부한 사회언어학적 자료를 제공한다. 혼질성과 이질성으로 특징지어지는 도시문화는 사회적, 언어적 역동성을 파악할 수 있는 장(場)으로서 기능하며 언어자료는 사회구조 및 사회현상을 이해하는 지표로 사용될 수 있다. 셋째, 언어적, 문화적 혼재로 특징지어지는 케냐의 다언어적 상황과 인도계 이주민 공동체의 다언어적 상황이 복잡한 사회적 관계망 속에서 어우러져 역동적인 양상을 보인다. 케냐의 경우는 각기 고유한 언어를 가진 40여 종족으로 형성된 국가인데 이들 상이한 종족들은 농촌사회에서는 비교적 동질적인 집단을 형성하며 삶을 영위해나가고 있지만 도시에서는 다른 종족 혹은 다른 인종집단과 교류하며 살아간다. 주지하듯 인도 역시 그 어느 국가보다 전형적인 다언어국가인데 케냐 나이로비 거주 인도계 이주민 공동체도 인도 본국의 문화적, 언어적 다양성을 그대로 반영하는 축소판이다.[3]

다언어사회에서 언어 선택은 맥락적 적절성, 사회구성원들의 규범 등과 직결되어 있기 때문에 자의적이지 않고 예측 가능한 유형을 보인다. 맥락적 적절성은 언어공동체[4] 구성원들이 사회적 경험을 통해

---

3) 정확히 산출하는 것은 어려운데 대략 200개 이상의 언어가 통용되는 것으로 보인다. 인도의 다언어현상에 대해서는 파솔드(Fasold. 1984: 20∼31)를 참조. 언어의 분화가 지극히 복잡하여 인도에서 사용되는 언어의 수를 정확히 산출하는 것은 어려운데 대략 200개 이상의 언어가 통용되는 것으로 보인다.

습득하는 것으로 상황과 맥락에 따른 언어선택을 유형화함으로써 언어공동체 구성원들의 사회적, 종족적, 종교적 정체성을 파악할 수 있는 추론적 단서로 기능할 수 있다. 이와 함께 종교, 종족적 배경 등의 문제와 결부시켜 언어에 대한 태도를 고찰함으로써 특정의 언어와 결부된 화자들의 심리적, 집단적 의식구조에 대한 고찰이 가능하다.

이주민 공동체 집단의 정체성에 관한 연구에서 핵심적인 위치를 차지하는 것이 바로 언어 사용과 태도에 관한 고찰인데 이는 언어가 정체성의 구축과 강화에 있어 불가결한 구성요소일 뿐만 아니라 언어를 통하여 정체성을 외현시키기 때문이다. 일반적으로 이주민 공동체의 모어가 지속적으로 사용되는지 혹은 자취를 감추는지의 여부, 모어에 대한 충성도 등을 고찰함으로써 호스트사회에서 이주민 공동체의 동화 정도를 가늠하는 척도로 사용하기도 한다.[5] 이처럼 이주민 공동체의 모어의 보존여부는 정체성의 지속 혹은 정체성의 상실과 직결되는 문제로 간주된다.

Ⅱ. 언어와 정체성

1. 생물학적 본질주의와 사회적 구성주의

정체성의 형성과 본질에 관해서는 두 가지 상반된 관점이 있는데

---

4) 언어공동체는 단순히 동일한 언어를 구사하는 집단을 가리키는 것이 아니다. 모건(Morgan. 2000: 36)은 언어인류학적 관점에 의거하여 언어공동체를 '담화 행위를 통해 규정, 표현, 재창조되는 사회, 문화적 규범과 가치에 토대를 둔 상호작용적 행위에 참여하는 화자들'로 정의했다. 로멘(Romaine. 1994: 23〜25)의 언어공동체와 의사소통적 능력에 대한 설명도 참조.

5) 전 세계에 퍼져 살아가고 있는 인도계 이주민 공동체 중에서도 영국에 거주하는 펀잡인, 미국에 정착한 구자라트 힌두교도들은 모어의 사용을 견실하게 유지해온 집단으로 평가되는 반면 자메이카의 인도계 이주민 공동체는 모어를 상실한 것으로 확인되었다.

본질주의적 관점과 구성주의적 관점이 그것이다. 생물학적 본질주의라고도 불리는 본질주의적 관점에 의하면 정체성은 원초적 힘에 의해 형성된 본질적이고 고정 불변적이며 결정론적인 성격을 가진 실체라는 것이다. 그러므로 정체성은 역사적 변화나 문화의 경계를 초월하여 불변적으로 존재한다는 입장이다. 환언하면 정체성은 통시적 역사과정에 영향을 받지 않기 때문에 역사나 문화에 선행한다는 것이 본질주의적 시각의 요체이다. 반 덴 베르게(Van Den Berghe)의 사회생물학적 시각과 클리포드 기어츠(Clifford Geertz) 등의 학자들이 이러한 관점을 대표한다.

그런데 정체성을 특정집단의 고정 불변적 속성으로 규정하는 본질주의적 관점이 내포한 한계는 정체성의 다중성과 유동성에 관한 명쾌한 설명을 제공하지 못한다는 것이다. 역동적인 사회적 관계 속에서 정체성은 강화되거나 약화될 뿐만 아니라 새로운 정체성이 부상하기도 하고 기존의 정체성이 사라지기도 하는 등 전변하기 때문에 본질주의적 시각은 정체성에 대한 지평확대에 유효한 관점으로 기능하기 어렵다.

이에 반해 사회적 구성주의라고 알려진 비본질주의적 시각에 따르면 정체성은 생래의 혹은 생득적 개념이라기보다는 사회적 구축으로 인간의 부단한 사회적 상호작용의 결과로서 정의된다. 즉, 정체성은 본질적으로 존재하는 실체가 아니라 사회적 활동을 통해서 형성, 지속, 강화, 전승되는 특징을 가진 것으로 규정된다. 비본질주의적 시각은 정체성을 고정불변적이고 정태적인 성격의 추상개념이 아닌 부단한 변이를 지속하는 역동적인 속성을 지닌 것으로 본다. 이러한 관점의 연장선상에서 정체성을 '사회적 구성개념' 혹은 '레퍼토리적 현상'으로 정의하기도 한다(Cohen. 1978: 379; Fishman. 1989: 23~65).

주목할 만한 사실은 정체성의 본질에 관한 이러한 시각 차이에도 불구하고 정체성의 형성과 형성된 정체성을 외면화하는데 있어서 특정의 언어나 언어적 형태가[6] 수행하는 핵심적 역할에 대해서는 이론이 없다는 점이다. 일반적으로 특정 언어나 언어적 형태는 종족적, 종교적, 사회적 정체성과 관련성을 지니며 각각의 고유한 기능을 수행한다. 인간은 기호적 수단이자 상징체계인 언어를 통하여 자신의 존재를 규정할 뿐만 아니라 타인에 의해서 자신이 규정되는 경험을 부단히 반복하기 때문이다. 이러한 관점에서 크로스크리티는 정체성에 대해서 "하나 혹은 그 이상의 사회적 집단 혹은 범주 내에서 그 구성원임에 대한 언어적 구축"이라고 규정하고 있다(Kroskrity. 2000: 11). 말하자면 언어 결정론적 관점이라고 할 수 있다. 그에 따르면 정체성의 형성과정에서 물론 사회적, 역사적 사건이나 정치적, 경제적 구조의 변화가 결정적인 영향을 미치는 요소로 작용하지만 형성된 정체성이 구체화되고 강화, 지속되는 것은 바로 언어라는 수단을 통해서 이루어진다는 것이다. 따라서 이러한 관점에서 본다면 토대의 반영으로서의 언어 그리고 토대에 영향을 미치는 언어의 상호작용적 성격을 파악하는 것이 언어와 정체성에 관한 논의에 있어 핵심이라 할 수 있다.

2. 정체성의 다중성과 상호작용적 성격

기존의 많은 연구에서 정체성을 유형화하려는 시도가 있었다. 그러나 정체성의 단순화된 유형화는 자칫 정체성을 배타적이고 단수적 개념으로 치환해버릴 수 있는 가능성을 배태하므로 정체성의 다중성과 유동성 및 상호작용적 성격에 대한 고려가 논의의 전제가 되어야 한다(Cohen. 1978: 395). 정체성을 연구하는 학자들은 범주화의 필요성에 의해 정체성을 유형화하려는 유혹에서 자유로울 수 없으나 사회적 행동주로서의 개인들은 다양한 차원에서 다중적 정체성을 인식, 수행, 교섭하며 사회적 활동을 영위한다. 이러한 다중적 정체성이 특정의

---

6) 언어적 형태란 표준 언어, 표준어에 종속된 지역방언 등 개별언어에 존재하는 다양한 언어적 형태들을 가리킨다.

상황이나 맥락에서 이해관계에 따라 체현의 정도를 달리한다. 즉, 하나의 정체성이 다른 정체성에 비해 두드러지는 것이다. 상황과 맥락, 사회적 관계에 의해 정체성이 체현의 정도를 달리하는 것에 초점을 맞추어 연구를 수행할 필요가 있다.

케냐 거주 인도계 이주민 공동체를 예로 들면 어떤 특정의 개인은 구자라트인, 힌두교도, 아시아인, 라이온스 클럽의 회원, 컨트리 클럽의 회원, 케냐 국적의 케냐인 등 다중적 정체성을 지니며 살아간다. 이런 다중적 정체성들이 특정의 상황에서 드러나는 정도에는 차이가 있는 것이다.

3. 디아스포라와 정체성

"어디엔가 뿌리를 두어야 한다는 것은 아마도 인간의 가장 소중한 필요임에도 불구하고 가장 간과되어온 필요성이다"라는 시몬 베일(Simone Weil)의 지적대로 정체성은 인간의 삶에 있어서 공기와 같은 존재로 비유할 수 있다. 즉 정체성은 인간의 삶에 있어서 가장 본원적인 문제이면서도 그 근원적 중요성이 종종 간과되곤 한다.

이러한 인간의 본능적 욕구와 필요성은 특히 이주민 집단에서 두드러지는데 이는 디아스포라적 상황이 필연적으로 내포하고 있는 불안정성에 연유한다고 볼 수 있다. 즉 이주민 집단 구성원들이 호스트사회에 정착해서 적응하고 동화해가는 과정에서 호스트사회의 주류문화는 물론 주변부 문화들과의 부단한 갈등과 상호작용을 수반하기 때문에 정체성의 구축과 강화는 생존전략의 차원으로 파악할 수도 있다. 물론 정체성의 구축과 강화는 호스트사회의 상황과 밀접하게 직결되어 있지만 정체성에 대한 문제는 생래의 본원적 문제로 규정할 수 있다.

이주민 공동체 사회에서 "나는 과연 누구인가?"라는 근원적 물음은 흔히 공유하는 경험이다. 자신을 규정하는 사회, 문화적 실체와 상상

된 관념을 통해 자의식을 경험할 뿐만 아니라 자신의 좌표를 설정하기도 한다.

동부아프리카에 정착한 인도계 이주민들은 도시화된 소수집단을 형성해 살아가는데 자신들의 문화와 삶의 방식을 비교적 견실하게 고수하면서 삶을 영위해나가고 있다(Ghai & Ghai. 1970). 그럼에도 불구하고 정체성에 관한 근원적 물음은 부단히 제기되는 문제이며 나이로비에 정착한 인도계 이주민 공동체사회도 결코 예외가 아니다(Warah. 1998: 9~14).

Ⅲ. 자료수집과 피조사자집단의 특성

1. 조사방법

인도계 이주민 공동체의 언어사용과 태도에 관한 실증적이고도 구체적인 자료 수집을 위한 목적으로 케냐의 나이로비에서 현지조사를 실시했는데 현지조사는 주로 30여 항목으로 작성된 설문지와 인터뷰에 의한 방식으로 수행되었다. 설문지에 의한 조사는 사회언어학적 기초자료 수집과 언어선택, 언어구사능력, 언어에 관한 태도를 묻는 질문으로 구성되었다. 설문지의 질문 형식은 자유롭게 문장형식으로 진술하게 하는 개방식 질문과 객관식 응답을 요구하는 고정식 질문을 병행해서 마련했는데 질문의 내용 혹은 기대되는 응답의 성격에 따라 적절한 질문의 방식을 택했기 때문이었다. 언어와 종교적, 종족적 정체성의 상호관련성에 관한 질문을 위해서는 개방적 질문을 주로 사용했고 사회언어학적 기초정보 수집, 언어에 관한 태도 조사를 위한 목적으로는 고정식 질문을 위주로 작성했다.

설문지에 의한 조사 이외에도 인터뷰에 의한 조사도 병행했다. 인터뷰에 의한 조사는 제한된 시간에 많은 응답을 확보하기 어렵다는 단점이 있지만 조사자와 피조사자간의 적극적 질문과 응답을 수용할 수 있다는 장점도 있다. 설문지에 의한 조사방법의 단점으로 지적할 수 있는 것은 피조사자가 조사항목에 적확한 답변을 못하거나 택일할 항목을 조사자가 제대로 포함시키지 않은 상황이 발생할 수도 있다는 점이다. 그러므로 설문지에 의한 조사는 인터뷰로 파악하기 어려운 다양한 항목들에 대한 답변을 효과적으로 유도할 수 있고 인터뷰에 의한 조사방법은 조사자와 피조사자간의 상호역동적인 질문과 답변을 이끌어낼 수 있으므로 설문지에 의한 조사와 인터뷰에 의한 조사는 상보적이라고 할 수 있다.

설문지에 의한 조사를 실시한 학교로는 아가 칸 아카데미(Aga Khan Academy), 비사 오쉬왈 중등학교(Visa Oshwal Secondary School), 쿠취 구자라티 힌두 연맹 중등학교(Cutchi Gujarati Hindu Union Secondary School)였다.[7] 아가 칸 아카데미는 호자 이스마일리,[8] 비사 오쉬왈 중등학교는 구자라트 자이나고, 쿠취 구자라티 힌두 연맹 중등학교는 구자라트 힌두교 공동체를 위해 설립된 학교로 재학 중인 학생들의 대다수는 이들 공동체 구성원들의 자녀들이다.

준비해서 배포한 200매의 설문지 중에서 115명의 자발적 응답자들로부터 완성된 설문지를 확보했다. 확보한 설문지의 조사항목 중에서 고정적 질문에 대해서는 거의 누락된 항목 없이 응답을 받았지만 개방적 질문에 대해서는 제대로 응답이 이루어지지 않은 일부 설문지도

---

7) 이들 학교들은 모두 남녀공학인데 아가 칸 아카데미와 비사 오쉬왈 중등학교는 비교적 경제적으로 여유 있는 중, 상류계층의 자녀들이 재학하고 있고 쿠취 구자라티 힌두 연맹 중등학교에는 소득수준이 상대적으로 낮은 계층의 자녀들이 재학하고 있다.

8) 본 연구에서 호자 이스마일리는 아가 칸 4세를 종교적 지도자로 숭상하는 신드, 펀잡, 구자라트 지역 출신의 니자리 이스마일리(Nizari Ismailis)를 가리킨다. 19세기 중반에서 20세기 초반에 이르기까지 이스마일리 공동체 내부에서는 분열현상이 발생하여 일부는 수니파 분파로, 일부는 이쓰나 아샤리 호자(Ithna Ashari Khojah) 분파로 분리되었다.

포함되어 있다. 또한 질문의 내용과 직접적으로 관련되지 않거나 질문의 핵심에서 벗어난 답변을 한 경우도 있어 이러한 설문지들은 분석대상에서 제외시켰다.

2. 피조사자의 종교적, 종족적 분포와 특징

현지조사에서 설문지에 의한 조사와 인터뷰에 응한 피조사자를 출신지역과 종교에 의해 구분하면 호자 이스마일리, 구자라트 자이나교도, 구자라트 힌두교도로 대별되는데 이러한 명칭은 주로 종교적 구분에 의한 경우가 많다. 출신지역 만으로 구분하면 구자라트인이 81명으로 71%, 펀잡인이 14명으로 12%, 기타 지방 출신이 20명으로 17%를 각각 차지했는데 기타 지역 출신 이주민들이 모어로서 구사하는 언어로는 타밀어, 말라얄람어, 콩카니어, 벵갈어 등이 있었다. 응답자들을 종교적으로 구분하면 힌두교도들이 60명, 무슬림 31명, 자이나교도 15명, 시크교도 8명, 기타 1명이 있었는데 무슬림 31명 중에는 17명의 호자 이스마일리인들이 포함되어 있었다.

설문지에 응답한 학생들은 대부분 중등교육과정을 이수하고 있는 학생들로 연령별로는 12세에서 19세까지의 10대 청소년들이며, 성별로는 여성이 압도적으로 많아 여성이 83명, 남성이 32명이었다. 설문지에 응답한 학생들이 재학 중인 학교들은 특정 종교집단이 설립하여 운영하는 학교지만 다른 종교적 배경을 가진 학생들에 대해서도 문호를 개방하기 때문에 종교적, 종족적으로 완전히 동질적인 집단을 형성하고 있는 것은 아니다. 한편 학교마다 지향하는 목표나 교육적 가치관이 상이하고 학생들은 학교가 중점을 두고 추진하는 교육방향에 일정 정도 영향을 받는 것은 불가피한 것으로 보였다. 예컨대 구자라트 자이나교도 공동체가 중심이 되어 설립한 비사 오쉬왈 중등학교는 언어교육에서 구자라티를, 호자 이스마일리 공동체가 운영하고 있는 아가 칸 아카데미의 경우는 독일어, 불어와 함께 스와힐리를 제 2 외국어로서 비중 있게 취급하고 있다. 범 이슬람 정체성의 형성에 지대한 노력을 기울이고 있는 호자 이스마일리인들이 이슬람의 영향이 큰 스와힐리를 비중 있는 학과목으로 채택한 것은 지극히 당연한 것으로 보인다. 더구나 호자 이스마일리인들의 종교적 지도자인 아가 칸은 동아프리카 거주 호자 이스마일리인들에게 구자라티보다 영어와 스와힐리를 더욱 중점적으로 배워 호스트사회에 신속하게 적응하라고 호소했기 때문에 아가 칸 아카데미에서 스와힐리를 중시하는 것은 쉽사리 이해되는 현상이다(Adatia and King. 1969: 191).

조사대상에 포함된 주요 집단의 특징을 살펴보는 것도 이들의 언어 사용, 언어에 대한 인식과 태도를 파악하는데 도움이 된다. 케냐 거주 힌두교도들은 출신지역, 카스트에 따라 수많은 공동체로 세분된다. 구자라트 바티야, 구자라트 브라흐민, 잠나가르 지역 출신의 구자라트 수타르, 구자라트 파텔, 파트니, 프라자파티, 펀잡 힌두교도, 라즈푸트, 카디아와르 출신의 라즈푸트 도비, 신디, 완자 등으로 세분화된다(Salvadori. 1983: 97~116). 힌두교도들은 다양한 사회적, 종교적 활동을 지속하고 공동의 이익을 도모하기 위한 목적으로 여러 조직들을 형성했다. 19세기가 끝나가는 1899년 항구도시 몸바사에 몸바사 힌두 연맹(Mombasa Hindu Union)이 조직되었고 나이로비에도 힌두 연맹이 1906년에 형성되었는데 초창기의 주요관심사는 예배장소인 사원과 화장터를 건립하는 것이었다. 그 후 케냐 각처에 유사한 단체들이 조직되어 사회, 종교적 기능을 수행해왔다. 힌두교도들은 인도의 각처에서 이주한 공동체이기 때문에 구자라트 자이나교도나 펀잡 시크교도들에 비해 사용하는 언어들이 다소 복잡하다.

자이나교도들은 흔히 '샤'(the Shahs)로 불려지는데 이는 자이나교도들의 다수가 샤라는 성을 가진 데서 비롯되었다. 출신지역, 직업, 카스트에 따라 비교적 복잡한 분화를 보이는 힌두교도들에 비해 자이나교도들은 균질적이다. 이들은 오쉬아 출신의 사람들이란 의미를 지닌

'오쉬왈'(Oshwals)로 불리는데 케냐 거주 자이나교도의 약 70%는 할라리 비사 오쉬왈(Halari Visa Oshwals)이다(Salvadori. 1983: 174). 자이나교도들 역시 비사 오쉬왈 공동체와 같은 조직을 구성하여 공동의 이익을 도모하고 공동체의 결속과 유대를 강화해나가고 있다.

호자 이스마일리인들은 아가 칸 4세를 자신들의 종교적, 영적 지도자로 추종하는 시아파 무슬림들을 자처한다. 그런데 이들은 본래 힌두 로하나 카스트의 구성원들이었으나 후에 이슬람으로 개종한 집단이었다. 따라서 이스마일리즘에는 힌두교적 요소가 강하여 버너드 루이스(Bernard Lewis)같은 이슬람 역사학자는 호자 이스마일리인들을 '무슬림으로서 가볍게 치장한 힌두교도들'로 규정할 정도로 힌두교적 요소와 이슬람적 요소가 혼합된 이른바 제설혼합주의 혹은 제교혼합주의적 성격이 두드러지는 집단이다(Grunebaum. 1955: 8). 정통 무슬림들은 호자 이스마일리인들을 우상숭배와 신비주의적 숭배에 의존하는 이단자들로 간주한다. 그런데 호자 이스마일리 공동체는 유달리 강한 결속력과 유대를 바탕으로 경제적으로 성공적인 이주집단을 이루고 있다. 특히 이들은 그 어느 이주민 집단보다 호스트사회로의 동화가 빠른데 이는 종교지도자인 아가 칸의 영향이 지대하기 때문이다. 다시 말해 아가 칸은 일찍부터 이스마일리 공동체 구성원들에게 탈인도화와 서구화를 고무했다. 이는 곧 새로운 정체성의 출현을 예고했고 이러한 일련의 지향과 변화는 공동체구성원들의 인식과 태도에도 반영되고 있다.

3. 용어에 대한 정의

대체적으로 'ethnicity'를 정치학자와 사회학자는 '민족'으로, 인류학자는 '종족'으로 번역하는 경향이 있으나 통일된 경향은 아니다(이광규. 1997). 민족이라는 개념이 근대적인 국민국가의 형성이라는 역사적 맥락에 관련되어 사용되는 개념인 반면 종족은 좀 더 포괄적이고 다양한 의미를 갖는다(윤인진. 2003: 23).

이 장에서 사용한 종족적 정체성이라는 용어는 구자라트인, 펀잡인, 고아인이라는 집단정체성 및 하위집단정체성을 가리키는데 종족적 정체성은 출신지역이나 출신지역에서 사용되는 대표적 언어와 거의 일치한다.

케냐에 정착한 대부분의 인도계 이주민은 1947년 인도와 파키스탄이 분리 독립하기 이전에 이주한 사람들이며 현재 케냐에 정주하고 있는 이주민들은 케냐에서 출생한 경우가 주류를 이룬다. 인도계 이주민들의 동아프리카 이주는 인도아대륙이 영국령 인도로 편입되어 있던 시기에 대규모로 이루어졌기 때문에 인도와 파키스탄의 분리 독립은 이주민공동체 구성원들의 정체성에도 영향을 미쳤다. 인도계 이주민들을 인도계 혹은 파키스탄계로 구분하는 것은 인도와 파키스탄의 분리 독립이 성사된 후 적용된 범주화이기 때문에 다분히 정치적인 고려에서 비롯되었다고 볼 수 있다.

케냐, 탄자니아, 우간다에 거주하는 인도계 이주민들은 포괄적으로 '아시아인(Asians)' 또는 '남아시아인(South Asians)'으로 불린다.9) 이와 함께 '인도계 재외동포(People of Indian Origin)', '인도계 조상을 둔 사람들(People of Indian Ancestry)'도 종종 사용되는 용어로서 등장한다. '아시아인'이라는 명칭은 영국이 케냐를 식민통치하던 과정에서 인종집단을 유럽계의 백인, 아시아인, 흑인으로 편의상 분류하면서 고착된 범주화기 때문에 다분히 인종적인 기준에 따른 자의적 명칭임은 자명하다. 이 장에서는 인도계 이주민 공동체라는 포괄적인 용어를 주로 사용했다. 출신지역이나 종교적 차이에 따른 세분화된 명칭들을 상세히 규정할 필요가 있는 맥락이나 상황에서는 특정의 세분화된 명칭을 사용하였다.10)

---

9) '아시아인'에 비해 '남아시아인'이라는 명칭은 지리적 위치에 근거하고 있기 때문에 좀 더 중립적인 용어로 수용되는 경향이 있다.

케냐인들은 인도계 이주민들의 출신지역, 종교 등 집단적 특성과 개별성을 구분하지 않고 인도계 이주민들을 '와힌디(Wahindi)'라고 총칭하는 경향이 있다.[11] 그러나 '와힌디'라는 스와힐리 명칭에는 상당히 부정적인 성격규정과 함의가 내포되어 있는 것이 현실이다. 즉 탐욕스럽고 사리사욕을 충족시키기 위해 온갖 부정한 방법을 서슴지 않는 사람들에 대한 암묵적인 용어로 수용된다. 그러므로 '와힌디'라는 명칭은 호스트사회의 주류인 케냐인들에 대한 대립적 구도의 명칭으로 은연중 반목과 질시를 내포하고 있다.[12]

일반적인 정의에 의하면 종족 집단(ethnic group)이나 종족성(ethnicity)은 공유하는 관행, 규범, 신념, 의식체계에 토대를 두고 상호동일시하는 민족 혹은 인종집단을 지칭하는데 사용되는 개념이다. 이 장에서도 종족이라는 명사나 종족적이라는 형용사를 왕왕 사용했는데동일한 언어, 문화, 출신지역 등 사회적, 문화적 특징을 공유하는 집단을 지칭하는데 국한시켰다.[13] 물론 종족 혹은 종족성이라는 용어는 다수

---

10) 예컨대 '구자라트 힌두교도(Gujarati Hindus)', '구자라트 무슬림(Gujarati Muslims)', '구자라트 자이나교도(Gujarati Jains)', '호자 이스마일리(Khojah Ismailis)', '펀잡 시크교도(Punjabi Sikhs)', '펀잡 힌두교도(Punjabi Hindus)', '펀잡 무슬림(Punjabi Muslims)', '고아 카톨릭(Goan Catholics)' 등으로 세분했다.

11) 세분하여 시크교도들은 '칼라싱가(Kalasinga)', 전통적으로 상인계층이었던 자이나교도들은 '바니아니(스와힐리어로는 Baniani 혹은 Banyani, 영어로는 banian/banyan)' 등으로 좀 더 세분해서 부르기도 한다.

12) 특히 소규모의 상점을 운영하는 인도계 상인들은 흔히 '두카왈라(dukawalla '상점주인')'로 불리며 오랫동안 질시의 대상이었다.

13) 케냐에 정착한 인도계 이주민 공동체는 구자라트, 펀잡, 고아지방 출신이 다수를 점하고 있는데 구자라트와 펀잡주는 인도에서도 언어적 동질성이 가장 높은 주에 속한다. 인도 본국의 여러 주들 중에서 케랄라(97% 정도의 말라얄람 사용자), 하리야나(91% 정도의 힌디 사용자), 우타르 프라데쉬(90% 이상의 힌디 사용자), 퐁디쉐리(89% 정도의 타밀 사용자), 타밀 나두(87% 정도의 타밀 구사자) 등의 주와 함께 구자라트주와 펀잡주의 언어적 동질성은 높아 구자라트주의 경우 구자라티 구사자의 비율이 전체인구 중에서 91.5%, 펀잡주의 경우는 펀잡어 구사자의 비율이 92.2%에 달한다. 따라서 이들은 종교적으로 분화되어 있지만 동일한 언어, 문화, 규범에 토대를 두고 상호동일시할 수

집단이 소수집단을 지칭할 때 사용되기 때문에 문화적 특수성과 개별성에 대한 특정집단의 자의식을 의미하기도 한다. 그런데 종족이라는 용어의 사용에서 주목할 필요가 있는 것은 종족성의 규정에 있어서 권력행사의 문제이다. 즉 특정 사회 내부에서 다수집단이 소수집단에 대해 또는 지배적 권력을 행사하는 집단이 피지배집단에 대해 종족 혹은 종족성이라는 용어를 사용하여 규정하고 범주화한다는 것은 불평등한 권력의 억압적 행사를 통한 타자화를 의미한다. 이는 곧 사회적 차별과 주변부화로 귀결되고 소수집단 혹은 피지배집단의 집단적 의식에 대한 외상(trauma)의 형태로 귀착된다.

4. 분석을 위해 도입된 개념

인도의 소수언어를 재정의하고 소수언어의 지위, 소수언어의 보존과 지속여부에 영향을 미치는 요소들을 파악하기 위해 판다리판데(Pandharipande)가 도입한 개념인 '기능적 부하(負荷, functional load)'와 '기능적 명료성(functional transparency)'은 이주민 공동체 구성원들이 사용하는 언어의 기능과 성격을 규명하는 작업에도 유용한 개념으로 도입될 수 있다(Pandharipande. 2002: 217~238).

기능적 부하는 '언어가 하나의 혹은 그 이상의 사회적 영역에서 성공적으로 기능할 수 있는 능력'으로 정의되고 기능적 명료성은 '언어가 어떤 특정의 영역에서 누리는 자율성과 통제'를 가리킨다(Pandharipande. 2002: 217~218). 기능적 부하는 특정의 언어가 얼마나 많은 영역에서14) 다양한 기능을 수행하는지에 관한 정도의 측면이며 기능적 명료성은 어떤 언어가 특정의 영역에서 얼마나 전적으로 기능을 수행하는

있는 요소들을 공유하는 것이다.

14) 사회언어학에서 영역(domain)은 특정의 시간, 상황, 역할관계가 결합된 형태로 나타나는 행동범위를 가리키는 추상개념이다. 가정, 종교, 직장, 교육 등은 영역의 개별적 사례이다.

지에 관한 문제라고 요약할 수 있다. 인도의 상황을 예로 들면 영어가 힌디와 함께 광범위한 의사소통을 목적으로 사용되는 범인도적 언어로서 정치, 경제, 외교, 기술, 교육, 사법기관 등 광범위한 영역에서 사용되므로 영어의 기능적 부하는 높다고 볼 수 있다(Sharma. 1978: 125). 이러한 일례에서 알 수 있듯 언어가 떠맡는 영역의 수가 많을수록 기능적 부하는 높아지는 것이다. 그러므로 어떤 언어가 다른 언어와 함께 특정의 기능을 함께 수행하지 않으면 기능적 부하는 높은 것으로 평가된다. 이를테면 교육의 영역에서 지역 언어들이 수행하는 기능을 상당수의 주에서는 영어도 함께 수행하기 때문에 지역 언어의 부하는 감소된다(Pandharipande. 2002: 218). 기능적 명료성은 언어에 관한 일반적인 인식이나 태도와 직결되어 있는데 어떤 특정의 언어가 특정의 기능을 수행하는데 가장 적합한 언어라는 인식이 광범위하게 유포되어 있으면 그 언어는 기능에 명료하다고 간주할 수 있는 것이다. 산스크리트가 대표적인 경우인데 산스크리트는 힌두교를 표현하는 기능에 가장 적합하다고 인식되기 때문에 기능적 명료성은 높은 것이다. 마찬가지로 영어는 근대성을 표현하는 가장 적합한 매체로 여겨지기 때문에 기능적 명료성도 높다. 대체적으로 기능적 부하의 위계질서는 언어의 권력적 위계질서와 일치한다(Pandharipande. 2002: 218). 즉 기능적 부하가 높은 언어가 언어의 권력적 위계질서에서 높은 위치를 점한다. 그러므로 소수언어는 기능적 부하의 정도가 낮고 언어의 권력적 위계질서에서도 낮은 위치를 점하는 언어들이라고 규정되는 것이다. 언어의 보존, 전환, 사멸이라는 문제와 결부시켜보면 기능적 부하를 증가시킨다는 것은 언어의 보존과 위상제고로 귀착되고 기능적 부하의 감소는 궁극적으로 언어의 위상추락과 사멸을 초래하는 것으로 이해할 수 있다.

Ⅳ. 인도계 이주민 공동체의 이주사와 현황

인도와 동부아프리카와의 교류는 기원 후 100년 이전으로 거슬러 올라갈 정도로 장구한 역사를 가지고 있다. 구자라트지방 출신 상인들이 이미 7세기부터 동부아프리카 해안에 정착하여 인도양 무역에 활발하게 종사했으며 16세기에는 고아지방의 인도인들이 포르투갈인들과 함께 동부아프리카에 진출했다. 특히 페르시아만에 기반을 두고 활발하게 교역에 종사했던 호자 이스마일리인들은 1840년 오만의 술탄 세이드 사이드(Seyyid Said)가 무스캇에서 잔지바르로 오만술탄왕국의 수도를 천도할 당시 함께 이주함으로써 동아프리카에 본격적으로 진출하는 계기가 되었다. 19세기에 잔지바르에 정착한 인도계 이주민들의 대다수는 호자 이스마일리인들이었다. 1960년대 중반에 실시된 조사에 의하면 동아프리카에 정착한 호자 이스마일리인의 수는 5만 명에 달했다(Hollingsworth. 1960: 138).

케냐와 우간다 거주 인도계 이주민들의 이주의 역사는 나이로비의 역사와 그 궤적을 함께 할 정도로 밀접한 관련이 있는데 나이로비가 도시로 성장하면서 인도인들의 동아프리카 이주도 본격화되었다. 1896년부터 1902년까지 우간다철도 건설에 3만 2천명에 달하는 인도인 계약노동자들이 동원되었는데 이중 6,724명이 남아 케냐의 인도인 공동체가 형성되는 계기가 되기도 했다. 철도가 건설되면서 역사가 세워진 각지에 나이로비, 나쿠루, 키수무 등의 도시들이 태동하였고 이들 도시들에 인도계 이주민 공동체가 뿌리를 내렸다. 철도건설을 위해 동아프리카에 계약노동자로 도착한 인도인들은 대부분 펀잡 지방 출신이 주류를 이루었다. 식민지시기에 펀잡 지방 출신 이주자들은 경찰이나 군대에, 고아인들은 식민정부의 하급 행정조직, 구자라트인들은 상업분야에서 두드러진 활동을 했던 것으로 집계되었다.

케냐의 전체인구 중에서 인도계 이주민들의 수는 1948년에 97,687명으로 집계되었고 1962년에는 약 18만으로 추정되었다. 14년 만에 두 배 정도로 급증세를 보인 것이다(McCormack. 1971: 188～189). 독립하기 한 해 전인 1962년 나이로비의 인구구성을 살펴보면 266,794명의 전체인구 중에서 아프리카인(흑인)은 155,388명으로 약 58%, 유럽인은 21,476명으로 8%, 인도계는 이주민은 86,454명으로 32% 정도를 차지하고 있었고 기타 인종집단으로 분류된 사람들이 3,476명이었다.

동아프리카에 이주한 인도계 이주민들은 북서인도 출신이 주류를 이루었고 남인도 출신 이주자들의 수는 극히 미미했다(McCormack. 1971: 1). 이주민들의 출신지역이 특정지역에 집중되어 있었던 까닭은 구자라트인들이 지리적인 근접성에 힘입어 동아프리카와 일찍부터 교역에 종사했었고 철도건설을 마친 이후의 시기에는 주로 교육수준이 높고 숙련된 기술인력이 필요했었는데 남인도에 비해 북서인도지방 사람들이 이러한 조건을 충족시켰다. 이와 함께 고아지방은 일찍부터 카톨릭의 강력한 영향으로 교육수준이 높은 인력은 많았지만 말라리아의 창궐과 경제의 위축으로 새로운 돌파구를 모색하던 상황이었는데 영국식민통치하의 동아프리카는 이들에게 기회의 땅으로 부상했던 것이다. 출신지역으로는 주로 구자라트, 펀잡, 고아지방이 대부분인데 이주민 인구가 최고조에 달했던 시기의 통계에 따르면 전체 이주민 중에서 구자라티 혹은 쿠취어를 구사하는 힌두교도들이 70%를 차지했다(Bharati. 1972).

현재 케냐에 거주하는 인도계 이주민의 수는 약 7만 명으로 추산되는데15) 거의 나이로비, 몸바사, 키수무, 나쿠루 등 대도시에 집중되어 있

---

15) 케냐 거주 인도계 이주민의 인구를 파악하기 위해 케냐국립통계국(Kenya National Bureau of Statistics)을 방문했으나 담당자의 설명에 의하면 근년에는 인종적 혹은 종족적 구분에 의한 인구조사는 실시하지 않는다는 것이다. 대신 행정구역별 인구조사가 실시되는데 행정구역별 인구조사에는 인도계 이주민의 정확한 수가 반영되지 않는다. 1989년에 발표된 인구조사에 의하면 케냐의 총

다. 특히 수도 나이로비에 대다수가 거주하는데 웨스트랜즈(Westlands), 파크랜즈(Parklands), 응가라(Ngara), 무싸이가(Muthaiga), 래빙톤(Lavington) 등 케냐사회에서 비교적 상류계층이 거주하는 지역에 밀집되어 있다.

V. 조사결과와 분석

1. 조사결과

피조사자들은 대부분 모어를 구사할 수 있는 능력을 지니고 있으나 언어능력은 말하기와 듣기에 국한되어 있고 읽고 쓸 수 있는 능력은 거의 없어 사실상 기능적 문맹으로 간주할 수 있을 정도이다. 모어의 사용이 말에 의한 구두적 의사소통에 제한되어 있어 모어의 보존과 안정적 사용에 대한 불안감이 상존해 있는 것도 현실이다. 그러나 응답자의 과반수 이상이 모어를 읽고 쓸 수 있도록 학습하고 싶다는 의지를 피력했다.

설문지의 항목 중 본국인 인도에 대한 귀속의식 혹은 귀소본능에 관한 질문에서 힌두교도들의 85%, 자이나교도 60%, 시크교도 50%, 호자 이스마일리 12%의 순서로 인도를 모국으로 여겼는데 모어 학습에 대한 관심도 시크교도 88%, 힌두교도 83%, 자이나교도 67%로 비교적 대다수가 모어를 읽고 쓸 수 있는 능력을 함양하는데 지대한 관심을 표출한 데 반해 호자 이스마일리인들의 모어 학습에 대한 관심은 47%에 머물렀다. 즉 모국에 대한 귀속의식 혹은 애착이 강할수록 모어를 학습하겠다는 의지가 강한 것으로 미루어 모국에 대한 애착과 언어에 대한 관심과는 상호 관련되어 있는 것으로 보인다.

예배장소에서 기도 시 사용하는 주요언어를 살펴보면 자이나교도

인구 2천 1백 4십만 중에서 아시아인으로 분류된 인구는 89,185명이었다.

들은 구자라티, 시크교도들은 펀잡어, 호자 이스마일리인들은 아랍어, 힌두교도들은 구자라티를 꼽았다. 호자 이스마일리인들의 다수는 일상생활에서 구자라티나 영어를 구사하지만 종교적인 목적을 위해서는 아랍어를 주로 사용하는 경향을 보였다.

대화상대자에 따른 언어선택에 관한 질문에서 거의 예외 없이 명확하게 드러난 것은 언어간의 위계질서와 인식이었다. 인도계 이주민들은 동아프리카의 교통어(lingua franca)인 스와힐리어를 비공식적인 경로를 통해 습득한다(Neale. 1971: 339). 따라서 이들의 스와힐리어 구사능력은 제한적이고 특정의 영역에 국한되어 있다. 대화상대자가 경비원이나 가정부일 경우 어떤 언어를 선호하느냐는 질문에 거의 예외없이 스와힐리어를 꼽았다. 즉 스와힐리어가 교육받지 못한 계층의 언어라는 인식이 강한 것이다. 이와는 반대로 은행원이나 의사 등 전문직 종사자들과의 대화에는 영어를 사용하는 것으로 드러났다. 케냐인들과의 대화에서 주로 공식적 맥락에서는 영어를, 비공식적 맥락에서는 스와힐리를 사용하는 것이다.

세대 간 언어선택에서 특히 주목을 끄는 것은 현저하게 구분된 언어사용이다. 가정에서 부모와는 모어나 영어로 의사소통을 하는데 반해 조부모와는 거의 예외 없이 모어를 사용하고 어린 아이들과는 대부분 영어를 사용하는 것으로 조사되었다. 세대에 걸친 언어사용의 변화가 뚜렷하게 밝혀진 것이다.

2. 종교적 정체성

인도인 이주민 공동체나 공동체에 속한 개인의 성격을 규정하기 위한 목적으로 언어, 카스트, 종교, 출신지역 혹은 사회적, 문화적 특성들을 적용하기 때문에 인도인 공동체에 대한 연구는 구성성분분석으로 출발하는 경향이 있다(Neale. 1971: 334). 이러한 다양한 특성이나 구성성분 중에서 가장 두드러진 변별적 특성이 종교인데 케냐에 정착한 인도인 공동체도 예외가 아니다. 종교야말로 공동체 구성원들의 구심력으로 작용하며 대부분의 사회적 활동이 종교단체를 중심으로 이루어진다. 구성원들 공통의 이익을 도모하고 유대를 강화하기 위해 조직된 단체의 구성에서 가장 중요한 요소로 작용하고 있는 것이 종교인데 케냐의 인도인 디아스포라의 사회조직들도 거의 예외 없이 종교적 성격을 띠고 있다. 이스마일리즘의 이스마일리 공동체, 힌두교도들의 결사체인 케냐힌두회의, 자이나교도들의 비사 오쉬왈 공동체, 시크교도들의 모임인 시크최고회의, 보라 교도들의 보라공동체가 한결 같이 종교적 성격을 띤 조직들이다. 종교가 그 어느 사회, 문화적 요소보다 강력한 구심력과 응집력을 가지고 작용하는 동인임을 나타내는 구체적인 징표인 것이다.

전술한 바와 같이 케냐에 정착한 인도계 이주민의 대부분은 인도와 파키스탄이 분리 독립되기 이전에 동아프리카로 이주한 사람들이다. 물론 이주민들을 인도계와 파키스탄계로 양분하는 것은 지극히 정치적인 구분이지만 이들의 종교적인 차이는 언어에 대한 태도에서 두드러진다. 즉 인구의 대다수가 무슬림인 파키스탄에서는 우르두, 힌두교가 사회의 주류를 형성하고 있는 인도에서는 힌디를 사용하는 상황 때문인지 케냐의 인도계 이주민 공동체 구성원들은 전반적으로 힌두교와 힌디, 이슬람교와 우르두를 동일시하는 경향이 있다.

힌디와 우르두는 별개의 개별언어로 취급되지만 하나의 언어로 인식될 정도로 유사하다. 학자들에 따라서는 힌디－우르두(Hindi-Urdu) 혹은 힌두스타니(Hindustani)라는 이름으로 두 언어를 통괄해서 부르기도 한다.16) 언어구조가 상호 유사하기 때문에 두 언어의 화자들 간에는 상호의사소통이 가능하다. 그러므로 힌디와 우르두는 정치적, 종교적인 이유로 그 차이가 고착된 대표적인 사례이다. 힌디는 산스크리트

---

16) 힌두스타니는 델리와 델리를 포함한 주변지역에서 사용되는 서부힌디그룹의 방언 명칭이다.

에서 어휘를 많이 차용했고 우르두는 아랍어와 페르시아어에서 어휘를 많이 차용했다. 사용하는 문자체계도 현대 힌디는 음절 문자인 브라흐미 문자에서 유래한 것으로 전해지는 데바나가리 문자로 표기되는 반면 우르두는 아랍어의 수정된 문자를 사용한다. 힌디와 우르두는 각각 정치적으로는 인도와 파키스탄, 종교적으로는 힌두교와 이슬람교를 상징하게 되었다(Wardhaugh. 1986: 26~27). 케냐 거주 인도계 이주민 공동체 구성원들은 힌디나 우르두의 문자를 읽고 쓸 수 있는 능력이 없음에도 불구하고 힌두교를 신봉하는 사람들은 힌디를, 이슬람교를 믿는 사람들은 우르두와 자신을 동일시하는 경향이 있다.

케냐의 인도인 디아스포라는 구자라트 힌두교도들이 주축을 이루기 때문에 힌두교 공동체가 다른 종교집단보다도 영향력이 강하다. 대개의 힌두교도들은 주로 모어인 구자라티나 펀잡어로 종교의식을 집행하지만 종교적 영향이 강한 혹은 신심이 강한 보수적 힌두교도들은 산스크리트 사용을 고집한다. 힌두교 신학에서 '완벽한 산스크리트'는 힌두교 교리의 핵심에 접근할 수 있는 가장 근본적인 방법이기 때문이다(Flood. 1996: 227). 힌두교도들 중에서 응답자의 80%는 언어가 종교적 정체성을 표현하는데 있어 결정적 요소라고 응답했고 자신의 신앙과 가장 밀접하게 관련된 언어는 67%가 구자라티, 13%가 힌디, 7%가 산스크리트라고 답했다.

인도계 이주민 공동체 집단들 중에서 종교적으로 타 집단과 뚜렷하게 구분되는 집단이 호자 이스마일리인데 이들은 자신들을 시아파 무슬림으로 자처하지만 정통 이슬람교의 주류세력은 이들의 종교적 정통성을 인정하지 않고 있다. 즉 주류 무슬림들은 물론 대다수의 힌두교도들 조차도 호자 이스마일리인들을 같은 종교를 믿는 사람들로 간주하지 않는다는 것이다(Asani. 2001: 156). 이른바 불확정 종교정체성의 힌두-이슬람 집단들'의 하나로 분류된 것이다(Asani. 2001: 159).

이스마일리즘이 태동되고 변화를 거듭하는 과정에서 이질적인 문

화적, 종교적 요소들이 혼성되어 이른바 제설혼합주의적 성격을 강하
게 띠게 되었는데 이슬람과 힌두교의 요소들이 혼재함으로써 보수적
힌두교도들은 물론 이슬람교도들로부터도 이단시되고 있다. 이들은
자신들의 예배장소인 자마트카나(jamatkhana)에서 기도할 때는 영어나
구자라티로 하는 것이 일반적이나 무슬림으로서의 종교적 정체성을
강조하고 범이슬람적 정체성을 강화하기 위해 아랍어 사용을 고무하
고 있다(Thomson. 2000: 8). 호자 이스마일리인들은 자신들의 종교적
지도자인 아가 칸의 권위에 절대적으로 복종하는데 타종교 공동체에
비해 결집력이 강한 것으로 정평이 나 있다.17) 게다가 탈인도화와
(Asani. 2001: 163; Cynthia Salvadori. 1983: 173) 서구화를 꾸준히 모색함
으로써(Bharati. 1972: 83~84) 케냐의 인도계 이주민 공동체들 중에서
영어사용에 가장 적극적인 집단으로 간주된다.18)

　영어가 예배장소인 자마트카나에서 금지되어야만 하는지의 여부에
관한 질문에서 100%의 응답자들이 아니라고 대답했다. 언어가 종교
적 정체성을 표현하는 결정적 요소인지에 대한 질문에 응답자의 38%
만이 그렇다고 대답했고 나머지 62%는 아니라고 밝혔다. 또 영어사용
이 신봉하는 종교의 내용에 영향을 미치는지에 관한 질문에 대해서는
93%의 응답자들이 아니라고 답했다. 언어에 관한 이런 실용주의적 반
응과는 달리 기도 시에 사용하는 언어와 자신의 종교와 가장 밀접하
게 연관된 언어는 아랍어라고 응답함으로써 무슬림으로서의 정체성
을 강조했다. 근본적으로 그 형태에 있어 수니 혹은 시아파 무슬림들

---

17) 아가 칸 1세는 이란 출신으로 후에 봄베이에 정착해서 절대적 권위를 구축했
　　다. 그가 시아파 무슬림으로서의 정체성을 형성, 강화시켜나가는 과정에서
　　수니파 이슬람의 교리와 전통을 주장하던 반대자들의 거센 저항에 직면하기
　　도 했다.
18) 호자 이스마일리인들이 영어사용에 적극적인 것은 역사적 과정에도 어느 정
　　도 기인하는 것으로 보인다. 즉 아가 칸이 반대자들의 거센 저항을 극복하고
　　시아파 무슬림으로서의 정체성을 확립하는데 영국의 식민당국이 일조했기
　　때문에 친영, 친서양은 일정 정도 예견된 것이었다.

의 기도문과는 상이한 호자 이스마일리인들의 기도문은 구자라티에서 아랍어로 바뀌었고 기도문 내용 중의 일부는 코란의 일부 절이 포함되어 있다(Esmail. 1971: 295~301). 또 응답자의 57% 이상이 스와힐리가 이슬람과 관련된 언어라고 인식했는데 자이나교도의 29%, 시크교도의 17%, 힌두교도의 43%와 견주어 현격한 차이를 드러냈다. 이러한 결과에서 추론할 수 있는 것은 호자 이스마일리인들이 호스트사회에 성공적으로 적응하기 위한 목적으로 영어를 적극적으로 수용하면서도 무슬림으로서의 종교적 정체성을 강화하기 위해 예배장소에서는 아랍어 사용이 강조되고 있다는 사실이다. 또한 작명에 있어서도 인도식 이름 대신 아랍이나 페르시아식 이름을 가지는 것이 하나의 흐름으로 자리 잡았다(Esmail. 1971: 209). 이는 아직도 계속 진행되고 있는 과정인데 힌두식 성을 아랍식 성으로 교체함으로써 무슬림으로서의 정체성을 강조하고 있다.

편잡인들은 특정 영역에서 사용하는 언어의 구분이 명확하여 80% 이상의 응답자들이 시크사원에서는 편잡어를 사용한다고 밝혔고 자신의 종교와 가장 밀접하게 연관된 언어로 100%의 응답자가 편잡어를 꼽았다. 또 75%의 응답자들은 언어가 종교적 정체성의 표현에서 결정적인 요소로 작용한다는 의견을 피력했다.

자이나교도들은 자신들의 종교와 가장 밀접하게 관련된 언어로 구자라티라고 대답한 비율이 93%에 달했고 60%의 응답자들이 언어가 종교적 정체성의 표현에서 결정적인 요소라고 답했다. 이러한 결과가 시사하는 것은 특정의 언어가 종교의 영역에서 가장 적합하다는 인식과 예배장소에서 특정의 언어가 거의 독점적으로 사용되는 비율이 높게 나타난다는 것은 종교의 영역에서 언어의 기능적 명료성이 높다는 것을 의미한다. 이러한 인식과 태도가 지속됨으로써 언어가 보존되고 언어의 보존은 정체성의 지속에 기여하는 것이다. 편잡 시크교도들과 구자라트 자이나교도들은 언어에 대한 명확한 인식뿐만 아니라 특정

영역, 특히 종교의 영역에서는 지속적으로 특정의 언어를 사용함으로써 종교적 정체성을 견고하게 유지해나가고 있다.

아직도 종교의 영역에서 구자라티나 펀잡어가 사용되는 비율이 아주 높고 언어에 대한 인식에도 급격한 변화의 조짐을 보이는 것은 아니지만 전반적으로 종교적인 영역에서 산스크리트, 프라크리트, 힌디, 아랍어 등의 언어가 수행했던 기능을 영어가 점점 잠식하고 상황이 전개되고 있어 이에 대한 경계의 목소리도 높아지고 있다.

한편 모어에 대한 문맹의 비율이 상당히 높아 일부 종교단체에서는 적어도 기도문을 읽고 종교의식에 적극적으로 참여할 수 있는 수준의 언어지식을 전수하기 위해 다각적인 노력을 기울이고 있다. 언어에 대한 지식이 종교적 정체성의 유지를 위한 선결요건이라는 인식이 팽배한 것이다.

2. 종족적 정체성

인도인 디아스포라는 호스트 사회의 주류를 형성하고 있는 케냐인들의 시각으로는 단일공동체로 여겨지기도 하나 출신지역에 따라 세분화된다. 또한 출신지역에 따른 세분화된 집단들은 다시 하위집단으로 분류된다. 종족성에 대한 인식은 내적인 요소뿐만 아니라 외적인 요소에 의해서도 크게 영향을 받는다. 영국식민통치하의 케냐사회에서 백인정착민들, 인도계 이주민, 케냐인으로 편의상 구분되었는데 인종적 구분에 의한 제도적 차별이 인도계 이주민들의 종족성에 대한 인식에도 결정적 요소로 작용했다. 즉, 식민 상황 하에서는 개별적 종족집단 혹은 종교집단의 구성원으로서보다는 '아시아인'으로 인식하도록 상황이 조성되었고 사회적으로도 그렇게 규정된 것이었다. 또 독립 후 케냐의 초대대통령이었던 조모 케냐타가 경제의 아프리카화를 추진하면서 많은 인도계 이주민들이 케냐를 떠나 영국, 캐나다 등지로 재 이주했는데 이러한 역사적 소용돌이 속에서 파편화된 집단의 일원으로서보다는 '아시아인'이라는 의식의 대두는 자연스러운 결과로 보인다.

언어가 종족적 정체성의 유지에 중요한 역할을 수행하는지에 관한 질문에 구자라트 힌두교도들의 83%, 편잡 시크교도들의 75%, 구자라트 호자 이스마일리인들의 80%, 구자라트 자이나교도들의 64%가 그렇다고 대답했다. 어떤 언어가 자신의 종족집단과 밀접하게 관련되어 있는지에 관해서는 구자라트 힌두교도들의 92%가 구자라티, 편잡 시크교도들의 88%가 편잡어, 구자라트 호자 이스마일리인들의 82%가 구자라티, 구자라트 자이나교도들의 100%가 구자라티를 꼽았다. 이러한 응답이 시사하는 바는 종교적 구분에 관계없이 출신지역의 언어가 종족적 정체성의 유지에 중요하다고 인식하고 있다는 것이다. 이와 같은 조사결과에서 흥미로운 사실은 호자 이스마일리인들의 인식과 태도인데 다른 집단과 비교해 보아도 언어와 종족적 정체성과의 상호 관련성에 대해 거의 유사한 비율로 응답했다는 사실이다. 탈인도화와 서구화를 통해 호스트사회로의 순조로운 적응과 동화를 지속적으로 추진했고 영어나 스와힐리 사용을 고무했음에도 불구하고 종족어에 관한 인식에 있어서 근본적인 영향을 미치지는 못했다. 종교지도자인 아가 칸의 정책에도 불구하고 자신들의 고유한 문화나 언어에 대한 결속과 유대가 너무나 강하게 잔존하고 있어 쉽사리 사라지지 않는 것이다(Asani. 2001: 164).

언어사용에 의해 내집단 정체성이 뚜렷하게 드러나는 경우가 쿠취(Cutchi)어를[19] 사용하는 호자 이스마일리인들이다. 이들은 여러 세대에 걸쳐 구자라티로부터 어휘차용을 했고 구자라티를 읽고 쓰는 언어로 사용했기 때문에 구자라티를 제1언어 또는 위광어 혹은 위세어로 사용하지만 가정에서는 여전히 쿠취어 사용이 흔하다. 즉 쿠취어는 하위집단의 정체성을 나타내는 유표적 기능을 하는 것이다. 구자라트

---

19) 쿠취어는 신디어의 방언으로 알려지고 있다.

호자 이스마일리인들 중 18%의 응답자는 쿠취어가 자신들의 종족집단과 관련되어 있다고 응답했는데 이들 응답자들은 커다란 범주로 구분할 때는 구자라트인이지만 쿠취어 사용을 통해자신들의 하위집단 정체성을 드러낸다. 즉 쿠취어를 사용함으로써 내집단 구성원 식별의 기능을 수행한다. 설문지 조사결과에 따르면 호자 이스마일리인들 중 17%가 가정에서 쿠취어를 사용하고 있으며 조부모와의 대화 시 선호하는 언어로 27%의 응답자가 쿠취어를 꼽았다.

언어사용이 특정집단의 이주시기와 관련이 있는 경우로는 잔지바르나 탄자니아본토에서 케냐로 재이주한 호자 이스마일리인들이다. 여러 세대에 걸쳐 잔지바르나 다르에스살람에 거주했던 호자 이스마일리인들은 가정에서도 일상적으로 스와힐리어를 사용하는 경우가 흔하다.[20] 보통 다른 인도계 이주민 공동체 구성원들이 제한된 구사 능력으로 경비원이나 가내 고용원들과의 의사소통에 스와힐리어를 사용하는데 반해 잔지바르나 탄자니아 본토에서 케냐로 재이주한 호자 이스마일리인들은 가족 구성원들과도 스와힐리어로 의사소통을 할 정도로 스와힐리 사용이 일상화된 집단이다. 호자 이스마일리인들 중 7%의 응답자가 조부모와의 대화 시 스와힐리어를 사용한다고 밝힌 것은 특히 주목할 만한 현상이다. 인도계 이주민 공동체들 중 스와힐리어가 가족 구성원들과의 의사소통에 사용되는 사례는 호자 이스마일리인들이 사실상 유일하기 때문이다.

3. 사회적 정체성

사회적 정체성의 형성과 변화는 계급 혹은 계층, 성, 연령, 인종, 교육 등 제 요인이 작용하는데 형성된 사회적 정체성은 언어나 방언의

---

20) 필자와의 인터뷰에 응한 하버드대학의 아사니 교수(Ali S. Asani)에 의하면 호자 이스마일리인들의 찬양시(ginan)가 스와힐리어로도 시작되어 음송된다고 한다.

형태를 통해 표출된다. 사회에서 노동자 집단이나 특정계층집단 구성원들은 다른 집단 구성원들과 구별되는 어휘나 발음을 통해 집단에 대한 충성이나 연대를 명확히 한다. "언어의 영역에서 개인적인 속성은 존재하지 않는다"는 야콥슨의 지적처럼 언어는 항상 사회적인 속성을 띤다. 그런데 언어공동체는 다양한 이질적인 요소로 구성되기 때문에 이질적인 요소들은 언어사용에 반영되어 결국 사회방언으로 귀착되는 것이다. 동일한 언어를 사용하는 집단 내에서조차 언어가 사회적 계급에 따른 변이를 일으킨다는 사실을 라보프(Labov)나 트러질(Trudgill)은 구체적인 사례를 통해 밝힌 바 있다.

따라서 언어변수가 사회계급에 따라 분포를 달리하는 현상이 발생한다. 보통 언어변수는 사회계급과 상호관련성을 가지며 사회를 층위적으로 분화하는 과정에도 작용한다. 즉 사회적으로 식별이 가능한 언어변수는 사회계급에 대한 어떤 정보를 화자에게 제공한다.

인도인 이주민 공동체 사회에서도 사회적 계급이나 계층에 따라 유표적 언어선택을 하는 대표적인 예가 고아인 이주민 공동체의 장인집단, 특히 재단사를 직업으로 하는 고아인들인데 가정에서는 콩카니어(Konkani)를 사용한다. 재단사를 직업으로 하는 고아인들은 사회, 경제적으로 비교적 하층계급을 형성하고 있는 사회집단이다. 고아인 공동체는 그 어느 다른 공동체보다도 서구의 영향을 많이 받았고 이러한 영향은 언어에 대한 태도에도 반영되어 삶의 다양한 영역에서 영어사용이 가장 일반화된 집단으로 평가되지만 사회계층에 따라 언어의 분화가 나타나는 것이다.

피조사 대상 대부분의 공동체에서 두드러지는 현상은 세대 간 대화에서 뚜렷하게 구분되는 언어사용이다. 종교적 혹은 종족적 구분에 관계없이 젊은 세대에서는 영어사용이 보편화되어 있고 노년층 구성원들과의 의사소통에는 대부분 모어에 의존하는 것으로 나타났다. 공동체의 젊은 구성원들이 의사소통을 위한 목적으로 사용하는 언어가 무엇인지에 관한 질문에서 구자라트 힌두교도들의 78%, 편잡 시크교도들의 89%, 구자라트 호자 이스마일리인들의 73%, 구자라트 자이나교도들의 93%가 영어라고 응답한 반면 노년층이 상호의사소통을 위해 사용하는 언어로서 구자라트 힌두교도들의 96%가 구자라티라고 답했고, 편잡 시크교도들의 100%가 편잡어, 구자라트 호자 이스마일리인들의 71%와 구자라트 자이나교도들의 100%가 구자라티라고 답했다. 즉 노년층에서 구자라티나 편잡어의 기능적 명료성은 지극히 높은데 이는 모어의 보존에도 기여하는 것으로 평가된다. 아직도 많은 사람들이 조부모와의 대화 시에 영어를 사용한다는 것은 불경스러운 행위나 태도로 수용되고 있고 이러한 공유된 인식이 세대 간의 언어사용에도 투명하게 반영되고 있는 것이다.

VI. 언어의 보존과 정체성의 지속

인도인 디아스포라의 언어연구는 정체성의 인식, 수행, 교섭과 계속성을 가늠할 수 있는 유효한 수단이다. 정체성의 변화는 언어의 사용과 언어에 관한 인식과 태도에 반영되므로 언어의 사용과 언어에 관한 인식의 변화추이는 결국 정체성의 변화를 나타내는 거울인 것이다.

연구대상에 포함된 제 집단 중 특별히 주목의 대상이 된 공동체는 호자 이스마일리 공동체였다. 19세기부터 20세기에 걸쳐 변화하는 문화적, 종교적 환경에 따라 자신들의 정체성을 재규정하는 과정에서 혼돈과 모호성에 직면했던 공동체다. 특히 종교적 정체성의 모호성은 새로운 정체성의 구축과 강화를 위한 촉매 구실을 했다. 한때 힌두교도들과 이슬람교도들로부터 '영적 기형'으로 폄훼당하는 등 비우호적인 상황이 조성되면서 새로운 정체성이 구축되었는데 새로이 형성된 정체성이 언어사용과 언어에 대한 태도에도 투명하게 반영된 것이다

(Ahmad. 1964: 163).

비록 영어가 다양한 영역에서 다른 언어들이 수행했던 영역을 잠식하거나 기능을 대체하는 현상이 일어나고 있음에도 불구하고 인도의 여러 언어들이 케냐 거주 인도계 이주민 공동체 구성원들 사이에 지속적인 생명력을 가지고 있는 배경에는 특정 영역이나 대화상대자에 따라 언어선택에 대한 공유된 인식이 형성되어 있음으로 가능한 것이다. 다시 말해 기능적 부하는 그다지 높지 않지만 기능적 명료성은 높아 보존의 가능성이 높은 것이다. 현지조사에서 수집된 자료가 구체적으로 보여주는 것은 인도계 이주민 공동체 구성원들의 대다수가 아직도 특정의 영역에서는 반드시 특정의 언어가 사용되어져야만 한다는 강한 인식과 태도를 견지하고 있을 뿐만 아니라 이러한 인식과 태도가 언어의 실제적 사용에 비교적 명확하게 반영되고 있어 기능적 명료성이 높다고 하겠다. 이는 언어의 지속적인 보존이 정체성의 지속으로 귀착됨을 의미한다.

부록: 설문지 조사결과

1. 응답자들의 성별, 종족별, 종교별 분포 (단위: 명)

성별	남		여		
	32		83		
종족별	구자라트인		펀잡인		기타
	81		14		20
종교별	힌두교	이슬람교	자이나교	시크교	기타
	60	31	15	8	1

2. 모국으로서의 인도에 대한 귀속의식 (비율)

	힌두교도	호자 이스마일리	자이나교도	시크교도
예	85	12	60	50
아니오	15	88	40	50

3. 모어 학습에 대한 관심 (비율)

	힌두교도	호자 이스마일리	자이나교도	시크교도
예	83	47	67	88
아니오	17	53	33	12

4. 영어사용이 예배장소에서는 금지되어야 하는가? (비율)

	힌두교도	호자 이스마일리	자이나교도	시크교도
예	18	0	13	38
아니오	82	100	87	62

5. 언어가 종교적 정체성을 표현하기 위한 결정요소인가? (비율)

	힌두교도	호자 이스마일리	자이나교도	시크교도
예	80	38	60	75
아니오	20	62	40	25

6. 기도 시 주로 사용하는 언어 (복수응답, 비율)

힌두교도	호자 이스마일리	자이나교도	시크교도
영어 (27)	아랍어 (57)	구자라티 (39)	펀잡어 (80)
힌디 (26)	영어 (25)	산스크리트 (23)	영어 (20)
산스크리트 (24)	구자라티 (14)	힌디 (19)	
구자라티 (19)	쿠취어 (4)	영어 (19)	
기타(4)			

7. 스와힐리어를 이슬람교와 관련이 있는 언어로 간주하는가? (비율)

	힌두교도	호자 이스마일리	자이나교도	시크교도
예	43	57	29	17
아니오	57	43	71	83

8. 자신이 신봉하는 종교와 가장 밀접한 관련이 있는 언어는?
(복수응답, 비율)

힌두교도	호자 이스마일리	자이나교도	시크교도
구자라티 (67)	아랍어 (35)	구자라티 (93)	펀잡어 (100)
힌디 (13)	구자라티 (30)	힌디 (7)	
산스크리트 (7)	영어 (22)		
펀잡어 (5)	쿠취어 (9)		
기타 (8)	기타 (4)		

9. 영어사용이 신봉하는 신앙의 종교적 내용에 영향을 미치나? (비율)

	힌두교도	호자 이스마일리	자이나교도	시크교도
예	15	7	14	25
아니오	85	93	86	75

10. 가정에서 주로 사용하는 언어는? (복수응답, 비율)

힌두교도	호자 이스마일리	자이나교도	시크교도
구자라티 (64)	영어 (39)	구자라티 (72)	펀잡어 (63)
영어 (20)	구자라티 (39)	영어 (22)	영어 (37)
힌디 (5)	쿠취어 (17)	힌디 (6)	
마라티어 (3)	스와힐리어 (5)		
기타 (8)			

11. 예배장소에서 주로 사용하는 언어는? (복수응답, 비율)

힌두교도	호자 이스마일리	자이나교도	시크교도
구자라티 (80)	영어 (43)	구자라티 (100)	펀잡어 (80)
힌디 (10)	구자라티 (28)		영어 (20)
영어 (4)	쿠취어 (14)		
펀잡어 (2)	우르두 (10)		
기타 (4)	아랍어 (5)		

12. 종교지도자들과의 대화 시 선호하는 언어는? (복수응답, 비율)

힌두교도	호자 이스마일리	자이나교도	시크교도
구자라티 (73)	영어 (57)	구자라티 (80)	펀잡어 (100)
힌디 (11)	구자라티 (24)	영어 (20)	
영어 (6)	우르두 (9)		
펀잡어 (3)	아랍어 (5)		
기타 (7)	쿠취어 (5)		

13. 조부모와의 대화 시 선호하는 언어는? (복수응답, 비율)

힌두교도	호자 이스마일리	자이나교도	시크교도
구자라티 (78)	구자라티 (47)	구자라티 (87)	펀잡어 (100)
힌디 (7)	쿠취어 (27)	힌디 (7)	
영어 (3)	스와힐리어 (7)	영어 (6)	
펀잡어 (2)	영어 (7)		
기타 (10)	기타 (12)		

14. 아이들과의 대화 시 선호하는 언어는? (복수응답, 비율)

힌두교도	호자 이스마일리	자이나교도	시크교도
영어 (85)	영어 (86)	영어 (76)	영어 (100)
구자라티 (11)	구자라티 (7)	구자라티 (18)	
힌디 (2)	쿠취어 (7)	힌디 (6)	
기타 (2)			

15. 內集團 친구들과의 대화 시 선호하는 언어는? (복수응답, 비율)

힌두교도	호자 이스마일리	자이나교도	시크교도
영어 (78)	영어 (94)	영어 (93)	영어 (70)
구자라티 (10)	구자라티 (6)	구자라티 (7)	편잡어 (30)
힌디 (7)			
기타 (5)			

16. 언어가 종족적 정체성의 유지에 중요한 역할을 하는가? (비율)

	구자라트 힌두교도	구자라트 호자 이스마일리	구자라트 자이나교도	편잡 시크교도
예	83	80	64	75
아니오	17	20	36	25

17. 종족집단과 밀접하게 동일시화되는 언어는? (복수응답, 비율)

구자라트 힌두교도	구자라트 호자 이스마일리	구자라트 자이나교도	편잡 시크교도
구자라티 (92)	구자라티 (82)	구자라티 (100)	편잡어 (88)
기타 (8)	기타 (18)		기타 (12)

18. 공동체의 노년층 구성원들이 의사소통을 위해 주로 사용하는 언어는? (복수응답, 비율)

구자라트 힌두교도	구자라트 호자 이스마일리	구자라트 자이나교도	편잡 시크교도
구자라티 (96)	구자라티 (72)	구자라티 (100)	편잡어 (100)
영어 (2)	쿠취어 (14)		
기타 (2)	우르두 (14)		

19. 공동체의 청년층 구성원들이 의사소통을 위해 주로 사용하는 언어는?
(복수응답, 비율)

구자라트 힌두교도	구자라트 호자 이스마일리	구자라트 자이나교도	펀잡 시크교도
영어 (78)	영어 (73)	영어 (93)	영어 (89)
구자라티 (20)	구자라티 (13)	구자라티 (7)	펀잡어 (11)
기타 (2)	기타 (14)		

참 고 문 헌

윤인진. 2004. 『코리안 디아스포라 – 재외한인의 이주, 적응, 정체성』. 서울: 고려대학교 출판부.

이광규. 1997. 『민족과 국가』. 서울: 일조각.

Adata, A. K. and King, N. Q. 1969. "Some East African Firmans of H. H. the Aga Khan II". *Journal of Religion in Africa* 2(3): 179 – 191.

Ahmad, Aziz. 1964. *Studies in Islamic Culture in the Indian Environment.* Delhi: Oxford University Press.

Asani, Ali S. 2001. *The Khojahs of South Asia: Defining a Space of their Own.* Cultural Dynamics 13(2): 155 – 168.

Bailey, Benjamin. 2000. "Switching". *Journal of Linguistic Anthropology* 9(1 – 2): 241 – 243.

Bharati, Agehananda. 1972. *The Asians in East Africa: Jayhind and Uhuru.* Chicago: Nelson Hall.

Bhatt, Rakesh M. 2001. "World Englishes". *Annual Review of Anthropology* 30: 527 – 550.

Bourdieu, Pierre. 1977. *Outline of a Theory of Practice.* Cambridge, UK: Cambridge University Press.

Cohen, Ronald. 1978. "Ethnicity: Problem and Focus in Anthropology". *Annual Review of Anthropology* 7: 379 – 403.

David, Maya Khemlani, Naji Ibtisam M. H. and Kaur Sheena. 2003. "Language maintenance or language shift among the Punjabi Sikh community in Malaysia?". *International Journal of the Sociology of Language* 161: 1 – 24.

Esmail, Aziz. 1971. *Satpanth Ismailism and Modern Changes within it with Special Reference to East Africa.* Ph. D. Dissertation. University of Edinburgh.

Fasold, R. W. 1984. *The Sociolinguistics of Society.* Oxford: Basil Blackwell.

Fishman, Joshua A. 1989. "Language and Ethnicity". Joshua A. Fishman (ed.) *Language and Ethnicity in Minority Sociolinguistic Perspective.* Philadelphia:

Multilingual Matters: 23 — 65.

Flood, Gavin. 1996. *An Introduction to Hinduism*. Cambridge: Cambridge University Press.

Ghai, Dharam P. and Ghai, Yash P. (eds.) 1970. *Portrait of a Minority: Asians in East Africa*. Nairobi: Oxford University Press.

Gregory, Robert G. 1993. *South Asians in East Africa: An Economic and Social History, 1890 ～ 1980*. Boulder, Colorado: Westview Press.

Grunebaum, G. E. (ed.) 1955. *Unity and Variety in Muslim Civilization*. Chicago: Chicago University Press.

Hollingsworth, L. W. 1960. *The Asians of East Africa*. London: Macmillan & Co.

Jayaram, N. 2000. "The Dynamics of Language in Indian Diapora: The Case of Bhojpuri/Hindi in Trinidad". *Sociological Bulletin* 49(1): 41 — 62.

Kroskrity, Paul V. 2000. "Identity". *Journal of Linguistic Anthropology* 9(1 — 2): 111 — 114.

McCormack, Richard T. 1971. *Asians in Kenya: Conflicts and Politics*. New York: Theo. Gaus' Sons.

Maloney, Clarence(ed.) 1978. *Contributions to Asian Studies Volume 11: Language and Civilization Change in South Asia*. Leiden: E. J. Brill.

Martiniello, Marco. 1995. *L'ethnicité dans les sciences sociales contemporaines*. Paris: P. U. F.

Mazrui, Ali A. 1971. "Islam and the English Language in East and West Africa". W. H. Whiteley(ed.) *Language Use and Social Change: Problems of Multilingualism with Special Reference to Eastern Africa*. London: Oxford University Press: 179 — 197.

Mazrui, Ali A. and Mazrui, Alamin M. 1998. *The Power of Babel: Language & Governance in the African Experience*. Oxford: James Currey.

Morgan, Marcyliena. 2000. "Community". *Journal of Linguistic Anthropology* 9(1 — 2): 36 — 38.

Mukherjee, Dipika. 2003. "Role of women in language maintenance and language shift: focus on the Bengali community in Malaysia". *International Journal of the Sociology of Language* 161: 103 — 120.

Neale, Barbara. 1971. "Asians in Nairobi: A Preliminary Survey". W. H. Whiteley(ed.). *Language Use and Social Change: Problems of Multilingualism with Special Reference to Eastern Africa*. London: Oxford University Press: 179 — 197.

Pandharipande, Rajeshwari V. 2002a. "Minority Matters: Issues in Minority Languages in India". *International Journal on Multicultural Societies* 4(2): 217 −237.

Pandharipande, Rajeshwari V. 2002b. "Many Languages, Many Religions: Issues in the Language of Religion in India". Paper Presented at the Sociolinguistics Symposium 14. University of Ghent.

Romaine, Suzanne. 1994. *Language in Society: An Introduction to Sociolinguistics.* Oxford: Oxford University Press.

Salvadori, Cynthia. 1983. *THROUGH OPEN DOOR: A View of Asian Cultures in Kenya.* Nairobi: Kenway Publications.

Shukla, Sandhya. 2001. "Locations for South Asian Diasporas". *Annual Review of Anthropology* 30: 551−572.

Thomson, Greg. 2000. "Language and Identity Among a Group of Pentalingual Albuquerqueans". Work Papers of the Summer Institute of Linguistics, University of North Dacota Session 44: 1−22.

Warah, Rasna. 1998. *Triple Heritage: A Journey to Self Discovery.* Nairobi: Colour Print Ltd.

Wardhaugh, Ronald. 1986. *An Introduction to Sociolinguistics.* Oxford: Basil Blackwell.

Weil, Simone. 1953. *The Needs for Roots: Prelude to a Declaration of Duties toward Mankind.* trans. Arthur Wills. New York: G. P. Putnam's Sons.

2장
남아공에서의 식민주의,
힌두교 그리고 인도 종족성의 구조화

이 광 수*

I. 들어가는 글

1850년대 남아공 나탈지역에 사탕수수 플랜테이션 산업 붐이 일자 농장주와 자본가들은 값싼 노동력 확보를 위해 인도의 노동력을 수입하기로 하였다. 처음 남아공에 도착한 인도인들은 경제적 성공을 위해 이주해 온 사람들로 대부분이 타밀 지역의 하층 카스트이자 하층 계급이었다. 그리고 그들이 이주해 온 당시 인도에서는 '인도인'이라는 정체성이 형성되어 있지 않았다. 19세기 후반 그들이 이주를 시작하던 당시의 인도는 전체는 물론이고 어떤 일부 지역조차도 유럽 역사에서 보는 것과는 달리 전체 혹은 특정 지역을 하나의 정체성으로

---

* 부산외국어대학교 인도어과 교수.

규정할 수 있는 집단적 혹은 균질적 실체가 나타나지 않았다. 그들은 자신들이 하나의 민족이라는 정체성을 가지고 있지 못하였다. 따라서 초기에는 언어와 지역별 정체성은 강하였으나 인도인으로서의 정체성은 약했다. 그들은 스스로를 주로 언어와 종교에 따라 자신들을 분류하였다. 따라서 그들을 인도인이라든가 힌두 혹은 무슬림이라든가 하는 분류보다는 자신들이 사용하는 언어에 따라 타밀 힌두, 텔루구 힌두, 힌디 힌두 혹은 구자라티 무슬림 하는 식으로 자신들을 집단화하였다.

그런데 현재 남아공에서의 인도인[1]들은 하나의 정체성을 유지하면서 인도 종족(Indian ethnic)으로서 위치를 차지하고 있다. 그들은 인도인 내혼의 유지, 축제의 공유, 음식 문화의 유지, 의례의 차별화와 공유 등을 통해 하나의 공동체를 형성하고 있다. 그들은 카스트체계가 거의 사라지고 없고,[2] 인도 언어도 대부분 사용하고 있지 않으며, 모국 인도와도 특별한 관계를 형성하지 않고 있으면서도 그들이 여전히 스스로를 하나의 종족 집단으로 인식하고 있는 것은 무엇으로 인해서일까? 그것은 원초주의자들이 주장한 바와 같이 원초적으로 공유하고 있던 혈통,

---

1) 정확하게 말하면 인도계 남아공인(Indian South African) 혹은 남아공 거주 인도인(South African Indian) 혹은 인도 종족(Indian ethnic)이다. 전자가 옳은지 후자가 옳은지에 대해서는 독립된 또 다른 연구 주제가 될 것이다. 따라서 이 글에서는 편의상 '남아공 인도인' 혹은 '인도인'으로 사용하기로 한다. 마찬가지로 '백인'의 경우에도, 유럽계 남아공인 혹은 남아공 거주 유럽인 혹은 유럽 종족이어야 옳을 것이다. 하지만, 마찬가지로 편의상 '남아공 유럽인' 혹은 '유럽인'으로 사용하기로 한다.

2) 람비리치(Birbal Rambiritch)와 반 덴 베르헤(Pierre L. Van Den Berghe)는 1961년의 연구에서 다음과 같은 몇 가지의 이유로 인해 인도인 사회에서 카스트 체계가 사라지고 없다고 규정하고 있다. 주요 이유는 다음과 같다: 전통적 카스트의 직업이 남아공 사회에 너무 많아 남는다, 음식과 관련한 정-부정/오염의 규칙을 사탕수수 막사에서 실천할 수 없다, 경제적으로 카스트 체계를 유지할 비용이 없다, 빤짜야뜨가 없어 규제를 할 수가 없다, 충분한 자띠가 확보되지 않아 자띠 내혼을 유지할 수가 없다(Rambiritch & Berghe. 1961: 221~222).

인종, 언어, 종교, 관습 등 문화적 속성을 타지에서 재발견한 것일까? 아니면 도구주의자들이 주장하듯 남아공의 식민주의라는 특정 상황에서 정치적 혹은 경제적 이유로 인하여 만들어진 역동성의 산물로서 남아공의 인도 종족성이 형성된 것일까? 혹은 두 요소가 적절하게 결합할 수 있는 것이라면 그 안에서 역사는 어떠한 역할을 하였을까? 이 글은 바로 이 문제를 해결하기 위한 것이다.3) 즉, 이 글은 남아공에서 인도 종족이 형성되어 가는 역사의 분석을 통해 남아공의 식민주의가 인도 종족을 어떻게 만들어갔는가를 밝히고자 하는 것이다.

이 글이 다루고자 하는 두 번째 주요 논점은 종교와 관련한 것이다. 즉, 남아공의 인도 종족 형성 과정에서 힌두교가 행한 역할에 대한 고찰도 함께 하고자 한다. 브랜드(Brand. 1966)는 힌두교는 인도인 집단의 정체성을 구성하는 가장 즉각적인 요소라고 주장하고, 나롤(Naroll. 1964)은 문화의 다양한 형태를 통일체로 유지하는 속에서 공동 문화에 대한 가치가 종족 정체성을 만든다고 하면서 그 문화를 구성하는 요체 가운데 가장 중요한 것으로 종교를 들고 있다. 반면, 종교는 종족성을 유지하거나 강화하는 역할을 할 뿐이라는 주장도 있다. 미어(Meer. 1969)는 남아공 사회에서 인도인들은 사회적 위치를 바꾸기 위하여 힌두교의 카스트를 버리기도 하고 기독교로 개종하기도 하였음을 보여주고 있다. 그렇다면 힌두교는 남아공 인도인들이 남아공의 식민주의 역사 속에서 자신들의 정체성을 형성하고 유지하는데 어떠한 역할을 하였는가? 이 문제는 결국 첫 번째로 제기한 종족성 형성에서의 역사의 역할과 의미의 문제와 일맥상통하며 결국 역사를 통한 '종족성 만들기'에 대한 분석으로 귀결될 것이다.

따라서 이 글은 역사적인 방법을 주로 하고 그 위에서 인류학적 현지 조사에 의거하여 분석한 글이다. 역사적 자료로는 정부 간행물, 신

---

3) 이러한 문제 제기는 한건수(2005)의 종족성 형성에 있어서 역사가 차지하는 위치에 대한 고찰에 힘입은 바 크다.

문, 팜플렛, 소식지, 전단 등을 통해서 역사적 상황을 분석함과 동시에 인터뷰와 현지 참여 관찰을 통해 분석했다. 인류학적 현지 조사는 남아프리카 공화국 크와줄루-나탈(KwaZulu-Natal)의 에핑검 하이츠(Effingham Heights) 지역에서 1월 23일부터 2월 20일까지에 걸쳐 이루어졌다. 낯선 사회에서 단기간에 걸쳐 이루어진 현지 조사는 특정한 사실을 규명하기에는 부적합하다. 따라서 현지 조사를 통해 얻은 자료는 역사학적 방법에 의한 논리 전개의 보조 근거로 활용될 수밖에 없다. 이 글은 그러한 방법으로 주제를 논하고자 한다.

Ⅱ. 식민주의 아래에서의 종족 정체성의 형성

처음 남아공에 도착한 인도인 계약 노동자는 내부적으로 자신들을 하나의 종족 집단으로 인식하지 못하였다. 그렇지만 그들을 수입한 나탈 정부와 여러 농장주는 영제국의 식민 정부의 분류에 따라 편의상 그들을 하나의 집단 즉 인도인(혹은 아시아인)으로 분류하였다. 나탈 식민 정부는 영어를 사용하는 영국인과 아프리칸스어를 사용하는 네덜란드계 이주민들에 대해서는 그들의 언어와 고유한 문화를 유지하도록 정부 입장에서 지원을 해준 것에 반해 그들과 크게 다를 바가 없는(혹은 더 차이가 나는) 남아공 인도인에 대해서는 그러한 언어와 문화에 따른 차이를 인정하지 않고 다만 인도인으로 집단 분류하였다. 따라서 그들을 하나의 집단 즉 인도인이라고 부르는 것은 내부적 본질에 따라 만들어진 것이 아닌 외부적 환경에 의해 만들어진 것인 것이다.

영국 식민 지배자들은 나탈 거주 아프리카인(줄루인)의 전통적 정치 권위와 사회 질서를 유지하였고 그들과의 결탁을 통해 식민지 경영을 추진할 수 있었다. 하지만 그들은 줄루인들이 호전적이고, 백인들에 대해 적대감을 가지고 있으며 자본주의 사회 체제에 익숙하지 못해 노동자로 적합하지 못하기 때문에 상대적으로 훨씬 질 좋은 노동력을 확보할 수 있는 인도인들을 수입하였다(장용규. 2003: 35). 따라서 그들은 남아공으로 이주해 온 인도인들에 대해서는 본질적으로 '노예로서'[4] 철저히 착취하는데 일관하였을 뿐 그들에 대해서는 특별한 적대감을 가지고 있지는 않았다. 그런데 계약 기간이 만료되고 자유인이 된 남아공 인도인들이 적극적인 상행위로 인해 상당한 경제력을 확보하자, 그로 인해 남아공 정부의 남아공 인도인들에 대한 태도는 이전의 호의적 태도에서 적대적 태도로 선회하였다. 이는 소규모의 농업과 상업의 여러 부문 특히 교역에서 남아공 인도인들이 유럽계 이주민들의 강력한 경쟁자로 부상하면서 생긴 현상으로 특히 1870년 이후 소위 승객 인도인들이 대거 이주해 오면서 경쟁은 격화되었다. 하지만 상업 행위에 있어서의 경쟁 심화가 바로 남아공 인도인들에 대한 반감의 원인으로 작용한 것만은 아니다.

　인도인 계약 노동자들은 초기에는 심한 노동에 시달려 처음 3개월 이내에 절반에 이르는 수가 사망했다(Henning. 1993: 113). 열악한 조건을 극복하지 못한 채 자살을 하는 경우가 심각해 1904년 6월 4일자 『인도인의 견해』(Indian Opinion)가 이 문제를 해결할 위원회를 조속히 구성할 것을 요구할 정도였다(Bhana & Pachai. 1984: 17). 그렇지만 계

---

4) 헤닝(Henning)은 인도인 계약 노동자가 '노예'와 다를 바가 없음을 다음의 11개 항목에 따라 주장한다: ① 인도와 인도인에 대해 심하게 차별하고 무시함, ② 모집할 때 남아공에서의 노동 및 주거 실정에 대해 전혀 알려주지 않음. 1894년 3파운드 세금 부과 이후로도 이에 대해서 거의 알려주지 않음 ③ 사회적 조건이 매우 열악함 ④ 법적 지위가 "임시 노예"와 동일함 ⑤ 주거지 환경이 매우 열악함 ⑥ 처벌을 비인간적으로 가혹하게 함 ⑦ 의료 혜택을 거의 받지 못함 ⑧ 아동 노동에 시달림 ⑨ 여성 노동에 시달림 ⑩ 강제적으로 송환됨 ⑪ 질병과 기아로 인해 많은 수의 사망자가 발생함 ⑫ 3파운드 세금 등 불평등한 법률 적용 ⑬ 강제적으로 재계약을 맺음 ⑭ 적용 단계에 들어가자 강제적으로 제도를 종식시킴(Henning. 1993: 105~115).

약이 풀리고 사회에 정착하면서 그 수는 빠른 속도로 불어났다. 인구의 빠른 성장은 남아공 유럽인들에게 반인도인 감정의 성장을 더욱 부추겼다. 애초 나탈 정부는 인도인을 임시방편적 차원의 노동력으로 수입하였으나 인도 정부는 영구적 차원의 이주로 간주하고 수출하였다. 5년간의 계약 기간이 만료되고 자유 신분이 된 남아공 인도인들은 그 후 1870년 이후 국유지를 불하받으면서 남아공 유럽인들은 그들의 영구 정착에 대한 구체적인 두려움을 갖기 시작하였다. 파머(Palmer)는 이에 대해 "저임금의 노동력에 대한 농장 주인들과 정부의 탐욕은 자신들의 이주 정책이 가지고 온 피할 수 없는 결과를 전혀 예측하지 못하였다."(Palmer. 1957: 26)고 하고 있다. 이에 남아공 인도인에 대한 반감과 견제 정책의 필요가 본격적으로 제기되었고, 1885년에는 인도 이주민을 규제하는 인도인이주위원회(Indian Immigrants Commission)가 설치되었다. 남아공 인도인 인구의 급격한 증가는 이러한 남아공 유럽인들의 반인도인 감정을 악화시켰다. 이주 초기인 1870년의 인구는 남아공 유럽인이 14,000명이고, 남아공 인도인이 6,000명이었던 것이 1885년에는 37,000명 대 30,000으로 되더니 급기야 1891년에는 유럽인은 남성 26,000명, 여성 21,000명, 도합 47,000명인데 반해 남아공 인도인은 남성 26,000명, 여성 15,000명, 도합 41,000명으로 남아공 인도인의 인구가 급상승하였다(Naidoo. 1947: 14). 이는 곧 유권자의 절대적 증가로 인해 남아공 유럽인들의 정치적 권력의 상실에 대한 두려움으로 연결되었다. 1894년에 영령 나탈 정부는 영령 인도 정부에 특사를 보내 인도인 노동력을 보낼 때 그 계약의 만료를 인도로 돌아왔을 때까지로 즉 돌아오지 않고 남아공에 남아 있으면 계속해서 계약 노동자의 신분으로 거주하도록 하는데 동의해달라는 요청을 한다. 이에 인도 정부는 거절하지만 계속된 요구에 약간의 수정을 가해 그 제안을 수용하기로 한다. 그 내용은 모든 노동자는 계약 기간이 만료되면 반드시 돌아와야 하고 이를 어길 시에는 형사 처벌을 받는 것으로 했다. 하지만 이러한 이주 제한은 궁극적인 문제 해결책이 되지 못하였다. 문제는 남아공 인도인들의 노동 경쟁력에 있었다. 이에 대해 남아공의 유럽인들은 남아공 인도인들에 대해 낮은 임금을 받고 일을 하기 때문에 자신들과 공정한 경쟁이 이루어지지 않는다는 논리를 개발하게 된다. 이에 영령 자마이카 정부가 인도인 노동자들에게 1주일에 1실링을 거주세로 부과하는 것을 원용하여 일 년에 3파운드를 거주세로 납부하도록 1895년에 법제화하였다. 이는 취업자뿐만 아니라 비취업자 즉 여성을 포함한 16세 이상의 모든 남아공 인도인에게 해당하는 세금으로 가난한 남아공 인도인들에게는 가족 당 한 해에 약 20파운드 정도를 납부해야 했으므로 엄청난 타격이었다.

남아공 유럽인들에게 남아공 인도인들에 대한 이주 규제는 궁극적인 문제 해결책이 되지 못하였다. 그들이 남아공 인도인의 참정권을 제한하고자 한 것은 이러한 배경에서 나온 것이다. 나탈 정부는 1894년에 정부 법령 25항을 도입하여 참정권 제한을 시도하였고, 결국 1896년에 나탈 정부 법령 제 8항에 의해 남아공 인도인의 참정권을 제한하였다. 이어 1897년에는 나탈 지역에 영어나 아프리칸스어를 구사할 수 없는 사람들에 대해 입국을 거부하는 법령을 나탈 정부가 공표하였는데, 이는 전적으로 남아공 인도인의 참정권을 규제하려는 의도에서였다. 1904년에는 결국 남아공 인도인의 인구가 유럽인의 인구를 4% 포인트 능가하였다. 이어 1906년에 나탈 정부는 인도인 통행법을 만들어 남아공 인도인들의 자유로운 상행위를 원천적으로 봉쇄하고자 하였고, 1907년에는 트란스발 공화국에서 인도인들의 입국금지법을 만들어 남아공 인도인들의 트란스발 입국을 전면 금지하였다. 1913년에는 인도 정부가 남아공 인도인의 이주를 허용하지 않았고, 1914년에는 남아프리카 연방 차원에서 이주법을 제정하여 인도인들의 남아프리카 이주를 법적으로 전면금지하였다.

남아공에서의 인도인에 대한 규제는 이주 금지의 방향에서 출발하였으나 종국에는 토지 소유에 대한 규제의 방향으로 전개되었다. 이는 초기의 이주 금지의 방법으로는 팽창해나가는 남아공 인도인의 경제적 성장을 효과적으로 견제할 수 없었기 때문으로 판단할 수 있다. 토지 규제에 관한 첫 법안은 1913년의 원주민 토지법(Native Land Act)이다. 이는 남아공 유럽인과 남아공 유럽인이 아닌 인종과의 영토를 분리하는 것이다. 1936년에는 남아공 연방이 토지법을 제정하여 비유럽계 이주민들의 토지 소유를 제한하기 시작한다. 남아공 인도인들의 거부 지역이 나탈 지역의 해안가 배후지대로 밀집된 것은 이러한 상황에서였다. 토지 소유의 제한은 거주 지역의 제한으로 연결되는데 아파르트헤이트가 본격적으로 실시된 1948년 이후에 노골화되고, 결국 1950년의 집단 거주구역법(Group Areas Act)으로 나타났다.

이러한 남아공 인도인에 대한 규제는 남아공 인도인과 인도 문화에 대한 편견과 왜곡으로 연결되었다. 초기의 유럽계 이주민들은 이미 생물학적인 인종의 우월성을 강하게 믿고 있었고 그에 따라 유럽계 이주민들은 문명의 전도사이고 인도인과 아프리카인은 야만인으로 간주하고 있었는데, 특히 그 가운데 독특한 종교, 언어, 관습, 의식주 문화 등을 소유하고 있는 외래 이주 인도인을 '이상한 사람들'(stranger)로 결코 동화될 수 없는 종족으로 간주하고 있었다(Kuper. 1969: 248~250). 남아공 인도인에 대한 왜곡은 인도인의 문화 특히 음식과 위생 관념에 대한 것이 많았다. 음식은 주로 음식에서 나오는 향료의 매콤한 냄새에 관한 것이었고, 위생 관념은 주로 전통적으로 화장실을 발달시키지 못한 인도인들이 들에 나가서 배변을 하는 습관에 대한 것이었다. 유럽계 이주민들에게 음식을 비롯한 생활 습관에 대해서는 특별한 조치를 취할 수가 없었지만 위생에 관한 것은 법적으로 제재를 가하기에 충분하였다. 급기야 1884년 남아공 인도인들의 비위생성을 탄원하는 청원서가 제출되었고 1886년에 이르러서는 최소한의 위생 시설의 필요성이 남아공 인도인들만을 위한 격리된 주거 지역의 설치를 위한 근거로 인정되기 시작하였다. 결국 유럽계 이주민들의 남아공 인도인에 대한 감정은 초기의 무시와 오해에서 시기와 왜곡으로 바뀌었으니, 남아공 인도인들은 '막노동꾼(coolies)', '야만족(uncivilized race)' 등으로 폄하하였다.

이와 더불어 남아공 인도인들의 상행위에 대한 왜곡도 왜곡되었다. 남아공 인도인들이 남아공 유럽인들의 강력한 경쟁자로 부상하게 된 것은 우선, 계약 만료 후 대부분의 노동자들이 나탈 지역에 머물렀고 그곳에는 소규모의 농업, 가게 운영, 어업에 종사할 수 있는 기회가 많았는데 이들은 특별히 큰 자본을 필요로 하지 않았다(Swan. 1984: 241). 1930년대에 이르러 남아공 인도인들은 초기의 농업 노동자로부터 벗어나 제조업과 상업 그리고 서비스업에 종사하는 비율이 전체의 반을 넘게 된다(Freund. 1995: 46). 그러한 호전된 상황에서 남아공 인도인들은 남아공 유럽인들에 비해 훨씬 근면하고, 여전히 전통적 가족 체계인 결합 가족(joint family)의 단위로 생활하고 있었기 때문에 인건비를 크게 절감할 수 있었던 점도 크게 작용하였을 것이다. 그럼에도 불구하고 남아공 유럽인들은 이러한 사실을 이해하지 못하고 그들의 저가 책정을 상도의를 어지럽히는 것으로 간주하였고, 나아가 남아공 인도인들의 검소한 생활 태도에 대해서도 부도덕한 돈벌레이고(Maasdrop & Pillay. 1978: 217~220), 유럽계 남아공인들의 직업을 빼앗고, 자신들을 희생시키고 그 위에서 이익을 취하려 하는 자로 매도하였다(Calpin. 1949: 109).

이러한 일련의 남아공 인도인에 대한 차별과 매도는 남아공 인도인들의 저항을 불러일으킨다. 계약에서 풀려난 남아공 인도인들과 자유 무역인들은 남아공 인도인의 참정권을 제한하는 시도가 있던 1894년에 첫 정치 조직인 나탈 인도인회의(Natal Indian Congress)를 결성하였다. 나탈 인도인회의는 비록 일정 부분 이상의 회비를 납부하는 사람만 회원으로 가입하는 제한 조치가 있었긴 하나, 힌두, 무슬림, 기독교인 등을 망라함으로써 전체 남아공 인도인을 하나의 공동체로 결합시키는 구체적인 조직이 되었다. 1913년 이후 인도 노동자의 수입이 금지되면서 남아공 내에서의 '인도인 문제'는 일단락 되는 것으로 보였다. 하지만 남아공 인도인에게 여전히 부과되는 무역과 경제 행위에 대한 불공정한 차별과 거주에 대한 위협 등에 대한 두려움은 남아공 인도인들로 하여금 전국 단위의 남아공 인도인들의 단체를 설립하게 하였다. 그리하여 1924년에 케이프 영인도위원회(Cape British Indian Association), 트란스바알 영인도위원회(Transvaal British Indian Association), 나탈 인도인회의(Natal Indian Congress)가 결합하여 남아프리카 인도회의(South Africa Indian Congress)가 세워졌다.

나탈 인도인회의는 남아공 유럽인들과의 화목, 인도 문화의 고양, 공동체 복지의 향상의 세 부분을 가장 중요한 중심축으로 삼았다.[5] 남아공의 인도인들은 당시의 상황이 매우 열악하였고 적대적이었지만, 주인 사회에 대한 통합을 일차적으로 추구하였다. 이러한 성격은 나탈 인도인회의를 주도했던 간디가 조직의 목표를 정치권력을 확보하는 데에 두지 않고 다만 남아공 인도인들에게 부여된 사회 경제적 차별 철폐에서 찾은 사실에서도 잘 알 수 있다(Pachai. 1978: 19). 남아공 인도인들에게 가장 절실한 것은 적대적 환경에서의 정체성의 유지였다. 그들은 식민주의의 정치적 핍박에 대해 직접 대항하지 않았다.

---

5) 나탈 인도인회의의 7대 강령은 다음과 같다: ① 인도인과 유럽인간의 화목을 추구한다. ② 인도인들을 위한 신문 발행, 팜플릿 간행, 강연회 개최를 한다. ③ 특히 현지 태생의 인도인들을 위해 인도의 역사와 문학을 공부하도록 유도한다. ④ 인도인들의 상황에 관심을 갖고 특히 어려움에 처한 인도인들을 구제하기 위해 적절한 조처를 취한다. ⑤ 특히 계약 노동자들의 상황에 관심을 갖고 그들의 어려움을 덜어주기 위해 적절한 조처를 취한다. ⑥ 가난하고 의지할 데 없는 인도인들을 위해 취할 수 있는 모든 합리적 수단을 강구한다. ⑦ 위의 일을 성취하기 위해 인도인들의 도덕적, 사회적, 정치적 조건을 개선시킨다.

그것은 그들이 정체성 유지 및 강화의 방편으로 인도의 문화적 자부심을 십분 활용하였던 것이나 1903년 남아공 인도인 공동체가 처음 발간한 주간 저널인 『인도인의 견해』가 중점적으로 다룬 사항이 주로 관용과 설득의 정신 함양, 전통 촌락 사회에 대한 존중 등이었음을 통해서도 잘 알 수 있다. 이러한 남아공 인도인들의 경향은 이후의 시기에 인도인 종족성이 어떠한 성격으로 형성되고 유지 및 강화되는가에 대한 방향을 제시해준 것과 다름없었다.

한편, 1890년대부터 도시 시장과 아프리카인 노동을 차지하기 위해 경쟁을 벌인 남아공 유럽인 기업가들은 물납 소작인을 처음에는 노동납 소작인으로, 그 다음해에는 토지 없는 노동자로 전락시키려고 했다. 이를 위해 1913년 원주민토지법이 제정되었으니, 이 법은 인종 간 토지 양도를 금하고, 남아프리카 토지 가운데 아프리카인의 몫을 7%(나중에는 14%)로 못 박았으며, 케이프 바깥의 남아공 유럽인 농장에 거주할 수 있는 물납 소작인과 금납 소작인의 수를 제한했다. 이러한 착취는 아프리카인의 극심한 빈곤과 폭력적인 농촌 분규를 초래하였다. 농촌 거주 아프리카인의 빈곤화는 그들의 이농과 도시 빈민으로의 편입을 부채질하였다. 1891년 케이프타운의 주민 수는 5만 1000명이었으나 생긴지 10년밖에 되지 않은 요하네스버그의 인구가 1896년에 10만의 인구가 넘었고 그 원인이 아프리카인의 유입이다. 시당국은 아프리카인을 아프리카인 지정 거주지에 분리시킴으로써 도시화를 억제하려 했고, 이것이 1923년의 원주민도시지역법의 제정과 함께 국가 정책이 되었다(Iliffe. 2003: 483~486). 1924년 이후 스머츠(Smuts)에 의해 본격적으로 산업화가 시작되었다. 1924년에는 산업조정법을 통해 흑인 노조를 탄압하였고, 여기에 1925년 임금법을 통해 노동 조건을 개선했지만, 아프리카인 노동자는 피고용자의 범주에서 제외함으로써 아프리카인에 대한 인종 차별 정책까지 가세하여 아프리카인에 대한 착취를 갈수록 심하게 하였다. 아프리카인에 대한 분리 정책은 곧 가난한 남아공 유럽인들에 대한 활발한 구제책으로 연결되었다. 이러한 상황에서 간디를 위시로 한 남아공 인도인 세력은 식민 정부에 대해 협조의 자세를 취했고 상대적으로 아프리카인들과의 관계는 갈수록 악화될 수밖에 없었다.

식민 정부에 대한 남아공 인도인들의 유화적인 태도에도 불구하고 식민 정부의 남아공 인도인에 대한 반감은 여전하였다. 이는 식민 정부-남아공 인도인-아프리카인 사이에 삼각관계가 구조화됨을 의미한다. 그것은 남아공 인도인들에 대한 견제가 같은 이주자이지만 주류로 자리 잡은 남아공 유럽인들로부터도 생기지만 그와 동시에 주인 사회의 다수면서도 사회적 약자인 아프리카인으로부터도 일어남을 의미한다. 1920년대 산업화가 본격적으로 이루어지면서 남아공 인도인들은 사회·경제의 여러 경쟁 부문에서 아프리카인들을 일방적으로 제치고 남아공 사회에서 두 번째 강력한 권력 집단으로 성장하였다. 20세기 중반에 이르면서 이미 교육 수준과 자본의 측면에서 불리한 위치에 있는 아프리카인들은 사회 경제적 신분 상승에 대한 강한 욕구를 가진 이민자 집단과의 경쟁에서 계속해 밀려날 수밖에 없게 되었다. 이러한 남아공 인도인들의 경제 성장과 사회적 지위 상승은 아프리카인들로 하여금 그들에 대해 적대적 태도를 갖게 하였다. 사실 아프리카인들에게 남아공 유럽인이나 남아공 인도인들 모두 외부 이주민이지만 남아공 유럽인들에 대해서는 이주민이라는 인식을 하지 못하였고 다만 남아공 인도인들에 대해서만 이주민으로서 강한 반감을 가지고 있었다. 그것은 한정된 자원 특히 경쟁할 수 있는 자원의 영역 내에서의 경쟁자가 남아공 인도인이었고 남아공 유럽인들은 그들의 경쟁 범주 밖에 있었기 때문이었다. 그들은 실제적으로 남아공 유럽인 자본가들에 의해 착취당하고 있었지만 그들은 그것을 인식하지 못한 채 남아공 인도인들에게 착취당하는 것으로 여기고 있었다. 그것은 남아공 유럽인들이 식민 주체로서 모든 권력 특히 교육과 언론 운영의 주체였고 그를 통해 사회 통치 이데올로기를 만들기 때문이었다. 그러한 남아공 유럽인들의 이데올로기 속에서 남아공 유럽인들은 남아공 인도인을 앞으로 있을지 모르는 아프리카인들의 폭발을 흡수하는 완충제로 만들고 있었다.

Ⅲ. 샌드위치[6] 상황에서의 힌두교를 통한 종족 정체성의 강화

적대적 환경에서의 이주 1세대 남아공 인도인들의 농장 경영의 성공은 자신들의 종족 정체성을 유지 및 강화하는데 보다 적극적인 행보를 취하도록 하였다. 그들은 자신들의 자녀인 2세대를 종족 집단 내에서의 결혼과 가족 제도를 유지함으로써 인도 종족으로서의 최소한의 기본 단위 형성을 유지 및 강화하고자 하였으나 현실은 반드시 그렇지만은 않았다. 래그 위원회(Wragg Commission)의 보고서에 따르면 1880년대 남아공 인도인들은 카스트 내혼은 이루어지지 않았고, 종교와 출신 지역 간에도 통혼이 이루어졌다(Meer et al: 392～393).[7] 그것은 남아공 인도인 인구가 공동체 내혼을 유지하기에는 절대적 수

---

6) 조사지 인터뷰에서 피조사자인 남아공 인도인들이 자신들의 위치를 가장 자주 표현하는 어휘는 이 '샌드위치'다. 남아공 인도인들은 남아공 유럽인들의 사회 경제적 압력과 문화적 경멸 그리고 현 아프리카인들의 자신들에 대한 범죄, 정부의 유색인 우대법(Affirmative Act)을 그 주요 요소로 들고 있다.

7) 하지만 남아공 식민주의에 대한 저항 운동이 일어나는 1930년대 이후 종교 간 통혼에 대한 반발이 심해진다. 그 대표적인 예로 남아공 정부가 인종 간 결혼을 금하는 법안을 제출하였을 때 남아공 인도인들은 이에 대해 지지의 태도를 취했다. 그런데 한 가지 흥미로운 사실은 그 이유가 다른 인종(아프리카인이나 혼혈인 coloured)과의 통혼이 자신들의 문화적 자부심을 손상시키는 일이라고 하였다는 점이다(Indian Opinion, 21. January, 1936). 이는 신 힌두교를 통해 문화적 자부심을 고취시키고, 이로 인해 남아공 인도인 정체성이 강해짐과 동시에 아프리카인들에 대한 무시와 경멸도 동반 상승했기 때문이다.

가 부족하였기 때문이다. 특히 여성의 수가 절대적으로 부족하였고 이에 다우리(dowry)와 같은 제도는 실효성이 전혀 없었고 그와는 반대로 돈으로 신부를 유인하는 경우가 더 많았다(Carter. 1996: 149). 그 위에서 남아공 인도인들은 자녀 교육에 열중하였고8) 그를 통해 전문직 취업과 경제력 확보를 이루고 그를 통한 사회적 이동을 추구하였다. 이 과정에서 남아공 인도인들은 카스트 내혼을 고집하지 않았고 나탈을 중심으로 하는 사탕수수 농장에서 경제적으로 성공을 거둔 북부 출신 남아공 인도인의 상당수가 성(姓)을 싱(Singh)으로 바꾸었다(Singh 1998: 319). 인도 본국에서 일어나는 카스트가 근대화와 산스크리트화를 통해 사회 이동을 시도하는 현상과 동일한 것이 이곳에서도 일어남을 알 수 있다. 그 안에서 보다 큰 규모의 종족 집단 즉 남아공 인도인으로서의 정체성이 확립되었다.

그렇지만 그들은 남아공 인도인 전체를 하나로 포괄하는 결사체는 만들지 못하였다. 다만, 보다 작은 단위를 기반으로 하는 결사체들이 생겨났을 뿐이다. 1908년에 나탈 인도인 애국조합(Natal Indian Patriotic Union)이 처음으로 발족하였고 그 뒤를 이어 식민지태생 인도인협회(Colonial Born Indian Association)가 생겨났다. 남아공 사회에서 엘리트로 성장한 2세대들은 자신들의 부모 세대에 비해 정체성을 유지 하고 강화하는 것에 훨씬 적극적인 역할을 하였다. 그것은 기본적으로 자신들의 정치·사회적 역량은 상승했음에도 불구하고, 참정권이 박탈되었기 때문에 그에 대한 집단 투쟁이 강력하게 요구되었기 때문이

---

8) 남아공 인도인들의 자녀 교육에 대한 열정은 현재까지도 매우 높다. 조사지의 핵심 정보제공자(key informant)인 토니 싱(Tony Singh)씨의 아내인 라슐리 싱(Rashli Singh)씨는 그것은 남아공의 샌드위치의 상황에서 생존에서 승리하기 위해서는 교육을 통한 사회적 위치 확보가 가장 효과적이라고 생각하고, 이는 인도인의 전통적 세계관에 기인하고 있다고 한다. 토니 싱 씨의 가족뿐만 아니라 대부분의 인도인 가족이 부모의 자식에 대한 교육열이 높고, 그 과정에서 과도한 간섭이 나타나는 것은 이러한 현상 때문이다.

다. 그들의 강령 아홉 가운데 넷이 참정권 회복과 관련되어 있음은 그들이 이 문제에 얼마나 천착하였는지를 잘 보여주는 것이다. 그들은 모든 역량을 동원해 참정권 회복을 위해 투쟁하였으나 남아공 식민 정부는 아무런 긍정적인 해결책을 내놓지 않았고, 그 문제는 현재까지도 크게 변한 것이 없다(Cheddiee. 1992: 71).

제2세대 남아공 인도인들은 정치적 역량을 집결하기 위해 큰 규모의 정체성을 필요로 하였다. 그들이 ‘인도’라는 정체성의 원천을 확립하는 작업에 열중하였던 것은 이 때문이며, 많은 단체들이 이를 중심으로 만들어지고 활동을 하였다. 그들은 ‘인도’를 ‘힌두’와 동일하게 간주하였고, 그 힌두는 하나의 지리적 단위 안에 존재하는 다양하고 복합적이고 이질적인 형태로서의 힌두가 아닌 단일적으로 만들어진 새로운 형태였다. 그것은 베다(Veda)를 경전으로, 산스크리트(Sanskrit)에 기초한 법과 사회를 윤리로, 아드와이타 베단타의 일원론적 세계관을 신학으로 자리 잡은 것으로 비폭력－불살생, 채식주의, 관용, 요가, 명상, 깨달음 추구 등이 힌두교의 본질로 삼은 새로운 힌두교였다. 이 과정에서 그들은 마하트마 간디가 정치적으로 선택한 힌두교의 비 폭력성을 크게 강조한다. 그것은 자신들이 남아공 유럽인과 아프리카인 사이에 끼인 샌드위치로서 이 사회에서 생존해나갈 수 있는 전략으로서 비폭력성이 매우 중요한 의미를 가지고 있기 때문일 것으로 생각할 수 있다.[9]

힌두교가 이들을 하나의 종족 정체성을 유지하고 강화하게 하는데 중요한 방편이 된 것은 그들이 현재의 소속(belonging)[10]으로서가 아니

---

9) 조사에 응한 응답자는 모두 아프리카인에 대해서는 극도의 불신감을 가지고 있으면서도 유독 넬슨 만델라에 대해서는 존경심을 나타내고 있다. 그리고 응답자들은 한결 같이 넬슨 만델라를 항상 마하트마 간디와의 연관 속에서 인식하고 있다. 이는 넬슨 만델라가 자신들이 가지고 있는 제1의 문화적 자부심인 비 폭력성을 기초로 하고 있기 때문인 것으로 분석할 수 있을 것이다.

10) 조사지에는 작은 영국식 주점인 pub가 있다. 그곳에는 거의 매일 밤 남아공

고, 과거로의 동경(longing)[11]으로 인해서이다.[12] 이는 힌두교가 적대적 환경에서 전체 남아공 인도인들을 포괄하는 사회 구조를 재창출하거나 혹은 개선하는데 어떤 종류의 역할을 할 수 있다고 믿기 때문에서가 아니다. 다만, 힌두교가 과거를 향한 막연한 향수나 그리움을 상징적 자부심으로 표출할 수 있는 방편으로 활용이 가능하기 때문일 것이다. 그들이 초기 정착기에 사원 건축에 열중한 것은 이러한 종족서의 상징적 표현으로 인해서인 것이다. 따라서 그들에게 힌두 사원은 신학적 교리나 종교 문헌을 가르치는 기관으로서의 존재라기보다는 주로 힌두교적인 삶의 양식으로서의 의례를 중심으로 하는 공동체 집단화의 중심지였다. 즉 힌두교 단체의 일차적 목표는 종교적 생활이 아니라 종교를 통한 집단화였다.[13]

인도인들이 모여 텔레비전을 보면서 술을 마시며 여흥을 즐긴다. 이곳에 나타난 그들의 현재의 문화는 전적으로 영국식이다. 영어를 사용하고, 위스키나 브랜디와 같은 양주를 그들 방식으로 마시며 영국의 프로 축구 리그인 프리미어 리그에 완전히 열광적으로 매몰되어 있다. 그렇지만 그 곳에 남아공 유럽인이 참여하는 경우는 전혀 없다. 그들 남아공 인도인들은 현재의 문화적 표상으로는 전혀 인도적이지 않다.

11) 크와줄루-나탈 대학교의 웨스트빛 캠퍼스(University of KwaIulu-Natal, Westville campus)의 인도 자료센터(Indian Documentation Center)의 사서로 근무하는 비도 렛디(Vido Reddy)는 자신들은 인도와의 어떤 종류의 관련을 가지고 있다는 생각을 해 본 적은 없고 언젠가는 그곳으로 돌아갈 것이라는 생각조차도 해 본 적은 없으나 우리는 그곳으로부터 건너 온 사람들의 후손이고 따라서 그곳에 우리의 뿌리가 그곳에 있다는 생각만큼은 모든 사람이 다 가지고 있다고 한다. 그것이야말로 남아공 인도인임으로서의 정체성을 확인시키는 요인이라고 말하였다.

12) 제인(Jain)은 인도인의 종족성을 만드는 요소를 현재의 소속(belonging)과 과거로의 동경(longing)으로 설명한 바 있다(Jain. 2005: 1~2).

13) 이러한 현상은 지금도 계속되고 있다. 현재 더반에 있는 가장 규모가 큰 두 개의 사원은 이시핑고(Isipingo)에 있는 마리암만(Mariamman) 사원과 소위 '웅게니 로드 사원(Umgeni Road Temple)'이라고 널리 알려져 있는 사원인데, 그 둘은 모두 남부 힌두교 사원이지만 참가하는 신도나 예배는 힌디, 타밀, 구자라티, 영어 등 모든 언어를 통해 이루어지고 있다. 또 조사지에 있는 레가(REGA) 사원 또한 마찬가지로 요일마다 특정 언어로 하는 예배가 마련되어

하지만 힌두교를 통한 종족 정체성 확립이 반드시 샌드위치 상황에서의 타자에 대한 직접적인 집단화만을 의미하는 것은 아니었다. 개인의 사원 건축 및 헌사 행위는 개인의 신분 상승의 도구로 활용되기도 하였다. 사원은 공동체의 사회 문화적 중심지의 역할을 했기 때문에 사회적으로 위치 상승을 꾀하기 위해서는 사원 건축 헌사가 매우 중요한 수단이었다. 따라서 대부분 하층 카스트 출신으로 구성되어 있으면서도 힌두교를 중심으로 생활할 수밖에 없는 그들의 입장에서는 사원 건축을 통해 계층 이동을 꾀하는 일종의 산스크리트화가 중요한 의미를 가질 수밖에 없었다. 하지만 이러한 개인주의적 성향의 정체성 확보는 결국힌두교를 중심으로 하는 종족 집단화를 강화하게 한 결과를 낳았다. 그것은 카스트 ─ 힌두 사회로부터 완전히 탈피하지 못한 초기 이주민들이 힌두 사원 건축에 열중한 것이 적대적 환경에서 힌두교를 중심으로 하는 정체성 확립에 상당한 역할을 한 것이다. 개인의 사원 건축 헌사가 정착 초기에 많이 이루어졌으나 이주 2~3세대가 주류 사회에 완전히 정착을 한 이후로는 사원 건축 헌사가 활발하지 않은 것은 카스트에 대한 사회적 부담이 사라졌기 때문이라고 할 수 있을 것이다.[14]

있다. '레가'는 더반의 동북쪽 외곽 지대에 주로 남아공 인도인들이 집단적으로 거주하고 있는 Red Hill, Effingham Heights, Greenwood Park, Avoka의 네 동네를 하나로 묶어 그 첫 문자를 합성하여 만든 이름이다. 이를 통해 우리는 이 지역 남아공 인도인들이 하나의 지역 공동체를 유지하고 있음을 알 수 있고, 힌두교가 그에 관한 일정한 역할을 담당하고 있음을 알 수 있다. 이들은 주중에는 각 인도의 각 언어별로 예배를 하고, 주말에는 영어로 통합 예배를 한다.

14) 1960년대에 들어서서 남아공 인도인 가운데 오로지 카스트 체계를 유지하고 있던 집단은 구자라트 힌두다. 구자라트 힌두는 대부분이 여행객으로 남아공에 이주해 온 사람들로 다른 남아공 인도인들에 대해 카스트적 자부심을 많이 가지고 있던 데다가 경제적으로도 우위를 차지하고 있어서 카스트 전통을 유지하고자 하는 노력이 상당하였다. 그래서 그들은 동일한 카스트의 배우자를 구하기 위해 인도 본국에까지 가는 노력을 하는 등 카스트 내혼의 규칙을

샌드위치의 상황에서 남아공 인도인들은 양쪽 모두에게 두드러지지 않으면서 내적으로 독자적 종족 정체성을 유지하고 강화하고자 하는 전략은 힌두교를 통해 잘 드러난다. 그들이 택한 힌두교는 근대 식민주의 하에서 만들어진 신(新)힌두교와 그 맥을 같이 하는 것으로 선민적 차원에서의 자부심 고양과 관련을 가지고 있다. 초기에는 사원에 정식으로 교육을 받은 사제는 존재하지 않고, 가족에서 대표자 한 사람이 주로 그 역할을 담당하였다. 따라서 구루 한 사람으로부터 전수를 받아 사제의 역할을 하였다. 하지만 이러한 상황은 1905년 바이 파르마난다(Bhai Parmanand)가 남아공에 입국하면서 바뀌었다. 그는 각지에 청년힌두연합회(Hindu Young Men's Association)를 설립하고 그 안에서 당시의 남아공 인도인들이 가지고 있던 전통 힌두교를 '영적, 종교적 타락'으로 간주하고 단일교적 성격이 강한 신 힌두교를 설파하였다. 이어 1908년에는 스와미 샹카라난다지(Swami Shankaranandaji)가 베다 다르마 사바(Veda Dharma Sabha)를 설립하였고, 1912년에는 남아공힌두 마하사바(South Africa Hindu Mahasabha)가 설립되었다.

1905년 이후 꾸준히 진행되어 온 아리야 사마즈(Arya Samaj) 운동은 1925년에 아리야 프라티니디 사바(Arya Pratinidhi Sabha)가 설립되면서 이를 중심으로 아리야 사마즈 운동과 관련을 맺고 있는 여러 단체들을 상호 협력하도록 하는 역할을 주로 하였다. 그들은 베다 종교와 철학의 전파, 인도의 예술, 문화, 문명의 진흥, 힌디를 비롯한 인도 언어의 연구 및 보급 등의 사역을 주로 하였다. 처음 파르마난다가 입국한 것은 남아공 인도인 노동자들의 정치 경제적 권익 신장을 위한 정치

상당히 오랜 동안 지속하고 있는 편이다. 그들이 결합 가족을 유지하고 있는 것이나 구자라트의 언어를 현재까지 고수하고 있는 사실은 이와 깊은 관련을 가지고 있다. 2005년 2월 5일 행한 후세인(Mohammed Hoossain) 씨와의 인터뷰에서도 이러한 점은 잘 드러난다. 후세인씨는 계약 노동자로서가 아닌 승객(passenger)으로서의 자신의 가계에 대해 대단한 자부심을 가지고 있다고 했고, 그러한 맥락에서 카스트 내혼을 유지하겠다고 했다.

적 환경으로 인해 정치인들과의 접촉의 일환으로 이루어진 것이었으나 그 결과는 예상치 못한 방향에서 발생하였다. 그것은 신 힌두교에 의해 남아공 인도인의 정체성이 종교적으로 채색되면서 더욱 강화되었다는 사실이다. 특히 당시 북부 인도에서 다야난다 사라스와티가 힌디로 설교를 한 것은 힌디를 사용하는 북부 인도인에게 큰 충격을 주었고 이것은 고스란히 이곳에도 영향을 미쳐 비록 힌디 구사자가 아니더라도 전체를 하나로 통합하는데 큰 역할을 하였다. 이후 타밀 사용자들과 힌디 사용자들이 종교를 통해 동질화가 이루어지기 시작하였고 이를 통해 보다 큰 규모의 인도 종족 정체성이 형성되는 기반이 만들어졌다. 그러한 종족성 정체성 유지 및 강화에 의례의 정형화가 큰 역할을 한다. 이러한 맥락에서는 특히 아리야 사마즈를 비롯한 신 힌두교가 전통 힌두교에 비해 더 결정적인 역할을 하였다. 그것은 전통 힌두교는 의례가 다양하고 이질적인 반면 신 힌두교는 특정 교리 즉 베단다적 세계관에 기초하고 있기 때문에 의례를 정형화할 수 있고 그것을 기반으로 하는 공동체를 형성할 수 있으며 그 역할을 사원이 하였기 때문이다. 이 과정에서 베단타 경전 특히 라마야나, 마하바라타와 같은 서사시가 크게 중요시되고 예배 형식이 정형화 되었다. 정형화된 예배 형식은 보다 큰 남아공 인도인 공동체의 동질화를 이루는데 큰 역할을 하였다. 기타(Gita) 주간, 라마야나(Ramayana) 주간 등과 같은 행사 및 디왈리를 비롯한 축제를 여는 것 또한 마찬가지이다. 특히 디왈리는 스와미 샹카라난다가 당시까지 널리 행해지고 있던 무슬림 축제인 모하르람(Moharram) 대신에 널리 행하도록 도입한 것으로 그는 이외에도 라마 나우미(Rama Naumi), 끄리슈나 아슈타미(Krishna Ashtami)와 같은 힌두교의 축제를 널리 보급하여, 인도인 공동체의 단합을 힌두교 축제를 통해서 이루고자 하였다(Rambilass. 1999: 168~169). 이러한 맥락에서 아리야 사마즈 운동은 탄생 의례, 작명 의례, 입교 의례, 성인 의례(우파나야나, upanayana), 혼인 의례, 장사

의례와 같은 통과 의례의 준수를 강조하고 그것을 정기적으로 주관하여 행사함으로써 공동체 유대 의식을 강화하는 역할을 맡아 하였다.

아리야 사마즈 운동은 그 사회 경제적 배경과 사회 내의 각 계급의 차이와 관계치 않은 채 적어도 힌디를 구사하는 북부 인도인에게는 널리 퍼졌다(Naidoo. 1992: 159). 아리야 사마즈를 비롯한 많은 힌두교 단체들은 학생과 젊은이들을 위한 힌두교 교육과 남아공 인도인 공동체의 복지와 단결을 위한 사회사업에 중점을 두는 사역을 하였다. 그들은 공동 회관이나 화장장 그리고 각급학교를 건축함으로써 남아공 유럽인들에 의해 무시되어 온 공동체 문화를 유지하고 그 정신을 고양하는데 중요한 역할을 하였다. 특히 모국어, 민족 문화 교육 등을 강화하였는데 애초의 공동체의 의식을 강화하고 복지를 추구하는 것을 넘어 자신들의 문화를 남아공의 적대적 환경에 적극적으로 전파하는 역할도 하게 된다. 이러한 문화 전파는 특히 음악, 예술, 연극 등을 통해서 이루어졌고 이를 위해 많은 종교 단체가 참여하였는데 이는 남아공 인도인 디아스포라가 갖는 중요한 의미이다. 남아공의 인도인 디아스포라가 모국인 인도의 재난 구호에도 적극 앞장 선 것은 바로 이러한 종교 단체의 공동체 복지 구현의 전통으로 인해서이다.15)

따라서 인도 본국에서는 종교 공동체주의에 입각한 극우 민족주의의 성격을 크게 가지게 된 힌두 마하사바(Hindu Mahasabha)와 아리야 사마즈가 국가주의와 종교 공동체주의의 성격을 갖지 않고 힌두 문화를 고양하는 단체로서만 충실한 역할을 하게 된 것은 그것이 처한 남아공의 식민주의가 낳은 샌드위치의 역사적 상황으로 인해서였다고 할 수 있다. 그들이 행한 힌두 교육의 강화는 다시 전체의 교육열로 이어지면서 결국 사회적 위치 상승과 직결된다. 그러한 과정에서 기

---

15) 1993년 인도의 마하라슈트라에서 일어난 지진은 약 30,000명의 사상자를 발생시켰는데 이에 대해 남아공의 힌두 마하사바는 즉각 모금 운동에 들어갔고 나탈에서만 548,000 랜드(Rand)를 모금하고 그 대표단이 구성되어 인도로 파견되어 재난 구조에 힘썼다.

념관을 건축하고, 그를 위해 헌금 모집 등의 행사를 하고 그로 인해 다시 공동체 정신은 강화되었다. 종족 집단을 위한 전통 교육의 강화는 우선 가족 내에서 이루어진다. 가족의 힌두 전통 교육은 주로 가족에 대한 충성, 가족 구성원간의 상호 의존, 부모의 자식에 대한 책임 등과 같은 사회성에 대한 교육으로 이어지면서(Vahed. 1995: 179), 남아공 인도인 공동체의 강화에 큰 역할을 한다. 가족 내에서의 전통 교육의 강화는 다시 종교 단체 주관의 교육 구조 확립과 연결된다. 이러한 움직임은 꾸준히 지속되면서 1975년에 남아공 아리야 프라티니디 사바를 비롯한 여덟 개의 힌두교 단체들로 조직된 힌두 마하사바와 더반-웨스트빌 대학 당국이 이 대학 내에 '힌두학과'를 설치할 것을 합의하기에 이른다. 여기에서 특기할 만한 것은 힌두 단체들이 재원을 담당하면서 학과의 명칭과 교과 요목을 구체적으로 정했다는 사실인데, 이 가운데 학과 명칭은 '인도학과'(Department of Indology)가 아닌 '힌두학과'(Department Hindu Studies)로 관철시켰고, 교과목은 힌두 교사, 힌두 신학, 힌두 윤리학, 힌두교 의례, 인도 언어 등이 주를 이루었다는 것이다. 전통 교육의 강화는 남아공 인도인들끼리의 사회화를 강화하게 된다. 그렇다고 해서 신 힌두교가 반드시 아리야 사마즈나 힌두 마하사바와 같이 남아공 인도인의 종족성을 강화시키는 역할을 했던 것만은 아니다. 대표적으로 브라흐마 쿠마리 세계 심령 대학(Brahma Kumaris World Spiritual University)의 경우는 세계 보편 시민 정신을 추구하고 있는 강령의 성격으로 인해 이 조직에 속해 있는 많은 남아공 인도인들은 자신들이 남아공 인도인 정체성을 가지고 있지 않다고 부정하고 있다.[16] 이는 결국 남아공 인도인의 사회적 활동을 종

---

16) 실제로 2005년 2월 6일에 있었던 비까쉬 마하라즈(Vikash Maharaj)씨와의 인터뷰를 통해 그가 가족과 떨어져 혼자 독립된 생활-보통 이 지역에서 널리 퍼져 있는 남아공 인도인의 의식주와 문화로부터 완전히 격리된-을 하고 있음을 알 수 있었다. 그는 남아공에서 인도인들이 과거에 아프리카인들에 대해 저지른 임금 착취 등에 대한 반성이 없이 여전히 자신들의 이익을 위해

족 공동체 내로 제한시키는 경향을 갖게 하였다.[17]

신 힌두교가 큰 영향력을 행사하게 된 것은 적대적 환경 특히 아프리카인들에 대한 관계에서 특별한 의미를 갖게 된다. 남아공 인도인들은 신 힌두교를 통해 힌두 문화의 우수성을 고양하고 그로 인해 그들은 인류 최고의 문명인이지만 아프리카인은 경멸받아 마땅한 자들로 평가한다. 이러한 부정적 차원의 정체성 확보는 후대 포스트 식민주의시기에 이르러 인도 종족이 아프리카인들의 제1의 표적이 되는 데 큰 역할을 한다.

Ⅳ. 나가는 글

19세기의 인도인은 민족/종족 정체성을 가지고 있지 않았다. 그들은 언어와 지역 혹은 카스트로 규정된 집단 정체성을 가지고 있었을 뿐이다. 그러한 인도인들의 일부가 정착을 하게 된 남아공 사회는 그들에게는 매우 열악한 적대적 환경이었다. 그 가운데 가장 적대적인 것은 식민주의였다. 그들은 남아공 유럽인 식민주의자와 아프리카인 다수 세력에 끼인 존재였지만 정작 중요한 것은 다수 세력인 아프리카인들에게 자신들을 착취하는 자들로 인식되었다는 사실이다. 식민주의는 끊임없이 그러한 인식 구조를 생산하고 확대 재생산하였다. 그 안에서, 프란츠 파농의 말을 빌면, 남아공 유럽인은 아프리카인의

단합하고 있다고 비난하였다. 하지만 이러한 신 힌두교의 탈종족성의 현상은 흔하지 않은 현상이다.

17) 조사지에서 남아공 인도인들은 직장에서의 활동은 제한 없이 이루어지지만 직장 이후의 활동은 공동체 지역 내로 국한되어 있다. 특히 한 지역에서 30년 넘게 같이 자라 온 사람들의 유대감은 매우 높을 수밖에 없고 심지어는 이민을 가는 경우에도 다시 모이는 현상까지도 생긴다. 참여 관찰한 바에 따르면 토니 싱(Tony Singh) 씨는 일과 후 사람들과의 접촉은 에핑검 하이츠에 있는 주점(pub)에서 동네 친구들을 만나는 것뿐이었다.

신이었고, 인도인들은 돈만 밝히는 돈벌레였다.

남아공 인도인의 정체성이 형성, 유지 및 강화된 것은 식민주의가 중요한 역할을 하고 그에 대한 저항의 정치 세력화가 중요한 역할을 하는 것은 사실이지만, 흑인들의 반인도인 분위기 형성도 매우 중요한 역할을 하였음을 간과해서는 안 될 것이다. 따라서 인도 종족성의 형성은 나탈 정부의 아파르트헤이트에 대한 정치적 저항에 의해서가 아니고 식민주의로 인해 형성된 샌드위치와 같은 적대적 환경에서 양육된 것이다. 이 과정에서 특히 흑인들의 반인도인 감정이 극심하였고 이에 대해 남아공 인도인들은 힌두교를 통해 문화 고양을 통한 정체성 형성의 방향을 잡은 것이다. 즉 인도인 이주자들에게 있어서 남아공 사회는 자신들의 고유한 정체성을 버리고 주류 집단에 동화하는 것이 허용되지 않는 적대적 상황이었다. 그것은 식민주의의 전략으로 인한 것이었다. 여기에서 그들이 취할 수 있는 전략은 주류 사회에 활발히 참여하면서 동시에 자신들의 고유한 전통과 문화를 유지하는 것이었다. 따라서 그들은 주류 사회와의 원만한 문화적 관계를 구성하면서 자신들의 집단 정체성을 유지 및 강화하였다.

샌드위치의 상황에서 외부 인자로 인해 형성된 인도 종족은 힌두교를 통해 정체성을 강화하는 작업에 들어가게 된다. 원래 힌두교의 가장 기본적인 성격은 사회 통합성이다. 따라서 힌두교 단체들은 주류 사회에 통합을 위한 여러 차원의 강화 사업을 한다. 카스트 내혼을 포기하고, 고유 언어를 포기하는 것 등은 이러한 통합 차원의 중요한 과정이다. 하지만 이와 동시에 힌두교 단체를 통해 이루어진 고유 교육의 강화와 그를 통한 종족 집단의 사회화는 종족 정체성을 강화하는 역할도 하였다. 이 과정에서 후자는 아프리카인들에 대한 적대감 표출로 이어지고 결국 샌드위치로서의 환경은 포스트 식민 시기로 이어지게 된다.

참 고 문 헌

장용규. 2003. 「'남아공 인도인' 이주사: 1860~1948」『인도연구』 8(2). 서울: 한국인도학회.

한건수. 2005. '종족 정체성과 역사적 상상: 요루바 종족성과 기억의 공동체', 김광억 외 지음. 『종족과 민족. 그 단일과 보편의 신화를 넘어서』. 서울: 아카넷.

Bhana, Surendra & Pachai, Bridglal. 1984. *A Documentary History of Indian South Africans*. Cape Town & Johannesburg: David Philip Publisher.

Brand, C. M. 1966. *Solidarity Patterns in a Minority group: A Study of the Indian Community of the Cape Peninsula*. M. A. Thesis. South Africa: University of Stellenbosh.

Calpin, G. H. 1949. *Indians in South Africa*. Pietermaritzburg. Shuter & Shooter.

Carter, Marina. 1996. *Voices from Indenture. Experiences of Indian Migrants in the British Empire*. London & New York: Leicester University Press.

Cheddie, Anand. 1992. *The Colonial-Born and Settlers' Indian Association and Natal Indian Politics 1933－1939*. University of Natal(역사학과 석사학위 청구논문).

Freund, Bill. 1995. *Insiders and Outsiders: The Indian Working Class of Durban 1910－1990*. Pietermaritzburg: University of Natal Press.

Henning, C. G. 1993. *The Indentured Indian in Natal (1860－1917)*. New Delhi: Promila & Co. Publishers.

Iliffe, John. 2003. *Africans: The History of a Continent* (이한규, 강인황 옮김. 『아프리카의 역사』. 서울: 이산.

Jain, R. K. 2005. "Indian Diaspora, Old and new and Its Governance" 『인도인 디아스포라 국제학술대회 논문집』. 광주: 전남대 인도인디아스포라연구팀.

Kuper, Hilda. 1960. *Indian People in Natal*. Durban: Natal University Press.

Maasdorp, Gavin and Pillay, Nesen. 1978. "Indians in the Political Economy of

South Africa". Bridglal Pachai(ed.). *South Africa's Indians: The Evolution of a Minority*. Washington (D.C.): University Press of America: 209 − 254.

Meer, F. 1969. *Portrait of Indian South Africans*. Durham: Avon.

Meer, Y. S. et al. 1980. *Documents of Indentured Labour in Natal 1851 − 1917*. Durban: Institute of Black Research.

Naroll, R. 1964. "Ethnic Unit Classification." *Current Anthropology*. 5(4).

Naidoo, M. Sirkari. 1947. "As an Indian Sees Natal". Maurice Webb & V. Sirkarl Naidoo(ed.). *The Indian − Citizen or Subject?* Johannesburg: The S. A. Institute of Race Relations.

Naidoo, Thillayvel. 1992. *The Arya Samaj Movement in South Africa*. Delhi: Motilal Banarsidass Publishers.

Pachai, Bridglal. 1978. "Aliens in the Political Hierarchy". Bridglal Pachai(ed.). *South Africa;'s Indians: The Evolution of a Minority*. Washington D. C.: University Press of America: 1 − 68.

Palmer, Mabel. 1957. *The History of the Indians in Natal*. Cape Town: Oxford University Press.

Rambilass, B. 1999. "The Arya Samaj in South Africa: Empowering Hindus in the Struggle". *Africa Quarterly*. vol. 39. Number 3. 1999: 159 − 177.

Rambiritch, Birbal & Van Den Berghe, Pierre L. 1961. "Caste in a Natal Hindu Community" *African Studies*. 20: 217 − 225.

Singh, Anand. 1998. "Cultural Politics and Identity Among Indians in Durban. South Africa". *The Eastern Anthropologist*. 51: 4. 315 − 332.

Swan, Maureen. 1984. "The 1913 Natal Indian Strike". *Journal of Southern African Studies*. vol. 10. No. 2: 239 − 258.

Vahed, Goolam H. 1995. *The Making of Indian Identity in Durban 1914 − 1949*. Indiana University 역사학과 박사학위청구논문.

3장
'샌드위치 민족[1]': 구조적 폭력과 남아공 인도인 정체성의 변화

장용규*

I. 차별의 역사 속으로

'무지개국가'를 통해 인종화합을 강조하는 남아프리카공화국(이하 남아공)에서 인도인은 소수민족을 대표한다.[2] 150여년에 이르는 이주

---

* 한국외국어대학교 아프리카어과 조교수.

1) 해외인도 이주민사회를 민족공동체로 볼 것인가 아니면 종족공동체로 볼 것 인가 하는 문제에는 맥락이 중요하게 작용한다. 본 연구팀에서도 이에 대한 논의가 진행된 바, 'ethnic group'을 인류학계의 정의를 따라 '종족'(種族)으로 사용하기로 결정했다. 하지만 본 글에서는 인도인공동체의 형성과정이 종족 이 지닌 생물학적 또는 사회문화적 속성보다는 정치적 속성을 함축하고 있기 때문에 민족이라는 개념을 사용한다.

2) 남아공의 인도인을 지칭하는 가장 적합한 명칭은 '인도계 남아공인'(Indian South African) 정도가 될 것이다. 하지만 많은 인도인들은 자신들의 인도인 정체

사를 통해 이들은 남아공 내에서 나름대로의 정체성을 형성, 유지해왔다. 1860년에 시작된 인도인 계약노동자의 이주와 1870년대에 본격화된 인도인 상인의 이주는 오늘날 남아공 내 인도인 사회를 형성하는 기반이 되었다. 이주초기에 이들은 '인도인'이라는 포괄적 정체성보다는 출신지역과 언어 등 사회문화적 요소에 기초한 공동체를 형성했다. 이처럼 파편화된 공동체들은 남아공 근대사의 흐름 속에서 변화, 발전되어 지금은 느슨한 형태이나마 '인도인'이라는 정체성을 유지하고 있다. 이 글의 목적은 초기 인도인 이주민 사회의 파편화된 공동체가 어떤 과정을 거쳐서 인도인이라는 정체성을 확보하게 되었으며, 그것이 어떤 성격을 갖고 있는가를 밝히는데 있다.

남아공 근대사를 결정짓는 키워드는 '이주'와 '구조적 폭력'이다. 11세기경의 아프리카인의 이주, 17세기 중반부터 시작된 유럽인의 이주, 19세기의 인도인을 비롯한 다양한 소수민족의 이주와 정착은 남아공의 역사를 움직여 온 주된 동력이었다. 그 과정에서 정치-경제적패권을 장악한 유럽인들은 아프리카인을 비롯한 유색인종에 대한 구조적 폭력을 통해 지배력을 유지해왔다. 20세기 초에 시작된 영국의 식민지배와 뒤를 이은 아파르트헤이트(Apartheid, 인종분리정책) 정책은 남아공 내 유색인종에 대한 유럽인의 구조적 폭력을 보여주는 대표적인 정책이었다. 거칠게 표현하면 남아공 근대사는 유럽인의 유색인종, 특히 아프리카인에 대한 차별사이며 이에 대한 유색인종의 저항사였다. 남아공 역사에서 차별과 저항의 변증법은 아프리카인의

성을 강조하기 위해 '남아공인도인'(South African Indians) 또는 '인도인'(Indians)이라고 부르고 있다. 반면 일부에서는 인도인이라는 민족정체성보다는 남아공인(South Africans)이라는 국가정체성을 우선하는 경우도 있다. 이런 다양한 명칭을 혼용하여 사용하는 것이 불필요한 혼란을 초래할 수도 있을 것 같아 본 글에서는 '인도인'이라고 통칭하기로 한다. 마찬가지로 '유럽계 남아공인'도 유럽인으로 명칭을 통일하며, 아프리카인의 경우 반투(Bantu) 계열의 줄루(the Zulu), 코사(the Xhosa), 소토-츠와나(Sotho-Twsana) 등 민족이 있지만 본 글에서는 '아프리카인'(Africans)이라고 통일한다.

민족주의 운동을 불러 일으켰다. 인도인 또한 차별의 역사를 통해 자신들의 민족 정체성을 형성하기 시작했는데, 본 글에서는 이 과정을 추적하고자 한다.

이 글은 문헌조사와 현지조사를 바탕으로 작성되었다. 문헌조사는 주로 역사적 관점에서 아파르트헤이트시절, 나탈지역에 거주했던 인도인에 대한 구조적 폭력의 전개와 영향에 대한 내용이 주를 이룬다. 유럽인에 의해 자행된 '집단 거주구역법'(Group Areas Act)과 아프리카인이 주동한 1949년 캐토 매이너(Cato Manor) 폭력사건, 1985년 이난다(Inanda) 폭력사건 등은 인도인들이 구조적 폭력에 얼마나 취약하게 노출되어 있는가를 보여준다. 이미 역사적 사실이 되어버린 이 사건들은 문헌조사를 중심으로 진행과정이 기술되었다. 인터뷰는 더반(Durban)의 한 작은 인도인 거주구역에서 진행되었다.[3] 인터뷰 대상은 그곳 거주민들을 대상으로 무작위로 실시되었으며 질문은 크게 스스로의 정체성에 대한 질문과 인도인의 정체성을 형성하는데 사회제도가 얼마나 영향을 미쳤다고 생각하는지를 알아보기 위한 질문을 중심으로 이루어졌다. 이와 함께 이들의 일상생활을 관찰하는 것도 현지조사의 중요한 부분이었다. 아쉬운 점은 현지관찰이 현지에서의 안전문제와 취약한 교통 환경 때문에 많은 제약을 받았다는 점이다.

II. 인도인 정체성, 역사와 현실

1. 주어진 정체성

인도인 노동자가 처음 나탈식민지령(Natal Colony)에 도착한 것은

---

3) 현지 인터뷰/조사는 2005년 1월 25일부터 2월 20일까지 이루어졌다. 대상지역은 더반에서 북동쪽으로 약 10여km 정도 떨어져 있는 에핑검 하이츠(Effingham Heights)라는 인도인 마을이었다.

1860년이었다. 1860년 11월 17일, 계약노동 형식으로 160명의 인도인 노동자가 나탈 항에 입항한 이후 1911년 7월까지 모두 152,184명의 계약노동자가 남아공에 수입되었다. 이들은 대부분 나탈의 주요 산업이었던 사탕수수 플랜테이션에 고용되었다. 3~5년의 계약을 맺고 들어온 노동자들 대부분은 계약기간이 끝난 뒤 본국으로의 귀국과 잔류라는 선택 중 후자를 택하고 남아공에 정착하게 된다. 이들이 승객 인도인과 함께 현재 인도계 남아공인(또는 남아공 인도인)의 선조였다. 한편 승객 인도인 또는 인도인 상인은 1870년대부터 본격적으로 남아공으로 이주하기 시작했다. 주로 구자라트 출신 상인인 이들은 자기 자본을 소유한 집단으로 인도인 노동자와는 사회적으로 일정한 거리를 유지했다. 이들은 나탈식민지청에서 유럽인과 유사한 사회적 특권을 누릴 수 있었다.4)

현재 인도계 남아공인은 모두 '인도인'이라는 포괄적인 정체성을 유지하고 있지만 남아공 역사를 살펴 볼 때 인도인의 정체성이 그리 간단히 규정될 성격의 것은 아니었다. 이주 초기 이들의 정체성 형성에 영향을 미친 것은 출신지역과 종교, 언어 등 사회문화적 요인이었다. 나탈식민지령의 유럽인은 인도인 노동자를 인종에 기초해 '인도인' 또는 '아시아인'이라고 불렀다. 다른 한편, 유럽정착민은 인도 이주민에게 '아랍' 또는 '힌두'라는 종교적 정체성을 부여하기도 했으며, '쿨리'(Coolie, 짐꾼)라는 경멸적인 호칭을 사용하기도 했다. 이처럼 유럽인의 눈에 비친 인도 이주민은 단일한 인종이었다. 초기 인도 이주민은 결코 단일사회를 형성하지 않았다. 나탈지역에 정착한 초기 인도 이주민 사회는 종교와 언어, 출신지역에 따라 다른 공동체를 형성하고 있었다. 이들은 '인도인' 정체성보다 타밀(Tamil), 텔루구(Telugu), 비하르(Bihar), 우타르 프라데쉬(Uttar Pradesh), 마디야 프라데쉬(Madhya Pradesh), 오리사(Orissa) 등 출신지역과 언어, 힌두(Hindu), 무슬림(Muslim), 기독교인 등 종교를 기

---

4) 자세한 인도인의 남아공 이주사는 장용규(2003)를 참조할 것.

반으로 공동체를 형성했다. 실제로 이주 초기 인도에서 건너 온 이주민 공동체는 다양한 사회관계를 통해 자신들만의 강한 공동체를 유지하고 있었다. 예를 들어, 타밀출신 이주민은 대체로 타밀공동체 안에서 배우자를 물색했고 텔루구는 텔루구 공동체 안에서 배우자를 찾았다. 다른 한편 힌두공동체는 무슬림공동체와 사회적 거리를 유지하는 등 소수집단공동체를 형성하고 있었다.

그런데 중요한 것은 인도 본토에서는 사회계층을 구분하기 위한 중요한 원칙이었던 카스트 혹은 자띠가 남아공 인도인 사회에서는 사실상 의미를 상실했다는 것이다. 나탈식민지청의 입장에서야 물론 이들의 카스트에 따른 신분은 중요한 사항이 아니었지만 계약노동자 중에는 브라만과 크샤트리야 등 상층 카스트에 속한 사람들도 있었다.[5] 하지만 계약노동자로 건너 온 상층 카스트도 나탈에서는 사탕수수 플랜테이션에서 일할 계약노동자일 뿐이었다. 카스트 체계의 원동력이라 할 만한 원칙 중 하나가 관습에 따른 직업의 승계라고 볼 때 상층 카스트가 계약노동자로 이주해왔다는 사실에서 자신들의 카스트를 사실상 포기한 것이라고 보아야 할 것이다. 나탈지역의 인도 이주민 사회를 연구해 온 학자들의 견해도 이를 뒷받침한다.[6]

더욱이 20세기 중반 이전에는 인도대륙에서조차 '인도인' 민족 정

---

5) 1860년에서 1866년 사이에 이주해 온 계약노동자 중 슈드라와 불가촉천민 등 하층 카스트의 비율이 60% 정도였고 바이샤가 25~30%, 크샤트리야와 브라만이 10~15% 정도를 차지했다(장용규. 2003: 37). 브라인(Brain. 1989: 251)에 따르면 인도인 계약 노동자의 구성은 타밀/텔루구어 사용자가 전체 인구의 2/3, 힌디 사용자는 1/3 정도인 것으로 알려졌다.

6) 남아공 인도인 사회를 연구한 학자들은 인도의 '전통'적 결합 가족(Joint family)과 결혼관(Jithoo. 1963), 카스트(Kuper. 1960)와 종교(Diesel. 2003) 등을 인도인 사회를 움직이는 원리로 지적하고 있다. 바나(Bhana. 2001)는 인도인의 정체성을 종교문화에 기초한 민족성(ethnic identities)과 사회적 차별에 따른 인종(racial line)구분으로 나누고 있다. 디셀(Diesel. 2001)은 대부분의 인도인이주노동자가 하층카스트 출신인 관계로 카스트에 큰 관심이 없었던 반면 언어와 종교적 관행에 따른 자신들의 정체성을 철저히 고수했다고 주장한다.

체성이 확고히 형성되지 않았기 때문에 나탈지역에 이주해 온 인도 이주민을 모두 '인도인'이라고 규정하는 것은 적합하지 않아 보인다. 물론 20세기 초반, 인도인 사회의 파편적 공동체를 하나로 엮어줄 수 있는 포괄적인 공동체가 나탈지역에서 형성된 바 있었다. 1894년에 간디(Mohandas K. Gandhi)가 결성한 '나탈 인도인회의'(Natal Indian Congress)가 그것이다. 이와 함께 간디는 1904년에 『인디안 오피니언』(Indian Opinion)을 창간해 1960년에 폐간될 때까지 '인도인' 사회의 관심을 외부에 알리는 여론의 창구 역할을 톡톡히 해냈다.

나탈 인도인회의는 원래 '인도인' 상인의 권익보호를 위해 결성되었지만 실제로 그 구성원의 권익보호 대상은 구자라트지역에서 건너온 승객 인도인에 한정되어 있었다. 간디가 남아공에 건너 온 이유가 남아공 내에서 활동하고 있는 구자라트 상인의 권익을 보호하기 위해서였다는 사실은 이를 입증한다. 이처럼 구자라트 상인이라는 특정 집단의 권익을 보호하기 위해 만들어진 '나탈 인도인회의'는 인도인 정체성이 형성되기 시작하는 20세기 중반부터 인도인 노동자를 포함한 인도인 이주민 전체를 아우르는 정치조직으로 성장하기 시작한다. 이처럼 인도인 공동체를 형성하기 위한 인도인 스스로의 움직임이 있었다는 것은 주목할 만한 일이다. 하지만 이런 움직임이 순탄하게 진행된 것만은 아니었다. 세대를 흘러가면서 사회문화적 요인에 기반을 둔 지역별 공동체는 서서히 와해되어 갔지만 이것이 반드시 포괄적인 인도인 정서를 담보하지는 못했다. 오히려 그 반대의 현상이 나타났다. 교육을 통해 전문직에 종사하게 된 2세대들은 또 다른 정서에 동화되었기 때문이다.

인도인 노동자에게 남아공은 기회의 땅이었다. 계약노동기간을 마친 인도인 노동자는 행상, 가게 등 소규모 상업 등을 운영하면서 자식을 교육시켰다. 이들에게 가난의 굴곡에서 벗어나 신분상승을 꾀할 수 있는 길은 자식을 교육시켜 의사와 변호사 같은 전문직 종사자로 만드는 것이었다. 그런데 일단 이런 전문직에 종사하게 된 인도인은 서구지향적인 사고방식과 행동유형을 갖게 되었으며 도시화와 산업화를 겪으면서 유럽인 사회에 동화하려는 경향을 보였다. 이는 필연적으로 인도인 후속세대의 지역정체성이 서서히 약해져 감을 의미했다. 결과적으로 현재 이주민 3~4세대를 형성하고 있는 인도인은 타밀어, 텔루구어 등 모어를 완전히 상실했을 뿐더러 자티(Jati)에 따른 결혼과 직업의 승계라는 '전통'도 더 이상 이들의 삶을 규제하지 못하고 있다. 종교 역시 이들의 정체성을 유지하는 구심점 역할을 하지 못하고 있다. 현재 남아공에서의 힌두이즘은 인도인 공동체의식을 고양한다기 보다는 단순히 개인차원의 종교 활동으로 고착화되는 경향을 보여주고 있다.7) 유럽인 사회와의 동화를 위해 기독교로의 개종도 활발하다. 기독교로 개종한 인도인과 힌두이즘을 고수하는 인도인 사이에 눈에 보이지 않는 갈등도 최근 인도인 사회에서 나타나고 있다. 에핑검 하이츠에 사는 토니(Tony. 남. 37세)씨는 장인 식구가 기독교로 개종한 뒤 보이는 일련의 행동에 불편한 심기를 드러냈다. 토니 씨는 장인이 개종을 한 뒤 집안모임에 오더라도 힌두교의례를 마친 뒤에야 찾아오고 종교의례에 사용된 음식을 거부하는 등 '인도인답지 않은 행동'을 보인다며 불만을 내비쳤다.

바헤드(Vahed)는 인도인 정체성을 결정짓는 요소로 '자발적'(automatic)

---

7) 흥미로운 사실은 인터뷰 대상자 대부분이 인종과 '전통'을 내세워 자신들이 '인도인'이라는 점을 강조하고 있다는 것이다. 여전히 이들에게 언어와 종교는 인도의 '전통'을 규정하는데 중요한 요소였다. 물론 인터뷰 대상자 중 대부분은 모어를 전혀 구사할 줄 몰랐다. 하지만 스스로 인도인이라고 생각하고 있었다. 전반적으로 인터뷰 대상자들의 역사에 대한 인식은 빈약했다. 자신들의 선조가 언제, 어디에서 이주해 왔는지에 대한 역사적 기억이 빈곤했다. 따라서 이들에게 '인도인' 정체성은 문화적 소속감의 문제라기보다는 감성적 향수의 차원에서 기억되었다. 반면에 스스로를 '남아공인'이라고 주장하는 인도인은 논리적 정당성(즉, 남아공에서 태어났다는 사실, 남아공 시민으로 살고 있다는 사실)을 내세우거나 인도에 대한 반감(주로 가난과 낙후된 사회시설)을 강조했다.

조건과 '부수적'(residual) 조건의 지속적 상호교류를 들었다. 인도인은 내부적으로 다른 인도인과의 관계를 통해 자발적으로 자신들의 정체성을 규정하는데 여기에는 언어와 카스트, 종교 등이 중요한 역할을 한다고 보았다. 반면 인도인 정체성은 타민족과의 사회관계도 중요한데 이는 주로 거시적인 사회경제구조 속에서 형성된다고 보았다(1997: 2). 반면 바쓰(Barth)는 민족을 결정짓는 것은 언어, 혈연, 종교 등 문화적 요소가 아니지만 사회적 '상호관계'는 중요함을 강조했다. 민족 정체성은 민족 집단 간의 상호교류에 따른 '자기규정'(self-ascription)과 타인에 의한 '규정'(ascription)이 상호작용한 결과라는 것이다(1981: 199, 202). 바헤드와 바쓰의 관점에서 볼 때 인도인 정체성은 인도인 사회의 내부적 변화와 함께 남아공의 사회구조적 변화, 그리고 남아공 사회를 구성하는 유럽인과 아프리카인의 인도인에 대한 규정이 중요한 역할을 한다고 볼 수 있다. 특히 1940년대에 시작된 산업화와 도시화, 이에 따른 아프리카인의 도시유입과 남아공 근대사를 특징짓는 아파르트헤이트 정책은 인도인이 정체성을 형성하는데 중요한 역할을 했다. 인도인의 정체성은 역사적 흐름에 따라 사회문화적 요인에 뿌리를 둔 하위정체성에서 외부적으로 정치적 제제가 동반된 외부적 규정에 의해 '인도인'정체성을 확보하는 방향으로 이동해 왔다. 특히 '분리'와 '아파르트헤이트'를 통한 구조적 폭력은 인도인들이 집단의식을 형성하는데 중요한 역할을 했다.

2. 아프리카인의 등장과 상호 부정적 이미지 형성

1911년 인도정부가 남아공으로의 인도인 노동자 수출을 금지하면서 나탈지역에는 노동력 부족현상이 나타났다. 여기에 1940년대 이후 나탈지역이 급격히 산업화되면서 인도인사회에 변화가 일어나기 시작한다. 급속한 산업화는 값싼 노동력을 필요로 했고 나탈지역의 유럽인은 그 동안 관심을 두지 않았던 아프리카인을 대체 노동력으로 생각하기 시작했다. 나탈지역과 인근지역에서 일자리를 찾아 도시로 밀려드는 아프리카인 인구가 급속도로 늘기 시작한 것이다.[8] 이로 인해 더반의 인구구성에 큰 변화가 일기 시작한다. 기존에는 유럽인과 인도인이 더반지역의 인구를 양분해왔지만 여기에 아프리카인이 끼어들었기 때문이다. 특히 아프리카인이 대거 인도인이 거주하던 더반의 외곽지역으로 몰려들면서 인도인과 아프리카인은 거주구역과 제한된 자원을 놓고 대립을 하기 시작했다. 주택문제는 골칫거리였다. 더반시청은 몰려드는 아프리카인을 수용하기 위해 이미 1930년대에 주택건설계획을 착수해 1934년에 라몬트(Lamont)에, 1943년에 체스터빌(Chesterville)에 아프리카인 거주구역을 건설했다. 이와 함께 아프리카 노동자를 위한 합숙소도 더반 곳곳에 건설되었다. 하지만 2차 세계대전 중 예상보다 많은 아프리카인이 도시로 몰려들면서 주택난은 심각한 사회문제로 대두되었다(Haffejee. 1985: 3). 아프리카인들은 부족한 주택난을 해결하기 위한 방편으로 인도인 소유의 땅에 판자촌을 건설하기 시작했다. 물론 여기에서 경제적 이득을 본 것은 인도인 지주였다. 인도인 지주는 불모지에 불과했던 자신 소유의 토지에 판자촌을 오밀조밀하게 지어놓고 이를 아프리카인들에게 세놓아 이익을 취했다. 이것은 두 가지 관점에서 아프리카인들의 불만을 낳았다. 먼저 더반시청이 아프리카인들이 토지를 소유하는 것은 법적으로 금했던 반면 인도인의 토지소유는 허락을 했다는 점이다. 둘째는 토지에 대한 사적소유권 개념이 없는 아프리카인들에게 유럽인과 인도인은 사적으로 토지를 소유했을 뿐 아니라 이를 이용해 자신들로부터 경제적 이득을 취하고 있다는 사실이었다. 아프리카인들의 불만은 특히

---

8) 1936년에서 1951년 사이에 더반의 아프리카인 인구는 두 배 가량 늘어나게 된다. 1949년 이난다 사건을 조사한 나탈 인도인조직(Natal Indian Organisation)의 자료에 의하면 1936년에서 1946년 사이에 인도인의 인구는 80,486명에서 117,065명으로 약 30% 정도 늘어난 반면 아프리카인은 63,547명에서 110,667명으로 80% 이상 늘어났다(Natal Indian Organisation. 1949: 3).

인도인들에게 집중되었다.

인도인과 아프리카인은 제한된 노동자의 일자리를 놓고도 경쟁을 벌였다. 숙련 노동직은 이미 유럽인이 독점하고 있는 상황에서 인도인과 아프리카인은 저임금 육체노동직을 놓고 경쟁을 벌였다. 하지만 일찌감치 노동자로 성장해 온 인도인에 비해 아프리카인은 노동환경에 익숙하지 못했다. 인도인 노동자에 비해 경쟁력이 뒤떨어지는 데에서 오는 상실감도 아프리카 노동자가 인도인에 대한 부정적 인식을 갖게 되는 계기가 되었다(Chetty. 1990: 5). 여기에 1940년 중반 인플레이션이 심화되면서 실질임금은 감소하는 결과를 가져온다. 당시 아프리카인들의 소비구매지수는 인도인이 운영하는 소규모 가게의 상품 가격으로 측정되었다. 심각한 인플레이션은 아프리카인들로 하여금 인도인 상인들이 자신들을 착취한다는 선입견을 심어주었다. 여기에 인도인들이 도심지역과 아프리카인 거주 지역을 왕래하는 버스운영권을 확보하면서 아프리카인들은 확실히 인도인들이 아프리카인을 착취한다는 부정적인 생각을 갖기 시작했다.[9] 비록 인도인에 대한 부정적인 시각은 사실 상인계층 인도인으로 인한 것이었지만 아프리카인들에게 '인도인'은 인도인일 뿐, 상인인가 아닌가는 중요하지 않았다. 결국 이 시기에 아프리카인들은 인도인에 대한 몇 가지 고정관념을 형성한다. 먼저, 아프리카인은 인도인이 무례하고 인종차별적이라는 생각을 갖게 되었다. 인도인 상인과 지주의 폭리도 아프리카인들에게는 불만이었다.[10] 여기에 인도인 남성들이 아프리카인 여성들과

---

9) 인도인 차장들이 버스요금 잔금을 제대로 돌려주지 않는다는 인식, 아프리카인 승객에 대한 무례한 태도 등 인도인에 대한 아프리카인의 불만은 인도인에 대한 모든 것을 부정적으로 보게 만들었다.

10) 아프리카인들은 인도인 상인이 토콜로쉐(Tokoloshe. 악마)를 부린다는 생각들을 갖고 있다. 인도인 상인들이 이른 아침 가게 문을 열자마자 향을 피우고 주문을 외워 토콜로쉐를 불러낸다는 것이다. 이는 인도인 상인들이 아침에 '푸자'(Puja. 힌두의례)를 하는 것을 토콜로쉐를 부르는 행위로 해석한데서 비롯되었다. 그들은 인도인 가게에 들어 온 아프리카인 고객은 토콜로쉐에 붙

부적절한 관계를 갖는다는 소문이 만연하는 등 상대적으로 높은 인도인의 사회적, 경제적 지위는 갈수록 아프리카인들에게 박탈감을 안겨주었다. 아프리카인 사이에서는 '쿨리'에 불과했던 인도인들이 자신들보다 높은 사회적 지위를 갖게 된 것에 대한 불만감이 표출되었다.

하지만 인도인에 대한 아프리카인의 시각은 대부분 편견에서 비롯된 것이었다. 당시 인도인의 70% 이상은 최저생계비 이하의 생활수준에 머물러 있었다. 특히 나탈에 거주하는 인도인의 경우, 상당수가 극심한 빈곤에 시달리고 있었다(Chetty. 1990: 4). 이 인도인들은 인도인들대로 아프리카인들에 대해 노골적으로 불만을 표출했다. 인도인들은 아프리카인들이 자신들의 거주 지역에 몰려들어 불법 판자촌을 형성하는 한편 주변 환경을 어지럽힌다고 생각했으며 "니거"(Nigger)나 "캐퍼"(Kaffir) 등 아프리카인을 경멸하는 표현을 서슴지 않았다.[11] 결국 인도인과 아프리카인은 서로에 대한 부정적인 이미지를 형성한 채 적대적 경쟁심을 키워가고 있었다.

나탈을 통치하던 유럽인들은 아프리카인과 인도인 사이의 긴장과 갈등관계를 놓치지 않았다. 유럽인들은 아프리카인들의 사회적 분노가 유럽인사회로 향하는 것을 막기 위해 인도인을 적절히 이용했다. 아파르트헤이트 정책을 실시한 말란(Malan) 수상은 1925년 연설에서 인도인은 이방인이며 인구를 줄이는 것 외에는 인도인 문제를 해결할 방법이 없다며 반 인도인 정서를 부추겼다. 만일 "인도인을 강제로 추방할 방법이 없다면 이들의 생활조건을 열악하게 만들어 자발적으로 남아공을 떠나도록 유도해야 할 것"이며 인도인을 "장기판의 졸"로

잡혀 원하던 원치 않던 물건을 사게 되어있다고 주장한다.

11) 아프리카인에 대한 인도인의 감정은 복합적이다. 일반적으로 인도인은 아프리카인이 게으르고 나태하다고 인식하고 있다. 역사적으로는 아프리카인이 유럽인의 차별정책의 희생자라는 연민을 느끼고 있었지만 실생활에서 아프리카인은 상당히 위험한 대상으로 인식하여 가능한 한 일상적 접촉을 최소화하는 편이었다.

만들어 남아공 정치에 적절히 이용할 것을 강조했다(Chetty. 1990: 11). 이처럼 유럽인들은 기회가 있을 때마다 인도인들의 부정적인 이미지를 만들어 유포했고 아프리카인들은 인도인들과 하루하루를 부딪치면서 적대적 의식을 키워나갔다. 말란이 언급한 것처럼 유럽인들이 인도인과 아프리카인의 갈등을 정치적으로 교묘하게 이용한 것은 아파르트헤이트로 본격화된 다양한 인종 차별법을 통해서였다.

Ⅲ. 남아공 역사 속의 인도인

남아공 근대사는 영국 식민지배의 분리 정책기(segregation. 1900~1948)와 아프리카너(Afrikaner)[12]가 주도한 아파르트헤이트(Apartheid 1949~1990)기, 민주적 절차에 의한 정권교체와 아프리카 민족회의당(Africa National Congress)의 통치기(1994~현재)로 구분된다.

남아공 근대사를 가장 잘 설명해 줄 수 있는 역사적 사실은 인종 분리 정책이다. 아프리카너 주도의 국민당(National Party)이 실시한 아파르트헤이트는 유럽인의 순수혈통을 유지하기 위해 제도적으로 유색인종을 격리시킨 대표적인 인종 차별법이었다. 하지만 남아공에는 아파르트헤이트 이전에도 다양한 형태의 인종차별정책법이 실시되어왔다. 특히 인도인이 사회적 문제로 떠 오른 나탈식민지령(Natal Colony)에서는 이미 19세기 후반부터 '아시아인(인도인)의 위협'(Asian Menace)에 대응하기 위한 각종 규제법이 실행되었다. 나탈식민정부와 아파르트

---

12) 아프리카너는 네덜란드계 후손으로 남아공에 영구 정착한 유럽인을 지칭한다. 이들은 네덜란드 본국과의 관계를 단절하고 아프리카를 모국으로 삼는다는 의미에서 스스로 '아프리카너'라고 부르고 있다. 선민사상을 갖고 있는 이들은 보수적인 네덜란드 개혁교회를 중심으로 정치집단화하여 국민당을 결성하고 1948년 정권을 획득하고 '아파르트헤이트'라고 부르는 악명 높은 인종차별 정책을 추진했다.

헤이트 정부의 대 인도인 정책은 크게 두 가지 형태로 진행되었다. 초창기에는 인도인, 특히 인도인 상인들의 상권을 제한하기 위한 법이 집중적으로 제정된 반면, 아파르트헤이트 정권에 들어서면서 거주 지역 제한 등 체계적인 분리정책을 통해 모든 인도인에 대해 유럽인과의 물리적 접촉을 최소화하려고 했다.

1. 나탈식민지령의 인도인 차별사와 집단 거주구역법

1891년 나탈 법령 25에서 제시한 인도인계약노동자의 생활규제법을 시작으로 나탈지역에서는 연차별로 다양한 인도인차별법이 공포되었다. 계약노동자를 제외한 인도인에 3파운드의 세금을 부과했던 1895년 나탈 법령 17, 나탈 전매권 조항(The Franchise Act. 1896), 의회차원에서 전매권 철회, 나탈 도매상권 조항(the Dealers Licences Act. 1897), 나탈 이주제한 조항(The Immigration Restriction Act. 1897), 나탈 이주법 개정(조항 1. 1900), 나탈 이민제한법령(The Immigration Restriction Act. 1903) 등이 주요 법안이었다. 이러한 법령들은 주로 상인계층 인도인이나 자유 인도인을 대상으로 시행되었다.

1946년에는 나탈식민정부는 아시아인 토지보유법(Asiatic Land Tenure Bill; 일명 Ghetto Act)을 시행한다. 이 법령은 아시아인(인도인)들이 도시 지역에서 토지를 구매하는 것을 원천적으로 금지하기 위한 것이었다.

1948년 국민당이 정권을 잡으면서 유색인종에 대한 인종차별정책은 중앙정부차원에서 공공연하게 시행되었다. 1950년 집단 거주구역법(Group Areas Act)을 시작으로 인종차별정책이 시행되었다. 이 정책은 아프리카인을 비롯한 유색인종을 민족별로 분리 수용하는 것이 중심내용이었다. 민족은 각기 다른 문화적 속성과 관습을 유지하고 있으며 자신들의 순수한 정체성을 유지하기 위해서는 각 인종 / 민족은 고유의 영토에서 고유의 생활방식을 고수해야 한다는 것이 국민당의 주장이었다(Maharaj. 1992). 이를 위해 정부는 각 민족에게 독자적인 영토를 할당해 주었다. 물론 주거환경이 쾌적한 지역은 유럽인에게 할당되었다. 이 과정에서 인도인들은 부모로부터 물려받은 토지와 자신들의 노력으로 개간한 땅, 구입한 토지 등을 헐값에 정부에 넘기고 정부에서 할당해 준 지역으로 이주해야 했다.

나탈정부는 기술하위위원회(Technical Sub-Committee), 더반시위원회(Durban City Council) 등을 구성하여 인종/민족 연구와 함께 이들을 수용할 지역을 할당했다. 더반시위원회의 인종구획도(Racial Zoning)를 보면 위원회의 작업은 주로 유럽인들에게 어떤 땅을 제공할 것인가를 먼저 고려한 다음 유색인종 거주구역을 지정하는 방식을 취했다. 유럽인 거주 지역은 산이나 강, 산업단지, 철도, 유휴지 등을 경계로 유색인종과 분리되어 있으며 유색인종 거주지역과 불가피하게 경계를 지을 경우에는 유럽인 거주지역과 아프리카인 거주 지역 중간에 인도인 거주 지역을 배치시켜 일종의 완충지대로 삼았음을 볼 수 있다.(Maharaj. 1992: 314, 336, 351, 360) 인도인 거주구역을 완충지대로 설정한 이유는 아프리카인들의 사회적 불만이 유럽인 사회에 직접 전달되는 위협을 인도인 사회가 흡수하도록 하기 위한 것이었다.[13]

집단 거주구역법에 대해 인도인들은 유럽인에 대한 아프리카인의 반감을 완화시키기 위한 교묘한 제도였다고 주장한다.[14] 인도인거주

---

13) 대부분의 인터뷰 대상자는 과거 아파르트헤이트 정책이 인도인들의 정체성을 형성하는데 적지 않은 영향을 미쳤다는 점을 강조했다. 대표적인 사례가 1950년부터 시작된 집단 거주구역법이다. 이 법은 소수 유럽인정권이 다수 유색인종을 격리시켜 유럽인사회와 섞이지 않도록 고안해 낸 인종차별정책으로 유색인종을 아프리카인, 인도인(또는 아시아인), 혼혈인(colored)으로 구분하고 각 인종에게 거주구역을 배정하는 정책이었다. 이에 따라 인도인들은 출신배경이나 문화적 차이에도 불구하고 인도인에게 지정된 거주구역으로 강제이주 당했다.

14) 에핑검 하이츠에 사는 인도인 밀러(Miller. 남. 57세)는 집단 거주구역법은 유럽인과 아프리카인 사이에 인도인을 '끼워 넣어' 유럽인에 대한 아프리카인의 분노를 인도인 사회가 고스란히 뒤집어 쓸 수밖에 없도록 만들었다고 비판했다.

구역은 아프리카인들의 불만이 유럽인 거주 지역으로 밀려들기 전에 통과해야하는 여과장치 역할을 했고 흑백간의 갈등 속에서 누구보다도 인도인들이 피해를 보았다는 것이다. 이를 입증하는 대표적인 사건이 1949년 캐토 매이너와 1985년 이난다에서 발생한 아프리카인들의 인도인 사회에 대한 폭력이었다.

2. 차별정책에 대한 인도인의 반응

인도인들은 국민당의 인종차별정책에 저항과 동조라는 상반된 태도를 취했다. 한 가지는 인종차별정책에 대항하며 아프리카인과 연합을 모색하는 노선이었다. 나탈 인도인회의는 초기에는 인도인 엘리트를 중심으로 하는 정치조직이었으나 나중에는 다양한 계층의 인도인을 포용하면서 남아공 내 대표적인 인도인 정치조직으로 성장하였다. 나탈 인도인회의는 원칙적으로는 아프리카인과의 유대를 약속했지만 이것을 실천으로 옮기는 데에는 문제가 있었다. 대표적인 사례가'박사 협약'(Doctor's pact)으로 알려진 인도－아프리카인의 연합정책이었다. 나탈 인도인회의의 지도자인 다두(Dadoo)와 나이커(Naicker)는 더반 아프리카 민족회의 지부위원장인 쥬마(Xuma)와 1947년에 조약을 맺고 유럽인의 인종차별정책에 공동으로 대항하자는 내용을 골자로 하는 조약서를 체결했다. 하지만 이 조약서는 일부 지도자계층에서만 실천되었을 뿐 대부분의 인도인과 아프리카인들은 이 조약에 무관심했다.

반면 소수 인도인상인과 엘리트 계층은 백인의 인종차별정책에 보조를 같이하면서 상대적인 사회－경제적 혜택을 누리고자 했다. 인도인의회(Indian Council)를 중심으로 한 이 집단은 인종분리정책을 적극적으로 지지하는 한편 대외적으로 홍보를 하는 등 활발한 정치적 행보를 보였다.

인종차별정책에 대한 인도인 내의 두 가지 상반된 정치적 태도는

1946년에 발표된 아시아인 토지보유법(Asiatic Land Tenure Bill, 일명 Ghetto Act)이 시행되자 가시적인 행보로 나타난다. 아시아인 토지보유법에 대해 나탈 인도인회의는 노동자 계층을 중심으로 조직적으로 소극적 저항운동을 벌여나갔다. 실질적으로 아시아인 토지 보유법의 직접적 피해자는 상인/엘리트 계층이었지만 노동자 계층은 이것을 전체 인도인 사회와 관련된 것으로 보고 행동을 자처했다. 반면 직접적인 행동에 미온적이었던 상인들은 금전적으로 후원을 하는 소극적 행동에 머물러 있었다. 상인/엘리트 계층은 1947년 나탈 인도인 조직(Natal Indian Organization)을 결성하면서 기존의 나탈 인도인회의에 대한 지지를 공식적으로 철회하고 인종간의 분리거주를 우선으로 하는 유럽인정권의 정책을 지지하게 된다.

노동자집단과 상인/엘리트집단은 이처럼 다른 노선을 걷는 듯 했지만 다른 한편 스스로를 대영제국의 시민이라고 생각하는 점에서는 동일했다. 앵글로-보어전쟁(1899~1902)이 일어나자 간디는 영국군을 위해 위생병을 조직하기도 했다. 또한 1906년에 남아공에서 '밤바타 봉기'(Bambatha Rebellion)가 일어나자 영국 식민지 군을 돕기도 했다. 당시 인도인들은 아프리카인들과 어떤 연합을 꾀하지도 않았다. 대영제국의 시민으로서 인도인들은 아프리카인들과는 다른 대우를 받아야 한다는 생각 때문이었다(Vahed. 1997). 인도인, 특히 상인과 엘리트 계층에서는 자신들이 대영제국의 시민이라는 귀속의식이 강했으며 1927년 비유럽인 협력회의(Non-European Co-operation Conference)에 불참하는 것을 당연하다고 생각했다. 대신에 이들은 1928년 더반 인도유럽인 의회(Durban Indo-European Council)를 결성해 유럽인과의 유대를 모색하기도 했다.

Ⅳ. 폭력과 정체성

1. 구조적 폭력과 정체성 형성

남아공근대사를 장식한 구조적 폭력은 유럽인의 이주와 정착, 식민지배라는 과정을 통해 전개되었다. 이 중 아파르트헤이트라고 불리는 인종분리정책은 구조적 폭력의 정점이었다. 인종분리정책은 1950년 민족당에서 '인종간의 순수혈통과 전통보존'이라는 슬로건으로 시작되었다. 하지만 아파르트헤이트의 뼈대를 이루는 인종차별에 대한 이념적 논의는 훨씬 오래전부터 주장되어왔다. 아파르트헤이트 정책의 기초를 놓았다고 평가받고 있는 얀 스머츠(J. Smuts)의 강연은 서양의 대 아프리카에 대한 인식을 여과 없이 보여준다. 얀 스머츠는 1929년 옥스퍼드대학교에서 아파르트헤이트 정책의 발아(發芽)로 볼 수 있는 강연을 했다. 'Native policy in Africa'라는 제목의 이 강연은 후에 남아프리카 유니언(South African Union, 남아프리카 공화국의 전신) 정부가 토착인 대표법(Native Representation Act)과 토착인 토지법(Native Lands Act)을 입법화하는 결과를 낳았다.[15]

스머츠의 관점에서 볼 때 현재와 같이 아프리카인과 유럽인이 같은 공간에 혼재하는 한 서로의 독자적인 발전은 요원한 것이었다. 스머

---

15) 스머츠는 아프리카를 '원초적으로 인류의 모체와 같고 인류의 요람'이라고 규정하면서 아프리카인을 '어린이와 같은 심리 상태와 외형을 가지고 있다'고 정의한다. 이것이 스머츠가 계획하고 있던 분리정책의 시발점이었다. 스머츠는 계속해서 "어린아이와 같은 인간은 나쁜 심성을 가질 수가 없다"면서 유럽에서 도입된 문명을 아프리카인 사회에 적용한다는 것은 결과적으로 어린아이와 같은 심성을 가진 "아프리카 인들의 정신적 기반을 파괴시킬 수도 있다"고 경고하고 있다. 따라서 아프리카인은 고유한 문화와 관습을 유지하기 위해 유럽인문명과 분리되어 살아야 한다는 것이 강연내용의 골자이다. 하지만 아프리카인들의 제도는 야만적이기 때문에 "유럽인이 세운 행정청의 총괄적인 감독을 받아야"한다고 주장한다(Smuts. 1940).

츠는 이를 위해 아프리카 사회와 유럽인 사회를 물리적으로 가르는 "분리"(segregation)[16] 정책을 제안했다. 아프리카인과 유럽인 간의 물리적 분리는 아프리카인의 독자적인 발전을 유도할 뿐 아니라 아프리카인과 유럽인이 섞임으로써 발생할 수 있을 사회적 문제들, 예를 들어, 공공위생, 인종의 순수성 그리고 공공질서의 파괴를 방지할 수 있는 최상의 정책이라는 것이었다.

1949년 국민당이 중심이 된 아파르트헤이트 정권이 들어서면서부터 유럽인과 유색인, 특히 아프리카인의 물리적, 신체적 접촉을 차단하려는 의도로 많은 법령들이 통과되었다. 1949년에는 유럽인과 다른 인종간의 결혼을 금지하는 '타 인종간의 결혼금지법'(Prohibition of Mixed Marriages Act)이 통과되었고, 1953년에는 공공장소에서 유색인종과의 신체접촉을 금지하는 '분리위생법'(Separate Amenities Act)이 통과되었다. 1957년에는 '부도덕 관련 개정법'(Immorality Amendment Act)이 제정되어 남아공 유럽인과 유색인이 성관계를 맺을 경우 형사 처리하는 법안이 통과되었다.

위와 같은 일련의 인종분리정책은 인도인이 유럽인과의 물리적 거리를 좁히는 것을 제도적으로 차단했다. 특히 '타 인종간의 결혼금지법'이 인도인 사회에 던진 파장은 적지 않았다. 남아공 아프리카인에 경멸적 태도를 보여 왔던 인도인에게 외부에서 찾을 수 있는 유일한 결혼대상은 유럽인이었다. 하지만 유럽인과의 결혼이 법적으로 금지된 환경에서 인도인은 오로지 인도인 사회 내부에서 배우자를 찾게 되었다. 이는 결과적으로 인도인 사회가 아파르트헤이트 정책을 통해 '닫힌' 사회로 움직여가는 계기를 마련해 주었다.

---

16) 스머츠는 '분할(segregation)'을 "아프리카인과 유럽인이 분리된 공간에서 각기 다른 사회 제도를 가지고 살아가는 것"이라고 정의하고 있다. 다시 말해, 아프리카인과 유럽인 사이에 물리적인 장벽을 쌓는 것을 의미했다.

2. 1949년, 그리고 1985년

나탈지역에서의 '분리'정책과 '아파르트헤이트'는 인도인과 아프리카인 사이에 피할 수 없는 두 번의 물리적 충돌을 불러왔다. 1949년 캐토 매이너 사건과 1985년의 이난다 사건이 그것이었다. 두 사건은 인근 지역에 살고 있던 아프리카인들이 인도인 거주민을 무차별 공격해 많은 사상자와 함께 재산파괴를 가져 온 '폭동'이었다. 두 사건의 동기는 상이하게 달랐다. 1949년 사건은 인도인 상인이 아프리카인 소년을 폭행한 것이 계기가 되어 발생한 사건이며, 1985년 사건은 저명한 사회운동가 빅토리아 음쩽게(Victoria Mxenge)의 암살과 이로 인한 시위 도중 아프리카인들이 (우발적으로) 인도인을 공격하게 된 사건을 말한다.

1949년 캐토 매이너 사건은 시기의 문제였을 뿐 이미 예견되어 있었다. 캐토 매이너는 황무지였던 지역을 계약노동에서 자유로워진 인도인들이 정부로부터 헐값에 사들여 개간한 지역이었다. 이 지역은 자연스럽게 인도인 거주지역이 되었다. 1940년 이후 도시화와 산업화가 진행되면서 아프리카인들이 대거 더반으로 몰려들었고 더반 도심에 가까운 캐토 매이너는 아프리카인에게 매력적인 거주구역으로 떠올랐다. 경제적으로 토지를 구입할 능력이 없었던 아프리카인들은 인도인 거주 지역 주변에 불법거주지(squatter camp)를 조성했다. 이에 일부 인도인 지주는 자신들의 토지에 가건물을 세우고 아프리카인들에게 세를 놓기 시작한다. 캐토 매이너의 경우 대부분의 판자촌 거주자는 인도인이 소유한 토지에 세입자로 거주하고 있었다. 1946년에 시청에서 조사한 바에 의하면 캐토 매이너에 세입자로 거주하고 있는 아프리카인은 3만 명을 넘어서고 있다(Haffejee. 1985: 3).

1949년 1월 13일, 더반 도심에서 한 아프리카 소년이 인도인 가게 점원과 말다툼을 하던 중 가게점원을 폭행하고 이를 본 인도인 가게 주인이 아프리카 소년을 밀쳐 넘어뜨리면서 아프리카 소년이 유리창에 부딪혀 부상을 입는 사건이 일어난다. 아프리카 소년은 병원치료를 받고 가게주인은 벌금형을 받는 것으로 일단락되는 듯 했지만 아프리카 소년이 인도인에게서 폭행을 당했다는 소문이 퍼지면서 이튿날부터 도심지역에 있는 인도인 가게를 대상으로 아프리카인들의 산발적인 공격이 시작됐다. 하지만 공격은 곧 주변 인도인 거주지역으로 확대돼 캐토 매이너 지역에서 인도인들이 집중적으로 공격을 받았다. 3일간 벌어진 이러한 일련의 사태로 모두 142명이 사망하고 1,087명이 부상을 입는 비극이 발생했다. 모두 44,738명의 인도인이 집을 잃고 피난했으며 재산피해는 268채의 집이 전소됐으며 1,690채의 집이 부분 파손되었다. 무력에 의해 캐토 매이너에서 쫓겨난 인도인들은 다시 집으로 돌아가지 못했고 결국 이 일대는 아프리카인 거주지역이 되었다.

1985년 이난다 사건은 8월 초 더반에 거주하던 줄루 사회운동가 빅토리아 음쩽게가 살해된 것이 계기가 되었다. 음쩽게의 암살을 기폭제로 아프리카인들은 아파르트헤이트 정권에 대한 저항운동을 시작했다. 저항운동의 주축세력은 아파르트헤이트 정권의 교육제도에 대한 불만과 미래에 대한 불안감을 갖고 있는 아프리카인 학생들이었다. 1985년 8월 5일 저녁, 저항운동을 하던 학생들은 경찰 집을 포위하고 시위를 했다. 집을 포위당한 경찰은 시위대에 발포를 했고 학생한 명이 그 자리에서 사망하면서 걷잡을 수 없는 방향으로 흘러갔다. 이튿날 학생 사망소식을 들은 시위대는 폭력화하기 시작했고 그 와중에서 군중들이 공격목표를 인도인으로 전환하면서 인도인에 대한 대대적 공격이 감행되었다.

인도인에 대한 우발적인 공격은 8월 8일에 이르러 조직적인 공격으로 변했다. 임피(Impi)라고 불리는 아프리카인 과격시위대가 폭동에 참여하면서 칼, 창, 도끼 등 '전통' 무기를 사용해 인도인들을 공격하기 시작했다. 이 폭력사태는 8월 9일 절정에 이르렀으며 언론에서는

'1949년의 재현'(repeat of 1949)라고 대대적으로 보도하기 시작했다. 8월 9일에는 인도인 공동체의 상징이라고 볼 수 있는 간디 정착촌 (Gandhi Settlement)이 전소되는 등 일주일간 총 42채의 건물이 전소되었다.

바헤드(Vahed)는 1949년과 1985년 사건이 인도인들의 집단의식을 강화하는 계기가 되었다고 주장한다(1997: 33). 휴거(Hughes)도 양 사건을 통해 인도인의 보수화가 이루어졌다고 주장한다(1987: 352). 하지만 이는 일부 상층계층에 한정된 경향일 뿐 전반적으로 근대사를 통한 인도인, 특히 중하층민의 자의식은 '소극적 경직화'를 겪었다고 보아야 할 것이다. 비록 아프리카인들의 집단행동에 경직된 인도인들이 내부결속에 치중하고 외부와의 연대에 소극적으로 대처하기는 했지만 이런 소극성이 전체 인도인들의 정치적 보수성으로까지 이어지지는 않았기 때문이다.

현재 인도인의 정치적 성향은 아프리카 민족회의를 지지하는 계층과 보수적 민족당을 지지하는 계층으로 양분되었지만 1994년 선거에서 인도인들이 절대적으로 아프리카 민족회의를 지지한 것은 인도인의 개혁지향적인 속성을 보여준다.[17] 흥미로운 사실은 나탈 인도인회의가 더 이상 인도인들의 정치적 구심점이 아니라는 사실이다. 이런 정치적 성향은 인도인이 지극히 현실적이라는 점을 보여준다. 인도인은 현실 정치에서 영향력을 행사하지 못하는 나탈 인도인회의보다는 인도인의 실생활에 영향을 미치는 아프리카 민족회의를 택하고 있다. 특히 아파르트헤이트 이후의 사회 안전과 고용의 문제는 인도인들로 하여금 아프리카민족회의를 지지할 수밖에 없게 한다.[18] 이는 지난

---

17) 에핑검 하이츠 주민들의 정치적 성향은 아프리카 민족회의 지지와 비판(그렇다고 야당을 지지하는 것은 아닌)으로 양분되는 듯하다. 아프리카 민족회의 지지자는 아파르트헤이트 정권을 무너뜨린 아프리카인들의 투쟁을 높이 사는 편이며 비판자는 현 정권이 무능(높은 범죄율과 실업률)하다는 입장이다.
18) 에핑검 하이츠 주민 밀러 씨는 자신들이 "모니터링을 당하고 있다"고 주장한

대통령선거에서 음베키 현 대통령에 대한 인도인의 전폭적인 지지에
서 확인할 수 있다(Tribune Herald 2005년 2월 20일자). 이처럼 대부분
의 인도인은 적극적인 사회참여나 개혁의지가 부족하지만 아프리카
민족회의를 지지한다는 어정쩡한 태도를 보여주고 있다.19)

　1994년 흑백 간의 정권교체는 인도인에게 희망의 빛을 던져 주었다.
스스로를 과거사의 피해자라고 규정했던 인도인들은 모든 인종차별적
규제가 사라지고 능력에 따라 결과를 맺을 수 있는 민주주의를 환영했
다. 하지만 이런 장밋빛 희망은 그리 오래가지 못했다. 남아공 정부에
서 과거사의 패인 홈을 메우기 위해 의욕적으로 추진하고 있는 고용,
복지 등 사회제도가 예외 없이 아프리카인에게 혜택을 주는 방향으로
치중하고 있기 때문이다. 대표적인 사례가 '유색인 우대법'(Affirmative
Act)이다. 원래 유색인 우대법은 과거 아파르트헤이트 정권아래 사회
적 차별을 받아왔던 유색인종을 우대하는 정책이지만 과거사의 피해
자였던 인도인은 어떤 혜택도 받지 못하고 있다는 불만이 터져 나온
다. 여기에 강도와 절도, 살인 등이 빈번하게 일어나는 치안의 부재
속에 인도인은 일상적 불안에 살고 있다.

3. 소수민족으로 살아남기: 에핑검 하이츠의 인도인

　에핑검 하이츠는 더반에서 북동쪽으로 약 10여 Km정도 떨어져 있
으며 아보카(Avoca), 레드힐(Red Hill), 그린우드 파크(Greenwood Park)와

다. 아프리카 민족회의 지지 세력이냐 아니냐하는 문제는 직업을 얻는데 결
정적인 요인이라는 것이다. 자신은 아프리카 민족회의에 비판적이기 때문에
직업을 얻지 못하고 있다고 생각하고 있다. 하지만 밀러의 이웃 토니(Tony)
씨는 밀러가 게으를 뿐 아니라 일에 대한 의욕이 없기 때문에 잘 다니던 직
장에서 쫓겨났다고 말한다.
19) 특히 이런 태도는 인도인 상류계층에서 어렵지 않게 찾아 볼 수 있다. 이들에
　　게 남아공은 선택 가능한 다양성 중의 하나일 뿐이다. 국가에 대한 충성심이
　　나 민족정서보다는 초국가적(transnational) 정신을 갖고 있는 이들은 보통 이중
　　국적을 갖고 있어서 언제든지 남아공을 떠날 준비가 되어 있는 사람들이다.

함께 대 에핑검(the Great Effingham)을 이루고 있다. 아보카와 에핑검 하이츠는 인도인 인구가 각각 83%와 73% 이상을 차지하고 있으며 레드힐은 아프리카인이 거의 100%를, 그린우드 파크는 혼혈인(Coloured)이 57%를 구성하고 있다(www.urbstrat.org.za). 에핑검 하이츠(Effingham Heights)는 1980년대에 본격적으로 조성된 마을로 이전에는 사탕수수 플랜테이션이었다. 크고 작은 언덕으로 이루어져 있는 이 지역은 설탕제조회사 휼렛(Hullet)의 소유였지만 나탈정부가 집단 거주구역법에 의거 인도인 거주구역으로 지정하면서 개인에게 땅을 팔기 시작했다. 에핑검 하이츠에 살고 있는 후세인(Hussein. 남. 57세) 씨는 이곳으로 이주를 해 온 과거를 이렇게 설명한다.

> "원래 이곳은 설탕회사 휼렛이 소유했던 곳인데 정부가 인도인 거주구역으로 지정하면서 개인에게 땅을 팔기 시작했다. 땅 주인은 만지 뮬라(Manji Mulla)라고 하는 구자라트출신 인도인이었다. 내가 이 땅과 집을 산 것은 1881년이었는데 당시에 4만 5천 랜드를 주고 샀다. 내가 이사를 올 당시 이 일대는 여전히 사탕수수 밭이었고 집들이 언덕 위에서부터 지어지기 시작했다. 여기에 오기 전에는 더반에 있는 오버 포트(Over Port)라는 지역에 살았는데 집단 거주구역법이 실시되면서 살던 곳을 쫓겨났다. 오버 포트는 백인거주지역이 되었다. 에핑검 하이츠에는 인근의 레저버 힐(Reserviour Hill)에 집을 살 만한 능력이 없는 인도인들이 몰려들어왔다. 그런데 이 일대의 지반이 취약해서 집을 지으면 벽에 금이 가는 등 거주 환경은 썩 좋지 못했다."

에핑검 하이츠 거주민은 스스로 중산층의 삶을 살고 있다고 생각한다. 실제로 인터뷰대상자 20명을 중심으로 조사를 해 본 결과 대부분의 가구는 월 평균 10,000랜드(Rand, 한화로 약 150만원) 이상의 수입으로 남아공에서 중산층이라고 할 수 있는 범주에 들었다. 인터뷰에 응한 다야(Daya. 남. 57세) 씨는 토요타(Toyota) 자동차에서 30년을 근무하고 최근에 은퇴했다. 부인은 교육감으로 재직하고 있으며 회계사인 아들과 치과의사인 딸 그리고 아직 학생인 막내아들과 함께 살고 있다. 다야 씨는 1994년에 인도인 서민층이 몰려 사는 피닉스(Phoenix)에서 에핑검 하이츠로 이사를 왔다. 이사를 온 이유는 인구도 많고 어수선한 피닉스를 떠나 조용하고 여유로운 삶을 살 수 있는 곳을 물색하던 중 피닉스에서 멀지 않은 이곳을 택했다고 한다. 에핑검 하이츠의 소득수준은 더반도시계획과(Durban Civil Engineering)에서 내놓은 자료를 통해 살펴 볼 수 있다. 더반도시계획과에 따르면 에핑검 하이츠에서 연간 18,000랜드 이상의 수입을 올리고 있는 주민이 전체의 63.3%를 차지하고 있으며 직장을 가진 주민은 39.9%에 달했다.

에핑검 하이츠는 1985년 사건이 일어났던 이난다와 인접해 있을뿐더러 주변에 아프리카인의 불법판자촌이 형성되어 있어 아프리카인에 대한 적대적 감정이 큰 곳이다.[20] 이곳 주민들은 대체로 맞벌이를 하기 때문에 아프리카인을 가사노동자로 고용하고 있으면서도 이들에 대한 불신이 팽배하다. 인터뷰를 했던 대부분의 주민들은 불안한 치안을 앞 다투어 토로했다. "우리는 정부에 세금을 내고 정부는 우리를 보호해 줄 의무가 있다. 하지만 우리는 정부로부터 어떤 보호도 받지 못한다."는 것이다.

에핑검 하이츠 주민은 한결 같이 주변에 형성된 아프리카인 불법판자촌에 대해 강한 불만을 내비쳤다. 람(Ram. 남. 57세)씨는 더반 시내한 우체국에서 35년간 근무해 온 공무원이다. 아내와 아들, 딸과 살고있는 람 씨는 대낮에 아프리카인이 현관을 부수고 들어와 집에 있던아내를 위협하고 가재도구를 챙겨 달아났다고 말한다. 람 씨는 강도와 무단침입은 일상적인 일이며 이것은 모두 주변에 형성된 불법판자촌 때문이라고 주장한다.

---

20) 달라(Dhalla. 2000: 362)에 의하면 1994년 현재 더반에 있는 불법판자촌 거주자는 백 50만 명에 달한다. 대부분의 불법판자촌은 에핑검 하이츠 등 중산층 인도인 거주구역에 인접하고 있어 인도인과 아프리카인 사이의 긴장관계가 형성된다.

　　"나는 불법판자촌이 정말로 싫다. 판자촌이 형성된 것이 한 10년 정도 됐을 거다. 그런데 우리(주민)가 할 수 있는 일은 아무것도 없었다. 불법판자촌인데도 말이다. 불법판자촌에는 나이지리아인, 모잠비크인 등 불법이주민들이 많이 거주하고 있다. 이 친구들은 수시로 도둑질을 한다. 하지만 경찰서에 신고를 해도 (아프리카인) 경찰은 아무 조치도 취하지 않는다."

　이 지역에 아프리카인들이 불법판자촌을 형성하게 된 과정은 1940년대에 캐토 매이너에 아프리카인들이 몰려들어 왔던 현상과 유사하다. 1994년 선거를 앞두고 아프리카 민족회의는 아프리카인의 환심을 사기 위해 불법판자촌에 거주하는 사람에게 집을 지어주겠다고 공약했다. 결과적으로 에핑검 하이츠 일대에는 아프리카인이 대거 몰려들어 불법판자촌을 건설하기 시작했다. 물론 이것은 단지 에핑검 하이츠 뿐 아니라 더반 곳곳에서 벌어진 현상이었다. 결국 정부는 약속대로 아프리카인을 위해 대규모 주택건설을 하고 불법판자촌에 거주하는 아프리카인을 이주시키고 있지만 불법 점유를 하는 아프리카인의 수가 이주를 해나가는 아프리카인보다 많기 때문에 사회적 불안이 야기된다. 대부분의 불법정착민은 직업이 없기 때문에 강도와 절도 등 범죄행위에 빠질 위험이 높다.

　에핑검 하이츠의 거주민인 밀러 씨는 누이동생과 함께 살고 있는데 어느 날 한 밤중에 아프리카인 둘이 거실 유리창을 깨고 들어와 권총으로 위협한 뒤 가재도구를 훔쳐 달아났다는 이야기를 해주었다. 에핑검 하이츠 주민은 누구나 한번쯤 이런 경험을 갖고 있을 정도로 "불법천지"라는 것이 그의 주장이다. 후세인 씨는 "과거 아파르트헤이트 시절이나 지금이나 다를 것이 아무것도 없다. 비록 지금은 내가 원하는 곳에 마음대로 갈 수 있다고 하지만 심각한 치안의 부재로 인해 내가 움직일 수 있는 행동반경은 정해져 있다. 민주주의 사회라고는 하지만 모든 직업의 기회가 아프리카인들에게 주어지는 현실은 아파르트헤이트와 다를 바가 전혀 없다. 단지 다른 점이 있다면 과거에는 유럽인이 우리를 인종 차별했지만 지금은 아프리카인이 인종차별을 한다는 사실이다."라며 현 아프리카인 정부가 과거 아파르트헤이트 정권과 다를 바 없는 인종차별정책을 쓰고 있다는 사실을 노골적으로 비판했다.

심각한 범죄율도 그렇지만 에핑검 하이츠 주민들이 예민하게 반응하고 있는 부분은 인도인에 대한 사회적 차별이다. 사회적 차별은 눈에 보이지 않게 전개되지만 과거 아파르트헤이트 시절이나 지금이나 인도인에 대한 차별은 여전하다는 것이다. 그 중 에핑검 하이츠 주민들이 노골적으로 분노를 드러내는 부분은 유색인 우대법으로 알려진 아프리카인 우대정책이다.

토니 씨의 부인 라슐리(Rashli Singh. 여. 42세) 씨는 남아공 대학교(University of South Africa)에서 학사학위를 두 개나 취득했다. 하지만 인도인 여성으로 일자리를 얻는 것은 쉬운 일이 아니다. 토니 씨에 의하면 라슐리 씨는 모두 20여 차례에 걸쳐 면접을 보았다고 한다. 하지만 번번이 일자리는 라슐리 씨보다 자격을 덜 갖춘 아프리카인에게 돌아갔다. 아프리카인들이 받는 유색인 우대법의 수혜 때문이었다. 한 번은 정부기관에서 상급사무관(chief officer)직을 담당할 인재를 구한다는 신문광고를 보고 서류를 제출하고 인터뷰를 신청했다. 약 8개월이 지난 뒤 관련기관에서 전화가 와서 고용내용이 변경되어 상급사무관직을 뽑지 않고 중급사무관(senior officer) 한 명을 뽑겠으니 면접에 오라는 연락을 받았다. 일자리가 아쉬운 라슐리 씨는 면접을 보고 고용이 되었다. 하지만 나중에 라슐리 씨는 자신이 면접을 본 당일에 한 명의 아프리카 여성이 같은 기관에서 상급사무관 고용과 관련해 면접을 보았다는 사실을 알게 되었다. 라슐리 씨는 그나마 운이 좋은 편이었다. 많은 인도인들이 취업 자격조건을 충분히 갖추고서도 자신보다 능력이 떨어지는 아프리카인에게 일자리를 빼앗기고 있기 때문이다. 토니씨는 유색인 우대법을 이렇게 설명한다.

"1994년 이후 우리는 자유를 얻었다. 이제 우리는 민주정부를 갖게 되었다. 하지만 민주정부는 효율적으로 움직여야 한다. 이제 우리 모두는 투표권을 확보했지만(과거 아파르트헤이트 정권아래에서 유색인은 투표권이 없었다), 이것은 모두의 평등권으로 이어져야 한다. 하지만 이 정부는 이것을 보장하지 못하고 있다. 나는 유색인 우대법에 반대한다. 사람은 이유여하를 막론하고 피부색깔 때문에 차별을 받지 않아야 하기 때문이다. 민주정부 초기에 그 동안 사회적 차별을 받아왔던 아프리카 인들에게 고용기회를 준 것은 이해할 수 있다. 하지만 민주정부가 들어선 지 이미 11년이 지났다. 그런데 여전히 고용의 기회는 아프리카인에게만 주어지고 있다. 인도인들은 얼마나 더 고용에 있어서 차별을 받아야 하는가?

이번에 대학에 들어간 내 아들의 경우도 황당한 일을 겪었다. 아들이 대학입학설명회에 참석했을 때 안내문에 있는 자격조건은 고등학교에서 36학점을 이수한 조건으로 심리치료학과에 입학할 수 있다는 것이었다. 하지만 정작 설명회에 나온 대학교수는 "인도인 학생의 경우 42학점을 충족시켜야 한다"라고 했다. 이것이 차별이 아니고 무엇인가? 언젠가 신문에 대학 수능에서 7과목에서 A학점을 받은 인도인여학생이 평점 C학점을 맞은 아프리카인 남학생에게 밀려 대학입시에 떨어졌다는 기사가 난 적이 있다. 이게 가능이나 한가? 언제까지 인도인은 이런 차별을 받아야 하는가?"

남아공에서 인도인은 '만만한 대상'(soft target)이며 희생양이라는 것이 토니 씨의 주장이다. 과거 1949년의 일이나 1985년의 사건이 모두 인도인을 '만만한 희생양'으로 생각했기 때문에 일어난 일이었다는 것이다. 남아공역사를 통해 볼 때 인도인은 언제나 조용하고 소극적이었다는 것이 에핑검 하이츠 주민들의 한결 같은 주장이다. 유럽인의 경우 법에 의해 보호를 받고 실제로 총기류 등 강력한 방어력을 갖고 있기 때문에 아프리카인이 함부로 할 수 없지만 인도인의 경우 소극적이고 방어적이기 때문에 아프리카인들이 쉽게 생각한다는 것이다. 우체국에서 근무했던 라즈팔(Rajpal. 남. 58세) 씨는 정년이 몇 년 남은 상황에서 "더 이상 아프리카인들과 일을 할 수 없어서" 직장을 그만 두고 개인 사업을 하고 있다. 자기 밑에 있는 아프리카인들이 직속상관인 자기의 말을 무시하는데 "지쳐서" 일을 그만 두기로 결심했다는 것이다.

에핑검 하이츠 주민들은 자신들의 존재가 "being sandwiched" 되었다는 강한 의식을 갖고 있다. 후세인 씨는 인도인의 상황을 이렇게 설명한다.

> "우리는 샌드위치 속에 들어있는 햄과 같은 존재이다. 과거에는 저쪽(아파르트헤이트시절의 백인통치)에 있는 빵이 우리를 압박했고 지금은 이쪽(아프리카 민족회의 정부의 아프리카인 통치)빵이 우리를 압박하고 있다. 우리는 샌드위치 속에 끼워져 있는 햄일 뿐 우리에게 선택과 자유란 큰 의미가 없다."

결국 에핑검 하이츠 주민들은 아파르트헤이트와 유색인 우대법이라는 사회적 차별을 받으면서 '인도인'이라는 정체성을 갖게 된 것으로 보인다. 차별 속에 내부적 결속이 강화되었다는 것이다. 그렇다고 이런 협력정신이 그다지 강한 것도 아니다. 사회가 갈수록 개방되는 한편 민주사회에서 인종간의 사회적 접촉이 잦아지면서 공동체 의식보다는 개인주의가 만연하고 있기 때문이다. 에핑검 하이츠에서도 주민의 소득수준이 높아지고 특히 젊은 세대를 중심으로 전문직에 종사하는 사람이 늘어나면서 공동체 활동보다는 사생활을 중요시하는 서구화된 생활양식이 보편화되고 있다. '남아공'에 대한 애국심을 강조하는 인도인은 소수이며 언제든지 남아공을 떠날 수 있다는 태도는 현재 에핑검 하이츠의 신세대가 지닌 보편적 정서이다.

Ⅴ. 초대받지 않은 손님

2002년 초, 남아공의 유명한 뮤지컬 연출가 음봉게니 응게마(Mbongeni Ngema)는 '아마인디아'(Amayindia 인도인)라는 노래 한 편을 만들어

남아공사회에 뜨거운 논쟁을 불러 일으켰다. 노래는 "인도인은 변하기를 원치 않는다. 심지어 만델라도 이들을 설득하는데 지쳤다. 차라리 유럽인들과 인종분쟁을 하는 편이 났다 … 우리는 인도인에게 모든 것을 강탈당했다. 나는 들라미니(Dlamini: 아프리카인을 대표하는 성씨)가 봄베이에 이주해갔다는 것을 들어 본 적이 없다. 하지만 인도인들은 여기 더반에 매일 이주해 온다. 인도인들 때문에 공항은 항상 북적거린다. …"라며 아프리카인들의 인도인에 대한 부정적 이미지와 적대감을 부추기고 있다. 2002년 초반 발표된 이 노래는 공영방송을 타고 나탈 일대에 퍼져 나갔다. 노래는 곧 방송금지에 묶이게 되었지만 이 노래는 아프리카인들의 대 인도인 정서에 편승해 큰 인기를 얻었으며 인도인에 대한 아프리카인들의 적대감이 여전히 보편적이라는 사실을 반증하고 있다. 아프리카인의 인도인에 대한 적대감은 상대적으로 높은 인도인의 생활수준에 기인한다. 1992/3년 '인종관계조사'가 발표한 남아공 인종간의 수입격차를 살펴보면 아파르트헤이트가 끝난 1991년 기준으로 백인은 4,679랜드, 인도인은 2,476랜드, 혼혈인이 1,067랜드를 기록했으며 아프리카인은 779랜드에 불과했다. 150여년의 이주사를 통해 함께 살고 있는 인도인을 여전히 외국인으로 인식하고 있는 아프리카인들이 볼 때 인도인의 높은 생활수준은 받아들이기 힘든 모습이다.

반면 인도인들은 아프리카 민족회의가 이끄는 정부가 들어선 이후 아프리카인 우대정책에 대한 불만과 불안감을 노골적으로 내비친다. 특히 유색인 우대법은 본래 아파르트헤이트 정권아래 피해를 입었던 유색인종에게 사회진출의 우선권을 주기 위한 것이었음에도 불구하고 실제로 인도인은 구제대상에서 벗어나 있다는 점에 상당한 유감을 표하고 있다. 결과적으로 인도인들은 자신들이 소수 유럽인의 인종차별과 다수 아프리카인의 민족주의 사이에서 '샌드위치'되어 왔다고 주장한다. 특히 1994년 이후 아프리카 민족회의가 정권을 잡은 이후

공식적으로는 유색인종에게도 사회참여와 신분상승의 기회가 공평하게 주어졌지만 인도인은 여기에서 배제되었다는 피해의식을 가지고 있다.

남아공 근대사에서 인도인은 인종분리정책의 피해자이면서 동시에 수혜자였다. 인도인은 인종분리정책 아래 자신들이 주류사회에 속할 수 없다는 사회적 박탈감을 느끼기도 했지만 다른 유색인종이 누리지 못했던 사회적 혜택을 누리기도 했다. 남아공 사회에서 인도인은 백인과 동화할 수는 없지만 아프리카인과도 동질의식을 가질 수 없는 어정쩡한 사회적 위치를 점유하고 있었다.

이런 인도인에 대한 유럽인과 아프리카인의 시각은 부정적이었다. 유럽인에게 근면함으로 무장한 인도인은 자신의 경제적 기반을 침식해 들어오는 '더럽고 위험한 인물'로 비춰졌고 아프리카인에게 인도인은 자신들의 땅에서 각종 불로소득을 취하는 반갑지 않은 손님이었다. 남아공 내에서 인도인에 대한 정형(stereotype)은 부정적이었고 인도인은 사회적 지배세력인 유럽인과 사회적 다수인 아프리카인 사이에 "샌드위치 된"(being sandwiched) 존재라는 자의식을 형성하게 된다. 이런 자의식은 소극적인 경직성을 저변에 깔고 있으며, 구조적 폭력이라는 역사적 경험을 통해 축적된 것이다.

참 고 문 헌

장용규. 2003. 「'남아공 인도인' 이주사: 1860~1948」 『인도연구』 8(2). 서울: 한국인도학회.

Barth, Fredrik. 1981. "Ethnic groups and boundaries." *Process and Form in Social Life: selected essays of Fredrik Barth*. London: Routledge & Kegan Paul.

Bhana, Surendra. 2001. "natal's traditional Temples in the 19th and early 20th centuries". *Hindu Diaspora: Global Perspectives*. New Delhi: Munshiram Manoharlal Publishers Pvt. Ltd.: 289－305.

Brain, J. 1989. "Natal's Indians, 1860－1910." *Natal and Zululand. from earliest times to 1910, a new history*. Andrew Duminy and Bill Guest(eds.). Pietermaritzburg: University of Natal Press: 251.

Chetty, Dhianaraj R. 1990. "The Durban Riots and Popular Memory". draft paper presented at history workshop. South Africa: University of Witwatersrand.

Davenport, T. R. H. 1999. *South Africa: a modern history*. London: MacMillan academic and Professional LTD.

Dhalla, Paul E. H. 2000. *Definint Difference, Defining Moments: competing moral discourses, consitutional options and 'Indian' ethnic identities during the transition from Apartheid to democracy in South Africa*. 1990－1994. Ph. D. Thesis. Harvard: Harvard University.

Diesel, Alleyn. 2001. "Hinduism in KwaZulu-Natal, South Africa". *Hindu Diaspora: Global Perspectives*. New Delhi: Munshiram Manoharlal Publishers Pvt. Ltd: 33－50.

Duminy, A. and Guest, B. 1989. *Natal and Zululand from earliest times to 1910*. Pietermaritzburg: University of Natal Press.

Freund, B. 1995. *Insiders and Outsiders, The Indian Working Class of Durban 1910－1990*. Pietermaritzburg: University of Natal Press.

Haffejee, Rasheda. 1985. *The 1949 Durban Riots*. ?(크와룰루－나탈대학교 도서관 장서이나 복사본으로 서지사항 미흡).

Hughes, H. 1987. "Violence in Inanda, August 1985". *Journal of Southern African Studies*. vol.13. No.3: 352. Johannesburg: Witwatersrand University Press.

Kuper, Hilda. 1960. *Indian Community in Natal.* Natal: Natal University Press.

Maharaj, Bridgemohan. 1992. *The Group Areas Act in Durban.* Ph. D. Thesis. Pietermaritzburg: University of Natal.

Natal Indian Organisation. 1949. *"Statement" to the chairman and members of the judicial commission appointed to enquire into the Durban riots?* Durban.

South African Institute of Race Relations. 1994. *Race Relations Survey 1992/ 93.* Johannesburg: South African Institute of Race Relations.

Singh, Anand. 1999. *Perceptions of and responses to transformation among people of Indian origin in post-apartheid South Africa: 1994 — 1999.* Ph. D. Thesis. Durban: University of Durban-Westville.

Smuts, J. C. 1940. *Greater South Africa: plans for a better world.* Johannesburg: Truth Legion.

Vahed, G. 1997. "The Making of "Indianness": Indian Politics in South Africa During the 1930s and 1940s". *Journal of Natal and Zulu History.* 17. Durban: University of Natal.

더반 도시 계획과 홈페이지(www.urbstrat.org.za).

찾아보기

ㄷ

ㄹ

ㅁ

ㅈ

ㅎ

필자약력(원고 게재순)

▫ 정영주

영국 워릭대학교 역사학 박사. 현재 전남대학교 인류학과 전임연구원 및 부산대학교 강사. 주요논문으로 「영국 아틀리 정부의 외교정책」, 「아틀리 정부의 대 말레이시아정책」, 「영국 노동당의 좌파 사회주의자 바바라 카슬」, 「유럽연합의 중앙과 지방문제」 등이 있다.

▫ 이재숙

인도 델리대학교 산스크리트학과 철학박사. 현재 전남대 인류학과 전임연구원 및 한국외국어대학교 강사. 주요 저역서로는 『우파니샤드』, 『마누법전』(공역), 『우파니샤드: 귓속말로 전하는 지혜』, 『인도』, 『나띠야 샤스뜨라』 등이 있고, 논문으로는 「인도 대서사시의 종교문학적 성격: 마하바라따를 중심으로」, 「힌두－무슬림 갈등의 구조적 성격과 동태분석: 아요디야 사태를 중심으로」(공동) 등이 있다.

▫ 박정석

인도 하이데라바드대학교 인류학 박사. 현재 목포대학교 역사문화학부 문화인류학전공 전임강사. 주요 저역서로 『카스트: 지속과 변화』(공저), 『파리아의 미소』가 있으며, 논문으로는 「모방교차 사촌혼에 대하여」, 「남인도 친족분류와 혼인에 관하여」, 「인도 농촌의 계조직」, 「남인도의 불가촉천민에 관하여」, 「말레이시아의 타이푸삼(Thaipusam) 축제: 무루간 숭배와 인도－타밀인」 등이 있다.

▫ 조정규

전남대학교 대학원 지리학 박사. 현재 전남대학교 인류학과 전임연구원 및 전남대학교 강사. 주요논문으로 「광주 충장로와 금남로의 경관변화 연구」, 「일제강점기 광주 충장로의 토지이용 변화」, 「일제강점기 광주 금남로 지역의 토지이용과 소유의 변화」, 「일제강점기 광주면의 경관변화에 관한 연구: 광주면 향사리를 중심으로」 등이 있다.

□ 김경학

인도 자와할랄네루대학교 인류학 박사. 현재 전남대학교 인류학과 부교수. 주요 저서로『내가 알고 싶은 인도』(공저),『인도문화의 카스트구조』등이 있고, 논문으로는「호주―휘지계 인도인의 종족 정체성 구성」,「이주와 종교적 공동체」, "Twice Migrant Indo-fijian Community in Sydney" 등이 있다.

□ 인태정

부산대학교 사회학과 박사, 현재 전남대학교 인류학과 전임연구원. 주요 저서로는『술의 사회학(매일 끊는 술)』(공동),『현대 한국 일상문화코드(관광이 넘치는 사회)』(공동),『부산인의 신생활 풍속』(공동) 등이 있고, 논문으로는「한국 관광의 형성과정에 관한 비판 사회과학적 연구」,「한국의 전통관광에 대한 사회학적 접근」,「임신과 출산의 한국 신풍속도에 관한 소고」 등이 있다.

□ 정효진

전남대학교 인류학과 석사. 현재 전남대학교 인류학과 박사과정. 석사논문으로「호주 한인교회와 이민자들의 사회문화적 적응: 시드니 S교회 사례를 중심으로」가 있다.

□ 양철준

벨기에 헨트대학교 아프리카 언어―문화학과 언어학박사. 현재 전남대학교 인류학과 전임연구원 및 한국외국어대학교 강사. 저서로『스와힐리어―한국어 전문술어 사전』,『피카소가 사랑한 아프리카: 케냐에서 보내온 아프리카 일기』,『나이로비: 아프리카의 관문』 등이 있고, 논문으로는 "Code-switching as a Discourse Strategy: Some Sociolinguistic and Pragmatic Observations on Code-switching in Political Discourse", "The Role of Kiswahili Mass Media in Coining and Disseminating Terminology" 등이 있다.

□ 이광수

인도 델리대학교 역사학 박사. 현재 부산외국어대학교 인도어과 교수. 주요저역서로 Buddhist Ideas and Riturals in Early India and Korea,『인도는 무엇으로 사는가』,『인도문화: 특수성과 보편성의 이해』,『카스트: 지속과 변화』

(공저), 『내가 알고 싶은 인도: 사람, 역사 문화 바로 읽기』(공저), 『마누법전』(공역), 『고대 인도의 정치이론, 인도 민족주의의 역사 만들기: 성스러운 암소신화』 등이 있고, 논문으로는 「포스트 식민주의와 '역사 만들기' : 인도에서 힌두교를 중심으로」, 「20세기 후반 미국에서의 '종교사'와 힌두교 만들기」, 「인도에서 힌두교와 에쓰닉의 문제」 등이 있다.

◦ 장용규

남아프리카공화국 나탈대학교 인류학 박사. 현재 한국외국어대학교 아프리카어과 조교수. 주요 저서로는 『춤추는 상고마』가 있고, 논문으로는 「'남아공 인도인' 이주사: 1860~1948」, 「줄루의례의 상징성과 사회적 의미」, 「동부아프리카의 언어정책과 스와힐리 정체성의 형성」 등이 있다.

귀환의 신화 해외 인도인의 이주와 정착   값 18,000원

2005년 11월 25일 초판 발행
2006년 6월 16일 재판 발행

저　　자 : 김 경 학 외
발 행 인 : 한 정 희
편　　집 : 권 성 순
발 행 처 : 경인문화사
주　　소 : 서울시 마포구 마포동 324-3
전　　화 : 02-718-4831
등록번호 : 제10-18호(1973.11.8)
http://한국학서적.kr / www.kyunginp.co.kr
E-mail : kyunginp@chollian.net
ISBN: 89-499-0343-1 93330

* 파본 및 훼손된 책은 교환해 드립니다.